プログレッシブ経済学シリーズ

都市経済学

【第2版】

金本良嗣／藤原　徹 著

東洋経済新報社

編集委員
猪木武徳
岩田規久男
堀内昭義

第2版はしがき

　本書の初版が出版されたのは1997年であり，すでに20年近くが経過している．その間に，都市経済学の研究も進歩し，日本の都市の姿や都市政策の重点も大きく変化した．こういった変化を踏まえて，第2版では大幅な改訂を行った．主要な改訂は以下のとおりである．

　第1に，1990年代半ば以降の日本の都市および都市政策の変化を織り込んだ．統計については可能なかぎり，直近時点までアップデートし，都市政策についても政策の重点の変化を考慮して内容の拡充と入れ替えを行った．とりわけ，第3章（「資産としての土地と建物の耐久性」，初版では第3章と第4章に対応）では，1980年代後半の地価高騰と1990年以降の長期にわたる地価下落を取り上げ，これが経済理論によって説明できるかどうかを検討している．また，住宅金融公庫融資の廃止と住宅ローン債権証券化の導入に象徴される住宅政策の大転換も新たに取り扱っている（第6章「住宅政策」）．これら以外にも，以下のトピックスを新たに加えた．
　道路交通のもたらす外部不経済の定量的な推計例の紹介（第4章「都市交通」）
　住宅ローン債権証券化，不動産証券化，住宅の品質確保策，災害リスクや温暖化に関する住宅関連政策（第6章「住宅政策」）
　中心市街地問題とまちづくり3法，コンパクトシティー政策（第8章「土地利用政策」）
　官民連携，エリア・マネジメント等の地方財政における新たな動き（第9章

「都市財政」)

　第2に,都市経済学の進歩を踏まえた加筆を行った.特に,都市集積の経済メカニズムは,空間経済学(あるいは新経済地理学)の最近の研究によって理解が大きく進んだ.集積の経済(第1章「都市化と都市政策」)と都市規模の経済分析(第7章「都市規模」)の部分には,これらの研究成果を書き加えている.また,交通投資等の公共事業について事業評価(費用対効果分析と呼ばれている)が義務づけられたので,費用便益分析が実務で用いられるようになり,費用便益分析の具体的な適用に関する研究が進んだ.都市交通を扱う第4章の付録に費用便益分析の簡単な解説を加えた.

　第3に,数学的な展開は付録にまとめることとして,数学的な導出を追わなくても,学部初中級程度のミクロ経済学を理解していれば十分に本質が理解できるように工夫した.

　第4に,上記のような改訂を踏まえて,章立てを変更した.資産としての土地の分析(初版第3章)と,建物の耐久性を考慮に入れた場合の土地利用についての分析(初版第4章)は統合し,第3章「資産としての土地と建物の耐久性」とした.「都市交通」の章(初版第10章)は,費用便益分析の解説を追加したうえで第4章とした.また,「都市環境」の章(初版第11章)については,紙幅の都合や,初版発行後に環境経済学が大きく進展し,環境経済学単独で教科書が多数出版されていることを鑑みて,ヘドニック・アプローチを除いて割愛した.ヘドニック・アプローチの解説は,第5章「住宅市場」の付録に収録している.

謝　　辞

　初版以降の都市政策の動向については,実務家の方々に様々な形でご教示をいただいた.特に,国土交通省の栗田卓也氏にはいくつかの章のドラフトを読んでいただき,数多くの指摘をいただいた.また,同省の武藤祥郎氏にも住宅政策の動向等についての情報提供をいただいた.これらの方々にお礼を申し上げたい.

　藤原徹は現勤務先の明海大学をはじめ,様々な大学での非常勤講師等で本書の内容に関する講義をさせていただいた(岩手県立大学,青山学院大学,上智

大学，政策研究大学院大学，東京工業大学，東京大学公共政策大学院）．これらの経験が少しでも反映できていれば幸いである．機会を与えてくださった先生方，講義を受講された大学院生，学部学生の皆様に感謝したい．

2015年11月

金本　良嗣
藤原　徹

第1版はしがき

　経済成長の過程で都市化が進み，現状では国民の大半は都市に住んでいる．現代社会における都市の重要性からみて，経済学の分析ツールを用いて都市を解析することの必要性は明らかであろう．また，「都市問題」「土地問題」「住宅問題」といった形で日本の都市の欠陥が取り上げられることが多い．果たして日本の都市はそれほどにパフォーマンスが悪いのであろうか．悪いとすればどのような「都市政策」が望ましいのであろうか．こういった課題に対して都市経済学が果たすべき役割は大きい．

　都市に関する経済分析の必要性は歴然としているが，都市に対して経済学者が組織的に取り組み始めたのは最近のことであり，都市経済学という学問分野が認知されるようになったのは1970年頃からである．都市経済学の成立が他の応用経済学の分野に比べて遅れた大きな理由は，都市の経済分析には理論的な困難さがあったからである．たとえば，都市の理解のためには，それが空間的な広がりを持っていることを無視することはできない．ところが，伝統的な経済理論では空間は捨象されており，経済活動は一点で行われているとみなされている．そのような一点経済では都市の意味がないのは明らかであろう．空間的集積としての都市を考えるためには，非凸性（生産における規模の経済性等）や外部性（市場を通さない相互作用）等を導入し，新古典派理論を拡張することが必須であった．

　このような事情で遅い誕生を迎えた都市経済学であるが，その後の発展によって実際の都市問題に対してかなりの程度の切れ味を示すことができるようになってきた．本書は，都市経済学のこれまでの蓄積のうちで，日本の都市の理

解に特に有益なものを解説する．つまり，本書の課題は，日本の都市が直面している具体的な政策課題に関して都市経済学からどのようなアプローチができるかを提示することである．したがって，本書では「日本の都市問題」の経済分析に焦点が当てられ，海外の研究の紹介には主眼を置かない．また，可能なかぎり日本の都市に関する統計データと現状の制度的枠組みの解説を行い，それらに経済学のロジックがどう適用されるのかを考えていく．

　他の教科書と比較しての本書の特徴の一つは，都市政策の分析に重点があることである．個別の具体的な都市政策がどうあるべきかに関する解答を与えることを目指しているわけではないが，都市政策を考える際の概念的枠組みを提示することに多くのページ数を費やしている．したがって，本書は大学の経済学部における都市経済の教科書として書かれているが，国や地方自治体の都市政策の担当者の方々にとっても有益な内容が含まれているのではないかと自負している．

本書の構成

　戦後の経済成長にともなって都市化が急速に進行し，そのプロセスで三大都市圏に大量の人口が流入してきた．なかでも東京圏の人口増加は著しく，1990年には2,700万人を超える都市圏人口を擁するようになった．都市経済学の最初の課題は，このような都市への人口集中がなぜ起きるかを説明することである．第1章では，本書全体の導入部分として，日本における都市化の経緯と都市規模分布の現状を概観し，「都市が何故存在するのか？」という基本的な問いに対する経済理論からのアプローチを解説する．また，この章では都市政策の理論的基礎となる厚生経済学の基本的な概念（厚生経済学の基本定理，市場の失敗，政府の失敗等）の簡単な復習も行う．ただし，本書は学部中級程度のミクロ経済学をすでに修得していることを前提としており，ここでの解説はごく簡単なものにとどまる．もしこの部分の理解に困難を感じる場合には，ミクロ経済学の教科書を再度勉強して欲しい．

　都市経済学が学問分野として認知されるようになったのは，1960年代終わりに成立した住宅立地の理論による．都市には多種多様な土地利用が入り乱れ，混沌とした魑魅魍魎の世界であるかのように見える．しかし，住宅立地の理

論は，市場メカニズムの働きによって都市の土地利用にもある種の規則性が生まれることを示した．すべての学問の出発点は，規則性の発見とその理論的解明であると言えるが，都市経済学も例外ではない．都市経済学の場合にとりわけ重要なのは，住宅立地の理論が確立されるまでは，都市の土地利用は市場メカニズムに任せておくとまったく混乱してしまうので，都市計画による公共的介入が不可避であるという考え方が強かったことである．もちろん後ほど見るように，都市において市場メカニズムがうまく機能しない場合は多い．しかし，市場メカニズムがまったくの混沌をもたらすものではなく，ある種の規則性をもたらしうるという認識は，都市政策に関する経済分析の出発点となった．

　第2章は，今では古典的となった住宅立地の理論を基礎に，都市における土地利用がどう決定されるかを考える．ほとんどの都市で，都心から離れるにしたがって，土地価格が下がり，住宅1戸当たりの敷地面積が広くなるという規則性が観察される．住宅立地の理論はこれらの規則性をきわめて単純なモデルで説明することができる．

　第2章で解説した土地利用モデルを様々な方向に拡張することが都市経済学のその後の発展の重要なテーマであった．その第一の方向は，住宅の耐久性や土地の資産としての側面を考慮に入れることである．第3章では，土地の資産としての側面を導入し，地価がどう決まるかを分析する．特に日本では，他国と比較して地価がきわめて高いことが「土地問題」として大きく取り上げられている．また，地価の上昇率も非常に高く，銀行貸出金利を超えている時期が多かった．この章のもう一つの課題は，これらの現象が経済学の枠組みで説明可能かどうかを検討することである．

　第4章では，第2章の土地利用モデルに建物の耐久性を導入する．建物の耐久性は非常に高く，木造建築でも40年程度の寿命はあるし，鉄筋コンクリートの建物は100年以上の寿命を持っている．建物の耐久性を考慮すると，どの時点で開発を行って建物を建築するかの意思決定が非常に重要になる．第4章では，まずこの種の開発のタイミングを求める問題を考え，それを都市空間における土地利用モデルに埋め込むとどのような現象が発生するかを考える．この章ではさらに地価税や固定資産税などの土地保有税が開発のタイミングに及ぼす影響の分析も行う．

都市空間において住宅の占める割合は非常に大きいし，住民の生活のなかで住宅は大きな比重を占めている．第5章では住宅市場がどのように動いているかを実証的データを交えながら検証し，第6章では住宅市場に対する政府の関与の現状とその効果を分析する．第6章で取り上げる住宅政策は，住宅補助政策（公共住宅の供給や住宅金融公庫の低利融資等），住宅税制（所得税や固定資産税における住宅優遇政策等），借地借家法による契約関係の規制の3つである．

一概に都市といっても，3,000万人近い人口を持つ巨大な東京都市圏から数万人規模の小都市まで，様々な規模の都市が存在している．第7章では，都市規模がどのようなメカニズムで決定されるのかを考え，さらに，都市規模の決定に関してどのような市場の失敗が存在するのかを分析する．

人口や経済活動が密集している都市においては様々な外部経済・不経済による市場の失敗が発生する．このような市場の失敗に対する政策的対応として，土地利用政策がある．土地利用政策のうちで最も重要なのは，土地利用規制と公共部門による社会資本整備である．第8章では，これらのうちの土地利用規制に焦点を当て，公共部門による社会資本整備は第9章の都市財政の章で扱う．日本の土地利用規制には，市街化地域，市街化調整地域の指定のような開発規制，第一種住居専用地域，商業地域，工業専用地域等の指定による用途規制，容積率や建ぺい率などを規制する形態規制などがある．第8章ではこれらの土地利用規制制度を概観しその効果やあるべき姿を分析する．

第9章は，道路，公園，上下水道，教育等の都市における公共サービスの供給を扱う．都市における公共サービスの特徴は，その便益の及ぶ範囲が地域的に限定されていることである．この地域限定性から住民の「足による投票」が重要な意味を持つ．つまり，住民は公共サービスの水準が高くて税負担が低い地域に移動していくので，地方政府間の競争が発生する．この章では，足による投票を考慮に入れた地方公共財の理論モデルを分析し，それを基礎に開発利益の還元政策等の現実の政策課題を論じる．また，日本では中央政府から地方政府への補助金の比重が大きいので，このような補助金の分析も行う．

第10章では，都市の交通問題の経済学的分析を行う．この章の最大の課題は，道路渋滞やスシ詰めの通勤電車に代表される交通混雑の分析であるが，それに加えて，頻度の経済性，交通投資の便益評価，交通投資が都市構造の変化に与

える影響なども考える．

　最後の第11章は，都市における環境問題を考える．この章では環境汚染に対する対策としての直接規制，課徴金，排出権取引制度等の比較と分析を行うとともに，環境の価値の計測手法を解説する．

謝　　辞

　本書は，著者が1977年にブリティッシュ・コロンビア大学で教職について以来，ブリティッシュ・コロンビア大学，筑波大学，東京大学で教えてきた都市経済学に関する講義ノートを集成したものである．その間に，ブリティッシュ・コロンビア大学，筑波大学，東京大学の多くの学生，ゼミ生，大学院生には，生煮えの教材や答えのない練習問題で多大の労苦を強いてきたかもしれない．彼らの忍耐に感謝したい．

　本書の未定稿を読んでいただいて，有益なコメントをいただいた人々は多く，すべての方々を網羅できる自信はない．とりあえず，私のメモにある方々は，秋保靖，浅見泰司，持田信樹，佐々木晶二，廣瀬隆正の諸氏であり，これらの方々にお礼を申し上げたい．もちろん，ありうべき誤りについて責任があるのは私だけである．

　最後に，本書の執筆の過程で，統計資料の整理，原稿の校正，およびその他の研究室の業務を手際よくこなしていただいた山田由起さん，大学内外の雑事によって執筆が遅々として進まなかったにもかかわらず温かく見守っていただいた東洋経済新報社の黒野幸春氏と村瀬裕己氏，ほとんど出口がないとも思えた執筆と修正の過程で心の支えとなってくれた家族（妻明子と3人の子供たち良樹，美穂，麻里）に感謝したい．

　　　1997年10月

　　　　　　　　　　　　　　　　　　　　　　　　　　　　　金本　良嗣

目　　次

第2版はしがき

第1版はしがき

1章　都市化と都市政策 …………………………………………… 3

 1　都市化の動向　3

 2　都市規模分布　9

 3　都市はなぜ存在するのか　13

  3.1　自然条件による空間的優位性　14

  3.2　規模の経済　15

  3.3　集積の経済　16

  3.4　集積の不経済　19

 4　都市問題と都市政策　20

  4.1　市場の失敗　21

  4.2　政府の失敗　25

  4.3　次善の政策　27

 キーワードと練習問題　28

2章　土地利用 ……………………………………………………… 29

 1　はじめに　29

 2　住宅地の土地利用　31

 3　古典的住宅立地モデル　33

  3.1　特殊ケース：1戸当たり敷地面積固定　35

  3.2　1戸当たり敷地面積の選択　37

3.3　均衡地代と付け値地代　40
　　　3.4　異質な消費者　41
　4　住宅地全体の需給均衡　44
　5　都市人口や通勤費用の変化と都市の空間構造　47
　6　各種用途の空間配置　49
　キーワードと練習問題　50

3章　資産としての土地と建物の耐久性　53

　1　はじめに　53
　2　地価と地代　54
　　　2.1　短期均衡の条件　55
　　　2.2　長期均衡の条件（ファンダメンタルズ）　56
　　　2.3　予想形成　58
　　　2.4　賃貸と売買　60
　3　日本の地価　62
　　　3.1　地価上昇率　62
　　　3.2　地価の絶対水準　65
　4　土地保有税と地価：応用　69
　　　4.1　土地保有税の推移　69
　　　4.2　土地保有税の中立性　71
　　　4.3　農地の宅地並み課税　73
　5　建物の耐久性と開発のタイミング　74
　　　5.1　開発時点と地価　76
　　　5.2　最適な開発時点　77
　　　5.3　地価の時間経路　79
　　　5.4　土地保有税と開発のタイミング　81
　6　複数の開発プロジェクト　84
　7　都市の土地利用構造とスプロール　86
　　　7.1　スプロール現象　87
　8　投機の役割　89

キーワードと練習問題　90

4章　都市交通　…………………………………………………95

1　はじめに　95
2　都市交通の推移と現状　96
2.1　都市交通における交通機関別シェア　96
2.2　鉄道・道路の混雑と輸送力増強投資　97
2.3　都市への通勤人口　99
2.4　通勤時間　100
3　混雑の経済分析　102
3.1　道路交通における混雑現象　103
3.2　外部不経済と混雑料金　105
3.3　混雑料金の実現可能性と不完全な混雑料金　109
3.4　混雑料金収入で交通投資費用をまかなえるか？　110
3.5　隘路（ボトルネック）混雑　116
3.6　駐車混雑　117
4　ピークロード問題　117
4.1　ピークロード料金の理論　118
4.2　ピークロード料金の実現可能性　120
4.3　需要の経年的増加　121
5　頻度の経済性と運営費補助　122
6　道路交通のもたらす外部不経済：定量的推計　123
6.1　混雑外部費用　123
6.2　CO_2排出による地球温暖化費用　124
6.3　SPM，NO_x等による大気汚染費用　126
6.4　交通事故の外部費用　127
6.5　道路損傷費用　128
6.6　原油依存費用　128
6.7　騒音の外部費用　128
7　交通投資の便益評価　129
7.1　発生ベースの便益評価：消費者余剰アプローチ　129

7.2 帰着ベースの便益評価：国民所得（指数）アプローチ　131
8　交通機関の選択　135
　8.1　交通密度と交通機関　135
　8.2　次善の料金　137
　8.3　次善の投資　138
キーワードと練習問題　139
付録　費用便益分析の基礎　142
　費用便益分析の役割　142
　費用便益分析のプロセス　143
　便益評価の基礎　149
　波及効果を考慮に入れた便益計測　151
　一般均衡需要曲線　152
　純便益の計測　154
　限界費用を用いた便益計測　155
　便益計測手法：まとめ　157

5章　住宅市場　161

1　はじめに　161
2　日本の住宅事情　162
3　住宅の財としての特徴　166
　3.1　必需性　166
　3.2　耐久性　166
　3.3　重要性　167
　3.4　多様性と住宅市場の薄さ　167
　3.5　生産における規模の経済性　167
　3.6　情報の非対称性　168
　3.7　取引費用の重要性　168
4　住宅サービスの質と量　169
　4.1　生産関数による住宅サービスの定義　169
　4.2　ヘドニック・アプローチ　171
5　住宅の価格　172

5.1　所得税と資本コスト　173
　6　住宅の需要と供給　176
　　　6.1　住宅サービスの需要と賃貸価格　177
　　　6.2　需要関数の推定　177
　　　6.3　住宅建設と資産価格　179
　＊6.4　住宅建設に関する動学的意思決定　181
　7　住宅市場の推移　183
　8　持家と借家　188
　　　8.1　持家と借家の間の選択　188
　　　8.2　借家のモラル・ハザード：情報の非対称性　189
　9　住宅産業　191
　　　9.1　住宅建設　191
　　　9.2　宅地開発　193
　　　9.3　住宅取引　195
　　キーワードと練習問題　197
　　付録　ヘドニック・モデルと環境価値の計測　199

6章　住宅政策　205

　1　はじめに　205
　2　なぜ住宅政策？　206
　　　2.1　住宅政策の評価　207
　　　2.2　住宅市場における市場の失敗と政治の失敗　213
　3　日本の住宅補助制度　218
　　　3.1　公共住宅　218
　　　3.2　住宅補助　219
　　　3.3　税制　221
　　　3.4　ホームレス政策　224
　4　借地借家法　225
　　　4.1　契約自由の原則の否定としての借地借家法　225
　　　4.2　借家権保護の効果　227

xvi 目次

  4.3 取引費用と情報の不完全性 229
  4.4 定期借家制度 230
 5 住宅ローン債権の証券化 232
 6 不動産証券化 235
 7 住宅の品質確保 237
  7.1 品確法と住宅瑕疵担保履行法 238
  7.2 マンションの建て替え 239
  7.3 マンション管理適正化法 241
 8 災害リスクと温暖化に関する政策 241
  8.1 土砂災害対策 242
  8.2 地震保険 243
  8.3 温暖化政策 244
 キーワードと練習問題 245

7章 都市規模 …………………………………………………… 247

 1 はじめに 247
 2 集積の経済：規模の経済と企業間の交通・通信費用 248
  2.1 相互に取引を行っている2企業の立地選択 250
  2.2 混雑外部性と都心への企業集積 252
 3 集積の経済と都市規模 254
  3.1 集積の経済による都市 254
  3.2 市場都市規模の仮定：1都市の都市規模 255
  3.3 都市数の増加 258
  3.4 都市数の決定：過少な都市数と過大な都市規模 259
 4 最適都市規模 263
  4.1 集積の経済とピグー補助金：最適都市規模 263
  4.2 ヘンリー・ジョージ定理：最適都市数 265
 5 おわりに 268
 キーワードと練習問題 270
 付録 都市規模決定の数学モデル 273

都市規模の決定　273
　　　集積の経済とピグー補助金：最適都市規模　277
　　　ヘンリー・ジョージ定理：最適都市数　278

8章　土地利用政策……………………………………………281
1　はじめに　281
2　日本の土地利用政策　282
　2.1　開発規制　283
　2.2　地域地区制（ゾーニング）　288
　2.3　地区計画およびその他の規制　291
　2.4　最低敷地面積規制　293
　2.5　税制による土地利用の歪み　294
3　外部性とその制御　296
　3.1　外部性のタイプ　297
　3.2　用途間の外部性　298
　3.3　近隣外部性　303
　3.4　密集市街地　309
　3.5　土地利用規制と地価　310
4　開発規制　311
　4.1　資産価格と開発規制　311
　4.2　スプロールと土地利用規制　312
　4.3　宅地開発指導要綱　313
　4.4　交通の混雑と開発規制　315
　4.5　中小都市における中心市街地問題とコンパクトシティー政策　317
5　形態規制　320
6　土地利用の制御に関する様々なアプローチ　322
　6.1　直接規制　323
　6.2　税制　324
　6.3　契約（建築協定）　325
　6.4　ゾーニングによる一般規制と敷地ごとの計画規制　326
7　取引規制　326

xviii 目　次

キーワードと練習問題　329

9章　都市財政 …………………………………………………331
1　はじめに　331
2　日本の都市財政　332
2.1　財政支出と国内総生産　332
2.2　地方政府の財政支出の内訳　333
2.3　財源　335
2.4　補助金　337
2.5　地方財政の新たな動き　339
3　地方公共サービスの特性と供給システム　340
3.1　共同消費性　340
3.2　外部性と不完備市場　344
3.3　公平性　345
4　足による投票とティブー仮説　345
5　地方公共財の最適供給とコミュニティーの最適規模　347
5.1　地方公共財　347
5.2　地方公共財の最適供給　348
5.3　コミュニティーの最適規模　349
6　開発利益の還元：資本化仮説とデベロッパー定理　351
6.1　資本化仮説　351
6.2　デベロッパー定理　352
7　地域間補助　356
7.1　地域間補助の目的：公平性か効率性か？　356
7.2　一般補助金　358
7.3　特定補助金　366
7.4　補助金の政治経済学：実証分析　369

キーワードと練習問題　372

付録　地方公共財供給の数学的分析　373

地方公共財の最適供給　373

コミュニティーの最適規模　373
デベロッパー定理　375
最適な地域間補助金　376

練習問題の解答　379
リーディング・リスト　399
索　　引　404

図 表 目 次

【図目次】

図1-1　三大都市雇用圏の人口　4
図1-2　東京都市雇用圏の人口増加　5
図1-3　東京圏（1都3県）への人口流入　6
図1-4　1人当たり県民所得：上位5県と下位5県の比　7
図1-5　産業別就業人口の推移　8
図1-6　都市の階層構造　9
図1-7　日本におけるランクサイズ・ルール　12
図2-1　住宅地地価（東京圏，沿線別・距離帯別，敷地面積1m²当たり）　31
図2-2　民営借家の距離帯別家賃（東京圏，距離帯別，延べ面積1m²当たり）　32
図2-3　一戸建て住宅の敷地面積（東京圏，距離帯別）　32
図2-4　住宅の広さ（東京圏，距離帯別）　33
図2-5　消費者の効用最大化　38
図2-6　2地点での付け値地代　39
図2-7　異質な消費者（2タイプ）　42
図2-8　地代曲線　45
図2-9　都市人口増加の効果　48
図2-10　通勤費用低下の効果　48
図2-11　土地利用の用途決定図　50
図3-1　ファンダメンタルズとバブル　59
図3-2　地価上昇率（全国・住宅地），GDP成長率，利子率（名目）　63
図3-3　ファンダメンタルズ・モデルによるシミュレーション　68
図3-4　固定資産税の効果　71
図3-5　最適な開発時点　78
図3-6　地価上昇率　80
図3-7　2つの開発プロジェクト　84
図3-8　スプロール現象　88
図4-1　走行速度（S）と交通密度（D）　103
図4-2　交通量（V）と走行速度（S）　104

図4-3 交通混雑と外部不経済　105
図4-4 混雑料金　106
図4-5 混雑料金と交通投資　112
図4-6 混雑料金と道路建設費用：規模の経済一定　113
図4-7 混雑料金と道路建設費用：規模の経済　113
図4-8 ピークロード料金とキャパシティー拡張の便益と費用　119
図4-9 規模の経済性と採算性　130
図4-10 波及効果の便益の計測　134
図4-11 道路混雑　139
図4-12 政策分析の流れ　144
図4-13 消費者余剰（CS）と生産者余剰（PS）　150
図4-14 グロス消費者余剰と総社会的費用を用いた便益評価　151
図4-15 一般均衡需要曲線と部分均衡需要曲線　153
図4-16 波及効果を含んだグロス消費者余剰　153
図4-17 料金割引による社会的費用（SC）の変化：波及効果を含む分析　154
図4-18 料金割引による社会的余剰（SS）の変化：波及効果を含む分析　155
図4-19 料金割引による社会的費用（SC）の変化：限界費用を用いた計測　156
図4-20 料金割引による社会的余剰（SS）の変化：限界費用を用いた計測　156
図5-1 等生産量曲線と住宅サービスの量の定義　170
図5-2 住宅の賃貸価格の決定　177
図5-3 住宅の供給曲線と需要曲線　179
図5-4 金融緩和と住宅建設　180
図5-5 資本コストの変化と住宅建設　182
図5-6 住宅建設の推移　184
図5-7 住宅ローン残高の推移　184
図5-8 年齢別人口：推移と将来推計　186
図5-9 世帯数と1世帯当たり人員：推移と将来推計　187
図5-10 ヘドニック・モデルにおける効用最大化　200
図5-11 市場価格関数と付け値関数　200
図5-12 付け値関数，オファー価格関数，市場価格関数　201
図5-13 ヘドニック・モデルにおける環境の価値　202
図6-1 公共住宅による資源配分の歪み　208
図6-2 所得補助と住宅補助　210
図6-3 住宅金融公庫融資の限度額の効果　211

xxii 図表目次

図6-4　住宅金融公庫融資の融資基準の効果　212
図6-5　新規家賃と継続家賃　228
図6-6　民間住宅ローンにおける変動金利と固定金利　234
図7-1　都市の空間構造と商業立地　249
図7-2　企業間取引と立地外部性　251
図7-3　都市人口の決定　256
図7-4　都市人口抑制策　257
図7-5　一極集中と二極分散　258
図7-6　市場都市規模　260
図7-7　東京一極集中の安定性　262
図7-8　ピグー補助金　264
図7-9　都市規模とヘンリー・ジョージの財政余剰　266
図7-10　都市企業の生産関数　273
図8-1　外部不経済と土地利用規制　301
図8-2　外部不経済と用途の空間配置　303
図8-3　囚人のジレンマ　306
図8-4　コーディネーション・ゲーム：屋根の色　308
図8-5　交通混雑と次善の開発規制　316
図8-6　容積率規制と地代曲線：閉鎖都市　321
図8-7　取引規制による非効率性　329
図9-1　地域間人口移動と均衡の安定性　359
図9-2　規模の経済性と不安定均衡　360
図9-3　不安定均衡と過疎化　361
図9-4　地域間補助金の効果　362
図9-5　定額補助金と定率補助金　366
図9-6　ハエ取り紙効果　371

図 表 目 次 xxiii

【表目次】

表1-1 DID人口の推移　4
表1-2 都市圏人口　10
表1-3 アメリカの都市規模分布（2010年）　11
表1-4 都市規模別の人口（2005年）　11
表3-1 地価とGDP　65
表3-2 地価上昇率とGDP成長率　67
表4-1 東京圏における交通機関別旅客輸送人員シェアの推移　97
表4-2 通勤・通学交通における自家用乗用車利用者のシェア　97
表4-3 三大都市圏の通勤鉄道の混雑率と輸送力　97
表4-4 三大都市の混雑時旅行速度　99
表4-5 東京都心3区への純流入人口　100
表4-6 東京23区への純流入人口　100
表4-7 平均通勤時間　101
表4-8 都市中心部への平均通勤・通学時間　101
表4-9 小田急小田原線（世田谷代田〜下北沢）におけるピークロード問題　118
表5-1 1人当たりの住宅の広さ　162
表5-2 1住宅当たり延べ床面積の推移　162
表5-3 世帯人員構成の推移　163
表5-4 住居費　164
表5-5 首都圏の住宅価格の年収倍率　164
表5-6 新築住宅の平均床面積　165
表5-7 住宅価格の年収倍率：国際比較　165
表5-8 住宅総数と空き家戸数の推移　186
表5-9 住宅投資に占めるリフォームの割合：国際比較　187
表5-10 持家率　188
表5-11 既存住宅取引　195
表6-1 住宅補助のタイプ　207
表6-2 住宅ストックの構成　218
表8-1 建築基準法における形態規制　290
表9-1 国と地方の財政支出が国内総生産に占める割合　333
表9-2 地方政府の歳出の構造：2012年度　334
表9-3 地方政府の歳入の構造：2012年度　335
表9-4 都道府県の税収　336

表9-5　市町村の税収　　337
表9-6　補助金と地方税：2014年度（見込）　　337

都市経済学 第2版

1章

都市化と都市政策

1　都市化の動向

　わが国では，戦後の経済成長にともなって急激に**都市化**が進行した．都市化の動向を見るのに最も頻繁に使われるデータは**人口集中地区**（**DID**, Densely Inhabited District）の人口である．おおざっぱに言えば，人口集中地区は，人口密度が1 km² 当たり4,000人以上であり，しかも総人口が5,000人を超えている地域である．[1]

　表1-1からわかるように，DID 人口は1960年代から80年代にかけて急速に増加し，90年には総人口の6割以上を占めるにいたった．また，住宅地が都市の外延部に広がっていったので，DID の面積も大きく増加し，1960年から90年までの30年間に3倍以上になっている．その結果，DID 内での人口密度は1 km² 当たり約1万人であったのが7,000人をかなり下回る程度にまで低下している．1990年代からは DID 人口および DID 面積の増加は沈静化し，2000年代には，10年間で4％（DID 人口）および2.3％（DID 面積）の増加にとどまっている．

---

[1]　より厳密には，DID とは，市町村の境界内で人口密度の高い（原則として人口密度が1 km² 当たり約4,000人以上）国勢調査の調査区が隣接して，調査時に人口5,000人以上を有する地域である．

表1-1 DID人口の推移

	DID人口 (1,000人)	DID面積 (km²)	DID人口 の割合 (%)	DID面積 の割合 (%)	DIDの 人口密度 (人/km²)	人口総数 (1,000人)
1960年	40,830	3,865.2	43.3%	1.02%	10,563	94,302
1970年	55,997	6,444.1	53.5%	1.71%	8,690	104,665
1980年	69,935	10,014.7	59.7%	2.65%	6,983	117,060
1990年	78,152	11,732.2	63.2%	3.11%	6,661	123,611
2000年	82,810	12,457.4	65.2%	3.30%	6,647	126,926
2010年	86,121	12,744.4	67.3%	3.37%	6,758	128,057

(出典) 総務省統計局「国勢調査」.

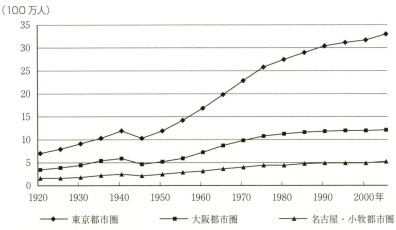

図1-1 三大都市雇用圏の人口

(出典) 総務省統計局「国勢調査」. 都市圏の定義は都市雇用圏（東京大学空間情報科学研究センター：http://www.csis.u-tokyo.ac.jp/UEA/）による.

急速な都市化のプロセスにおいて都市圏の人口は大きく増加した．次に，都市圏人口の推移を見てみる．その際に注意しなければならないのは，郊外部の周辺市町村と中心都市が一体となって都市機能が成立しているケースが多いことである．したがって，行政区域としての都市ではなく，周辺市町村を含んだ都市圏ベースのデータを用いる必要がある．ここでは，東京大学空間情報科学研究センターによる**都市雇用圏**（**UEA**, Urban Employment Area）を用いる．都市雇用圏はアメリカにおける **MSA**（Metropolitan Statistical Area）とほぼ同様な方式で定義されており，中心都市とその通勤圏である郊外から構成され

図1-2 東京都市雇用圏の人口増加

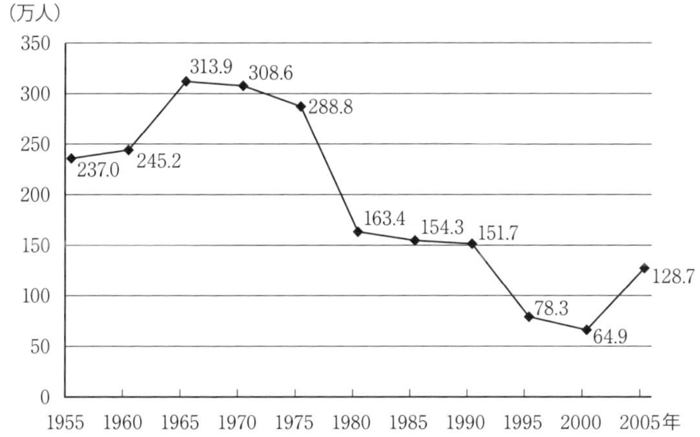

(出典) 図1-1に同じ.

る.[2)]

　日本の都市化のプロセスにおいて顕著だったのは，大量の人口が三大都市圏に流入したことである．図1-1は，東京都市圏，大阪都市圏，名古屋・小牧都市圏の人口の歴史的な変化を表している．この図からわかるように，1980年頃までは，戦災を避けて都市住民が疎開した第二次大戦前後を除いて，三大都市圏の人口は一貫して大きく増加してきている．とりわけ，東京都市圏の人口増加は著しく，1920年に約700万人であったのが，2005年には3,300万人を超えている．東京都市圏の増加に比較すれば，大阪都市圏と名古屋・小牧都市圏の増加はそれほど大きくなく，特に，1980年以降は大きな増加を示していない．

　図1-2は1950年以降について東京都市圏の人口増加を5年間隔で示している．1950年から55年の5年間の人口増加は237万人であり，これを超える人口増加が75年まで続いた．1年当たりに換算すると，50万人から60万人の人口増になる．鳥取県の人口が60万人足らずであるので，それに匹敵する人口増が25年間にわたって続いたことになる．1970年代後半からは人口増加のスピードが緩み，年間30万人程度の人口増加が90年まで続いた．その後，人口増加はさらに減少

---

2) 都市雇用圏の詳細については，東京大学空間情報科学研究センターにおける都市雇用圏ウェブサイトを参照されたい．

図1-3　東京圏（1都3県）への人口流入
（出典）総務省統計局『住民基本台帳人口移動報告年報』．

し，その半分程度になったが，2000年以降は再度大きくなっている．大阪都市圏と名古屋・小牧都市圏の人口増加が1980年以降は頭打ちになったのに比べると，東京都市圏の人口増加は突出している．

　人口増加には出生による自然増があるので，東京圏への人口移動を見るためには自然増部分を除かなければならない．図1-3は，東京圏への転入人口から転出人口を差し引いた転入超過数を示している．なお，人口移動のデータは都市雇用圏単位では作成されていないので，この図では，東京都，神奈川県，千葉県，埼玉県の1都3県のデータを用いている．この図によれば，1970年までの純流入は年間25万人から40万人程度であったのに対して，70年代後半には年間5万人から10万人程度にまで落ちてきている．1980年代に入って再度東京への人口流入が増加したが，70年以前の水準に比較すれば，はるかに小さい．1987年以降は東京圏への人口流入が減少し，94年にはマイナスに転じている．しかし，1996年には再度プラスになり，2001年からは年間10万人を超えていたが，10年以降は10万人を割り込んでいる．

　戦後，大都市圏への急速な人口移動が起きたのは，大都市圏と地方部の間に大きな所得格差が存在したからである．図1-4は1人当たり県民所得について，上位5県の平均と下位5県の平均との比をとったものである．1970年代初頭ま

1　都市化の動向　7

図1-4　1人当たり県民所得：上位5県と下位5県の比

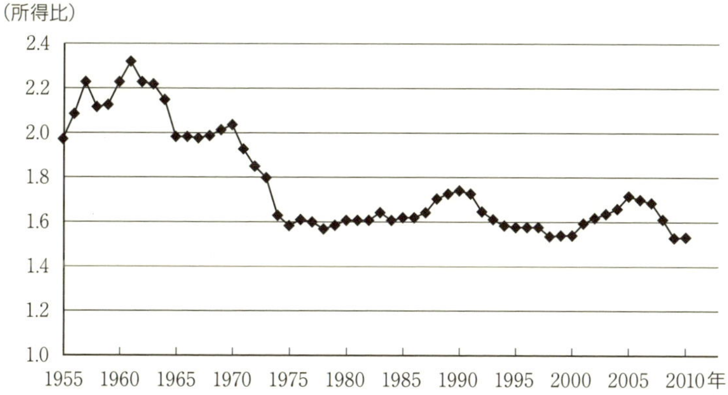

(出典)　内閣府「県民経済計算」．

では2倍を超す大きな地域間所得格差があったが，70年代前半に1.6倍程度に下がり，その後は，安定的に推移している．1970年代初めまでは大きな所得格差が大規模な人口移動を生み，その結果もあって所得格差は縮小した．1970年代半ば以降に人口移動が減少してきているのは，実質所得格差が縮小してきたことを反映している．1.6倍程度の所得格差は続いているが，これは住宅コスト等の生活費格差や学歴等の労働者属性を反映したものであるという解釈が可能である．2007年全国物価統計調査によると，東京都区部の総合物価指数（全国平均100）は111.4であり，沖縄県の91.9の1.2倍程度であるが，住居だけについて見ると，156.5と66.7となっており，東京都区部は沖縄県の2.3倍を超えている．また，最終学歴が大学・大学院卒の割合は，2010年国勢調査によると，東京都で24.2％であるが，沖縄県では10.9％であり，青森県では7.2％である．大都市圏で平均所得が高くなっている理由の1つは，所得稼得能力の高い労働者が集中していることである．詳細な統計的分析は行われていないが，1970年代半ば以降の所得格差はかなりの程度，生活費と労働者属性の差で説明できると思われる．

　都市化の背景には産業構造の大きな変化がある．図1-5は1970年からの産業別就業人口の推移を東京都市圏（1都3県）と全国について見ている．図から明らかなように，両者において比率では，第一次産業は減少し続け，第三次産

8　1章　都市化と都市政策

図1-5　産業別就業人口の推移

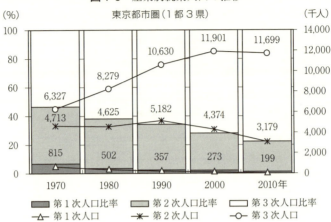

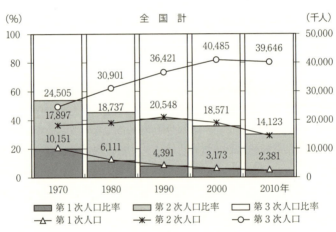

（出典）　総務省統計局「国勢調査」より作成．

業は増加し続けている．全国については図からではわかりづらいが，第二次産業比率は両者について減少し続けている．

　絶対数では，第三次産業が2000年から10年にかけて減少しているが，これは就業者数総数が減少しているからである．総人口は2010年まで増加していたが，少子高齢化を反映して，就業者総数は1995年から減少を始めている．第二次産業については，1990年まで増加の傾向が見られるが，それ以降は少しずつ減少

しており，第三次産業化が進んでいる．

2 都市規模分布

都市圏人口が3,000万人を超す東京のような大都市から3万人程度の根室市や枕崎市のような中小都市まで，大小様々な都市が存在している．これらの都市は複雑な**階層構造**をなしており，ごく単純化しても図1-6のようになっている．これらの各階層の都市はそれぞれ異なった機能を果たしており，都市規模も各自の果たしている機能に応じて決まっている．たとえば，ブロック中枢都市は各ブロックの中枢機能を果たしており，その機能の存在によって福岡や広島は熊本や山口などの他の県庁所在都市よりも人口規模が大きくなっている．以下では，わが国の都市がどのような都市規模分布を持っているのかを簡単に見てみる．

都市雇用圏の定義には国勢調査における昼夜間人口と通勤パターンのデータを用いるので，国勢調査の年度ごとに異なった圏域が設定される．表1-2は，2005年の国勢調査結果を用いて定義された上位20位までの都市雇用圏について，05年の都市圏人口と，1985年からの人口増加率を表している．

東京圏がずば抜けて大きいのがわが国の**都市規模分布**の顕著な特徴であり，大阪圏の3倍近い人口規模になっている．わが国の都市規模分布のもう1つの特徴は，名古屋に続く都市の都市規模が小さく500万人程度の都市規模を持つ都市が名古屋以外に存在しないことである．これに対して，表1-3からわかる

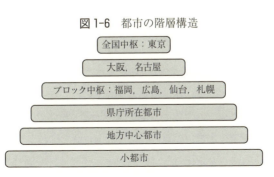

図1-6 都市の階層構造

表1-2 都市圏人口

都市圏	都市圏人口 2005年	人口増加率（％）	
		1985-1995年	1995-2005年
東　京	33,340,947	7.9%	6.2%
大　阪	12,156,918	2.8%	1.5%
名古屋	5,234,770	5.8%	4.7%
京　都	2,560,850	3.9%	2.6%
福　岡	2,409,904	14.7%	9.7%
札　幌	2,325,653	12.8%	5.8%
神　戸	2,318,909	4.1%	4.8%
仙　台	1,570,190	13.5%	5.5%
岡　山	1,503,556	3.6%	2.6%
広　島	1,423,865	6.6%	2.6%
北九州	1,401,737	-2.5%	-2.6%
浜　松	1,139,189	6.4%	4.9%
新　潟	1,093,264	3.8%	0.8%
熊　本	1,083,740	7.9%	3.5%
宇都宮	1,082,347	7.7%	2.8%
静　岡	1,008,368	2.4%	-0.8%
高　松	838,788	1.6%	-0.2%
岐　阜	830,623	3.1%	1.4%
長　崎	786,696	0.8%	-1.7%
那　覇	779,726	9.4%	7.1%
全　国	127,767,994	3.7%	1.8%

（出典）東京大学空間情報科学研究センター（http://www.csis.u-tokyo.ac.jp/UEA/）．

ように，アメリカではダラス，フィラデルフィア，ヒューストン，ワシントン，マイアミなどのように500万人程度の人口を持つ都市圏がかなりの数に上っている．

　1985年からの10年間における人口増加率を見ると，東京圏が7.9％で，この時期の総人口増加率3.7％の2倍以上である．名古屋圏は東京圏より低いが5.8％で全国レベルを上回っている．大阪圏は2.8％で全国レベルを下回っており，地盤沈下が著しい．これに対して，札幌，福岡，仙台，広島などのブロック中枢都市の人口増加率は高く，特に前者3都市については10％を超えており，広島についても名古屋を上回る6.6％になっている．

　1995年からの10年間については，総人口の増加率が1.8％に低下しているにもかかわらず，東京圏の増加率は6.2％と高い水準を維持している．名古屋圏が全国レベルを上回り，大阪圏が下回るというパターンも同様である．ブロッ

表1-3 アメリカの都市規模分布（2010年）

都市圏	都市圏人口	都市圏	都市圏人口
ニューヨーク	19,567,410	サンフランシスコ	4,335,391
ロサンゼルス	12,828,837	デトロイト	4,296,250
シカゴ	9,461,105	リバーサイド	4,224,851
ダラス	6,426,214	フェニックス	4,192,887
フィラデルフィア	5,965,343	シアトル	3,439,809
ヒューストン	5,920,416	ミネアポリス	3,348,859
ワシントン	5,636,232	サンディエゴ	3,095,313
マイアミ	5,564,635	セントルイス	2,787,701
アトランタ	5,286,728	タンパ	2,783,243
ボストン	4,552,402	ボルチモア	2,710,489

（出典）U. S. Census Bureau（アメリカ合衆国国勢調査局：http://www.census.gov/popest/data/metro/totals/2012/index.html）.

表1-4 都市規模別の人口（2005年）

都市圏人口（万人）	都市圏数	人口合計	総人口に占める割合
MEA 以外		21,086,365	16.5%
7-20	20	2,829,748	2.2%
20-50	47	15,114,959	11.8%
50-100	26	17,082,715	13.4%
100-500	13	20,921,572	16.4%
500以上	3	50,732,635	39.7%

（出典）表1-2に同じ．

ク中枢都市については，福岡が9.7％と高い水準を維持しているが，札幌，仙台は5％台に落ちており，広島はさらに低い2.6％である．

表1-4は都市規模のランク別に人口を合計している．都市雇用圏（UEA）のうちで，中心都市のDID人口が5万人以上の都市圏を**大都市雇用圏**（Metropolitan Employment Area）と呼び，1万人から5万人のものを**小都市雇用圏**（Micropolitan Employment Area）と呼んでいる．この表では大都市雇用圏とそれ以外について規模別の人口合計を示している．都市圏人口が500万人以上の都市は東京，大阪，名古屋の3つだけであるが，これらの三大都市圏に日本の総人口のほぼ4割が住んでいる．100万人から500万人の間の都市圏には，総人口の約16.4％が住んでおり，これらと三大都市圏を合わせると総人口の約56％になる．つまり，日本人の半分以上は人口が100万以上の16の大都市圏に住んでいる．また，大都市雇用圏（表ではMEA）以外の地域に住んでいる

1章 都市化と都市政策

図1-7 日本におけるランクサイズ・ルール

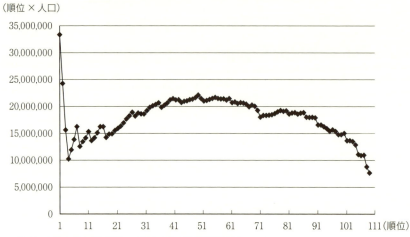

(出典) 2005年都市雇用圏人口（東京大学空間情報科学研究センター：http://www.csis.u-tokyo.ac.jp/UEA/）による．

人々は日本人の約16.5％にすぎない．

都市規模分布については**ランクサイズ・ルール**と呼ばれる規則的なパターンが知られている．これは，都市圏を都市規模の大きい順に順位付けをすると，各都市圏の順位と人口とを掛け合わせたものが等しくなるというものである．つまり，2番目に大きな都市圏の人口は，最大都市圏の半分であり，3番目の都市圏の人口は最大都市圏の3分の1であるといった具合になる．これを日本に当てはめてみると，最大の都市圏である東京圏では人口が約3,334万であるので，ランクサイズ・ルールによれば，順位が2位の大阪圏の人口はこの半分の1,667万になるはずであり，第3位の名古屋圏では1,111万人になるはずである．実際には，大阪圏と名古屋圏の人口は約1,216万人と約523万人であり，このルールからはかなり乖離しているが，もっと小さい都市についてはランクサイズ・ルールの当てはまりは良い．

図1-7は，順位×人口が順位に応じてどう変化しているかを描いている．この図からわかるように，10位以内の都市圏については変動が大きいが，それ以下の都市圏についてはなめらかな動きをしている．また，50位程度までは緩やかに増加し，それを過ぎると緩やかに下降している．

近似的にではあるが，ランクサイズ・ルールはほとんどの国の都市規模分布において成立しており，その規則性は多くの人々のイマジネーションをかき立ててきた．1950年代から都市規模分布の理論モデルを構築する試みがなされてきたが，いまだに様々なアプローチを用いた研究が継続している．[3]

3　都市はなぜ存在するのか

都市の分析を行う際には，最初に「都市はなぜ存在するのか」という問題に答えなければならない．生活コストの高い大都市に人口が集中するのは，何らかの経済的な便益が都市集積によってもたらされているからである．

わが国のように地域間の人口移動が自由である国では，都市規模は住民および企業の自由な移動によって決定される．当然のことながら，人口は実質所得の高いほうに移動する．1節で見たように，第二次大戦後から1970年代までは大量の人口が三大都市圏に流入し，東京都市圏，大阪都市圏，名古屋・小牧都市圏の都市人口が増大したが，これは大都市圏と地方部の間に大きな所得格差が存在したからである．

また，企業は利潤が高くなるほうに移動する．たとえば，他の事情が一定であれば，取引のための交通通信費用が安いほうがよく，東京はこの点で優位に立っている．しかし，他の費用も重要であり，すべての企業，あるいは企業内のすべてのセクションが東京に立地したほうがよいわけではない．たとえば，労働集約的な工場は労働費用が安い地域に立地したほうがよいことは明らかで

---

[3]　1950年代におけるランクサイズ・ルールの理論的研究としては，以下の2つが有名である．

　　H. A. Simon, "On a Class of Skew Distribution Functions," *Biometrika* 42, 1955, pp. 425-440.

　　M. J. Beckmann, "City Hierarchies and the Distribution of City Size," *Economic Development and Cultural Change* 6, 1958, pp. 243-248.

　　最近の日本人研究者による研究としては，以下を参照されたい．

　　T. Mori and T. E. Smith, "An Industrial Agglomeration Approach to Central Place and City Size Regularities," *Journal of Regional Science* 51, 2011, pp. 694-731.

ある.

自由に移動する個人や企業が都市に集積する原因としては，通常
(1) 空間的優位性
(2) 空間的な規模の経済
(3) 集積の経済

の3つがあげられる．まず，これらの3つの要因を簡単に見ていこう．

3.1 自然条件による空間的優位性

　人口集積が発生する1つの要因は，自然条件等によって空間的に有利な地域があり，そこに人口が集中することである．夕張，筑豊，常磐等の炭鉱によって発生した鉱山町，日明貿易や南蛮貿易の港として発展した堺，多数の参拝者が訪れる伊勢神宮の門前町として栄えた伊勢市等がその例である．鉱山町は移動不可能な生産要素が集中していることによって発生したと考えられる．炭鉱のように移動が不可能な生産要素（つまり，石炭の鉱石）が集中している場所には，この生産要素に依存する産業が集中して立地する．まず，鉱石を掘り出す石炭産業が立地し，次に，この石炭産業にサービスを提供する産業（たとえば，石炭産業で使われる機械の修理業など）や，石炭産業に従事する労働者のための小売業等が立地する．さらに，石炭を集中的に用いる産業（たとえば，鉄鋼業など）が輸送コストを節約するためにこの町に立地するかもしれない．

　生産要素の移動不可能性の概念においては，移動不可能性という言葉が特殊な意味で用いられていることに注意が必要である．石炭の鉱山が移動不可能というのは，鉱山の存在する位置を変えることができないという意味であり，掘り出した石炭が輸送不可能であることを意味するわけではない．これは，人間の場合の引越しと通勤の相違に似ている．引越しは住居の立地点の移動であり，通勤は住居と職場の間の毎日の移動を指している．人間の場合には立地点の移動も通勤も可能であるが，鉱山の場合には立地点の変更の意味での移動は不可能である．立地点の変更が困難な生産要素が集中している場合にはその地点に都市が成立する可能性がある．しかし，人間のように立地点の移動が可能な生産要素は，その立地点自体が内生的に決定されるので都市の存在理由にはなりえない．

生産要素の集中によって形成される都市は，新古典派の伝統的なモデルの枠内で説明することができる．このタイプの都市は，たんに生産要素が一地点に集中していることにのみ依存しており，規模の経済などの生産技術の「非凸性」や，外部性や公共財などの「市場の不完全性」が存在しないからである．したがって，競争的市場均衡は効率的であり，都市規模も効率的な水準に決定される．しかしながら，生産要素の集中が作り出しうる都市は鉱山町などの比較的小さい都市であり，現代の都市の存在理由としてはあまり重要なものではないと思われる．

空間的優位性は自然条件だけでは生まれず，経済活動等の相互作用の中で生まれるケースもある．たとえば，堺は，応仁の乱以降の日明貿易と16世紀以降の南蛮貿易を担い，大阪夏の陣において全焼するまで環濠自治都市として繁栄したが，交通の要衝としての優位性によって生まれた都市であると考えられる．世界的に見ても，イリノイ川，ミシシッピー川の水運と五大湖を経て大西洋に至る海運の結節点として発展の礎を築いたシカゴや，エリー運河とハドソン川によって五大湖と結ばれ，港湾都市としての優位性を得たニューヨーク等，港湾都市から出発した大都市は多い．

3.2 規模の経済

第2の規模の経済は，大なり小なりすべての生産活動に存在し，機械設備や建物などの不可分性や分業の利益から生じてくる．自動車の組立産業のように規模の経済が顕著な場合には，多数の労働者を雇用する工場を1カ所に建設するのが効率的であり，大規模工場をベースにした工場町ができる．トヨタ自動車が本社を置く豊田市や，1961年に日本鋼管（現JFEスチール）の福山製鉄所が立地して以降大きな発展をとげた福山市などの企業城下町は，規模の経済による都市の例であると考えられる．

規模の経済の概念は幅の広いものであり，企業の生産活動における規模の経済には必ずしも空間的集中とは結びつかないタイプのものも存在することに注意が必要である．たとえば，数多くの小規模な工場で生産するのが効率的な場合でも，マーケティング上の規模の利益や経営管理上の規模の利益によって，これらの工場を単一の企業が管理したほうが効率的なことがある．この場合に

は，企業組織としての規模の経済は**空間的な意味での規模の経済**を意味しない．都市の形成に関して問題になるのは，ある1地点に生産活動を集中させることによって得られる空間的な意味での規模の経済である．

規模の経済によって説明できる都市は比較的規模が小さい企業城下町だけであり，数多くの企業が立地する現代の大都市を説明することはできない．なぜならば，規模の経済は1つの企業の規模が拡大することによる利益であり，2つ以上の企業が集中することは説明できないからである．

3.3 集積の経済

現代の大都市を説明するには，多数の企業が一都市に集まる理由を説明できなければならない．多数の企業が一都市に集まることによって得られる便益を総称して**集積の経済**と呼んでいる．集積の経済の重要性についてはマーシャル（A. Marshall）の時代から気づかれており，Marshall（1890）[4]はその発生要因の例として，知識のスピルオーバー，中間財および最終財生産者間のリンケージ（つながり），熟練労働の集積の3つをあげている．しかしながら，集積の経済をもたらす経済メカニズムに関する研究がさかんに行われるようになったのは，1980年代頃からである．Duranton and Puga（2004）[5]はこれらの研究を基礎に，集積の経済をシェアリング（共用），マッチング（適合），ラーニング（学び）の3つに分類した．以下では主要なものを簡単に見てみよう．

シェアリング（共用）

都市に住む住民や立地する企業は様々なものの恩恵を共有することができる．たとえば，東京ドームのような大スポーツ施設，美術館，オペラハウスといった施設には大きな規模の経済性があり，また，多くの人が同時に利用できる．

---

[4] A. Marshall, *Principle of Economics*, 1890（馬場啓之助訳『マーシャル経済学原理』全4巻，東洋経済新報社，1965年～67年）．

[5] G. Duranton and D. Puga, "Micro-foundations of Urban Agglomeration Economics," in J. V. Henderson and J. F. Thisse, eds., *Handbook of Regional and Urban Economics*, Vol. 4, 2004, North-Holland, pp. 2063-2117.

こういった施設を共用できるということは都市の魅力の1つである．また，証券取引所，商品取引所といった常設市場も規模の経済性を持ち，都市ではこれらのサービスの恩恵を受けることができる．さらには，中央政府や地方政府の存在も規模の経済を持つサービスの一例と考えられる．東京都市圏にきわめて大きい集積が起きた理由の1つは，中央政府の存在によって，政府のサービス（政府による規制も政府のサービスの1つであると考えられる）を受けるうえで，東京に立地することが有利であるからである．

消費者にとっての都市の魅力は多様な商品やサービスを享受できることである．東京のような大都市には，ディスコ，ジャズ・バー，オペラハウスなどの多種多様なレジャー施設が存在するし，ショッピングについてもデパートや各種専門店が多数存在し，消費者の多様な嗜好に応えることができる．このようなバラエティーを維持するのは，中小都市では不可能である．[6] また，生産面においてもビジネスに必要な多様なサービスが大都市では供給されている．たとえば，会計士，弁護士，各種コンサルタント等の企業向けサービスについても，高度なサービスは専門化されており，適切なサービスを受けるためには大都市に立地することが有利である．消費面および生産面におけるバラエティーの便益は，1980年頃から発展を遂げた新経済地理学の基本的な構成要素であり，独占的競争の枠組みを用いて分析が行われている．[7]

生産面における多様性の便益は，企業向けサービスにとどまらない．大都市の都心部に立地する企業は複雑な取引ネットワークを形成しており，企業間のフェイス・ツー・フェイスのコミュニケーションが大きな役割を演じている．こういった場合には，企業がお互いの取引費用を小さくするために隣接して立地し，高密度のオフィス街を形成する．この種のメカニズムは，都市内の中心業務地区がどういうメカニズムで形成されるかを扱った非単一中心都市（non-monocentric city）のモデルを拡張した形で行われている．[8]

---

[6] 消費の多様性が大都市の魅力の1つであることは確かであるが，これだけで東京などの巨大都市を生み出すほど大きいものであるとは思われない．しかしながら，大規模ショッピング・センターや商店街などの商業集積の形成については，直接的な適用可能性を持つものと思われる．

[7] 新経済地理学の日本語で書かれた優れた解説書は，佐藤泰裕・田渕隆俊・山本和博『空間経済学』有斐閣，2011年．

企業間取引による集積の経済については第7章でより詳細に説明するが、以下のように要約できる。生産における規模の経済が存在しない時には、企業間取引のための交通・通信費用は都市を生み出す要因にはならない。この場合には生産の規模をいくら縮小しても生産の効率性は落ちないので、生産規模をきわめて小さくして各地点（自宅の裏庭）にすべての産業を立地させることができるからである。したがって、すべての生産活動を自宅の裏庭で行うことによって、交通・通信費用をゼロにすることができる。しかし、実際には、規模の経済性がまったく存在しない生産活動はありえず、このようなことは起こりえない。生産における規模の経済が企業間の交通・通信費用と結びつけられると大きな集積の経済が発生する。ある程度の規模を持つ企業（あるいは事務所）がお互いの取引費用を小さくするために隣接して立地するようになるからである。

大都市ではリスクをシェアすることも可能である。企業の生産量や投入量は、季節要因、景気循環要因、あるいはまったく不規則な確率的な要因などによって変動するのが常であり、このことは企業の在庫費用や失業の発生などの社会的なコストをもたらしている。ところが、多数の企業が存在し、しかもこれらの変動が企業間で独立に起こっている時には、大数の法則から変動がならされ、平均的にはほとんど変動が起きなくなる。したがって、多数の企業の存在する大都市では、売上げの変動が小さくなり、在庫費用の減少や雇用の安定等の便益がもたらされる。

マッチング（適合）

大都市には多くの異なったスキル（能力）を持った労働者が集積している。また、数多くの企業が集積しているので、企業側のニーズも多様である。こういった場合には、集積の増大は労働者と企業のマッチングを改善する効果を持

---

8) 金本良嗣「都市規模の経済学」伊藤元重・西村和雄編『応用ミクロ経済学』東京大学出版会, 1989年, 第5章, 145-172ページ.

　Y. Kanemoto, "Externalities in Space," *Fundamentals of Pure and Applied Economics* 11, 1987, pp. 43-103.

　Y. Kanemoto, "Optimal Cities with Indivisibility in Production and Interactions between Firms," *Journal of Urban Economics* 27, 1990, pp. 46-59.

つ. 多様な労働者が存在するので, 企業は自分のニーズにより適合した労働者を見つけることができるからである. もう1つの可能性は, マッチングがうまくいかず, 失業する労働者を減少させることである. 職を探す労働者と労働者を探す企業が数多く集積していると, それらを仲介するサービスの効率性が増すことが考えられる.

ラーニング（学び）

人と人との交流は, 新しい知識の獲得や既存の知識やノウハウの習得の際にも有益である. ジェイコブス（J. Jacobs）によって指摘されているように, 革新的なアイデアは多様な個人間の交流によって生まれることが多い.[9] 大都市には様々なタイプの人々が集積しており, これらの人々の間の非公式な個人的な接触によって, 革新的なアイデアによる新製品や新技術が生み出される. ファッション産業やベンチャー・ビジネスが大都会に立地する傾向があるのはこの理由によるものと思われる. 新しい知識の創造だけでなく, 知識の伝播や学習においても都市集積は大きな役割を果たしている. たとえば, 多数の大学, 研究所等が立地している大都市においては, 新しい知識を学ぶことが容易である. 最近では, サラリーマンが夜や週末に学ぶことができる大学院が多く開設されているが, こういったことは大都市以外ではほぼ不可能である.

3.4 集積の不経済

ここまでは, 都市規模の拡大の要因を見てきたが, これらの要因だけでは都市規模は無際限に大きくなり, 一国に1つだけの都市しか存在しなくなる. したがって, **集積の不経済**をもたらす何らかの要因が存在しなければならない. 集積の不経済の最も重要なものは時間費用や混雑費用を含めた交通費用の増加であると思われる. 都市が大きくなると都市住民の通勤距離は平均的に長くならなければならず, 都市全体での通勤費用は都市人口の増加より速いスピードで増加する. また, 都市住民の消費する農産物は周辺の農業地域から供給されるが, 都市が大きくなると供給地域は拡大し農産物の輸送コストも増大する.

---

[9] J. Jacobs, *The Economy of Cities*, Random House, 1969（中江利忠・加賀谷洋一訳『都市の原理』鹿島出版会, 2011年）.

これらの交通費用の増大は，混雑現象が存在しなくても集積の不経済として働くが，実際には都市規模がある程度以上に大きくなると交通の混雑が起こり，交通費用はさらに増大する．交通の混雑のみならず，大気汚染や騒音公害の発生，公園などの公共施設の混雑等も集積の不経済の要因となる．

実際の都市規模は，これらの集積の不経済と上で述べた集積の経済とがバランスする点で決定される．

4 都市問題と都市政策

都市政策の多くは都市計画の形で行われており，経済学者の関与は少なかった．しかしながら，都市は民間の経済活動の舞台であり，都市政策も経済分析の俎上に載せる必要がある．また，経済学は狭い意味での経済活動だけにしか適用できないというわけではなく，アメニティー，環境，安全，健康といった市場メカニズムの外側にあるものについても経済分析が可能である．

あらゆる政策について，経済学的分析の出発点は競争市場の効率性に関する**厚生経済学の基本定理**である．市場経済では私的利益を追求する個人や企業の間の調整は価格体系の動きによって行われる．厚生経済学の（第1）基本定理によれば，その結果として生じる資源配分はパレートの意味で（すなわち，ある一個人の満足を高めようとすれば，必ず他の誰かを犠牲にしなければならないという意味で）最適である．したがって，パレートの意味での効率性だけが社会的な目的であり，この定理が成立する前提が満たされていれば，政府による介入は必要ない．

厚生経済学の基本定理が成立するためには，(1)すべての財・サービスに価格が付けられて取引が行われている，(2)需要者と供給者の双方が価格を所与として行動するプライス・テイカーである，(3)需要者と供給者が同じ情報を持っており，情報の非対称性が存在しない，という3つの条件が必要である．また，この定理が意味を持つためには，競争的市場均衡が存在していなければならない．さらに，消費者と生産者が合理的な行動をしていることが前提である．実際にはこれらの条件が完全に満たされていることはありえないし，パレート効

率性だけが社会的な目的ではない．

4.1 市場の失敗

政府による公共政策が必要となりうるのは，厚生経済学の基本定理の成立するための条件が満たされていない場合か，あるいはパレート最適が社会的な目的とは一致しない場合である．これらの場合を総称して**市場の失敗**と呼ぶことができる．

一般に，公共政策の正当化のためには何らかの「市場の失敗」が存在することが必要であるが，都市政策に関しても同じである．たとえば，地方分散化政策の強力な推進を正当化できるためには，分散化政策なしでは東京圏への「過大な」人口集中が起こることが論証できなければならない．つまり，分散化政策正当化のためには，人口の「過大な」集中をもたらすような「市場の失敗」が存在することがまず前提となる．

「市場の失敗」は，大きく分けて，(1)市場の欠落（不完備市場），(2)公共財，(3)規模の経済（非凸性），(4)所得分配，の4つに分類できる．都市政策においてはこれらのすべてが重要であるので，それぞれを簡単に解説しておきたい．

(1) 市場の欠落（不完備市場）

市場の失敗の第1は市場が欠落していることであり，**不完備市場**（incomplete markets）と呼ばれている．厚生経済学の基本定理が成立するためには，すべての有益（あるいは有害）な財・サービスについて市場が存在し，競争的な価格が定められることが必要である．ところが，実際には市場がすべての財・サービスをカバーしていない．この例として重要なのは，外部性，先物市場，条件付き市場の3つである．

外部性：不完備市場の第1は，公害等によって代表される（技術的）**外部経済・不経済**である．たとえば，煙草を喫って空気を汚染することは他の人々に悪い影響を与えることになるが，空気汚染の市場は存在しない．このような場合には空気汚染の発生者は対価を支払う必要がないので，汚染量が過大になる傾向がある．

一般に外部経済・不経済は有益（あるいは有害）な財・サービスに市場が存

在しない場合であり，これらの財・サービスの価格が本来は正あるいは負でなければならないのにゼロになっている．外部経済・不経済が存在する場合には適切な価格が支払われていないので，資源配分に歪みができ，非効率性がもたらされることになる．

都市にはきわめて多数の人間が密集して生活しており，外部経済・不経済の発生が不可避である．たとえば，住宅に住んでいる人々は，近くに工場があったり商業地があったりすると，騒音，道路混雑，空気汚染等の外部不経済を受ける可能性が大きい．また，低層住宅に住んでいる人は，近くに高層住宅が建つと日照や通風の悪化により悪い影響を受ける．さらに，交通の混雑も外部不経済の一例である．混雑現象の特徴は，各利用者が外部不経済の加害者である（他の利用者に対して外部不経済を与えている）とともに，被害者でもある（他の利用者から外部不経済をこうむっている）ことである．都市における多種多様な外部経済・不経済は，都市経済に歪みをもたらすことになる．

ただし，この種の外部性の定量的重要性については誇張されていることが多い．交通混雑の外部性は定量的にかなり大きなものになることが知られているが，近隣環境のもたらす外部性の定量的重要性に関しては否定的な実証研究のほうが多い．近隣に最も大きな影響を与えるのはスラムの存在であるが，アメリカの経済学者の多くはスラムについてさえ外部効果は小さいと考えている．[10]

先物市場：不完備市場の第2の例は，先物市場の不完全性である．経済活動は時間の流れの中で起こっており，現在の行動は現在のみならず将来にも影響を与える．たとえば，10階建ての高層住宅を建設するという決定は現時点での住宅供給になるのみではなく，将来数十年にわたる住宅供給に影響を及ぼす．これは，住宅の耐久期間がきわめて長いので，一度建築してしまうと簡単には建て直すことができず，将来長い期間にわたって土地利用を固定させてしまうからである．したがって，現在の意思決定は将来の住宅需要の見通しなくしては行えない．ところが，将来財の取引される先物市場はきわめて不完全であり，

---

10) H. S. Rosen, "Housing Subsidies: Effects on Housing Decisions, Efficiency, and Equity," in A. J. Auerbach and M. Feldstein, eds., *Handbook of Public Economics*, Elsevier, 1985.

将来成立する価格（たとえば高層住宅の家賃の2年後の水準）は不完全にしか知ることができない．こういった場合には個人は将来価格の不正確な予想に基づいて行動せざるをえず，最適な意思決定を行えない．

外部経済・不経済については市場がまったく存在せず価格が常にゼロであった．ところが，先物市場が存在しなくても将来時点における直物市場が存在するので価格が常にゼロであるわけではない．先物取引市場の不完全性における問題点は，将来の市場で成立する価格を現時点では正確に知ることができないことである．

条件付き市場：不完備市場の第3の例は，将来の不確実性が存在するにもかかわらず「条件付き商品」の市場が存在しないことである．このケースは，先物市場の不完全性の延長線上にある．将来についての不確実性が存在する時には，たとえ先物市場が完全であっても効率的な資源配分は実現されない．たとえば，来年の冬に積雪が何度あるかによって消費者にとっての自動車のタイヤ・チェーンの価値は異なる．したがって，積雪の多い時のタイヤ・チェーンと積雪のない時のタイヤ・チェーンは消費者にとって異なった性格を持つ．積雪の多い時のチェーンとか積雪のない時のチェーンとかを**条件付きの商品**（contingent commodity）と呼んでいる．不確実性が存在する場合に効率的な資源配分を達成するためには，すべての条件付き商品についての市場が存在しなければならない．しかし実際にはこのような市場は存在せず，わずかに保険市場がこの方向での役割を果たしているにすぎない．

好むと好まざるとにかかわらず現代の都市の経済活動には大きな不確実性が存在する．たとえば，10年後の土地利用の形態や住宅価格の水準を予測することは困難である．こういった場合には市場機構の効率性は保証されない．

不確実性に関して重要なのは，「情報の非対称性」からも不確実性が引き起こされることである．たとえば，不動産の売り手は権利関係が錯綜していてトラブルが発生するおそれがあることを知っていても，買い手にとってはそれを知ることが困難である可能性がある．この場合には，本来の意味の不確実性は存在しなくても，売り手の持っている（権利関係に関する）情報を買い手が得ることができないので，買い手にとっての不確実性が生じる．このような情報の非対称性は不動産の取引市場を不完全なものにしている．

(2) 公共財

市場の失敗の第2は**公共財**である．公共財の最も極端な場合として**純粋公共財**がある．純粋公共財の定義についてはいろいろな見解があるがおおまかに言って以下の諸性質を持つ財を言う．

① すべての消費者が同時に一緒に消費できるという「共同消費性」，
② すべての消費者が等量消費するという「等量消費性」，
③ 代価を支払わない個人に対しても消費を拒否できないという「非排除性」，
④ すべての消費者に，その好みいかんにかかわらず供給される「非選択性」．

これらの性質をすべて持つような財はきわめて少なく，通常は国防サービスなどがあげられるのみである．しかし，公共財の特性を際立たせるためには純粋公共財の分析が有用である．

純粋公共財は市場機構によっては効率的に供給することが不可能である．その理由は，非排除性による「ただ乗り問題」(free rider problem) の発生にある．つまり，非排除性が成立している場合には対価を支払わなくても公共財の便益を享受できるので，他の消費者に費用負担をまかせて，自分はそれに「ただ乗り」(free ride) したほうがよい．みんなが「ただ乗り」しようとすると，公共財の費用負担を行うものがいなくなってしまい，公共財の供給は不可能になる．

都市で供給されている公共サービスがどの程度の公共財的性格を持っているかはケースによって異なる．たとえば，公園は多数の人が同時に便益を享受することができるという共同消費性を持つが，あまりに多くの人が利用しようとすると混雑現象が発生し，私的財に近づいていく．また，コストをかければ公園の利用者から料金を徴収することが可能であり，実際にも料金の徴収が行われているケースがある．

(3) 規模の経済（非凸性）

以上の2つの例は厚生経済学の基本定理が成立しない場合であった．これに

対して,「市場の失敗」の第3の例である規模の経済(より一般的には, **非凸性**(nonconvexity)と呼ばれている)は,競争均衡が(存在すれば)効率的であることを妨げるわけではないが,競争均衡の存在自体が保証されない場合である.規模の経済が存在する時には大きな規模で生産するほうがより効率的であるので,少数の企業しか生き残れず,寡占や独占の状態になる.寡占や独占のもとでは厚生経済学の基本定理は成立せず,効率的資源配分が達成されない.これは,通勤鉄道やバスなどの都市交通について運賃の規制が行われている理由の1つである.

(4) 所得分配の公正

市場の失敗の第4の例は,効率性のみが社会的な目的ではないことである.たとえ効率的な資源配分が達成されたとしても,社会的に公正な**所得分配**が達成される保証はない.このような場合には,公正な所得分配を達成するために累進所得税制や生活保護のような所得再分配政策が必要となる.ところが,所得再分配政策は価格体系を歪めるので効率的資源配分を妨げる.たとえば,累進所得税は労働によって得られる収入に対しても課税され,労働のインセンティブを阻害する効果を持つ.したがって,効率的な資源配分と公平な所得分配の間にはトレード・オフ(trade-off)の関係があり,このトレード・オフを把握したうえで社会的な選択を行わなければならない.

都市政策において所得再分配を目的とするものの例は,低所得者用の住宅供給や住宅費の補助である.これらに関しては,住宅政策の章(第6章)で議論する.

4.2 政府の失敗

都市政策を考える際には,それを正当化する市場の失敗が存在するかどうかを最初に検討しなければならない.しかし,たとえ市場の失敗が存在したとしても,ただちに政策的介入を行うべきであるとは言えない.政策自体が弊害をもたらすことも非常に多いからである.

都市においては多種多様な市場の失敗が発生しているのと同様に,都市政策の失敗の原因も多岐にわたっている.たとえば,都市内における経済活動はき

わめて複雑に入り組んでおり，政策担当者の理解を超えていることが多い．このような場合には，誤った都市政策が行われる危険性が大きい．また，都市政策の実施のためには多数の利害関係者の間の調整が必要であり，複雑な政治的プロセスを経ることになる．政治的意思決定メカニズムはきわめて不完全なシステムであり，政治的プロセスが望ましい結果をもたらすとは限らない．[11]

都市政策における**政府の失敗**の典型は，土地利用規制の硬直性である．いったん土地利用の用途規制が行われると，それが実態と合わなくなっても変更することは困難である．たとえば，道路の建設が都市計画決定されると，都市計画法によって，道路予定地では耐久性の高い建築物を建築することが禁止される．このような土地については，買い取り請求の制度があるが，自治体と金額や条件の面で合意することは困難であり，道路予定地の地主は所有地の利用法を制限され続けることになる．ところが，道路建設が都市計画決定されても，事業化がなされず，40年以上もの長期間にわたって放置されている例が非常に多い．[12]

このように政府自体も完全ではなく，「市場の失敗」があるからといって自動的に政府の介入が正当化されるものではない．どの分野を市場機構にまかせ，どこまで政府が規制したり補助したりすべきかは，以上に述べた種々の問題点を考慮して決定されなければならない．

その際，特に注目すべきなのは次の2点である．第1に，政府の介入が望ましいかどうかは一般に簡単な問題ではなく，介入した時の社会的便益と社会的費用をケース・バイ・ケースで評価しなければならない．したがって，具体的事例に即してそれぞれの政策についての費用便益分析を行わなければならない．第2に，政府の政策の評価については，制度的仕組みに様々なものがありうることを認識し，それらの間の比較を行わねばならない．たとえば，住宅の品質の不確実性にともなう「市場の失敗」に対処するためには，建築基準法等の政

---

11) 金本良嗣「公共部門の政治経済学」金本良嗣・宮島洋編『公共セクターの効率化』東京大学出版会，1991年，序章，3-29ページ．

12) 長い間事業化されていない都市計画道路を見直すべきであるという議論も多いが，見直しによって都市計画道路を解除すれば，それまで長期にわたって行われた私権の制限が意味のないものになってしまうので，裁判を起こす地主が多く出てくるとも考えられる．したがって，地方自治体は都市計画の見直しには非常に消極的である．

府による品質規制のほかに，アメリカにおけるコンシューマー・ユニオンのような民間団体による品質情報の提供，生産者による品質保証，製造物責任（PL）制度の導入等様々な政策手段があり，これらの間の得失を検討しなければならない．

4.3 次善の政策

　都市には様々な市場の失敗が存在しており，それらの多くは直接的な政策対応が不可能であるか，不完全な対応しかできない．たとえば，道路の混雑は外部不経済の一例であり，市場の失敗をもたらしている．混雑料金を課すのがベストの政策であるが，混雑度に応じた課金は技術的に困難であり，可能であったとしてもプライバシー保護等の観点からの利用者の反発が大きい．混雑料金が不可能な場合には，他の都市政策はそれを前提とした次善の政策になる．たとえば，住宅の開発規制や容積率規制は道路混雑に対する影響を考慮して決める必要があり，混雑緩和のために開発規制を強化したり，都心部の容積率規制を緩和したりする政策が正当化される可能性がある．

　都市政策においてもう1つ重要な市場の失敗は集積の経済によるものである．集積の経済は都市総生産の1割程度にも達するという推定結果もあり，都市政策の評価において無視できない要因である．実務においても，イギリスがこういった要因を交通投資の評価に組み込むという試みを始めている．

　市場の失敗だけでなく既存の政策による価格体系の歪みも次善の最適化において考慮しなければならない．たとえば，所得税は労働者が受け取る税引き後の賃金を企業が支払う税引き前の賃金より低くするので，労働のインセンティブを低下させる効果を持つ．同様に，固定資産税のうちで建物部分に課税される分は，建築投資を阻害する効果を持つ．こういった歪みについても，それ自体を解消することが不可能な場合には，考慮に入れる必要がある．

　価格体系の歪みが存在する時の政策評価は，死重損失に関するハーバーガーの三角形公式を用いて簡単に行うことができ，以下のいくつかの章で都市政策に対する適用事例を解説する．

キーワード

都市化　人口集中地区（DID）　都市雇用圏（UEA）　MSA　都市の階層構造　都市規模分布　大都市雇用圏（小都市雇用圏）　ランクサイズ・ルール　空間的な規模の経済　集積の経済　集積の不経済　厚生経済学の基本定理　市場の失敗　不完備市場　外部経済・不経済　条件付きの商品　公共財　純粋公共財　非凸性　所得分配　政府の失敗

練習問題

1. 移動不可能な生産要素の集中，規模の経済，規模の経済と企業間取引の組合せによる集積の経済，消費の多様性による集積の経済，公共財のそれぞれによって発生した都市（あるいは，サブ・センター）の具体例（ただし，本文にあげているもの以外）を1つずつあげ，なぜそれらが例になっているかを簡単に説明せよ。
2. 都市における外部経済と外部不経済の例を1つずつあげ，それらに対してどのような政策が望ましいかを論ぜよ。
3. 都市において供給されている財・サービスのうちで，ある程度の人数までは集合消費性を持つが非排除性を持たないものの例を2つあげて，それらを公共主体が供給すべきかどうかを論ぜよ。

2章

土地利用

1 はじめに

　都市空間は多種多様な用途に用いられている．大都市の都心部には企業の事務所が数多く立地しており，デパートや専門店などが都心近くやターミナル駅周辺に立地している．住宅は都市全域にわたって存在するが，都市の郊外部で特にその比重が高い．製造業の都市立地は少なくなってきているとはいえ，いまだにかなりの工場が都市にも存在している．また，同じ用途であっても，建物の階数や素材，敷地面積，床面積などがそれぞれ異なっている．たとえば，住宅地についても，50階建ての超高層住宅があるかと思えば，2階建ての一戸建て住宅や木造賃貸住宅などが存在する．この章では，これらの都市内の土地利用構造がどのように決定されるかを分析する．

　土地利用構造には，事務所，商業，住宅，工業等の様々な用途が都市空間の中にどう配置されるかという問題と，それぞれの用途内での土地利用の形態や構造がどう決定されるかという問題の2つが含まれる．たとえば，前者に関しては工業用地と住宅地とが分離するかどうか，また，分離した時にはどのように配置されるかといった問題がある．後者については，木造か鉄筋コンクリートかなどの建築構造や，敷地面積，床面積などの決定が含まれる．

　わが国のような市場経済においては，土地利用も基本的には市場メカニズム

によって決定される．市場メカニズムのもとでは，各個人や各企業は自己の利益を最大にするように利己的に行動する．このような利己的な行動が混乱をもたらさないのは，需要と供給を一致させるように価格が変動することによって，それらの間の調整がなされるからである．

これを土地所有者に当てはめると，各土地所有者は自分の受け取る収益を最大にする用途に土地を用いることになる．したがって，土地所有者は，自分で土地を利用する場合には土地からの収益（地代）を最大にする用途に土地を用いるし，土地を売却する場合には最高の地価を払う需要者に土地を売却する．つまり，土地利用決定の基本原則は，ある地点の土地はその土地に最高の対価（地代あるいは地価）を払える用途に配分されることである．たとえば，ある地域が商業用地になっている理由は，その地域が商業に好都合な立地条件を持っており，その他の用途よりも高い収益を得ることができるからである．このことの1つの帰結は，土地利用構造の決定には必ず土地の価格（地代あるいは地価）の決定が付随することである．したがって，土地利用を分析するためには，土地価格の決定メカニズムの分析を同時に行う必要がある．

土地利用構造の分析において最初に出てくる疑問は，市場メカニズムによって果たして秩序だった都市ができるのかどうかということである．市場経済では，各個人や各企業が私利私益に基づいて自分の利益を追求している．このような自分勝手な行動によってできあがる土地利用パターンは，まったく混乱したものになるのではないかという疑問が出るのは，ある意味で当然である．第二次大戦前の都市計画家の多くは，放置しておくと，都市の土地利用は混沌の状態になると考え，都市に秩序をもたらすためには都市計画による公共的介入が必要であると主張した．これに対して，アロンゾ（W. Alonso），ミュース（R. F. Muth），ミルズ（E. S. Mills）等の都市経済学研究のパイオニアたちによる（古典的）住宅立地理論は，市場機構が規則性を持った土地利用構造をもたらしうることを示した．

2 住宅地の土地利用

　図2-1は,東京圏の小田急線と常磐線の沿線における地価と都心からの距離の関係を示している.この図のように,地価と都心からの距離の関係について,たいていの都市で2つのパターンが観察される.1つは,**地価曲線**が右下がりである,つまり,地価が都心からの距離にしたがって下がることである.もう1つは,地価曲線が下に向かって凸であり,都心近くで勾配が急で,都心から離れるにしたがって勾配が緩やかになることである.図2-2は民営借家の1 m²当たり平均家賃を距離帯別に取っている.家賃も都心からの距離にしたがって下がっていくが,下がり方は地価ほどには急ではない.

　住宅1戸当たりの**敷地面積**については,都心近くでは小さく,郊外に行くほど大きくなっている.図2-3は一戸建て住宅について,都心からの距離帯別の1戸当たり敷地面積を示している.都心部では一戸建て住宅が少なく,中高層住宅が多いので,それらを含めると都心部での1戸当たり敷地面積はさらに小さくなる.

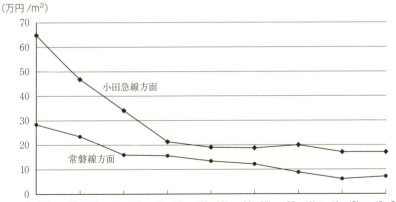

図2-1　住宅地地価（東京圏,沿線別・距離帯別,敷地面積1 m²当たり）

(出典)　国土交通省土地鑑定委員会編『地価公示』2003年.

図 2-2　民営借家の距離帯別家賃（東京圏，距離帯別，延べ面積 1 m² 当たり）

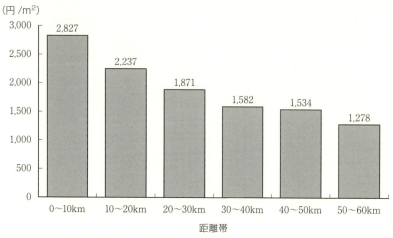

（出典）　総務省統計局編『住宅土地統計調査』2003年度.

図 2-3　一戸建て住宅の敷地面積（東京圏，距離帯別）

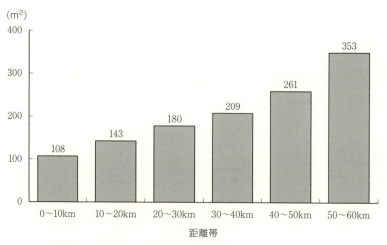

（出典）　総務省統計局編『住宅土地統計調査』2003年度.

　図 2-4 は，東京圏について 1 戸当たりの居住スペース（畳数）を都心からの距離別に示しているが，居住スペースは距離とともに増加するという明確なパ

図2-4 住宅の広さ（東京圏，距離帯別）

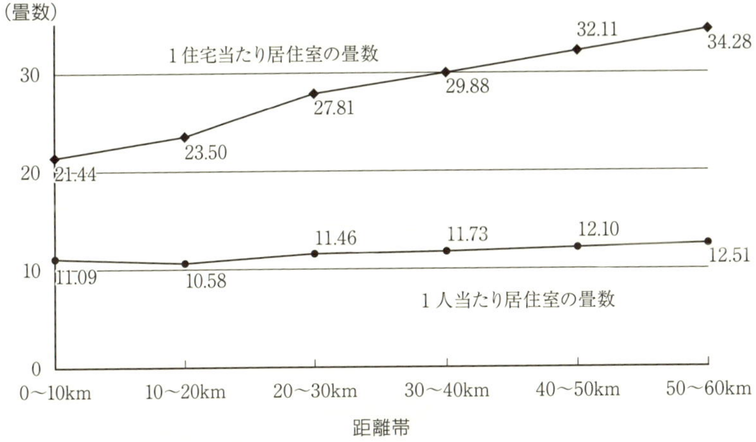

（出典）総務省統計局編『住宅土地統計調査』2008年度．

ターンが観察される．ただし，1人当たりの居住スペースは1戸当たりと比べてそれほど大きくは変化していない．都心近くには世帯人員の少ない世帯が多く居住しており，子育て世帯で世帯人員が多い家族は郊外に多く居住している．

オーストラリアの統計学者コーリン・クラーク（Colin Clark）は，世界のほとんどの都市で，人口密度が都心から離れるにしたがって小さくなっていることを見いだした．また，これに加えて，人口密度が都心からの距離の負の指数関数で近似できることを観察した．つまり，都心からの距離が x の地点の人口密度 $D(x)$ は

$$D(x)=\alpha e^{-\beta x}$$

で近似できる．ここで，α と β は定数である．したがって，**人口密度曲線**は地価と同様に右下がりで，下に向かって凸の曲線になっている．

3　古典的住宅立地モデル

1960年代にアロンゾ，ミュース，ミルズによって確立された**住宅立地の理論**は，実際の都市において観察される規則性を非常に簡単なモデルで説明してい

る.住宅立地の理論が1970年代以降の都市経済学の発展の起動力になったのは,この理由によるところが大きい.その後,住宅立地理論は建物の耐久性などを導入して様々な方向に拡張されているので,それらの新しい住宅立地理論と区別する意味で,アロンゾ=ミュース=ミルズの住宅立地モデルを「古典的住宅立地理論」と呼ぶことにする.

この古典的住宅立地理論では,土地利用パターンの規則性を,**都心への近接性**(accessibility)と**住宅の広さ**(space)との間のトレード・オフの関係から説明している.通勤費用の面からは都心近くのほうが有利であるが,居住スペースの面からは郊外のほうが有利である.これら2つの力の相互作用によって土地利用構造が決定される.

古典的住宅立地理論における最も重要な仮定は以下の2つである.

第1の仮定は,都市の中心が1つであるという**単一中心都市仮説**(monocentric city hypothesis)である.つまり,ビジネス地区が都市の中心に1つあり,すべての住民がそこに通勤するとされる.この仮定には2つの問題がある.

第1は,通常は都市の中心は1つだけではなく,いくつかの副都心が存在する場合が多いことである.たとえば,東京には東京・丸の内の都心地区に加えて,新宿や池袋などの副都心が生まれている.極端な例では,ロサンゼルスのように,業務地区が郊外化し,都心部が空洞化する傾向が発生していることもある.

もし副都心の存在が外生的に与えられれば,以下で説明する古典的住宅立地理論を副都心の存在する場合に拡張することは容易である.もっとむずかしいのは,「なぜ都市の中心にビジネス地区が立地してその周辺に住宅地ができるのか」とか,「副都心がどういう場合に発生するのか」ということを内生的に説明することである.この問題は,藤田昌久や今井晴雄によって分析されている**非単一中心都市モデル**(nonmonocentric city models)で扱われている.[1]

---

[1] H. Ogawa and M. Fujita, "Equilibrium Land Use Patterns in a Non-monocentric City," *Journal of Regional Science* 20, 1980, pp. 455-475.

 H. Imai, "CBD Hypothesis and Economies of Agglomeration," *Journal of Economic Theory* 28, 1982, pp. 275-299.

第2の重要な仮定は，**住宅資本の可塑性**（malleability）である．住宅の耐久性をまったく無視して，住宅の構造を瞬時に変更することが可能であるとするのがこの仮定である．木造住宅でも40年程度の耐用年数を持ち，鉄筋コンクリート住宅の耐用年数は100年にもなる．もちろん，物理的に利用可能でも，周囲の環境変化などから早めに建て替えられることが多い．しかし，住宅の取り壊しと新築にはかなりの費用がかかるので，いったん住宅を建築すると，20年以上はそのまま利用するのが通例である．したがって，住宅資本の可塑性は現実的であるとは言いがたい．住宅の耐久性を導入して住宅立地理論を一般化する試みは，藤田昌久，アーノット（R. Arnott），ウィートン（W. Wheaton）等によって1970年代終わりから1980年代にかけてさかんに行われた．この種の拡張は第3章で解説する．

以上2つの仮定に加えて以下のようないくつかの簡単化の仮定を置く．これらの仮定を緩めることは容易であり，結論を大きく変えることはない．

（ⅰ）平坦で特徴のない平野にある都市を考える．したがって，地形的および気候的に土地はすべて同質である．

（ⅱ）都心のビジネス地区内部の空間的構造を捨象し，一点であると考える．

（ⅲ）土地を農地として使えば一定の（単位面積当たりの）地代 R_a を得ることができる．

3.1 特殊ケース：1戸当たり敷地面積固定

上で述べたように，古典的立地モデルは住宅の耐久性を無視しており，住宅の敷地面積や床面積を瞬時に変更できると仮定している．古典的立地モデルの解説に入る前に，1戸当たり敷地面積（ロット・サイズ）が固定されているケースを考える．住宅の新築戸数は住宅ストック全体に比してごく少ないので，短期にはこのケースのほうがよくあてはまる．

すべての消費者が同質であり，同じ効用関数，所得，通勤費用を持っている場合を考える．分析をなるべく簡単にするために，消費財を住宅の敷地部分とその他消費財に2分し，住宅の上物部分（建物，庭，外構等）はその他消費財に含める．[2] 住宅の敷地面積を h で表し，その他消費財を z で表す．すべての消費者は都市の**中心業務地区**（**CBD**, Central Business District）に通勤する．

CBD から x の距離にある地点に住んでいる人の通勤費用は tx であるとする。ここで，t は単位距離当たりの通勤費用であり，$t>0$ で一定であるとする。地点 x の地代を $R(x)$ と書き，消費財の価格を 1 とすると，所得 y の消費者の予算制約式は

$$y = z + R(x)h + tx$$

となる。

効用関数を $U(z, h)$ と書く。前述のように，住宅の構造部分（建物の部分）は，消費財 z のほうに含まれている。また，この効用関数にはレジャー（余暇）時間が入っていないので，時間費用は貨幣換算されて所得制約の中の通勤費用のほうに含まれている。レジャー時間を明示的に導入するとどうなるかについては後ほど簡単に触れる。

図 2-1 と図 2-2 で見たように，地価や家賃は都心から離れるにしたがって低下している。まず，このパターンを説明できるかどうかを考える。すべての住民が同質であると仮定しているので，市場均衡では効用水準が都市内全域ですべて等しくならなければならない。効用水準に差があると，効用水準が低い地点から高い地点へ住民が移動してきて，その地点の住宅需要を高め，住宅価格（あるいは，地代）の上昇をもたらすからである。ここで，都心からの距離が遠くなるとどうなるかを考える。効用水準が等しくなるためには，通勤費用の上昇は住宅コストの低下で相殺されなければならない。したがって，地代が通勤費用の増加をちょうど相殺するように下がらなければならない。

厳密には以下のような説明ができる。まず，敷地面積が都市内で一定の場合を考える。この場合には，集合消費財も等しくなければ効用水準は等しくならない。したがって，地点間で変化するのは通勤費用と地代だけであり，通勤費用の変化を地代の変化がちょうど相殺しなければならない。都心からの距離が dx だけ遠くなり，x から $x+dx$ に移ると，予算制約を満たすためには，地代は

---

2) 住宅地以外の財を合成財として1つにまとめることは，ヒックス（J. R. Hicks）の合成財定理を用いることによって正当化できる。J. R. Hicks, *Value and Capital*, Clarendon Press, 1947（安井琢磨・熊谷尚夫訳『価値と資本』全2巻，岩波書店，1965年）を参照されたい。

$$hdR + tdx = 0$$

を満たすように下がらなければならない．したがって，地代曲線の傾き dR/dx（地代勾配と呼ばれる）は

$$\frac{dR}{dx} = -\frac{t}{h}$$

となり，

(2.1)　　地代勾配 $= -\dfrac{\text{通勤費勾配}}{\text{住宅敷地面積}}$

が成立する．図 2-1 によると，小田急線沿線と常磐線沿線で地価勾配は大きく異なっているし，都心から 20km を超えると地価勾配は大きく低下している．したがって，実際の地価は都心への通勤費用だけに依存するわけではなく，生活の利便性等の様々な要因に依存して決まっている．しかしながら，通勤費用が重要な要因であることは確かである．

3.2　1戸当たり敷地面積の選択

ここまでは1戸当たり敷地面積が都市全域で一定と仮定してきた．図 2-3 からわかるように敷地面積は都心からの距離にしたがって広くなる傾向を持つ．次に，都心から dx だけ遠くなると，敷地面積が dh だけ増加する場合を考える．効用を一定に保つためには消費財の消費が減少しなければならないので，消費財消費量の変化を dz とすると，予算制約式から地代勾配は

(2.2)　$\dfrac{dR}{dx} = -\dfrac{t}{h} - \dfrac{1}{h}\left(\dfrac{dz}{dx} + R\dfrac{dh}{dx}\right)$

を満たさなければならない．したがって，敷地面積が一定でなければ，一般的には地代勾配は (2.1) 式を満たさない．ところが，以下で見るように，消費者が敷地面積を最適に選択できる古典的立地モデルでは，(2.2) 式の最後の項がゼロになり，(2.1) 式が成立する．

次に，住宅資本の可塑性を仮定する古典的立地モデルを考える．各消費者は，地代を払って宅地を借り，その上に住宅を建築して居住する．ここでは宅地を買う場合は考えないが，住宅の耐久性を無視しているので，資金市場が完全である場合には，賃貸と購入の間には実質的な差は存在しない．地価の決定の分析と住宅の耐久性の導入は第 3 章で行う．

図2-5 消費者の効用最大化

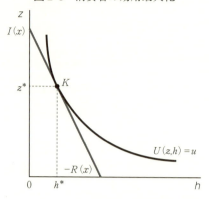

図2-5には，効用水準が u の時の無差別曲線が描かれている．以下では，通常の消費者行動理論と同様に，無差別曲線が原点に向かって凸であると仮定する．

住宅の立地点 x が指定されると，消費者は上の所得制約のもとで効用を最大にするような z と h を選択する．この問題は，ミクロ経済学の教科書で学ぶ消費者の主体的行動の理論とまったく同じである．したがって，図2-5を用いて効用最大化の条件を表現することができる．消費者の選ぶ最適解は無差別曲線と予算制約線とが接する K 点になる．

解析的には最適解の1階の条件は

$$(2.3) \quad \frac{U_h}{U_z} = R(x)$$

となる．ここで，添字 h, z はそれぞれについての偏微分を表す．この条件は限界代替率と価格比が等しくなるという通常の条件である．[3]

ここまでは通常のミクロ経済学と同じであるが，住宅立地モデルでは同質な消費者にとっては効用水準が都市内全域ですべて等しくならなければならないという条件（空間的裁定条件と呼ばれる）が追加される．次に，この裁定条件が成立している時に2つの立地点 x と x' の間の関係がどうなるかを見てみよう．ここで x' 地点は x 地点より都心から遠い（$x'>x$）とする．もちろん，市場均衡が成立するためにはこれらの2地点で効用水準が等しくなっていなけれ

---

[3] z の価値は1であることに注意されたい．

図2-6 2地点での付け値地代

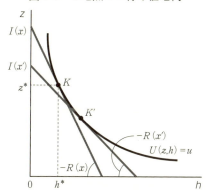

ばならない．

x の増加（すなわち住宅立地の遠方化）は，通勤費用 tx を増加させ，通勤費を差し引いた純所得

$$I(x)=y-tx$$

の低下を招く．これは，図2-6の予算制約線の z 軸切片を $I(x)$ から $I(x')$ へと下げることになる．ところが，市場均衡では x と x' の2地点での効用水準が等しいので，均衡点は同一の無差別曲線上になければならない．したがって，均衡点は K から K' へと右下方向に動くことになる．地代は予算制約線の勾配と等しいので，このことから地代の変化の方向がわかる．つまり，K から K' への移動にともなって予算制約線の勾配は緩やかになり，その結果，地代 $R(x)$ が低下する．[4] また，住宅敷地面積 h は増加し，消費財 z の消費量は減少する．

以上の結果をまとめると，都心から離れるにしたがって地代が低下し，1戸当たりの住宅敷地面積が増加することがわかる．したがって，地価，敷地面積等に関して実際の都市で観察される図2-1，図2-2，図2-3のようなパターンをきわめて簡単に説明することができる．

以上は定性的な結果であるが，定量的な関係を導くこともできる．効用水準が一定であるので，

---

[4] これは，無差別曲線が原点に向かって凸であるという仮定によっている．

$$(2.4) \quad U_z \frac{dz}{dx} + U_h \frac{dh}{dx} = 0$$

が成立していなければならない．効用最大化のための1階の条件の (2.3) 式を用いるとこれから

$$\frac{dz}{dx} + R\frac{dh}{dx} = 0$$

が導かれる．したがって，(2.2) 式の右辺第2項はゼロになるので，(2.1) 式が成立し，地代勾配は通勤地代勾配を住宅敷地面積で割ったものに等しくなる．ここで，住宅敷地面積は都心からの距離とともに増加するので，地代勾配は都心から離れるにしたがって緩やかになる傾向を持つ．たとえば，通勤費勾配が一定である時でも，地代勾配は都心から離れるにしたがって緩やかになる．この結果は，実際の都市での地価（地代）曲線が凸であること（つまり，都心近くではきわめて大きな勾配を持ち，郊外に行くにしたがって勾配が緩やかになること）の1つの説明になっている．

3.3 均衡地代と付け値地代

前節では，ある立地点 x を取り上げ，その立地点の地代 R が与えられた時に，その立地点に住む消費者はどういう消費選択を行うかを考えた．次に，視点をその土地の地主に移して，立地点 x において最大限どれだけの地代を稼ぐことができるかを考える．もちろん，居住者の効用水準を下げれば，その人が支払うことができる地代は上昇する．したがって，どれだけの地代が稼げるかは居住者の効用水準に依存する．ここでは，居住者の効用がある（任意の）水準に与えられた時に，最大限支払いうる地代を求める．このような地代を居住者の**付け値地代**（bid rent）と呼ぶ．

前節の効用最大化問題の解は，所得と効用が与えられた時の地代最大化の問題の解と一致することが簡単にわかる．純所得 $I(x)$ と効用水準 u が与えられた時に地代を最大化する問題は，図 2-5 では，z 軸上の $I(x)$ 点と無差別曲線

$$U(z, h) = u$$

上のある一点を通る所得制約線のうちで，勾配が最大になるものを求める問題である．無差別曲線と接する所得制約線が勾配を最大にするので，接点 K が

3 古典的住宅立地モデル　41

地代最大化問題の解を与える．接点 K は効用最大化問題の解でもあるので，所与の効用水準のもとで支払いうる最高の地代を求める問題の解は，効用最大化問題の解と一致する．

　付け値地代は，地代最大化問題で与件とした純所得 $I(x)$ と効用水準 u に依存するので，これらの 2 つの変数の関数 $R(I(x), u)$ として表すことができる．付け値地代を純所得と効用水準の関数として書いたものを，**付け値関数**（bid rent function）と呼ぶ．

　付け値関数は市場均衡での地代を求めるための有力な概念であるが，それ自体としては市場均衡での地代を表すものではないことに十分な注意が必要である．付け値関数はある効用水準が与えられた時の付け値を表すので，効用水準の上下によって変化する．市場均衡における地代は効用水準がわからなければ求めることができない．

　すでに見たように，消費者が同質な場合には，市場均衡ではすべての地点で効用水準が等しくならなければならない．したがって，すべての消費者が同質な場合の**均衡地代**は，付け値関数に均衡で成立する効用水準を代入することによって求めることができる．

3.4　異質な消費者

　消費者によって好みや家族構成が異なっているので，効用関数の形に相違が存在する．また，所得水準も同一でない．消費者が同質でない場合には，各立地点の均衡地代はどう決定されるであろうか．

　まず，それぞれのタイプの消費者についての付け値関数はこれまでの議論とまったく同様に求めることができる．効用関数や予算制約が違えば，付け値地代も異なり，付け値関数の形状も違うことは当然である．図 2-7 は，2 つのタイプの消費者の付け値関数を描いたものである．この都市にはこれらの 2 つのタイプの消費者しかいないとすると，どのタイプがどの地点に住むかは，どちらのタイプがより高い付け値地代を提示できるかによる．図 2-7 では，立地点 $\tilde{x}$ を境に付け値曲線の位置が逆転している．$\tilde{x}$ より左側ではタイプ 1 の消費者のほうが高い付け値を持ち，右側では反対である．したがって，$\tilde{x}$ より左側にタイプ 1 が住み，右側にタイプ 2 が住むことになる．また，市場地代は $\tilde{x}$ の

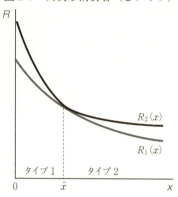

図2-7 異質な消費者（2タイプ）

左側では $R_1(x)$ の付け値に，右側では $R_2(x)$ の付け値に一致する．

　市場地代は付け値地代の中で最大のものであるので，市場価格関数は付け値関数の上方の包絡線になっている．図2-7から明らかなように，このようにして決まる市場価格関数は各消費者の付け値関数よりも凸になる傾向を持つ．したがって，消費者が異質な場合には，都市の中心付近での勾配が急で，郊外での勾配が緩やかであるという傾向がより顕著になる．これは実際の都市において市場地価曲線の凸性がきわめて顕著であるという事実の有力な説明の1つになっている．もう1つ図2-7から明らかなのは，都心からの距離が離れるにしたがって地代が低下するという結果は，消費者が異質な時にも成立することである．

　次に，効用関数と通勤費用が同一で，所得のみが違う特殊な場合を考えてみよう．この場合には，高所得者のほうが郊外に住む傾向があることを示すことができる．

　高所得層と低所得層の2つのタイプを考える．上で見たように，付け値曲線の勾配は通勤費用の勾配を住宅敷地面積で割ったものである．したがって，高所得層が低所得層より広い敷地を選択するならば，付け値曲線の勾配は高所得層のほうが低所得層より緩やかになる．この場合には，図2-7の $R_1(x)$ が低所得層の付け値曲線に相当し，$R_2(x)$ が高所得層の付け値曲線に相当することになり，高所得層のほうが郊外に住むことになる．したがって，低所得層が都心近くに住んで高所得層が郊外に住むための条件は，住宅地が「正常財」である

3 古典的住宅立地モデル　43

ことである．しかし，このことを厳密に示すことはそれほど簡単でない．

まず，準備として3.2節で見た消費者の効用最大化問題を考える．この問題は，地代Rと純所得Iを所与として，予算制約

$$I = z + Rh$$

のもとで効用関数$U(z, h)$を最大にするものであった．この問題の解である消費財の消費量zと住宅地の面積hは，所与とした地代と純所得の関数として，それぞれ$\tilde{z}(I, R)$および$\tilde{h}(I, R)$と表すことができる．これらの関数は通常の需要関数にほかならず，ヒックス流の**補償需要関数**と区別するために**マーシャルの需要関数**と呼ばれることも多い．マーシャルの需要関数の性質についてはミクロ経済学の教科書で学んだはずであるが，以下ではそれらのうちで，正常財（あるいは優越財）については，価格が一定で所得が上昇すると，その財の消費は増大するという性質を用いる．

以上の準備を基礎に，図2-7の付け値曲線に戻り，高所得層と低所得層の付け値曲線の交点$\tilde{x}$を考える．この地点で地代水準は同一であるので，この需要関数において両所得階層で異なるのは所得yだけである．したがって，敷地面積hが正常財である場合には，交点$\tilde{x}$での敷地面積は高所得層のほうが広くなり，その結果，付け値曲線の勾配は高所得層のほうが低所得層より緩やかになる．

アメリカの都市では，低所得層の住むスラムは都心近くにあり，郊外に中流階級が住んでいる．地代の高い都市中心部に低所得層が居住し，高所得層が地代の低い郊外に住むというパターンは，奇異に感じられるが，以上の分析によれば，高所得層が広いスペースを好む場合には，このようなパターンも十分に可能である．

ただし，ここでの分析では通勤費用が所得に依存しないとしていることに注意が必要である．通常は，高所得層のほうが時間費用が高いので，通勤費用勾配は高所得者のほうが高くなる．この場合には，敷地面積の差による効果と通勤費用勾配の差による効果が互いに反対の方向に働くので，高所得層と低所得層のどちらが郊外に立地するかは，これらの効果の大小関係に依存する．

付け値関数の勾配は，これらの効果に加えて世帯人数などの多様な要因に依存する．ウィートンは，このような多様な要因を考慮してアメリカの都市の実

証研究を行っている.[5] 日本の都市に関する同様な研究は残念ながらまだ存在しない.

4 住宅地全体の需給均衡

ここまでは,都市内の効用水準は与えられたものと仮に考えてきた.次に,効用水準の決定メカニズムを考える.単一中心仮説はそのままで,住宅地の外側に農地があるとする.都市の土地は不在地主によって所有されていて,都市住民の所得は所与とする.[6] また,3節で仮定したように,農業地代は一定でR_aである.住宅地の開発には,上下水道の敷設,道路,公園,学校等の建設が必要であるが,これらの開発費用は一定であり,住宅地代は開発費用を差し引いたネットの地代とする.

未決定の変数は,効用水準u,住宅地と農地の境界$\bar{x}$,および都市の人口Pの3つである.これらの3変数を決定するには3つの方程式が必要であるが,どのような都市を考えるかによって異なった条件が設定される.最もよく用いられる定式化は,**閉鎖都市**(closed city)と**小開放都市**(small open city)の2つである.

いずれの場合でも図2-8のように住宅地の境界での地代は農業地代に等しくならなければならないので,

(2.5)　　$R(y-t\bar{x}, u) = R_a$

が成立する.残りの2つの条件についてはそれぞれの場合によって異なる.

まず閉鎖都市では,この都市と他の地域の間の人口移動は存在しないと仮定される.したがって,この場合には都市人口は一定であり,残る1つの条件を与えるだけでよい.この第3の条件は,都市全体での土地市場の需給均衡条件

---

[5] W. Wheaton, "Income and Urban Residence: An Analysis of Consumer Demand for Location," *American Economic Review* 67, 1977, pp. 620-631.

[6] もし都市住民が都市の土地を所有している時には,所得は地代収入を含むので,地代がどのように決定されるかに依存する.したがって,この場合には所得を所与と考えることはできない.

4 住宅地全体の需給均衡 45

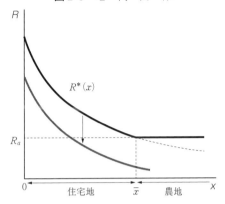

図 2-8 地 代 曲 線

であり,与えられた人口の都市住民がすべて都市内に居住でき,住宅地の過不足がないように地代の水準が決まらなければならない.より具体的には以下のような説明ができる.まず,都市の効用水準が与えられると,付け値関数 $R(y-tx, u)$ から図 2-8 の地代曲線が決まり,(2.5) 式から住宅地と農地の境界が決定される.一方,地代曲線が決まると,各地点における住宅敷地面積が求まる.これら 2 つの情報から都市内に何人の住民が住めるかがわかる.ところが,このようにして求まる居住可能人口は最初に与えた効用水準に依存し,効用水準が高くなると減少する.これは,効用水準が高くなると,図 2-8 のように地代曲線が下にシフトすることによる.地代曲線が下にシフトすると,住宅地の総供給が少なくなると同時に住宅 1 戸当たりの敷地面積が大きくなるので,居住可能人口が減少するからである.与えられた都市人口 P に居住可能人口がちょうど等しくなるような効用水準が土地市場の需給均衡をもたらすことになる.[7]

---

7) 住宅地全体の需給均衡を数式で表現すると以下のようになる.都心からの距離 x における住宅用地の総供給量を $L_H(x)$ と表すと,距離 x から $x+dx$ の間に建てることができる住宅数 $N(x)dx$ は,

$$N(x)dx = \frac{L_H(x)dx}{h(x)}$$

となる.便宜上人口が住宅数と等しいと考えると,すべての都市住民が住宅地を得ることができるためには,居住可能な住宅数が都市人口と等しくなければならない.し

次に，小開放都市の場合を考えよう．この場合には人口移動が可能であるので，閉鎖都市の場合とは異なってくる．「開放」(openness) の仮定は，他地域との間の人口移動が自由で費用がまったくかからないとするものである．したがって，開放都市の効用水準 u は他地域のそれと等しくならなければならない．「小都市」(smallness) の仮定は，この都市の人口が他地域全体と比較してきわめて小さいので，都市で起きる変化は他の地域には微々たる影響しかもたらさないというものである．したがって，小都市にとっては他地域の効用水準は所与であると考えねばならない．小開放都市では，小都市の仮定と開放都市の仮定の双方が成立しているので，都市の効用水準 u は所与になる．

効用水準が与えられると，付け値曲線 $R(y-tx, u)$ は一意に定まり，[8] これから各地点の住宅敷地面積や消費財の消費量も定まる．また，住宅地の境界 $\bar{x}$ はこの付け値曲線が農業地代に等しくなる点であるので，これも一意に定まる．各地点の住宅敷地面積はすでに求められているので，それを前提に，境界線内に居住可能な人口を求めると，都市人口が得られる．

以上の閉鎖都市と小開放都市の2つ以外にも様々な場合が考えられる．たとえば，開放都市であるが小都市ではない場合や，多数の都市からなる都市システム全体を考える場合などである．[9]

また，都市内の土地を誰が所有しているかによって様々なモデルが可能である．実際の都市においては，持家，借家，借地が混在しているが，このようなケースは複雑すぎて分析が困難であるので，大胆な単純化の仮定が置かれることが多い．最もよく使われる定式化は，都市の土地がすべて都市住民以外の不在地主によって所有されている**不在地主**（absentee ownership）ケースと，都市住民が都市の土地を均等に共同所有している**共同所有**（public ownership）ケースである．[10] 共同所有ケースでは都市住民は地代収入を得るので，都市住

たがって，
$$P = \int_0^{\bar{x}} N(x)dx = \int_0^{\bar{x}} \left[\frac{L_H(x)}{h(x)}\right]dx$$
が得られる．

8) 所得水準は所与であると仮定されていることに注意されたい．
9) これらについては，Y. Kanemoto, *Theories of Urban Externalities*, North-Holland, 1980, Chapter 1, が詳しい．

民の所得が内生変数となる．この節では，都市住民の所得は所与であると仮定したので，不在地主のケースを考えていたことになる．

以上の住宅立地分析は，いくつかの条件を所与と仮定したうえで展開されている．それらの条件を，様々な角度から緩和することで，理論的考察はさらに拡張される．たとえば，前にも若干触れたように，通勤の時間費用を導入した場合の地代勾配式の変化や家族構成等の相違による消費者の好みの違いを導入することなどがあげられる．そのほかにも，住宅の耐久性と取り壊しの困難さや，CBD内部の構造なども重要な研究対象である．また，実際の都市は中心が1つだけ存在するわけではなく，副都心が存在するので通勤や買物のパターンはきわめて複雑である．このような「副都心」（sub-center）の分析も行われている．

5　都市人口や通勤費用の変化と都市の空間構造

これまでの分析から都市の空間構造は都市人口や通勤費用に依存することがわかった．その結果を用いれば，人口規模の大きい都市と小さい都市で空間構造がどう違うかとか，交通機関の発達によって通勤費用（特に時間費用）が低下すると都市構造がどう変わるかといった問題を分析できる．

第1に，都市人口が増えるとどうなるだろうか？　増えた人々は都市内に居住しなければならないので，住宅地の需要が増加する．住宅地の供給がそのままだと，住宅地が不足し，超過需要が発生する．その結果，地代が上昇する．地代の上昇は都市全域で起きるので，都市外縁部での地代が農業地代を上回り，新たな住宅開発が起きる．敷地面積が変わらなければ，図2-9の$\bar{x}'$のように都市は拡大する．しかし，地代が上昇しているので，敷地面積は小さくなり，その結果，都市の拡大が抑えられる．また，敷地面積が小さくなると地代曲線の勾配が大きくなり，これがさらに都市の拡大を抑える効果を持ち，最終的に，$\bar{x}_1$のようなところに落ち着く．

次に，都市人口が一定で，通勤費用が下がるとどうなるだろうか？　あまり

---

10)　これらの定式化の詳細についても，前掲のKanemoto（1980）を参照されたい．

図 2-9 都市人口増加の効果

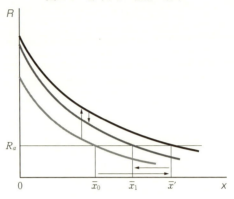

図 2-10 通勤費用低下の効果

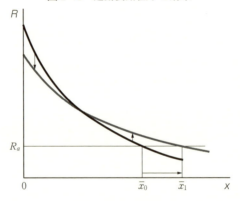

知られていないが,鉄道会社の努力によって大都市の通勤電車はかなりのスピードアップがなされてきており,時間費用を含めると通勤費用は下がってきたと言える. (2.1) 式からわかるように,通勤費用の低下は地代勾配を緩やかにする効果を持つ.したがって,地代曲線は都市中心近くで下がり,外縁近くで上がらなければならない.[11] その結果,都市は拡大する.中心近くの敷地面

---

11) 都市人口が固定されているので,都市全域で地代曲線が上昇するケースも下降するケースも起こりえない.地代が上がれば1戸当たり敷地面積が減少し,下がれば増加するからである.たとえば,全域で地代が上がると,都市は拡大しなければならないが,これは1戸当たり敷地面積が減少することと矛盾する.

積は増加するが，郊外部の既存住宅地では地代が上がるので，敷地面積は減少する．日本の大都市で都市圏が顕著に拡大してきた1つの理由は，通勤電車のスピードアップであると言える．もちろん，都市圏人口が増加したことや，所得水準が上昇したことも都市圏拡大をもたらした重要な要因である．

住宅敷地面積は通常は正常財であり，所得が高くなるとより広い住宅地を求める傾向がある．(2.1)式から，敷地面積の増加は地代曲線の勾配を緩やかにする効果を持ち，通勤費用の低下と同様に都市の拡大をもたらす．ウィートンは，いくつかの仮定を置いたモデルにおいてではあるが，所得の増加が都市中心部での地代を下げ，図2-10と同様な効果を持つことを示した．[12]

6 各種用途の空間配置

この章の最初に述べたように，土地利用パターンには，(1)各種用途の空間的配置と(2)各用途内部の土地利用構造の2つの側面がある．政府の介入がない時には，これらの両方が市場メカニズムによって決定される．市場メカニズムによれば，各地点の土地は最も高い価格を支払う需要者に配分される．したがって，各種用途の空間的配置についても，図2-11に示されているように最も高い付け値の用途に配置が決定される．この図では，都心で最も高い価格を支払うことができる事務所が都心近くに集中し，それを住宅地が取り囲むことになる．

事務所やデパートなどの小売業が都心に立地し，その周辺部に住宅地が形成される土地利用パターンが一般的だが，実際の土地利用パターンの決定はきわめて複雑な要因に基づいている．たとえば，小売業にも様々なものがあり，都心に立地するものと郊外に立地するものがある．どのタイプの小売業がどういった地点に立地するかはきわめて多くの要因に依存している．

各用途内でどのような土地利用が選択されるかには，第3節で見たようなメカニズムが働いており，市場地価あるいは市場地代に対応して各経済主体が土

---

12) W. C. Wheaton, "A Comparative Static Analysis of Urban Spatial Structure," *Journal of Economic Theory* 9, 1974, pp. 223-239.

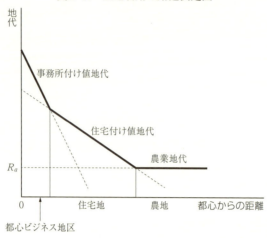

図2-11 土地利用の用途決定図

地利用のあり方を決定する．住宅の場合には前節のような交通費と土地面積のトレード・オフに依拠するモデルが多く用いられているが，この考え方を事務所や商業などの用途に拡張することはむずかしくない．

都市における土地利用についてきわめて重要な問題は，なぜ事務所や小売業が都市に集中するのか，また，都市内においてもなぜビジネス地区や商業地区が都心部に集中するのかということである．これらの問題については非単一中心都市モデルで分析されており，都市規模に関する第7章で取り上げられる．

キーワード

地価曲線　敷地面積　人口密度曲線　住宅立地の理論　都心への近接性
住宅の広さ　単一中心都市仮説　非単一中心都市モデル　住宅資本の可塑性　中心業務地区（CBD）　付け値地代　付け値関数　均衡地代　市場地代　補償需要関数　マーシャルの需要関数　閉鎖都市　小開放都市
不在地主　共同所有

練 習 問 題

1. 本文の図2-5では立地点を固定しており，立地点 x の選択は明示的には考えていなかった．都市内の各地点での地代を表す地代曲線 $R(x)$ $(0 \leq x \leq \bar{x})$ が与えられた時に，立地点 x を選択する問題を考えることも可能である．図2-5と同様な図の中に各立地点における所得制約を描くことによって，この選択問題を図示せよ．

*2. 効用関数が
$$U(z, h) = z^\alpha h^{1-\alpha}$$
であり，所得制約は
$$y - tx = z + Rh$$
の形をしている．ここで，z は消費財，h は住宅の敷地面積，y は所得，x は都心からの距離，t は単位距離当たりの通勤費用である．付け値関数 $R(y-tx, u)$ と地代勾配 $R^{*\prime}(x)$ を求めよ．所得だけが異なる2タイプの人々が存在する時，どちらのタイプが都心近くに居住するかを求めよ．

*3. 時間費用の存在によって，効用関数の形が
$$U(z, h, x) = \frac{z^\alpha h^{1-\alpha}}{x}$$
となっている時の付け値関数と地代勾配を求めよ．所得制約は前問と同じであるとせよ．また，所得だけが異なる2タイプの人々が存在する時，どちらのタイプが都心近くに居住するかを求めよ．

4. 小開放都市において開発規制を行って住宅地の拡大を防止すると，人口，地代，1戸当たりの敷地面積，住民の効用水準などにどのような効果が発生するかを分析せよ．同じことを閉鎖都市についても行え．

5. 商業地の付け値地代が上昇すると，住宅部門にどのような影響が及ぶかを分析せよ．

6. 以下の議論の当否を論ぜよ．「土地は各地点ごとに差別化されており，各地点の土地所有者は独占力を持っている．したがって，土地市場は競争均衡モデルでは分析できない．また，この独占力によって市場の失敗が引き起こされているので，政府による介入（都市計画）が必要である．」

3章

資産としての土地と建物の耐久性

1 はじめに

　前章で扱った古典的住宅立地理論は住宅の耐久性や土地の資産としての側面を無視していたので，土地の価格としては地代だけしか考えてこなかった．しかし，実際には借地は稀で，土地市場の大半は売買市場である．この章では土地の売買市場を考え，土地の資産価値（あるいは，土地の所有権の対価）である地価がどう決まるかを分析する．さらに，前章では建物の耐久性を考慮に入れておらず，建物の階数や形状を瞬時に変更することができると仮定していた．実際には，建物の耐久性は非常に高く，木造建築でも40年程度は十分に使用できるし，鉄筋コンクリートの建物は補修をすれば100年以上の寿命を持っている．この章では，建物の耐久性を導入すると，古典的住宅立地理論にどのような修正を加えなければならないかということの検討も行う．

　第二次大戦後から1970年代前半までの地価上昇率はきわめて高く，平均して年15％を超えていた．1970年代はじめのオイルショックの時期に一時落ち込んだものの，80年代のいわゆるバブル期には再度上昇した．その後，1990年代初頭の地価バブル崩壊以降は，地価の下落が約20年にわたって続いている．地価高騰のピークであった1990年には，日本の地価総額はアメリカの3倍を超え，日本の土地の3分の1を売ればアメリカ全土を買うことができるほどであった．

しかし，その後の地価下落によって2010年の地価総額は1990年の半分以下になっている．

日本では，地価が高いにもかかわらず，土地が有効に利用されていない．都市近郊でも農地や駐車場などの低度利用地が多く残っているし，都市の中心部でも低層住宅が多く残っている．また，社会資本投資や宅地造成が完了しているにもかかわらず，栗畑などになっているケースも多い．このような現象が発生している大きな理由は，土地が節税手段として所有されていることにある．土地を高度利用する意思と能力を持たない人々が節税目的で土地を所有しているので，都市的用途への土地利用の転換が遅れることになる．このような現象を解明するためには，土地の資産価値としての側面を理解することが不可欠である．この章の前半では，土地の資産としての側面を導入し，地価がどう決まるかを分析する．地価決定メカニズムの分析は，「日本の地価はなぜこんなに高いのか」，「土地保有税は地価と宅地供給にどのような影響をもたらすか」などの問題を考えるうえでの基礎となる．

税制の歪みによる土地の低度利用は非効率であるが，建物の耐久性を考えると効率的な低度利用もありうる．いったん開発してしまうと，その建物を取り壊して他の用途に変換するのは困難である．したがって，将来のために土地を遊休させておいたほうがよいケースが存在する．一般に，遊休地は土地を効率的に利用していないとの印象があるが，将来の利用のために遊休させている場合にはかえって効率的な土地利用になっていることがありうる．投機的動機による土地保有は，この種の遊休地保有を可能にするという機能を持っており，資源配分上有益な役割を果たしている．この章の後半では，建物の耐久性を導入して，最適な開発のタイミングやスプロール現象の分析を行う．

2 地価と地代

土地の資産としての側面を導入するには，まず地代と地価との関係を理解しなければならない．**地代**は1期間当たり（たとえば，1年当たり）の土地サービスの対価であり，フローの概念である．これに対して，**地価**は土地所有権の

対価であり，ストックの概念である．土地の所有者は所有しているかぎり土地からの収益を受け取ることができる．また，法律で禁じられていないかぎり，好きな時に土地を売却して，売却収入を自分のものにすることができる．地価はこれらの権利の対価である．

また，地代に関しては，市場地代と帰属地代の2つを区別することが必要である．**市場地代**は土地を他人に貸した時に得られる地代である．**帰属地代**は土地を所有者自身が使用した時に得られる（1期間当たりの）土地からの純収益である．つまり帰属地代は，土地の利用者としての自分が所有者としての自分に支払っているはずの地代である．

1年間の土地サービスは，土地を1年間賃貸し，市場地代を支払うことによって得ることができるのは当然であるが，同じ1年間の土地サービスを所有権の売買によっても得ることができる．つまり，土地を購入した1年後に売却すれば土地を1年間賃貸したのとまったく同じことになる．以下では，まず，土地の賃貸は無視して，土地の売買について帰属地代と地価の関係を考える．土地の賃貸の可能性を導入した場合については，後ほど簡単に検討する．

2.1 短期均衡の条件

さて，ある時点（t期）に1単位の土地を購入して，次の期（$t+1$期）にその土地を売却しようとしている人を考えてみよう．簡単化のために，土地の売買には取引費用がかからないものと仮定する．土地からの収益は，土地のサービスから得られる純収入（他人に賃貸した場合には地代であり，自分自身で使用した場合には帰属地代である）と地価の値上がり益との2つである．したがって，t期の地代（あるいは帰属地代）をr_tとし，値上がり益の予想を

$$\Delta p_t = p_{t+1} - p_t$$

とすると，土地投資の収益率は

(3.1) 　　土地の収益率 $= \dfrac{r_t + \Delta p_t}{p_t}$

となる．ここで，p_tはt期の期首における土地価格であり，t期の地代はt期の期末に受け取ると仮定されている．

土地への投資を考えている人にとって，土地だけが投資対象であるわけでは

なく，銀行預金，債券，株式等への投資も可能である．リスクや流動性の程度が土地と完全に同等である代替的な資産が存在し，その資産の収益率が i で一定であるとする．以下では，簡略化のために代替的な資産の収益率を**利子率**あるいは**割引率**と呼ぶ．[1] 土地の収益率が利子率 i より低ければ，土地を購入する人はいなくなる．また，土地の収益率が利子率より高ければ，土地を売却する人はいなくなる．したがって，土地の資産市場が均衡するためには，土地の収益率が利子率 i に等しくならなければならない．これから，短期均衡の条件，

$$(3.2) \quad \frac{r_t + \Delta p_t}{p_t} = i$$

が導かれる．

2.2 長期均衡の条件（ファンダメンタルズ）

短期均衡の条件 (3.2) は，今期購入して来期売却するという短期的な土地取引の収益率が代替的な資産の収益率に等しくなることを意味している．しかし，この条件は長期的な収益率が等しくなることを保証するわけではない．次に，永久に土地を保有するケースにはどのような地価が成立するかを考える．そのためには，無限期間にわたって土地を保有することと無限期間にわたって代替資産を保有することとが無差別になるような地価を求めればよい．ここでは代替資産の収益率は i で一定であると仮定しているので，この条件を満たす地価は予想将来地代を割引率 i で割り引いて足し合わせたものに等しくなる．したがって，t 期の地価は

$$(3.3) \quad p_t^* = \sum_{s=t}^{\infty} \frac{r_s}{(1+i)^{s-t+1}} = \frac{r_t}{1+i} + \frac{r_{t+1}}{(1+i)^2} + \cdots$$

と書くことができる．

特殊ケースとして，地代が一定の上昇率 θ で上昇すると予想されている場合には，t 期の地価は

$$(3.4) \quad p_t^* = \frac{1}{i-\theta} r_t = \frac{r_0}{i-\theta}(1+\theta)^t$$

---

[1] この「利子率」は，マクロ・データ上の利子率とは必ずしも等しくなく，また，一般には個人によって異なりうることに注意が必要である．

となる.[2] この特殊ケースでは，地価は地代と同じ率 θ で上昇する．地価が有限であるためには，地代上昇率は利子率より低くなければならない．また，t 期の地価はその期の地代を $i-\theta$（利子率－地代上昇率）で割ったものになる．

たとえば，地代が $1\,\mathrm{m}^2$ 当たり 1 万円で利子率が 6%，地代上昇率が 4% であれば，地価は $1\,\mathrm{m}^2$ 当たり 50 万円になる．もし地代上昇率が同じで利子率が 5% に下がれば，地価は 100 万円に倍増する．このことから，利子率の小さな変化が地価にきわめて大きな影響を与えることがわかる．

(3.4) 式の例としてよく取り上げられるのが，地代が一定のケースである．この場合には地代上昇率がゼロであるので，地価は地代を利子率で割ったもの ($p=r/i$) に等しい．

さて，以上では1人の人が永久に土地を保有し続けるケースを考えてきたが，土地は売買が可能であるので，将来土地が何度も転売される可能性を考慮に入れなければならない．このような可能性を考慮に入れても，買い手が多数存在して競争的であり，しかも将来時点の売却価格が完全に予想されていれば，基本的に (3.3) 式と同じ結果が得られる．将来時点の売却価格は購入者が得ることができる購入時点以降の地代を反映するからである．[3]

---

2) t 期以降の s 期の地代は $r_s=r_t(1+\theta)^{s-t}$ を満たすので，級数の和の公式 $\sum_{t=0}^{\infty} ak^t=\dfrac{a}{1-k}$ を用いると，$p_t=\dfrac{r_t}{1+i}\sum_{s=t}^{\infty}\left(\dfrac{1+\theta}{1+i}\right)^{s-t}=\dfrac{r_t}{i-\theta}$ となる．

3) このことは以下のようにして示すことができる．土地が $T_1, T_2, \cdots, T_n$ の時点で転売されるとしよう．土地を最後に T_n 時点で購入する人は購入後永久に土地を所有するので，この人が支払いうる最高の地価（これを「付け値地価」と呼ぶ）は (3.3) 式の t を T_n に置き換えればよい．同じ付け値地価を持つ買い手が多数存在して競争的であれば，市場地価はこの付け値地価に等しくなる．次に，$n-1$ 番目に土地を購入する人は，土地が T_n 時点に売却できることを前提に付け値地価を計算するので，T_{n-1} 時点の地価は

$$p_{T_{n-1}}=\sum_{s=T_{n-1}}^{T_n-1}\dfrac{r_s}{(1+i)^{s-T_{n-1}+1}}+\dfrac{1}{(1+i)^{T_n-T_{n-1}}}p_{T_n}=\sum_{s=T_{n-1}}^{\infty}\dfrac{r_s}{(1+i)^{s-T_{n-1}+1}}$$

となる．このプロセスを続ければ，(3.3) 式が現時点の地価を表すことがわかる．ただし，ここで注意しなければならないのは，この式に表れる将来時点の地代はその時点の所有者が得る地代であることである．つまり，地価の形成には将来時点の所有者が得る地代に関する（現時点の購入者の）予想が内包されている．

2.3 予想形成

長期均衡での地価は将来地代の割引現在価値に等しいが，ここでの将来地代は，実際に実現されるものとは必ずしも等しくなく，現時点での予想にすぎない．したがって，将来地代の予想がどのように形成されるかによって地価は異なってくる．予想形成メカニズムに関しては，様々な仮説が提唱されてきた．それらのうち最もプリミティブなものは，現在の地代がそのまま続くと仮定する「静学的期待」(static expectations) 仮説である．そのほかにも，「適応期待」(adaptive expectations) 仮説や「合理的期待」(rational expectations) 仮説などが存在する．

静学的期待と適応期待は，予想が常に裏切られ続けるにもかかわらず，予想形成の方法が変わらないという性質を持っている．このことは，人間が過去の失敗から学ぶことができることに矛盾する．これに対して，**合理的期待仮説**は予想形成が基本的に正しいことを仮定する．もちろん，実際には予想が誤っていることが多いので，必ずしも合理的期待仮説で実際の地価を説明できるとはかぎらない．しかし，予想が実際とひどくかけ離れた場合には，予想の訂正が行われるであろう．また，予想が誤っている場合には，すべての結果は予想の誤りの方向に決定的に依存してしまう．予想の誤りの方向に関する理論的説明はほとんど不可能であるので，予想が間違っていることを仮定した理論的分析にはほとんど意味がない．以下では，合理的期待仮説を採用し，将来地代が正しく予想されていると仮定して分析を行う．

分析の単純化のために，将来の不確実性は存在しないと仮定する．このような場合の合理的期待仮説は将来地価が完全に予見されるという完全予見のケースに一致する．もちろん，実際には将来の地代がどうなるかの不確実性は大きい．特に，将来の売却が予想されるケースには，将来の購入者が得るであろう地代を予想しなければならないので，正確な予想は非常に困難である．したがって，ここでの分析結果を現実にそのまま適用することは危険である．しかし，正確な予想が現実には困難であっても，ここでの分析が現実を理解するために意味がないとは言えない．誤った予想をもとに土地を売買すると損失をこうむることになるので，土地の買い手と売り手はなるべく正確な予想を形成す

図3-1 ファンダメンタルズとバブル

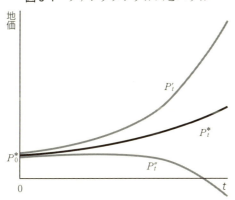

るように最善の努力をしているはずだからである．

　将来の地代がすべて完全に予見されている時でも，短期均衡の条件を繰り返し当てはめるだけでは長期均衡の条件は導けない．完全予見の場合に短期均衡条件（3.2）を満たす地価は一般に

（3.5）　$p_t = p_t^* + (1+i)^t(p_0 - p_0^*)$

で与えられる（数学的には，(3.5) 式は，定差方程式である (3.2) 式の一般解である）．ここで，p_t^* は長期均衡の条件 (3.3) を満たす地価であり，p_0 は任意の初期価格である．したがって，短期均衡条件を満たす地価は無限に存在し，(3.3) 式で与えられる長期均衡価格はこれらのうちの１つであるにすぎない．つまり，長期均衡価格は，たまたま初期価格が p_0^* になっている場合であり，初期価格がこれと異なると，長期均衡価格とは違った地価が成立する．図3-1 は (3.5) 式の一般解と長期均衡価格との間の関係を示している．

　長期均衡価格は**ファンダメンタルズ**（fundamentals）と呼ばれ，その他の価格は**バブル**（bubble，泡）と呼ばれる．たとえば，長期均衡価格より高い初期価格から出発すると，土地と他の資産の収益率を均衡させる価格経路は長期均衡価格より高くなり，しかも長期均衡価格との差は利子率と等しいスピードで拡大していく．この状態では，価格は将来地代の割引現在価値からは説明できない高い水準になっているが，高い価格で土地を購入しても，将来もっと高い価格で売却できるので高価格が維持されている．しかし，最後に土地を購入す

る人(つまり,購入した土地を売却しない人)にとっては,長期均衡価格より高い価格で土地を購入すると損失が発生するので,この状態は無限には続かない.そのうえ,(3.5)式からわかるように,長期均衡価格との差は利子率と等しいスピードで拡大していくので,バブルが発生していることはいずれ万人の知るところとなり,バブルが破裂する時がやってくる.その時には,価格が暴落し,長期均衡価格へのシフトが起きると考えられる.

資産価格の決定に関しては,資産価格がファンダメンタルズによって決まっているという考え方と,バブルなどによってファンダメンタルズからは著しく乖離しているという考え方の2つがある.ここでは,地価はファンダメンタルズによって決まっているという立場を取り,その前提に立って土地市場を分析する.このような立場を取るのは,実際の地価がファンダメンタルズによってすべて説明できると考えているからではない.特に,1980年代後半の地価の高騰のかなりの部分がバブルであった可能性は大きいであろう.しかし,そのことがファンダメンタルズの分析を無効にするわけではない.たとえ,バブルの部分が大きくても,ファンダメンタルズが変化すれば,実際の地価に影響するのが通例だからである.また,地価がどの程度バブルによって高くなっているのかを知るにも,ファンダメンタルズの水準に関しての注意深い分析が必要である.たとえば,単純に土地からの収益を利子率で資本還元すると,実際の地価よりはるかに低くなる.しかし,日本では税制による歪みがファンダメンタルズの水準を高くしているので,税制の効果を考えずにファンダメンタルズを計算すると大きな誤りを生む可能性がある.

2.4 賃貸と売買

次に,土地を賃貸する可能性を導入しよう.土地を1年間賃貸することは,土地を購入した1年後に売却するのと同じであるので,市場地代と地価の関係はこれらの2つの取引形態の実質コストが同じになるように決定されなければならない.

以下では,取引費用は賃貸の場合も購入の場合もゼロであると仮定する.また,賃貸の場合も購入の場合も土地サービスの収益は同じであり,t期の収益(地代収入)がr_tで与えられるとする.つまり,土地の所有者自身が自分で土

地を使用した時の帰属地代が土地を他人に賃貸して得られる市場地代と等しいと仮定する.

　これらの仮定のもとでは，賃貸と売買には基本的な差はなく，地代と地価の関係が長期均衡の条件 (3.3) を満たしていれば，土地所有者も土地の需要者も賃貸と売買に関してまったく無差別である．つまり，土地所有者は土地を売却しても賃貸してもまったく同じ収益を得ることができるし，土地需要者にとっては土地を購入しても賃借しても実質的なコストは変わらない．したがって，土地の総供給量が賃貸市場と売買市場にどう配分されるかも一意的には決まらず，どんな配分でも市場均衡になる.

　以上の議論で売買と賃貸との間に差がなくなってしまった理由は，取引費用を無視していることにある．土地の売買や賃貸借には，不動産仲介手数料，不動産取得税，登録免許税などの費用がかかり，また，希望する条件に合った土地を探すための時間費用もかかる．通常は，売買のための取引費用のほうが賃貸のための取引費用より大きいので，取引費用は賃貸を売買に比べて有利にする．短期的な利用のために土地を買うことが稀であるのはこの理由による.

　土地の賃貸については，土地と建物を切り離すことができず，しかも建物の耐久性が高いことが問題になる．借地人は通常は借地の上に住宅などの建物を建てその建物を利用する．ところが，建物はきわめて耐久性が高く，数十年の寿命を持つ．したがって，賃貸期間を長く設定しなければ土地の有効な利用が困難になる．このことが，借地権を手厚く保護して，借地を簡単には取り戻せないようにしている最大の理由である．ところが，借地権の保護は市場の実勢に合わせた地代の改訂を困難にするので，土地所有者は借地を供給しなくなり，借地の市場がきわめて小さくなってしまう．このように，建物の耐久性が高いことは，土地の賃貸を売買に比べて不利にする傾向を持つ.

　以上をまとめると，取引費用の側面では賃貸が有利であるが，建物の耐久性に絡む問題に関しては売買のほうが有利である．どちらの取引形態が選ばれるかは，これらの要因やその他の要因の相対的な重要性に依存する．このことの帰結の1つとして，売買と賃貸の間の代替性は完全でなく，実際の土地市場を理解するには，売買市場と賃貸市場の2つの市場の間の関係を考えなければならない．この問題については，住宅市場に関する第5章でより詳しく扱う.

3 日本の地価

第二次大戦後の日本の地価上昇率は非常に高く，大都市の土地所有者はばく大な値上がり益を得てきた．また，地価の水準自体も国際的に見て異常に高い．この節では，日本の地価の歴史的経緯を簡単に見ておきたい．

3.1 地価上昇率

図3-2に示されているように，1960年代から70年代にかけては，市場金利をはるかに上回る率で地価が上昇した．このような現象はファンダメンタルズで説明できるだろうか．[4] (3.2) 式からわかるように，地代収入（自分自身で使用した場合には帰属地代）と土地の値上がり益との和が利子率に等しくなっていなければならない．地代収入が負になることはほとんどありえないので，この関係は，地価上昇率が利子率より低くなければならないことを意味している．

地価上昇率が利子率より高い状態が過去かなり長期にわたって続いたことはファンダメンタルズ仮説と矛盾するように見える．しかし，このことからファンダメンタルズとは無縁なところで地価が決定されていたと結論づけるのは早計である．(3.3) 式はきわめて単純化されたケースを扱っており，モデルを現実化することによってこの矛盾が解消するかもしれないからである．以下では，モデルをどの方向に拡張すれば，この矛盾を解消できるかを考える．

第1に，地価は将来地代の割引現在価値に等しいが，ここでの将来地代は実際に実現されるものとは必ずしも等しくなく，現時点で予想される地代にすぎない．したがって，予想形成がどのようになされるかによって地価は異なってくる．特に重要なのは，予期せざる出来事が起きると予想の改訂がなされることである．

---

[4] 図3-2における地価上昇率とGDP成長率はその年と次の年との差を用いて計算している．たとえば，1955年の地価上昇率は1955年から1956年にかけての上昇率である．利子率のデータがその年に借り入れて，将来時点で返済することに対するプレミアムを表していることに対応させている．

図 3-2 地価上昇率（全国・住宅地），GDP 成長率，利子率（名目）

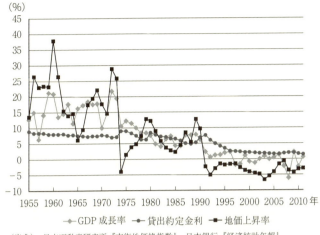

（出典）日本不動産研究所『市街地価格指数』，日本銀行『経済統計年報』．

　たとえば，1980年代後半に起きた東京圏での地価高騰の1つの要因は，都心部の事務所需要の予想の改訂である．日本経済の国際化によって外国企業の事務所需要が大きくなったこと，OA 化の進展によって従業員1人当たりのオフィス・スペースが広くなってきたこと，中枢機能の東京への集中が再度加速してきたことなどの理由によって，東京都心部の事務所需要がそれまで予想されていたよりはるかに大きいと考えられるようになった．このことが急激な地価上昇の要因になったことは不思議ではない．短期的に急激な地価の変化が起きる場合の多くはこのような予想の改訂をともなっていたと考えられる．しかし，10年以上も続いた高度成長期のコンスタントな地価上昇を予想の改訂で説明するのは困難である．

　地価上昇率が高いことの第2の説明は，土地収益の不確実性を強調する．たとえば，道路や鉄道などの社会資本の整備が決定すると，その周辺の地価が上昇する．しかし，事前にはこれらのルートがどの地点を通るかは不確実である．鉄道の場合に特に顕著に見られるように，数十メートル離れただけで地価への影響は大きく異なる．したがって，土地の収益性には大きな不確実性が存在する．収益が不確実である時には，土地の収益率はリスク・プレミアムのぶんだけ市場利子率より高くなければならない．[5]

地価は立地条件の変化によって大きな影響を受けるので，マクロ的には定常的に高い上昇率を示していても，個々の土地に関してはかなりの不確実性が存在する．これが，地価上昇率が利子率より高くなった1つの要因であろうと思われる．しかしながら，1960年代から70年代にかけて起きた地価上昇のように，持続的に地価が上昇した状況では，土地収益率の不確実性が非常に高いと受け取られていたとは考えにくい．したがって，次に述べる資金市場の不完全性などの要因のほうが重要であったと考えるべきであろう．

地価上昇率が利子率より高い時には土地を買いたい人々が多いことは不思議でも何でもない．不思議なのは，そのような状況でも土地を売った人が存在することである．そこで，どういう人々が土地を売却したかを見てみると，相続税の支払い，家の改築，子供の結婚などで資金が必要な時に土地を売却することがほとんどである．この事実は，資金市場の不完全性が重要な役割を果たしていたことを推測させる．

これまでの分析では，代替資産の収益率は一定であり，それは市場利子率に等しいと仮定していた．ところが，実際には代替資産の収益率は個人によっても時期によっても違うであろう．たとえば，借入利子率は預金利子率より高く，借入れが必要かどうかで用いるべき利子率が異なる．したがって，余裕資金を持っている人にとっての割引率は，借金をして不動産投資をする人のそれよりはるかに低い．通常は資金に余裕があって土地を売却しない土地所有者でも，家の改築や子供の結婚などで資金が必要な時には高い借入利子率に直面する．このような時に土地を売却することが多くなるのは当然である．また，金余りの時期には余裕資金を抱えている人や企業が多いので，割引率は低くなり，金融が引き締まってくると割引率が高くなる．

各人の直面する利子率が異なっている場合には，統計データに現れる市場金利より地価上昇率が高くなっても不思議ではない．一定の市場金利で貸し借りすることが可能であれば，地価上昇率が市場金利より高い場合に土地を売却する人は存在しない．しかし，個人の借入金利は市場金利より高いのが普通であるので，たとえ統計データの市場金利が地価上昇率よりも低くても，ある特定

---

5) 資産選択理論を応用した土地市場の研究については，岩田規久男『土地と住宅の経済学』日本経済新聞社，1977年，を参照．

の個人の借入金利が土地の収益率より高いことは十分にありうる．地価の上昇率と比較すべき利子率はマクロ・データの利子率ではなく，土地売却者の直面する限界的な利子率である．特に，1970年代初めまでは金融市場は規制下にあり，金融自由化は70年代から80年代にかけてゆっくりと進んでいった．また，第5章で見るように，個人の住宅ローンは1970年代まではほとんど存在しなかった．したがって，1970年代までの高い地価上昇率は資金市場の不完全性で説明可能と思われる．

その後，金融自由化が進むと，年率20％を超えるといった極端に高い地価上昇率は見られなくなったが，1980年前後と90年頃には年率10％を超える地価上昇が起きた．この時期の地価上昇の背景には，金融自由化によって自由を得た金融機関が収益性の高い融資先を求めて不動産に対する融資や不動産担保融資を急激に拡大したことがある．しかしながら，高度成長期は1970年代前半には終わっているので，高い地価上昇率は続くはずはなく，90年代初頭には大都市圏の地価は暴落し，その後，約20年間にわたって地価の下落が続くこととなった．

3.2 地価の絶対水準

日本の地価は高く，特に1990年頃の地価高騰期には他の国に比較して異常といえるほど高くなった．表3-1は日本とアメリカの地価水準を比較している．アメリカでは地価総額がGDPよりも低いかほぼ等しいのに対して，日本では1970年に地価がGDPの約2.2倍であったのが，90年には約5.6倍にまで上昇し，

表3-1 地価とGDP

	日本			アメリカ	
	地価(兆円)	地価/GDP	地価(兆ドル)	地価(兆ドル)	地価/GDP
1970年	163	2.2	0.5	0.8	0.7
1980年	745	3.1	3.7	3.0	1.1
1990年	2,477	5.6	18.3	5.0	0.9
2000年	1,570	3.1	—	—	—
2010年	1,192	2.5	—	—	—

(出典) 内閣府『国民経済計算』，日本銀行『国際比較統計』，Federal Reserve, *Balance Sheets for US Economy 60-91*, BEA, *National Income and Product Accounts*.

この年の地価総額はアメリカの3倍を超えていた．日本の3分の1を売却すればアメリカ全土を購入することができたことになる．[6] その後の地価下落によって2010年の地価総額はピーク時の約半分程度まで下がったが，それでもGDPの2.5倍であった．わが国の土地面積はアメリカよりもはるかに小さく，しかもGDPもアメリカの半分以下であるのに，なぜわが国の地価総額がアメリカより大きかったのであろうか．

(3.4) 式からわかるように，地代上昇率が一定の場合には，地価は「地代÷(利子率－地代上昇率)」で与えられる．したがって，地価の水準は利子率と地代上昇率との間の相対的関係に大きく依存する．まず，地価が有限の値に決まるためには，地代の上昇率が利子率より低くなければならない．そして，利子率と地代上昇率が近ければ近いほど，地価は高くなる．図3-2は，地代上昇率の代わりにGDP（国内総生産）成長率を取って，これと利子率を比較している．GDP成長率は地代上昇率とほぼ同程度あるいはそれ以上であったと思われるので，GDP成長率で代用してもさしつかえはないと思われる．前述のように，利子率は人によっても時点によっても異なるが，図3-2では銀行貸出約定金利を採用している．銀行貸出金利は銀行の利鞘や貸し倒れリスクを含んでいるので，マクロ・データの利子率としては低いほうではない．

図3-2によると，1970年代の終わりまでは一貫してGDP成長率が貸出約定金利を上回っていた．この理由としては，「歩積み両建て」[7] などの慣習によって，実効金利が統計上の利子率を上回っていたことや，金融機関が厳しい規制下にあり，金融市場において市場メカニズムが十分に機能していなかったことがあげられる．これらの理由によって，土地供給者や土地需要者が直面する実効金利が地代の予想上昇率を上回っていたものと思われる．1980年代に入ってからは金融市場の自由化が始まり，それを反映して，金利がGDP成長率を上回る時期が多くなってきた．長期的に見れば，金利がGDP成長率を上回る傾向が強くなっていることがうかがえる．しかし，1980年代の終わりの地価高騰期には，再度GDP上昇率が金利を上回り，地価GDP比は歴史上の最大値5.6

---

6) アメリカの地価総額データは1992年以降については公表されていない．

7) 「歩積み両建て」は，金融機関が手形の割引や貸出を行う際に，借り手がその金融機関に預金を積むことを言う．

3 日本の地価

表3-2 地価上昇率と GDP 成長率

	GDP 成長率	貸出約定金利	地価上昇率
1955〜1974年	15.5%	7.9%	18.8%
1975〜1980年	9.7%	7.6%	7.1%
1981〜1990年	6.1%	6.3%	6.4%
1991〜2011年	0.0%	2.7%	−3.2%

を記録している．金融市場の自由化によって実効金利が低下している状況のもとで，地代の予想上昇率について強気の期待が支配的になったために，利子率と地代上昇率の差が小さくなったと解釈できる．

次に，図3-2に表されている地価の推移が（3.2）式と（3.3）式に表されているファンダメンタルズによって説明できるかどうかを見てみよう．図3-2のデータを年代別に4つに分けて平均値を取ると，表3-2のようになる．1955年から74年のオイルショックまでは（名目）GDP 成長率の平均は15.5%ときわめて高く，地価上昇率も18.8%で GDP 成長率を上回っていた．その間，貸出約定金利は7.9%であったが，すでに述べたように実効金利はこれより大幅に高かったものと思われる．オイルショック後の1975年から80年にかけては GDP 成長率が10%弱に下がったが，地価上昇率はそれよりも大きく下がり7.1%になっている．1981年から90年の間は金融自由化が進んだ時期であるが，GDP 成長率，貸出約定金利，地価上昇率のいずれも6%台に下がっている．バブルがはじけた1991年以降はゼロ成長・低金利の状態が続き，地価は継続的に下落し，平均下落率は3.2%であった．

表3-2のパターンとほぼ整合的になるように，GDP 成長率は1974年までが15%，1975〜80年が10%，1981〜90年が6%，1991年以降は0%であると想定する．実効金利については，1974年までが25%，1975〜80年が10%，1981〜90年が6%，1991年以降は2.5%とする．1991年以降は GDP 成長率も実効金利も永遠に一定であるとする．そうすると，（3.4）式から地価も一定になり，地価上昇率は1991年以降はゼロになる．

図3-3は以上の想定のもとで，（3.3）式を満たすファンダメンタルズ地価を表している．地価上昇率は1974年までは20%前後であったのが，地代上昇率と実効金利の変化に対応して，1975〜80年は8%前後，1981〜90年は3%台，1991年以降は0%と順次下がっている．また，地価・地代比率は高い地価上昇

3章 資産としての土地と建物の耐久性

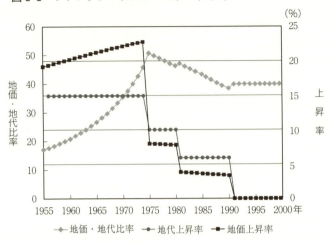

図 3-3 ファンダメンタルズ・モデルによるシミュレーション

率を示した1970年代半ばまで急速に上昇し,その後はほぼなだらかに下降している.図3-3のシミュレーション結果は図3-2の歴史的推移をかなりよくトレースしているが,1980年代のバブル期および1991年以降のバブル崩壊後については顕著な乖離が見られる.1980年代に平均で6％を超える地価上昇率を示したことは,この時期のファンダメンタルズとは整合的でない.また,バブル崩壊後に地価上昇率がマイナス3％程度を長期にわたって保っていたこともファンダメンタルズとは整合的でなく,1980年代の過剰な地価高騰の反動であった可能性が高い.

すでに議論したように,利子率は個別ケースによって異なっており,一律には論じられないことに注意が必要である.たとえば,大都市圏の土地市場は需要者の数が多いので流動性が高いが,地方では流動性が低い.このような場合には,地方部の利子率は流動性プレミアムのぶんだけ高くなる.したがって,金利水準が全国一律に変化したとしても,地価上昇率は地方圏で低く大都市圏で高くなる.たとえば,首都圏での利子率が5％で地方圏での利子率がそれに流動性プレミアム1％を加えた6％であったとしよう.地代上昇率は同じで3％であるとする.ここで金利水準が1％低下すると,首都圏での利子率は4％,地方圏での利子率は5％になる.この金利低下は首都圏の地価を2倍にするが,地方圏の地価は1.5倍にしかならない.地方圏の地代上昇率が首都圏のそれよ

りも低ければ，この差はさらに大きくなる．たとえば，地方圏の地代上昇率が1％であれば，地方圏の地価は1.25倍にしかならない．

4　土地保有税と地価：応用

　次に，これまでの分析の応用として，税制が地価と宅地供給に及ぼしている効果を検討する．ここでは，固定資産税や都市計画税のように，土地の資産価値に対して課税される**土地保有税**を考える．

　土地問題の解決のためには土地保有税の強化が必要であるとの主張が経済学者の間でも多かった．この主張の根拠として，土地保有税は宅地供給を増加させる効果を持つことがあげられている．しかし，税制の効果に関する古典的な考え方によれば，土地の総供給は固定されているので，すべての用途に一様な税率で課税されるかぎり，土地保有税は中立的である．したがって，土地保有税は宅地供給を増加させる効果を持たないはずである．

　これに対して，1980年代には，土地保有税は地代に対して課されれば中立的であるが，通常は資産価値（地価）に対して課税されるので中立的ではないという議論がなされた．この議論は，資産価値に課税される保有税は割引率を実質的に上昇させる効果を持つことに注目している．以下では，土地保有税が中立的であるという古典的な考え方を説明し，その考え方を基礎に宅地並み課税の問題を分析する．固定資産税が割引率を上昇させ，そのことが宅地開発のタイミングを変化させるという考え方については次節で扱う．[8]

4.1　土地保有税の推移

　固定資産税は，土地や家屋などの固定資産に対してその評価価格に課税される．税率は標準税率が1.4％である．都市計画税の税率は市町村の条例により

---

[8]　固定資産税などは土地のみならずその上に建築される家屋部分にも課税されるが，ここでは土地だけに課税される土地保有税を考える．家屋部分に課税される固定資産税の持つ効果の分析については，野口悠紀雄『土地の経済学』日本経済新聞社，1989年，を参照されたい．

定められるが，上限が0.3％とされている．固定資産税と都市計画税のための土地の評価価格は，1980年代までは時価よりかなり低かった．田中一行によると，[9] 土地の評価率は評価替えの年については30％と40％の間であり，特に，東京の都心部では時価の5％に満たない場合も多かった．これが地価の高騰を生んだり，土地の高度利用を妨げたりしているといった主張がなされ，評価額を上げることになった．具体的には，1994年度の評価替えから地価公示価格の7割程度にするとされた．[10]

一般に，保有税のための土地の評価価格はその土地の用途ごとに決定され，農地の評価価格はきわめて低い．これは市街化区域にある農地についても当てはまり，市街化区域内農地の評価価格は周辺の宅地に比べてきわめて低かった．1970年前後の地価高騰を契機として，1973年度から市街化区域内農地の宅地並み課税が導入されたが，市町村が宅地並み課税による増税分を奨励金として還元するといったことを行ったために，実質上は税負担の増加にはならなかった．その後，1982年度の地方税制改正において，三大都市圏[11]の市街化区域内農地に「宅地並み課税」を適用し，同時に，**長期営農継続農地**の特例を設けることになった．この特例は，10年以上営農を継続する農地については宅地並課税の適用をせず，従来どおり農地として課税するというものであった．[12] 長期営農継続農地の制度は1992年に廃止されたが，その後も生産緑地にしておけばほぼ同様な優遇措置を受けることができる．ただし，**生産緑地**は500 m^2 以上の面積でなければならず，農地として管理する義務が課されている．

---

9) 田中一行「固定資産税における税収目的と政策目的」『税』1986年9月号．
10) ただし，急激な税負担の増加をできるだけ抑えるために，長期間をかけて少しずつ評価額を上げていく調整措置が講じられた．この結果，毎年の税の上昇は緩やかなものに抑えられたが，十数年間にわたって固定資産税が上昇していくことになった．
11) 正確には，三大都市圏の特定市．「特定市」とは，東京都の特別区，三大都市圏（首都圏，近畿圏，中部圏）にある政令指定都市および既成市街地，近郊整備地帯などに所在する「市」を言う．
12) 長期営農継続農地制度および生産緑地制度については，第8章でもう少し詳しく解説する．

4.2 土地保有税の中立性

スタンダードなミクロ経済学によれば，土地保有税は資源配分に対して中立的であり，宅地供給を増加させる効果も抑制する効果も持たない．この中立性は，土地の総供給量が固定されていることによる．埋め立て等を行えば，土地の供給量を若干は増加させることができるが，その量は全体から見ればごくわずかであり，土地の総供給はほぼ固定されていると考えてもさしつかえない．このような場合には，土地に対して課税してもそのぶんだけ地価が下がるだけで実質的な資源配分には影響を及ぼさない．総供給量は仮定から変化しようがないし，土地の用途間の配分についてもすべての用途に一様に課税されるので，変化しないからである．

図3-4には，一定の量の土地が農地と宅地に配分される場合が描かれている．この図では，宅地の量は左の縦軸から右方向に，農地の量は右の縦軸から左方向に取られている．保有税の課税は需要曲線を下方にシフトさせるが，双方の用途に一様に課税されれば，2つの需要曲線は同じだけシフトする．したがって，均衡地代はA点からB点に下がっても，土地の配分量には変化は生じない．土地保有税を強化しても宅地供給が増えないのは，ここでの土地保有税はすべての用途に同じ実効税率で課税されるからである．土地保有税の強化が農地だけになされれば農地から宅地への転用を促進するが，農地と宅地の両方で

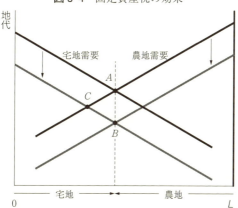

図3-4 固定資産税の効果

一様に強化される場合には転用促進効果は発生しないのである．

このように土地保有税は宅地供給には影響を及ぼさないが，地価の水準を下げる効果を持つ．このことは，保有税によって税引き後の地代収入が減少することから明らかであるが，後ほど議論する保有税の割引率に対する効果にも関連するので，簡単に見ておこう．いま保有税の税率を τ とすると，税引き後の地代収入は保有税額 τp_t だけ減少し，土地の収益率をちょうど税率 τ に等しいだけ低下させる．このことは，代替的な資産の利子率が τ だけ上昇したのと同じ効果を持つ．すなわち，(3.2)式は

$$(3.6) \quad \frac{r_t + \Delta p_t}{p_t} = i + \tau$$

となり，地価は

$$(3.7) \quad p_t = \sum_{s=t}^{\infty} \frac{r_s}{(1+i+\tau)^{s-t+1}}$$

となる．この式からわかるように，保有税は地代を割り引く割引率を上昇させることによって地価を下げる効果を持つ．[13]

(3.4)式で取り上げた地代上昇率一定の例では，地価は

$$p_t = \frac{1}{i+\tau-\theta} r_t$$

となる．現行の固定資産税と都市計画税の典型的な数値を仮定すると，保有税の税率は1.7%であるが，地価の評価を時価の30%であるとすると，実効税率は0.5%となる．税率を上げると地価がどの程度下がるかは，利子率と地代の上昇率がわかれば簡単に計算できる．たとえば，利子率が6%で地代の上昇率が4%である時には，$i+\tau-\theta$ は約2.5%であるので，地価は地代のほぼ40倍である．ここで，地価の評価を時価の70%に上げると，$i+\tau-\theta$ は約3.2%となり，地価は地代のほぼ31倍まで低下する．つまり，保有税のための地価評価を時価の30%から70%に上げただけで，地価は変更前の4分の3近くまで低下する．

---

[13] 土地保有税が割引率に与える影響は多くの経済学者によって分析されている．それらの紹介については，前掲の野口(1989)を参照されたい．

4.3 農地の宅地並み課税

さて,ここまではすべての用途に一様に課税される保有税を考えてきたが,用途間に差別的に課税される場合には,古典的な考え方に立っても土地保有税は中立的でない.農地の場合には固定資産税課税のための地価の評価額がきわめて低いために,形式的には農地と宅地に同じ税率で課税されていても,実効税率は農地のほうがかなり低くなっているのが現状である.三大都市圏の市街化農地については**農地の宅地並み課税**が導入されたが,上で述べたように1992年までは市街化農地のほとんどが長期営農継続農地として宅地並み課税の適用除外を受けていた.

当然のことながら,農地に対する実効税率が低いことは宅地供給を少なくする効果を持っている.宅地に対する固定資産税と比べれば長期営農継続農地に対する固定資産税はほとんどゼロであるので,図3-4の C 点が達成されていると考えられる.長期営農継続農地に対しても宅地並み課税を行えば,C 点から B 点へ移行し,宅地供給が増加する.また,地価は地代が下がったぶんだけ低下する.[14]

保有税の優遇措置は住宅についても存在している.住宅の土地部分に対する固定資産税は,宅地面積が200 m² 以下の部分については通常の6分の1,それを超える部分については3分の1に軽減される.都市計画税については,宅地面積が200 m² 以下の部分について3分の1に軽減される.また,新築住宅に関しては住宅部分に対する軽減措置も存在する.こういった軽減措置は住宅地の供給を増やし,住宅地の価格をその他の用途に比較して低くする効果を持つ.最近になって,空き家の増加による外部不経済が注目されるようになってきているが,住宅の優遇は空き家を増やすという皮肉な効果を持つことが指摘されている.空き家を住宅のままに放置しておけば,固定資産税,都市計画税の優遇を受けられるのが,取り壊して空き地にしたり,駐車場等の他の用途にしたりすると,優遇措置がなくなり,税額が跳ね上がることになるからである.

---

14) 長期営農継続農地については相続税に関する優遇措置も存在し,定量的にはその効果のほうが大きい.

5　建物の耐久性と開発のタイミング

この節以降では，**建物の耐久性**を導入する．まず都市内のある1地点を取り上げ，その地点での開発がどう決定されるかを考える．この問題には2つの側面がある．第1に，都市内の土地開発プロジェクトには，事務所ビル，商業ビル，一戸建て住宅，高層住宅など様々なものがあるが，それらのうちで最適なものを選択しなければならない．第2に，開発を行うプロジェクトについて，どの時点で開発を行うかを決定しなければならない．

プロジェクト間の選択は，各プロジェクトについて最適な開発時点を求めた後でなければ決定することができないので，最適解を求める際には，第2の問題を最初に考え，その後に第1の問題を解くことになる．各プロジェクトについての開発のタイミングを求める問題を本節で扱い，プロジェクト間の選択の問題は次の第6節で考える．

建物の耐久性を導入するために，以下のような簡単な例を考える．現状では土地が利用されておらず，土地からの収益はゼロである．土地からの収益を得るためには，この土地を開発し建物を建てなければならない．土地の造成や建物の建築には費用 K がかかるとする．開発後の家賃収入は時間とともに上昇していくとし，t 期の家賃収入を R_t と書く．したがって，現在時点を1期とし開発時点を T 期とすると，1期から $T-1$ 期までは収入がゼロであり，T 期以降は R_t だけの家賃収入が得られる．建物の耐久性は無限であり，いったん開発すれば追加投資や改築の必要はないとする．[15] また，ここでの家賃収入は，借家の場合には賃貸料収入であり，自分で利用する場合には自分がその建物の

---

[15] この章での分析は，建物の耐久性が無限でいったん建築すると取り壊しも改築も不可能であると仮定していた．実際には，費用をかければ取り壊して改築することができる．取り壊しが可能な場合の分析は本章での分析よりさらに複雑になる．興味のある読者は，M. Fujita, "Urban Land Use Theory," in *Location Theory* (*Fundamentals of Pure and Applied Economics*, Vol. 5), Harwood Academic Publishers, 1986, pp. 73-149, を参照されたい．

利用から得ている便益（「帰属家賃」と呼ぶ）である．

家賃収入 R_t は年々上昇するが，**開発費用** K は一定であると仮定する．開発費用を一定と置いたのは造成・建設関係の物価上昇を割り引いて開発費用を実質化したものと解釈できる．つまり，開発の単位価格が p_t^K であると，開発の名目費用は $p_t^K K$ であるが，すべての価格を p_t^K で割って，開発の実質費用を K としたことになる．したがって，家賃も開発の単位価格で割り引かれており，家賃収入が年々上昇するという仮定は，家賃の上昇率が開発関係の物価上昇率よりも高いことを意味している．

また，ここでの定式化では，開発後のある特定の時点に得られる家賃は開発時点には依存しないと仮定されている．つまり，10年後に得られる家賃は，開発が今年であっても5年後であっても同じである．これは5年後に建築される建物が今年に建築されるものとまったく同じであると仮定していることになる．土地利用が開発時点に依存して変化するケースについては後ほど考察する．

不動産全体の価値は，開発費用を反映して，純粋な土地部分の価値よりも高くなる．以下では，開発費用部分を「資本」と呼び，不動産は土地と資本から構成されていると考える．したがって，不動産の価値は土地の価値と資本の価値の2つから構成され，資本の価値は開発費用 K に等しい．

将来の家賃収入は一般に不確実であり，現時点では予測するしかない．ここでは家賃収入の不確実性を捨象し，将来の家賃収入は確実であると想定する．不確実性が存在する時には，予想収益の確率分布を考えて，その期待値を用いて分析する必要があるが，定性的な結論は同じである．

一般には，不動産や土地の価値はその所有者が誰であるかに依存し，経営能力のある人にとっての価値は経営能力がない人にとっての価値より高い．第2章で定義した付け値地代と同様に，これらを不動産や土地の**付け値価格**と呼ぶことができる．不動産や土地の市場価格は，様々な付け値価格を持つ人々が土地市場に参加して決定される．もし同質的な需要者が多数存在して買い手側が競争的である場合には，地価や不動産価格は付け値価格のうちの最高のものに等しくなる．以下での分析は付け値価格一般に関して成り立つものであるが，買い手側が競争的な場合には，それがそのまま市場均衡での地価や不動産価格に関して当てはまることになる．

5.1 開発時点と地価

まず開発時点が与えられた時の地価と不動産価格を求め，その後に地主にとって最適な開発時点はどうなるかを考える．土地の売買および開発費用の負担はその期の期首に行われるとし，家賃収入が入ってくるのはその期の期末であるとする．そうすると，開発時点が T の時の家賃収入，開発費用，および純収入の経路は

時 期	1 期	……	$T-1$ 期	T 期	$T+1$ 期	……
家賃収入	0	……	0	R_T	R_{T+1}	……
開発費用	0	……	0	K	0	……

である．

現在時点を1期の期首とし，この時点で立てる開発計画を考える．現時点の地価は将来の家賃収入を足し合わせたものから開発費用を差し引いたものであるが，異なった時点の収入と費用は割引率（土地と代替的な資産の利子率）を用いて現在価値に直さなければならない．第2節と同様に，不動産収入は期末に入ってくるが，不動産や土地の価格は期首の時点で評価するとする．また，開発費用もその期の初めに必要になるとする．これらの前提のもとでは，開発後 ($t \geq T$) の t 期での不動産収入 R_t を現在時点（1期の初め）まで利子率 i で割り引くと，$R_t/(1+i)^t$ となる．開発費用は T 期の初めに支払われるので，その割引現在価値は $K/(1+i)^{T-1}$ となる．これらを足し合わせると，開発時点 T が与えられた時の現在時点（1期の期首）における地価は

$$(3.8) \quad p_1(T) = \sum_{t=T}^{\infty} \frac{R_t}{(1+i)^t} - \frac{K}{(1+i)^{T-1}}$$

となる．

さて，ここで開発費用をすべて借入れによってまかない，開発後の家賃収入から返済していくことを考える．返済期間を無限大に取ると，1期当たりの返済額は借入額に利子を乗じた iK になる．これを地代収入から差し引いた $r_t \equiv R_t - iK$ が1期当たりの純収入であり，(3.8) 式を

$$(3.9) \quad p_1(T) = \sum_{t=T}^{\infty} \frac{R_t - iK}{(1+i)^t} = \sum_{t=T}^{\infty} \frac{r_t}{(1+i)^t}$$

と書くことができる．[16]

5.2 最適な開発時点

合理的に行動する地主は，土地からの将来収益の現在価値（すなわち地価）を最大にするような開発プランを選択する．つまり，初期時点の地価 $p_1(T)$ を最大にするように開発時点 T を選ぶことになるが，そのための必要条件は，開発を早めても遅くしても地価が下がることである．まず，開発を遅らせるとどうなるかを考えてみよう．開発を1年遅らせると1年分の不動産収入 R_T が得られなくなる．ところが，開発費用の支払いを1年繰り延べることができるので，1年分の利子費用 iK だけの便益が実質的には発生している．前者が後者より大きい（$R_T \geq iK$）場合には，開発を遅らせないほうが良い．逆に，開発を1年早めると，前期（$T-1$ 期）分の収入 R_{T-1} が得られるが，利子費用が増加するので，$R_{T-1} \leq iK$ の場合には開発を早めないほうが良い．したがって，

(3.10) $\quad R_{T-1} \leq iK \leq R_T$

が成立する時点が最適な開発時点になる．[17] つまり，最適な開発時点は，賃貸料が開発費用に利子をかけたものを最初に上回る時点である．

ここでは開発時点は1期ごとにしか選択できないとしているが，もし連続的な時間を考え，どの時点でも選択できるとすると，**最適な開発時点**は賃貸料が開発費用の利子分にちょうど等しくなる時になる．[18] 以下では連続時間で近似

---

16) 数学的にはこの式は以下のようにして導かれる．等比数列の和の公式から r が1より小さい時は
$$\sum_{t=0}^{\infty} ar^t = a + ar + ar^2 + \cdots = \frac{a}{1-r}$$
が成立することから，
$$\sum_{t=0}^{\infty} \frac{iK}{(1+i)^{t+1}} = \frac{iK}{1+i} + \frac{iK}{(1+i)^2} + \cdots = K$$
となる．これを (3.8) 式に代入すると (3.9) 式が得られる．

17) より厳密には，以下のように示すことができる．初期時点地価を最大にするための必要条件は，1期前の地価と1期後の地価の両方より高いことであり，
$$p_1(T-1) \leq p_1(T) \geq p_1(T+1)$$
が成立していなければならない．(3.9) 式から，この条件は
$$r_{T-1} \leq 0 \leq r_T$$
と同値であることがわかるので，(3.10) 式が成立する時点が最適な開発時点になる．

図 3-5 最適な開発時点

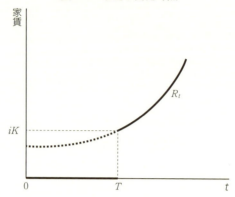

して

(3.11)　　$R_T = iK$

が最適条件であると考える．

以上の結果は図 3-5 に示されている．家賃収入が上昇して開発費の利子分に等しくなるまでは開発が行われず，その間の収入はゼロである．家賃収入が iK に等しくなった時点で開発が行われ，それ以降は R_t の家賃収入が得られることになる．

家賃収入が iK に等しくなるまで開発されないことは，それだけの賃貸収入が得られる環境が整ってはじめて開発が行われることを意味している．したがって，たとえば 5 年後に通勤新線が開通してきわめて高い収益が上げられることがわかっていても，現時点での収益が低ければ開発は行われない．このことは，低度利用地の開発のためには，十分な不動産収入があげられるだけの社会資本整備が前提条件であることを意味している．

また，地価が高いことは開発が早いことを意味しないことに注意が必要である．将来高い収益が期待できて地価が高くなっていても，現時点での収益が低ければ開発は遅くなる．これに対して，将来時点の収益の伸びが悪くても，早い時点で家賃収入が iK を超える場合には開発時期は早くなる．その典型例は，

---

18)　連続時間での分析については，金本良嗣「土地保有税と遊休地の開発」『季刊住宅土地経済』No. 1, 1991年，2-9ページ，を参照されたい．

地価がきわめて高い駅前の一等地が遊休地になっているにもかかわらず，そこからバスで15分かかり地価がはるかに低い地点で一戸建ての住宅開発が進んでいるようなケースである．

開発時点で賃貸料収入が開発の利子費用に等しくなることは，開発時点の不動産収入は不動産の上物部分の費用しかカバーしておらず，土地部分の費用は負担できていないことを意味している．土地の部分については将来の家賃収入の上昇でカバーされることになる．

以上の分析ではきわめて強い単純化の仮定を置いていた．たとえば，開発前の地代がゼロであるまったくの遊休地を考えており，さらに建物の耐久性が無限大で，いったん開発すると取り壊して建て替えることはないとしていた．これらの仮定をゆるめることはむずかしくない．たとえば，開発前の地代が正であるケースは章末の練習問題6で扱われており，取り壊して他の用途の建物に建て替えることが可能であるケースは練習問題7で扱われている．

5.3 地価の時間経路

次に開発時点が最適に決定された時の不動産価格や地価の経路を見てみよう．建物部分を含む不動産価格を大文字 P_t で表し，地価を小文字 p_t で表す．開発後の不動産価格はその時点以降の不動産収入の割引現在価値であるので，

$$(3.12) \quad P_t = \sum_{s=t}^{\infty} \frac{R_s}{(1+i)^{s-t+1}}$$

となる．地価は不動産価格から資本部分の実質価値を引いたものになる．資本費用は一定であり，しかも資本は摩耗しないと仮定しているので，資本部分の実質価値は K で一定である．したがって，開発後の地価は

$$(3.13) \quad p_t = P_t - K = \sum_{s=t}^{\infty} \frac{r_s}{(1+i)^{s-t+1}}$$

となる．この式から，土地のキャピタル・ゲインとインカム・ゲインの和が利子率に等しいという第2節でも見た関係

$$(3.14) \quad \frac{(p_{t+1} - p_t) + r_t}{p_t} = i, \ t > T$$

が得られる．

開発前には資本部分は存在しないので，不動産価格は地価に等しい．また，開発時点までの収入はゼロであるので，開発前の地価は開発時点の地価を割引率 i で単純に割り引いたものになる（つまり，$p_t = p_T/(1+i)^{T-t}$ が成立する）．このことは開発時点以前の地価は割引率 i に等しい上昇率で上昇することを示している．

(3.15) $\quad \dfrac{p_{t+1} - p_t}{p_t} = i, \quad t < T$

具体的なイメージをつかむために，賃貸料収入が一定率 θ で上昇し，$R_t = R_0(1+\theta)^t$ で与えられるケースを考える．ここで，R_0 は 0 期における賃貸料である．(3.4) 式は地代が一定率 θ で上昇する場合の地価を表していたが，賃貸料収入と不動産価格 P_t の関係はそれとまったく同じであるので，

(3.16) $\quad P_t = \dfrac{R_t}{i - \theta} = \dfrac{R_0(1+\theta)^t}{i - \theta}$

が成立する．したがって，開発後の不動産価格は賃貸料収入と同じ率 θ で上昇する．開発後の地価はこれから一定額 K を引いたものであるので，その上昇率は一般に θ より高いが，時間とともに低下し，次第に θ に近づいていく．

以上の結果から，賃貸料上昇率が一定の場合の不動産価格と地価の上昇率は図 3-6 のようになる．開発時点までは地価と不動産価格は同じであり，その上昇率は割引率 i に等しい．開発後には，不動産価格上昇率が賃貸料上昇率 θ に等しくなるが，地価上昇率はそれより高い．ただし，地価上昇率は時間の経過

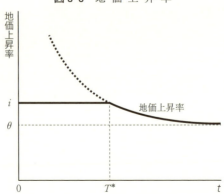

図 3-6　地価上昇率

とともに下降して，次第に θ に近づいていく．また，最適な開発時点では $r_t=0$ が成立しているので，開発時点での地価上昇率はちょうど利子率に等しくなっていることがわかる．したがって，図3-6の T^* のように開発時点地価の上昇率が利子率まで下がった時が最適な開発時点になる．

5.4 土地保有税と開発のタイミング

次に，この章で定式化した土地開発モデルに，地価税や固定資産税などの土地保有税を導入して，土地保有税が**開発のタイミング**をどう変えるかを分析する．[19]

地 価 税

まず，土地価格に τ の税率で課税される**地価税**の効果を検討してみよう．1991年度の税制改正において導入が決定された地価税はこのような税の一例である．税制の変化の効果はその変化が恒久的なものであるのか一時的なものであるのかによって大きく異なる．この節ではすべて恒久的な変化の効果を分析する．

地価が p_t の時の地価税の支払額は τp_t であり，これを土地からの収益から差し引くと，資産選択の条件（3.14）は

$$(3.17) \quad \frac{(p_{t+1}-p_t)+r_t-\tau p_t}{p_t}=i$$

となる．この式を変形すると，

$$(3.18) \quad \frac{(p_{t+1}-p_t)+r_t}{p_t}=i+\tau$$

が得られる．したがって，地価税は利子率を税率 τ だけ上げるのと同じ効果を持つことがわかる．τ の税率の地価税が課税されると，土地の収益率は τ だけ下がる．これは代替資産を相対的に有利にする効果を持ち，代替資産の利子率が τ だけ上昇したのと同じ結果をもたらすことになる．

---

[19] より詳細な分析については，金本良嗣「土地税制と遊休地の開発」伊藤隆敏・野口悠紀雄編『分析・日本経済のストック化』日本経済新聞社，1992年，第7章，193-223ページ，を参照されたい．譲渡所得税などの他に土地税制の効果も分析されている．

税が存在しない時の初期時点（1期の期首）の地価は（3.9）式で表された．地価税は割引率を $i+\tau$ に上昇させる効果を持つので，初期時点地価は

$$(3.19) \quad p_1(T) = \sum_{t=1}^{\infty} \frac{r_t}{(1+i+\tau)^t}$$

となる．5.2節と同様にして，この初期時点地価を最大にする開発時点は税金が課されていない場合と同じ（3.11）式を満たすことがわかる．つまり，最適な開発時点は地価税のないケースと同じであり，地価税は土地開発のタイミングに関しては中立的である．

直観的には，この結果は以下のように説明できる．第5.2節で見たように，もし地価税が存在しなければ，開発を1期遅らせることのコストは1期分の賃貸料収入 R_T であり，その便益は開発費用の利子分 iK である．したがって，地価税がなければ，$R_T = iK$ となる時点が最適な開発時点になる．地価税はこの最適開発時点を変化させないことを示さなければならない．

地価税が課されている場合には，開発を遅らせることによって地価税負担がどうなるかを考える必要がある．そのためには，開発を遅らせることによって地価がどう変わるかを調べなければならない．開発を T 期から $T+1$ 期に遅らせることによって土地からの純収益が変化するのは T 期についてだけであり，T 期の純収益は $iK - R_T$ だけ増加する．それ以外の期の収益は変化しないので，$T+1$ 期以降の地価は変化しない．しかし，T 期における純収益の変化はそれ以前の地価を上昇させる．たとえば，T 期の地価は

$$\Delta p_T = \frac{(iK - R_T)}{(1+i)}$$

だけ上昇し，それより前の t 期の地価は

$$\Delta p_t = \frac{(iK - R_T)}{(1+i)^{T-t+1}}$$

だけ上昇する．ところが，

$$R_T = iK$$

が成り立っていれば，これらはすべてゼロである．したがって，開発を遅らせても地価は変化しない．地価が変化しなければ地価税額も変化しないので，地価税の存在は最適な開発時点を変化させないことになる．

地価税は地価を引き下げるが，われわれのモデルでは開発時点を早めるという開発促進効果は存在しない．これは，開発プロジェクトが1つしか存在せず，プロジェクト間の選択が存在しないと仮定したからである．地価税による割引率の上昇は開発時点の早いプロジェクトを有利にするので，複数のプロジェクトの間の選択を考えると，開発促進効果が生まれる可能性がある．この点については次節で取り上げる．

固定資産税

地価税は土地だけにかかる税であるが，**固定資産税**は土地だけでなく不動産の建物部分にも課税される．以下では，土地と資本に対して同率 τ で課税される固定資産税の分析を行う．

資本部分への課税は1期当たりの実質的な資本費負担を iK から $(i+\tau)K$ に増加させるので資本費用を差し引いた1期当たり収入は

$$r_t = R_t - (i+\tau)K$$

になる．この変化に加えて，地価税と同じく割引率を i から $i+\tau$ に上昇させる効果が存在するが，地価税は最適な開発時点に影響しない．したがって，固定資産税のもとでの最適な開発時点は $r_T = 0$，つまり

(3.20) $\quad R_T = (i+\tau)K$

で与えられる．固定資産税は開発のタイミングを遅らせる効果を持つ．これは建物部分に対する課税によって開発の実質的な費用が上昇するためである．

わが国では，固定資産税の課税の際の土地の評価額が市場価格より著しく低いことが，宅地供給を阻害し，土地の低度利用を生んでいるとの議論が多い．しかし，本節の分析によれば，少なくとも完全な遊休地に関しては，固定資産税の実効税率が低いことは過度の遊休を生む要因にはならない．したがって，わが国で過剰な遊休地が存在するとすれば，これ以外の要因によるものでなければならない．過剰な遊休地を生んでいる土地税制の歪みとしては，農地が宅地に比べて固定資産税と相続税の双方に関して優遇されていることと，相続税の評価額が土地に関しては市場価格よりはるかに低いこと，譲渡所得税によって凍結効果が発生していることなどがあげられる．[20]

6 複数の開発プロジェクト

次に，2つ以上の開発プロジェクトが存在する場合に，それらの間の選択がどうなされるかを考えてみる．最も簡単な例として，事務所ビルの建築と住宅の建築との2つの開発プロジェクトを考え，それぞれの用途のためにある特定のタイプの建物が必要であるとする．たとえば，事務所は必ず10階建ての鉄筋コンクリートのビルを用いなければならず，住宅は2階建ての木造家屋を用いなければならない．事務所ビルからの賃貸料収入は R_t^B であり，住宅からの家賃収入は R_t^H であるとする．また，事務所と住宅の開発・建築費用はそれぞれ K^B と K^H である．図3-7のように，事務所のほうが賃貸料収入は多いが建築費用も高い $(R_t^B > R_t^H,\ K^B > K^H)$ とする．

地主は将来の賃貸料収入を予想し，どのような土地開発プランが最も高い収益を生むかを考える．最適な土地開発プランは以下のような2段階のステップを踏んで解くことができる．まず，各タイプについて最適な開発時点（T^{B*} と T^{H*}）を計算する．この問題は前節のものと同じであり，各タイプについて

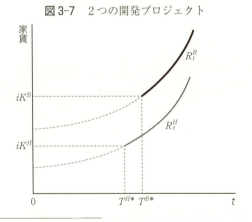

図3-7 2つの開発プロジェクト

---

20) これらの歪みの分析については，金本良嗣「土地課税」野口悠紀雄編『税制改革の新設計』日本経済新聞社，1994年，第5章，を参照されたい．

(3.11) 式が（近似的に）成り立たなければならない．次に，最適な開発時点のもとでの地価を計算し，より高い地価をもたらすプロジェクトが選択される．事務所ビルが選択されれば開発は遅くなり，T^{B*} の時点まで土地が遊休することになる．

ここで，地価税が開発プロジェクト間の選択を変化させるかどうかを考える．まず，前節で見たように，住宅と事務所ビルのそれぞれについての開発時点は，地価税が課されても最適解に変化は起きない．しかしながら，割引率が地価税率ぶんだけ高くなるので，最適な開発時点のもとでの地価は変化し，(3.19) 式で表される．割引率が上がると，開発費用が高く開発時点が遅いプロジェクトが不利になる傾向を持つので，地価税が課されていない時にはビジネス用途の開発が最適であった場合でも，十分に高い地価税が課されると住宅用途の開発が行われるようになる．[21]

もし割引率が効率的な水準に決まっており，その他の資源配分上の歪みがなければ，開発時点が早まることは望ましいことではない．土地を遊休させている期間は短くなっても，開発後の賃貸料収入が低いからである．地価税による開発の促進が望ましいのは，割引率が低すぎるなどの理由で土地の遊休が過度になっている場合にかぎられる．[22]

---

[21] 地価税が割引率の歪みをもたらす効果については，B. L. Bentick, "The Impact of Taxation and Valuation Practices on the Timing and Efficiency of Land Use," *Journal of Political Economy* 87, 1979, pp. 859-868, や前掲の野口 (1989)，などが分析している．

[22] 地価税が資源配分上の歪みをもたらすのは，それが土地の資産価値に対する税だからである．もし土地に対する税が，地価ではなく地代に対して課されていれば，中立性は失われない．たとえば，地代に τ の税率で課税されると，各タイプの開発がもたらす地価は

$$p_i^j(T^j) = (1-\tau)\sum_{t=T}^{\infty} \frac{R_t^j - iK^j}{(1+i)^t}, \quad j = B, H$$

となる．この場合には，それぞれの開発プロジェクトの開発時点が変化しないだけでなく，開発プロジェクト間の選択にも影響を及ぼさない．しかし，実際には，土地の賃貸市場が機能している場合は稀であり，地代の水準を知ることは困難である．

7　都市の土地利用構造とスプロール

　次に，建物の耐久性が存在する場合に都市の土地利用パターンがどうなるかを考えてみよう．第2章の古典的土地利用モデルでは，建物の形状やその利用の形態を瞬時に変更することが可能であると仮定していた．建物の耐久性を導入すると，古典的土地利用モデルとは異なった結果が得られる．

　第1に，建物の階数や敷地面積などは長期的な視点に立って決定されなければならず，現時点の需要条件だけからでは決定できない．たとえば，将来の事務所需要の増加を予想すれば，現時点では需要不足で空室が発生していても高層ビルを建築したほうがよいかもしれない．都市内の各地点で，どのような建物が建築され，どのような土地利用がなされるかは，前節で見た開発プロジェクトの選択問題を各地主が解くことによって決定される．

　第2に，過去に建築された建物は，需要条件が変化しても当分の間は改築されないことがほとんどである．都市は中心部から外側に向かって拡大してきたので，中心近くには古い建物が残されている．このような古い建物はその付近の新しい建物よりも低層であることがふつうである．したがって，場合によっては中心近くに古い低層の建物が密集し，その外側に新しい高層の建物が建つことがある．第2章では都心から離れるにしたがって人口密度が低下するというパターンが得られたが，建物の耐久性が存在する場合には人口密度がかえって上昇するというケースも存在しうる．また，極端な場合には，地価も都心から離れるにしたがって上昇することもありうる．

　第3に，将来の利用のために当分の間は土地を遊休させておくようなことが起きる．たとえば，周辺の人口が増加した時点で駅前に商業ビルを建てることを予定している場合には，現時点で住宅を建築することは望ましくない．いったん住宅を建築してしまうと，後から土地を買収して商業ビルを建築することはきわめて困難であるからである．このような場合には商業ビルの建築が可能になるまでは土地を駐車場などにして遊休させておいたほうがよい．

7.1 スプロール現象

将来の利用のために土地を遊休させておく行動は**スプロール**と呼ばれる都市計画学者に忌み嫌われている現象を引き起こす．スプロールには以下の3つの形態がある．

(a) **蛙跳び開発**（leap-frog development）：空き地を残して都市の外側に開発が進んでいく．

(b) **散在開発**（scattered development）：都心から等距離のリングに開発されていない地域と開発されている地域とが散在する．

(c) **混合開発**（mixed development）：住宅と事務所などの複数の用途が混在して開発される．

建物の耐久性を導入すると，これらのスプロール現象がしばしば起きることが，多くの都市経済学者によって示されている．[23)] その一例として，藤田昌久は2種類の土地利用が存在するケースを分析し，図3-8のようなスプロール現象が発生することを示した．[24)]

ビジネスと住宅の2つの用途が存在して，いったんそれらのどちらかの開発を行ってしまうと，その後には土地利用を転換することが不可能である場合には，将来の開発用地を残しておく必要がある．これが遊休地を発生させ，スプロールの原因となる．図3-8では，都心からの距離ごとにそれぞれの用途に使用されている土地の比率を示している．$x^B(t)$ と $x^H(t)$ はそれぞれ t 時点においてビジネス開発と住宅開発が行われている地点である．時間の経過とともに両方の用途の開発が進み，最上段のケースから中段，下段へと推移していく．

ビジネス用途の開発は都心部から外側に向けて進んでいくが，住宅開発は将来のビジネス開発の余地を残しつつ，ビジネス地区とは離れた場所から出発する．これは典型的な「蛙跳び開発」である．また，この時期の住宅開発は空き地を残しながら進むために，「散在開発」の現象が発生する．都市の成長が進むと，中段のようにビジネス地区の開発が住宅地に追いついてくる．この場合

---

23) 前掲の Fujita (1986) はこれらの研究の優れた展望論文である．
24) M. Fujita, "Spatial Patterns of Urban Growth: Optimum and Market," *Journal of Urban Economics* 3, 1976, pp. 209-241.

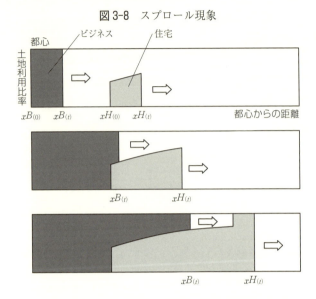

図 3-8 スプロール現象

には，ビジネスと住宅が同一距離に混在する「混合開発」になる．

　建築物の耐久性が高い場合にはスプロール現象が発生するのは当然であり，その流れに逆らうのは困難である．また，社会資本コストの増大や外部不経済の発生などの 2 次的な社会的費用を発生させなければ，将来の利用のために土地を空けておくことは資源配分の非効率性をもたらすものではない．短期的にはスプロールはきわめて非効率なように見えるが，将来の土地利用パターンを考慮に入れればこのようなスプロール現象も効率的である．一般に，外部不経済などの問題がなければ，市場メカニズムによる土地開発は効率的であるが，この場合のスプロール現象もその例に漏れず効率的である．

　もちろん，実際に起きているスプロール現象がすべて効率的であるわけではない．散在開発は社会資本コストの増大をもたらすことが多いし，混合開発は用途間の外部不経済をもたらすことがあるからである．たとえば，小さい開発が点在すると，下水道や道路の整備コストが大幅に上昇するし，商業地区と住宅地区の混在は道路の渋滞や騒音などの外部不経済をもたらす．また，蛙飛び開発も空き地にゴミが放置されたりして外部不経済の発生要因になることがある．

開発規制や用途規制などの都市計画的規制は，このようなスプロールの弊害を抑制するための手段として有益な役割を果たしうる．しかし，スプロール現象自体をすべて阻止しようとすると大きな非効率性を生んでしまう．たとえば，散在開発が社会資本コストの増大をもたらすということで，すべての開発を禁止することは望ましくない．社会資本コストの増加分を十分負担できるような開発も存在しうるからである．これらの点については，土地利用政策を扱う第8章でより詳しく取り上げる．

8 投機の役割

投機は悪いものという印象を持つ人々が多く，土地を投機の対象にすべきではないという意見がしばしば見受けられる．[25] しかし，この章で解説した土地開発モデルでは投機が資源配分の効率性を高める役割を果たしている．

投機に対する一般的な理解は，価格の変動を予想して，差益を得るために行う売買取引が投機であるというものであろう．しかし，売却益を目的とする投機的土地保有と利用目的の土地保有とを画然と区別することは不可能である．利用のための土地保有であっても，合理的に行動する人間であれば将来の売却益の可能性を無視できないはずである．これは（3.14）式の資産選択の条件に値上がり益（キャピタル・ゲイン）が入っていることから当然のことである．特に，将来の利用のために土地を遊休させている時期には，（3.15）式に示されているように不動産収入はゼロであり，土地の値上がり益だけが土地保有の動機になっている．ここで，もし投機的動機が排除されると開発時点の選択が効率的に行われなくなる．

また，開発プロジェクト間の選択に関しても，地価が判断の基準になっており，投機的動機の排除は大きな歪みをもたらすことになる．たとえば，現時点で一戸建て住宅の開発が可能である場合でも，しばらく待ってその後に高層住宅を建築したほうがよいケースが存在する．このようなケースでは，投機的動

---

[25] 「土地基本法」において投機的土地取引の抑制がうたわれているのはその例である．

機の土地保有が排除されると,時期尚早の一戸建て住宅開発が行われ,結果として資源配分の非効率性を生むことになる.

　第5節で見たように,実際には税制による歪みから過剰な土地の遊休が生まれており,開発の促進を図る必要がある.しかし,そうであるからといって投機的動機の土地保有を全面的に排除することは,「角を矯めて牛を殺す」ことになりかねない.

　また,投機的行動が地価の乱高下を生み,土地市場に混乱を生むという議論があるが,フリードマン(M. Friedman)によって指摘されているように,[26] 投機的行動は,価格の低い時に買い価格の高い時に売ってその差益を得ようとするものである.価格が低い時に買いに出る投機家はその時点の価格を押し上げ,価格が高くなって売る時にはその時点の価格を下げることになる.したがって,利益をあげている投機は,低い時の価格を上げ,高い時の価格を下げる効果を持ち,価格の変動を平準化しているはずである.

　投機が価格の変動を激しくするのは投機によって損失をこうむる人々が存在する時だけである.つまり,投機による価格の乱高下は投機によって利益を得る人々によって引き起こされるのではなく,投機によって損失をこうむる無能な投機家によって起こされるのである.

　もちろん,実際には投機的行動によって価格変動がかえって激しくなる場合もあるが,投機の弊害を除去するために政府が取引規制や開発規制を行うことが望ましいかどうかははなはだ疑問である.投機の弊害が無能な投機家によって引き起こされるのであれば,政府が介入することはこれらの人々の学習機会をなくしてしまうことになり,かえって望ましくない.[27]

キーワード

地代　地価　市場地代　帰属地代　利子率　割引率　合理的期待

---

26) M. Friedman, *Essays in Positive Economics*, University of Chicago Press, 1953.
27) わが国では,1974年に導入された「国土利用計画法」によって土地取引の規制を行うことが可能になった.土地取引規制については第8章を参照されたい.

（仮説）　ファンダメンタルズ　バブル（泡）　土地保有税　長期営農継続農地　生産緑地　農地の宅地並み課税　建物の耐久性　開発費用　付け値価格　最適な開発時点　開発のタイミング　地価税　固定資産税　スプロール　蛙跳び開発　散在開発　混合開発　投機

練習問題

1. 土地の取引には，不動産業者の手数料や不動産取得税などの取引税がかかる．このような取引コストが存在する場合の地価の経路を考えたい．現在の土地の所有者が自分で土地を利用した場合の地代の経路が r_t^s であり，買い手側が土地の利用から得ることができる地代が r_t^p であるとする．買い手側は多数存在して競争的であるとする．取引コストが C で一定であり，買い手側が取引費用を負担する時に，t 期に買い手が提示する地価を求めよ．売り手が土地を売却するのはどういう時点か．

2. 本文中の (3.4) 式では，地代上昇率 θ は利子率 i より低くなければならない．もし地代上昇率が利子率を上回るとどうなるかを説明せよ（ヒント：(3.3) 式にさかのぼって考える必要がある）．

3. T_1 年に国土交通省は東京圏の将来オフィス需要を推計し，それがその時点で見込まれているオフィス供給を大幅に上回るという結果を公表した．それ以降，不動産業界はこの予測を信じて行動した．ところが，その後 T_2 年に，この推計には誤りがあって，オフィス需要はそれほど大きくなかったことがわかった．このような歴史的経緯を前提に，予想地代，予想地価，現実の地価の三者の関係を図示せよ．

4. 現在の土地所有者 A は，自分でその土地を所有し続けると1年当たり100万円の地代収入を得ることができる．土地の買い手 B は現時点から10年後に開発を行うことができて，その年以降の地代は150万円である．10年が経過する前に購入すると，開発が可能になる10年後までは彼が得ることができる地代は50万円である．借地借家法によって，B が購入した土地を A に貸すことは B にとって非常に不利であるとする．利子率は10％であるとする．以下の3つのケースについて土地の売却時点とその時点の売却価格を求めよ．

(1) A の交渉力が強く，B は A の言い値を受け入れるか購入をあきらめるかしなければならない．
(2) B の交渉力が強く，A は B の言い値を受け入れるか売却をあきらめるかしかない．
(3) 両者の交渉力が同等であり，売却価格が B の付け値（払ってもよいと思う最大の価格）と A の留保価格（売ってもよいと思う最低の価格）の中間に決まる．

5．以下の意見を批判的に論評せよ．
(1) 「土地は幾世代にもわたって使用されるので，今の所有者だけで土地の区画や形状を決定するのは望ましくない．将来の世代のために，公共部門による規制が必要である．」
(2) 「地価下落が続く中で負担が増す土地保有税などは，中小企業を含めた国内企業のコストを押し上げる一方，海外からの対日投資にも待ったをかけ始めた．」（『日本経済新聞』1996年11月12日，朝刊）

6．開発前の地代が正で R_t^A で与えられる場合には，最適な開発時点 T は（近似的に）
$$R_T - R_T^A = iK$$
を満たしていなければならないことを示せ．

7．建物の耐久性は無限大であるが，取り壊して他の用途の建物に建て替えることが可能であるケースを考える．当初は遊休地で土地からの収益はゼロであるとする．最初に建てることができるのは住宅であり，建築コストは K^H で，（帰属）家賃の経路は R_t^H である．その後に，住宅を取り壊して商業ビルを建てることができ，その場合の取り壊しと建築の費用は K^B である．商業ビルからの賃貸料収入の経路は R_t^B である．住宅を建てる時期が T^H で，商業ビルに建て替える時期が T^B であるとすると，将来収益の現在価値は，

$$p_1(T^H, T^B) = \sum_{t=T^H}^{T^B-1} \frac{R_t^H}{(1+i)^t} - \frac{K^H}{(1+i)^{T^H-1}} + \sum_{t=T^B}^{\infty} \frac{R_t^B}{(1+i)^t} - \frac{K^B}{(1+i)^{T^B-1}}$$

となる．
(1) 将来収益の現在価値を最大にするような T^{H*} と T^{B*} は

$$\begin{cases} R^H_{T^{H*}-1} \leq iK^H \leq R^H_{T^{H*}} \\ R^B_{T^{B*}-1} - R^H_{T^{B*}-1} \leq iK^B \leq R^B_{T^{B*}} - R^H_{T^{B*}} \end{cases}$$

を満たすことを示せ．T^B に関する最適条件の解釈を述べよ．
(2) 住宅を建てずに商業ビルを建築するまで遊休地にしておく場合に，最適な開発時点が満たさなければならない条件は何か．商業ビルを建てるまで遊休地にしておくほうがよいのはどのような条件が満たされている時か．

8. 遊休地についてだけ地価の τ の率で課税される遊休地税を考える．本文と同じモデルと記号を用いて以下の問に答えよ．
(1) 開発時点 T（開発直後）の不動産価格と地価を求めよ．
(2) 開発時点より1期前の地価を求めよ．
(3) 一般に，開発時点以前の第 t 期（つまり，$t<T$）の地価を求めよ．
(4) 初期時点の地価を最大化するような開発時点は

$$R_{T-1} + \tau p_{T-1} < iK < R_T + \tau p_T$$

を満たすことを示せ．

9. (3.16)式からわかるように，地価の水準は利子率と賃貸料上昇率の間の相対的関係に大きく依存する．まず，地価が有限の値に決まるためには利子率が賃貸料上昇率より高くなければならない．そして，利子率と賃貸料上昇率の水準が近ければ近いほど，地価は高くなる．数値例として，（実質）利子率が5％で，開発費用が1億円のケースを取り上げる．（実質）賃貸料は3％の率で上昇し，10年後にちょうど500万円（$R_{10}=500$）になるとする．したがって，初期時点での家賃収入は約372万円（$R_0=500/(1+0.03)^{10}$）である．
(a) この場合の，(1)開発時点，(2)開発時点の地価と家賃，および(3)初期時点の地価を求めよ．
(b) 地価税は土地開発のタイミングを変化させることはないが，地価を低下させる．1％の地価税が導入されると，初期時点における地価はどれだけ下がるかを計算せよ．また，開発時点の地価税負担と開発時点の地価も計算せよ．
(c) 開発費用が1億円で10年後の賃貸料収入が500万円の開発プロジェクトに加えて，開発費用が6,000万円と低い代わりに賃貸料収入も10年後に400

万円にしかならない第2のプロジェクトも可能であるとしよう．第2のプロジェクトの賃貸料の上昇率は3％で第1のプロジェクトのそれと同じであるとする．(1)地価税が課されていない場合にどちらのプロジェクトが選択されるかを求めよ．(2) 1％の地価税が課税されるとどちらのプロジェクトが選択されるかを計算せよ．(3) 2つのプロジェクトの間の選択が可能な時には，地価税は開発時点を何年早めることになるか．

(d)　固定資産税の税率が1％の時の開発時点と現在時点の地価を求めよ．

4章

都市交通

1 はじめに

　都市を形づくる原動力となっているのは，人・もの・情報の移動であり，交通システムは，情報通信システムとともに，それを担っている．したがって，交通システムの進歩は都市構造に大きな影響を与えてきた．すでに第2章では，通勤交通が住宅立地パターンを決定する大きな要因になっていることを見た．また第7章では，オフィスの都心への集中をもたらす要因はフェイス・ツー・フェイスのコミュニケーションのための交通費用であることを見る．この章では，都市交通に焦点をあてて，日本の都市交通問題の経済学的な分析を試みる．
　都市交通の最大の問題は，道路渋滞やスシ詰めの通勤電車に代表される混雑現象である．したがって，この章の中心は混雑の経済分析であるが，それに加えて，頻度の経済性や交通投資の便益評価などについても触れる．また，交通投資が都市構造の変化に与える影響も簡単に考察する．

2 都市交通の推移と現状

2.1 都市交通における交通機関別シェア

モータリゼーションの進展にともなって，都市交通においても鉄道から自家用乗用車へのシフトが起きている．表4-1は，東京圏について旅客交通における各交通機関のシェアの推移を表している．これによれば，自家用乗用車のシェアは2000年度まで年々増加しており，ピークを迎えた2000年度には約34％になった．とりわけ増加率が大きかったのは1980年代であり，10年間に7％以上の増加を示している．2000年度以降は減少に転じ，09年度には約32％になっている．鉄軌道のシェアは，1955年度から75年度にかけて20％程度低下して60％足らずになった．その後も2000年度までは減少しているが，減少幅は格段に小さくなった．2000年度以降は逆転し，9年間に4％以上の上昇を示している．1975年度から2000年度にかけての自家用乗用車のシェアの増加は，主としてバスとタクシーのシェアの減少によってもたらされていると言える．バスとタクシーは2000年度以降も減少しており，増加している鉄軌道とは異なった様相を呈している．

表4-1は東京圏についてのみであるが，都市交通年報には他の都市圏についてのデータも掲載されている．大阪圏は東京圏と大きな違いはないが，名古屋圏では鉄軌道のシェアが低く（2009年で21.5％にすぎない），その代わりに自家用乗用車のシェアが高い（同年では73.4％）．三大都市圏以外の都市ではこの傾向がより大きくなり，自家用乗用車への依存度が非常に高くなっている．

通勤・通学交通だけに絞ると，自家用車利用率は低くなる．表4-2からわかるように，東京23区（特別区部）への通勤・通学交通においては，自家用乗用車の利用は10％を割っており，2010年には6.2％まで低下している．大阪市ではこれより少し多く14％前後だったのが，2010年には10％になっている．名古屋市，福岡市でも30％程度である．また，都市規模が小さくなると自家用車利用率が増加し，富山市では，2010年にはほぼ4分の3に達している．欧米の都市では自家用車による通勤が多く，都市交通政策の最大の問題は朝夕の通勤

表 4-1 東京圏における交通機関別旅客輸送人員シェアの推移
(%)

	鉄 軌 道	バ ス	タクシー	自家用乗用車
1955年度	78.1	15.3	6.6	−
1965年度	70.1	20.6	9.2	−
1975年度	59.7	15.8	5.2	19.4
1980年度	58.3	13.2	5.2	23.3
1990年度	56.3	9.7	3.6	30.5
2000年度	55.4	7.6	3.1	33.9
2009年度	59.7	6.0	2.4	31.9

(注) 東京圏は都市交通年報で定義されている首都交通圏であり,東京駅中心にほぼ半径50kmの範囲である.
(出典) 運輸政策研究機構『都市交通年報』.

表 4-2 通勤・通学交通における自家用乗用車利用者のシェア
(%)

	特別区部	大 阪 市	名古屋市	福 岡 市	富 山 市
1980年	9.4	13.7	30.2	26.8	43.7
1990年	9.7	14.7	33.7	30.5	57.7
2000年	9.2	14.0	36.5	31.2	69.3
2010年	6.2	10.0	31.6	28.8	74.5

(出典) 総務省統計局「国勢調査」.

表 4-3 三大都市圏の通勤鉄道の混雑率と輸送力

	東 京 圏			近 畿 圏			名古屋圏		
	混雑率	輸送力	輸送人員	混雑率	輸送力	輸送人員	混雑率	輸送力	輸送人員
1975年	221	100	100	199	100	100	205	100	100
1980年	214	124	121	188	110	103	204	116	115
1990年	203	150	138	171	123	105	183	139	124
2000年	176	163	130	144	135	98	158	150	115
2010年	166	163	122	124	127	79	135	159	105

(出典) 国土交通省webサイトより著者作成.

ラッシュ時の混雑対策である.日本でも中小都市では,欧米都市と同様に朝夕の通勤ラッシュ時の道路渋滞が深刻な問題になっている.

2.2 鉄道・道路の混雑と輸送力増強投資

表 4-3 は,三大都市圏における通勤鉄道の**混雑率**と輸送力の推移を表している.[1] 平均混雑率(朝のピーク時1時間の平均)は少しずつ下がってきており,東京圏では2010年において約166%である.東京圏では,1975年から1990年ま

での15年間で50％もの輸送力増強があったが，輸送人員も38％の増加を示したので，混雑率はあまり低下せず，1990年においても200％を超えていた．その後は輸送人員が減少に転じ，さらなる輸送力増強もあったので，混雑率は大きく低下しており，平均すると，以前ほどの深刻さはない．しかしながら，山手線，埼京線などのように200％を超える混雑率となっている路線も残っている．

これに対して，近畿圏では輸送人員の増加が小さかったので，輸送力の増加によって混雑率は着実に低下している．さらに，2000年代に入って輸送人員が約20％減少したために，混雑率が大きく低下した．名古屋圏では東京圏と同様に輸送人員が1990年まで増加したので，それまでは混雑率の低下は大きくなかったが，それ以降は輸送人員が減少し，1993年度の名古屋市営地下鉄3号線の延伸などの輸送力の大幅な増強もあいまって，混雑率は135％まで低下している．

鉄道の**混雑**は疲労や不快感をもたらすだけではなく，走行スピードの低下ももたらす．混雑時には電車が数珠つなぎになるので，安全確保のために列車の走行スピードを落とさざるをえないからである．特に，複々線化ができていない路線では急行列車と鈍行列車を同じ線路上に走らせざるをえないので，ラッシュ時の走行スピードは著しく低下する．たとえば，東京圏の井の頭線では急行列車の閑散時のスピードが時速44.8kmであるのに対して，ラッシュ時のスピードは時速24.6kmに大幅に低下する．複々線化がなされている路線では急行列車と鈍行列車を分離することができるので，これほどは速度が低下せず，たとえば中央線快速では閑散時が時速48.2kmであるのに対して，ラッシュ時は時速42.2kmである．[2]

---

1) 混雑率は実際の乗客数と車両定員との比である．ここで，車両定員は座席定員と立席定員の和である．立席定員は乗客1人当たり床面積（通常は約0.35m^2）から算出する．なお，定員のとり方は事業者・車両によって異なり，混雑率の単純な比較はできないことに注意が必要である．混雑率は150％では肩が触れ合う程度で新聞が読める，180％では体は触れ合うが新聞は何とか読める，200％では満員で新聞は読めない，といった状態であると言われている．

2) 井の頭線は吉祥寺から渋谷まで，中央線快速は吉祥寺から東京までの表定速度（時刻表ベースの速度）である．出典は「駅すぱあと2014年9月版」で，ラッシュ時は9時前後着，閑散時は12時前後着のものを用いた．

表4-4 三大都市の混雑時旅行速度

(単位:km)

	東京都特別区			名古屋市			大阪市		
	高速道路	一般国道	一般道路	高速道路	一般国道	一般道路	高速道路	一般国道	一般道路
1980年度	31.2	21.4	20.6	73.6	25.6	23.5	54.1	21.5	24.4
1990年度	46.6	19.1	17.0	62.6	19.3	20.3	46.2	18.3	18.3
1999年度	29.0	18.0	16.4	65.2	19.6	18.6	46.6	17.0	16.6
2010年度	27.7	16.2	15.7	46.2	17.6	17.1	41.9	16.5	16.3

(注) 1980年度、90年度の旅行速度はピーク時、1999年度、2010年度は混雑時に調査したものである.
(出典) 国土交通省「道路交通センサス」.

　東京圏では道路についても混雑が著しい．表4-4に示されているように，東京都特別区における2010年度の混雑時旅行速度は，一般国道で時速16.2km，一般道路で15.7kmである．高速道路においても27.7kmである．大阪市，名古屋市は一般国道，一般道路では東京23区とほぼ同程度であるが，高速道路は40kmを超えている．いずれの都市においても道路混雑は全体として悪化傾向にある．

2.3 都心への通勤人口

　東京圏は都心部の常住人口がきわめて少ない職住分離パターンを示している．たとえば，都心3区では2010年の昼間人口が常住人口の6倍に達している．[3] また，都心3区への純流入人口（昼間人口－常住人口）は1970年代に約30万人，80年代に約44万人増加したが，90年代以降は減少に転じている（表4-5）．一方で，都心3区の常住人口は1990年代から増加傾向にあり，2000年代には約11万人増加している．

　23区全体をとると，昼間人口と常住人口の差は大きくなく，2010年でも昼間人口は常住人口の約1.3倍にとどまっている．純流入人口については都心3区と同様に，1970年代に約68万人，1980年代に約91万人も増加したが，1990年代

---

3) 「常住人口」は調査地域内の住居に3カ月以上にわたって住んでいるか，または住むことになっている住人（常住者）の人口である．昼間人口は，常住人口に他の地域から通勤してくる人口（流入人口）を足し，さらに他の地域へ通勤する人口（流出人口）を引いたものである．常住人口のことを夜間人口と呼ぶこともある．ここでは，昼間人口と常住人口の差を純流入人口と呼んでいる．

100　4章　都市交通

表4-5　東京都心3区への純流入人口

(単位：人)

	昼間人口	常住人口	純流入人口	昼間人口の増加	常住人口の増加	純流入人口の増加
1970年	2,069,431	402,013	1,667,418			
1980年	2,298,998	337,664	1,961,334	229,567	−64,349	293,916
1990年	2,668,849	263,251	2,405,598	369,851	−74,413	444,264
2000年	2,341,196	267,585	2,073,611	−327,653	4,334	−331,987
2010年	2,311,346	375,008	1,936,338	−29,850	107,423	−137,273

(出典)　総務省統計局「国勢調査」．

表4-6　東京23区への純流入人口

(単位：人)

	昼間人口	常住人口	純流入人口	昼間人口の増加	常住人口の増加	純流入人口の増加
1970年	10,432,558	8,840,217	1,592,341	—	—	—
1980年	10,613,417	8,336,266	2,277,151	180,859	−503,951	684,810
1990年	11,287,948	8,099,153	3,188,795	674,531	−237,113	911,644
2000年	11,125,135	8,092,268	3,032,867	−162,813	−6,885	−155,928
2010年	11,711,537	8,945,695	2,765,842	586,402	853,427	−267,025

(出典)　総務省統計局「国勢調査」．

以降は減少に転じている（表4-6）．また，2000年代には常住人口が顕著に増加し，約85万人も増えている．

　上で見たように，大規模な輸送力増強投資が行われたにもかかわらず，東京圏での通勤混雑率が1990年まではあまり低下していないのは，通勤需要の著しい増加があったからである．その後は純流入人口が減少に転じ，混雑率が顕著に低下し始めた．

2.4　通勤時間

　職場の都心集中と住宅の郊外化を反映して，通勤時間は年々長くなる傾向にあったが，近年では逆転現象が見られる．表4-7によると，いずれの地域でも平均的な通勤時間（中位数）は1990年代に増加したが，2000年代に入ると減少している地域が多い．また，関東大都市圏では2013年の平均通勤時間は約45分であるが，近畿大都市圏では約35分とかなり短くなっている．さらに，中京大都市圏やその他の地域では20分台で，通勤事情は悪くない．

表4-7 平均通勤時間

(単位:分)

	関東大都市圏	近畿大都市圏	中京大都市圏	福岡県	富山県
1988年	46.0	37.3	25.9	26.2	21.4
1998年	53.8	45.4	32.8	33.1	24.4
2008年	45.9	36.2	27.4	27.2	21.4
2013年	44.9	35.0	27.5	26.5	22.2

(出典) 総務省統計局「住宅土地統計調査」.[4]

表4-8 都市中心部への平均通勤・通学時間

(単位:分)

	東京都心3区	名古屋都心4区	大阪都心3区
1975年	65	59	57
1980年	66	59	56
1990年	68	59	60
2000年	69	58	61
2010年	70	58	62

(出典) 国土交通省「大都市交通センサス報告書」.

表4-7のように,広い圏域をとると通勤時間はそれほど長くないが,都心部への通勤者を抜き出すと通勤時間はもっと長い.表4-8は鉄道利用者について都心部への平均通勤・通学時間を表している.これによれば,東京都心3区への通勤者の平均通勤時間は約70分である.名古屋と大阪でも都心への通勤者の通勤時間は長く,約60分である.また,1975年から2010年までの35年間の変化に関しては,東京と大阪でも都心への通勤者の平均通勤時間は5分程度しか長くなっておらず,名古屋ではほとんど変化がないことが興味深い.

---

[4] 大都市圏は国勢調査の定義による.大都市圏の中心市と周辺市町村は,以下の基準により設定している.大都市圏の「中心市」は,東京都特別区部および政令指定都市としている.ただし,中心市が互いに近接している場合には,それぞれについて大都市圏を設定せず,その地域を統合して1つの大都市圏としている(例:関東大都市圏).「周辺市町村」は,大都市圏の中心市への15歳以上通勤・通学者数の割合が当該市町村の常住人口の1.5%以上であり,かつ中心市と連接している市町村としている.ただし,中心市への15歳以上通勤・通学者数の割合が1.5%未満の市町村であっても,その周囲が周辺市町村の基準に適合した市町村によって囲まれている場合は,周辺市町村としている.

3 混雑の経済分析

　日本の都市交通の最大の問題は混雑である．前節で見たように，特に東京圏の通勤電車では朝夕のラッシュ時の混雑が著しく，混雑率が200％を超える路線がいまだに残っている．また，道路の渋滞も日常化している．地方都市でも交通混雑は存在している．特に，通勤に自家用車が用いられることが多いことから，通勤ラッシュ時に道路が渋滞するところが多い．これらの交通混雑は以下のような様々な社会的損失をもたらしている．

　第1に，混雑は走行スピードを低下させ，時間費用の増大を招く．渋滞による時間費用の増加は自動車交通について著しいが，鉄道，海運，航空などの他の交通手段についても存在する．たとえば，通勤鉄道についても，ラッシュ時には車両の運行間隔をギリギリまで短縮するので，走行速度はかなりの程度低下する．交通渋滞の中で無駄にされる乗客やドライバーの時間は貴重な経済資源である．混雑を解消できれば，その時間を有用な生産活動のために用いたり，余暇時間として生活を豊かにすることに用いたりすることができる．

　第2に，混雑は時間費用に加えて様々な金銭的費用をもたらす．たとえば，自動車の場合には走行速度の低下は燃料費用や車両の維持費を増加させる．

　第3に，通勤混雑で利用者がこうむる不快感や疲労も混雑の社会的費用の例である．

　第4に，交通渋滞は車の排気ガスによる環境汚染を悪化させる．

　混雑による社会的損失の大きな部分は「外部不経済」である．たとえば，各道路利用者は自分自身が道路混雑によって損失をこうむっているが，それと同時に，自分が道路を利用することによって混雑を激しくし，他の利用者に迷惑をかけている．外部不経済による社会的損失が利用者によって適正に負担されていないために，交通量が社会的にみて過剰になり，その結果，混雑の程度も過大になる傾向がある．

　以下では，道路交通を例に取って交通混雑に関する経済学的な考え方を解説する．後ほど触れるように，通勤鉄道などの他の交通機関に関しても同様な分

析が当てはまる.

3.1 道路交通における混雑現象

道路交通における混雑現象の発生メカニズムについては「交通工学」の分野での様々な研究があり,道路渋滞の大部分は交差点や合流地点などのボトルネックにおける待ち行列の発生によるという意見が多い.しかし,ボトルネック混雑の理論は複雑であるので後ほど簡単に触れるにとどめ,ここでは伝統的な**流れの混雑**(flow congestion)のモデルを用いる.

このモデルは,車の走行速度 S と密度 D の間に,密度が上がれば速度が下がるという図 4-1 のような関係があると想定する.ここで,密度は,ある一時点をとった時に,ある一定の区間の道路に何台の車が走っているかを表す.たとえば,2 車線(片側 1 車線)の道路の 1 km の区間に 1 車線当たり20台の車が入っている場合には制限時速の60kmで走れるが,40台の車が入ると時速は40kmに落ちるといった関係がある.通常は,密度がある水準 D に達するまでは走行速度はほぼ一定(制限時速が守られている場合には,制限時速で走行できる)であり,この水準を超えると急速に速度が低下する.

走行速度と密度がわかると交通量 V を求めることができる.交通量は一定時間内に何台の車がこの区間を通過するかで表され,交通密度に速度をかけたもの($V=DS$)になる.速度と密度の間の関係が図 4-1 のようになっていると,

図 4-1 走行速度 (S) と交通密度 (D)

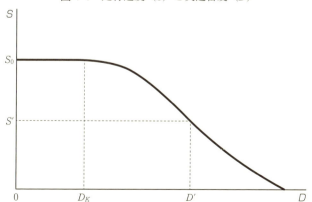

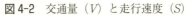
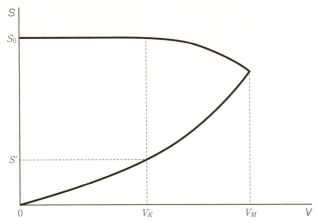

図 4-2 交通量（V）と走行速度（S）

交通量と速度の関係は図 4-2 のような曲線になる．交通量が $V_K = D_K \times S_0$ に達するまでは S_0 の速度で走ることができるが，この交通量（**道路容量**と呼ばれることが多い）を超えると交通密度が D_K を上回り，速度が低下する．交通密度がさらに上がると，速度が急速に低下し，交通量も低下を始める．したがって，図 4-2 の曲線は折れ曲がり，ある一定の交通量について 2 つの速度が対応することになる．たとえば，V_K の交通量は，速度が S_0 で交通密度が D_K の時と，速度が S' で密度が D' の時の 2 つのケースで達成される．

図 4-2 の曲線の下側の部分は超混雑の領域と呼ばれている．曲線の上側の部分に移すことができれば，同じ交通量をもっと速い速度で通過させることが可能であるので，超混雑はきわめて非効率である．可能であれば，何らかの方法で曲線の上側の部分に移すことが望ましい．

交通量と走行速度の関係がわかれば，交通量とそれに対応する交通費用との関係を導くことができる．交通費用は，時間費用，ガソリン費用，車の償却費等の利用者が負担するすべての費用を含むが，これらのほとんどは走行速度の低下とともに増加する．[5]

説明を単純化するために，すべての利用者はまったく同じ車を持っており，

---

[5] ここでの交通費用は時間費用を貨幣換算したものを含んでおり，交通計画の分野では一般化費用と呼ばれている．

費用条件は完全に同じであるとする．速度が低下すると各利用者が負担する交通費用が上昇するので，交通費用と交通量との間の関係は図4-3のようになる．交通量が道路容量 V_K を下回っていれば混雑は発生せず，この点までは車1台当たりの交通費用はほぼ一定である．ところが，交通量がいったん道路容量 V_K を超えると，交通量の増加にともなって混雑が激しくなり費用が増大する．したがって，1台当たりの交通費用は図の曲線 $C(V)$ のように，道路容量 V_K までは一定だが，その後は右上がりとなる．

道路交通に対する需要は費用が増加すれば減少するので，図の曲線 $D(C)$ のような右下がりの曲線になる．道路利用に対して料金が課されていなければ，交通量はこの需要曲線と費用曲線 $C(V)$ の交点 E となる．

3.2 外部不経済と混雑料金

混雑現象の存在は，利用者の負担する私的費用を社会的費用から乖離させるので，図4-3のようにして決まってくる交通量は効率性の観点からは過大である．これは混雑現象が利用者相互間の外部不経済にほかならないからである．

図4-3には，交通量が増加した時の社会的費用の増加（**社会的限界費用**と呼ばれる）も示されている．交通量増大は走行スピードを低下させ，すべての利

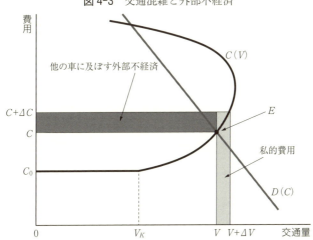

図4-3 交通混雑と外部不経済

図4-4 混雑料金

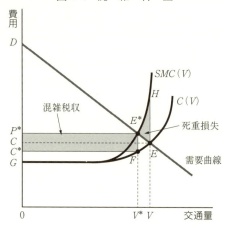

用者の費用を増加させる．図4-3では，交通量が V から ΔV だけ増加すると，すべての利用者の費用が C から ΔC だけ増加する．[6] したがって，交通量の増加前に利用者が全体として負担する費用は $CEV0$ であったのが，交通量の増加によって濃い影の部分と薄い影の部分の面積が付け加わることになる．この社会的費用の増加のうち後者は，新しく加わった車両が自分で負担する．ところが，前者は他の車両の費用の増加分であり，新しく加わった車両は負担しない．この濃い影の部分が他の利用者に及ぼす外部不経済である．

他の利用者に及ぼす外部不経済の存在によって，交通の社会的限界費用は各利用者が自分で負担する私的費用を上回り，図4-4の $SMC(V)$ のような曲線となる．この図では，社会的限界費用曲線 $SMC(V)$ と私的費用曲線 $C(V)$ との（上下方向の）乖離幅が混雑悪化による外部不経済を表している．[7]

---

6) 交通量の増加によって，利用者が負担する費用の合計は CV から $(C+\Delta C)(V+\Delta V)$ に増加する．

7) 利用者が負担する交通費用の総額は $VC(V)$ であり，交通量の微少な増加によってこの総費用は
$$\frac{d(VC(V))}{dV}=C(V)+VC'(V)$$
だけ増加する．これが社会的限界費用であるので，
$$SMC(V)=C(V)+VC'(V)$$
となる．つまり，混雑外部性の費用は $VC'(V)$ に等しい．

外部不経済の存在によって私的費用と社会的限界費用が乖離するので，放っておくと交通量が過大になる．このことは以下のように説明できる．

交通量が最適になるためには，走行車両を1台増加させた時の社会的便益（社会的限界便益）が，その社会的費用（社会的限界費用）に等しくなっていなければならない．もし前者が後者より大きければ，交通量を増加させることが望ましく，逆の場合には，減少させることが望ましいからである．

ここで，走行車両増加の社会的限界便益は，新しく加わった車両の得る便益であり，これは需要曲線の高さで表される．したがって，需要曲線が社会的限界費用と交わる E^* 点が最適点になる．この点の交通量は需給均衡で決まる E 点より小さい．つまり，道路利用に対して料金を課さなければ，交通量が過大になってしまう．

この問題の解決策は理論的には非常に簡単である．混雑悪化の外部不経済 E^*F に等しいだけの**混雑料金**を課しさえすればよい．ただし，混雑の程度は場所と時間によって異なるので，料金の水準もそれに応じて変化させなければならず，実際の混雑料金はそれほど簡単ではない．

一般に，外部不経済が存在すれば，外部不経済の発生者に対して，発生量に応じた税をかけるのが望ましい．この種の税は「ピグー税」と呼ばれているが，混雑料金もその一例である．混雑外部性に関して特徴的なのは，各道路利用者は外部不経済の被害者であると同時に加害者でもあることである．つまり，他の利用者が道路に入ることによって迷惑を受けているが，同時に，自分が道路に入ることによって他の利用者に迷惑をかけている．利用者は自分自身が加害者でもあることを認識しないことがほとんどであり，そのことが混雑料金の導入に対して政治的な反対が強い1つの理由になっている．たとえば，「渋滞が日常化している道路は，サービスの質が悪いので料金は低いのが当然である」という意見が多く見受けられるが，この議論は，サービスの低下をもたらしているのは各利用者であるという点を理解していない．

次に，混雑料金を導入することによってどの程度の大きさの社会的便益が発生するかを見てみよう．社会的総便益は需要曲線の下の部分の面積で測ることができ，社会的総費用は社会的限界費用曲線の下の部分の面積で測ることができる．[8] したがって，**社会的純便益**は需要曲線と社会的限界費用曲線にはさま

れている部分の面積になり，最適な混雑料金が課されているケースでは DE^*G になる．これに対して，料金が課されていない時の純便益はこの面積から E^*HE の三角形の面積を引いたものになる．[9] したがって，混雑料金を課すことによって社会的純便益は三角形 E^*HE の面積分だけ増加する．言い換えれば，混雑料金を課さない場合には，この三角形の面積だけの厚生の損失あるいは死重損失が発生する．

図4-4から明らかなように，死重損失の大きさは需要曲線の傾き（あるいは，需要の価格弾力性）に依存し，傾き（価格弾力性）が小さくなると死重損失も減少する．たとえば，通勤交通の需要は短期的には非常に非弾力的であるので，通勤交通に対して混雑料金を課しても，少なくとも短期的には大きな社会的便益は期待できない．しかし，長期的には時差出勤の普及や立地パターンの変化などを通じて通勤需要の変化が起きるので，長期的視点に立てば混雑料金導入の便益はかなり大きいと思われる．また，交通渋滞がひどく，超混雑が発生する時の死重損失は非常に大きい．[10]

次に，混雑料金導入によって誰が便益を受けるのかを考えてみよう．混雑料金が存在しなければ，各利用者が支払わなければならない交通費用は C であるので，利用者サイドの便益は三角形 DEC で表される．ところが，混雑料金が導入されると，（混雑料金を含めて）$P^*=C^*+t^*$ だけの費用を支払わなければならないので，利用者の受け取る便益は三角形 DE^*P^* に減少してしまう．つまり，混雑料金は混雑を緩和させて交通費用の低下をもたらすが，利用者は混雑料金を支払わなければならないので，それを考慮すると，利用者は必ず損失をこうむってしまう．混雑料金によって社会的な便益が発生するのは，交通事業者が（政府が混雑料金を課す場合には政府が）長方形 $P^*E^*FC^*$ だけの混雑料金収入を得ることができ，この収入が利用者の損失を上回るからである．

---

8) 限界費用は総費用の微分で求められるので，総費用は限界費用の積分値となっている．したがって，総費用は限界費用曲線の下の部分の面積に等しい（ただし，交通量にかかわらず一定の固定費用がかかる時には，固定費用を加える必要がある）．

9) E^* 点の右側では需要曲線が限界社会的費用曲線の下側になるので，純便益はマイナスになる．

10) 練習問題2を参照．

交通事業者に帰属する利益を何らかの形で利用者に還元しなければ，利用者は混雑料金の導入に反対して当然である．

3.3 混雑料金の実現可能性と不完全な混雑料金

　混雑料金は過剰な混雑をなくすことによって資源配分の改善をもたらす．しかし，実際に混雑料金を導入することは，そう簡単ではない．混雑の程度は時間帯によっても場所によっても大きく異なるので，理想的な混雑料金をかけるためには時間と場所によって異なった料金づけをしなければならないからである．ピーク時とオフ・ピーク時に異なった料金を設定する方式はピークロード料金と呼ばれていて，後ほど解説する．高速道路ではすでに料金が徴収されているので，料金を混雑度に応じて変えることによって混雑料金を実現できる．ETC（Electronic Toll Collection System）の導入後は曜日や時間帯に応じて高速道路料金を変えることが容易になったので，様々な割引料金が設定されるようになった．2014年現在では，深夜0時から4時まで30％割引を行う深夜割引と地方部限定の平日朝夕割引（通勤割引）および休日割引が主たる割引料金となっている．これらのうちで，深夜割引は，閑散時に割り引くことによってピーク時の料金を相対的に高くしているという意味で，混雑料金の一種であると解釈できる．しかしながら，混雑料金として最適なものが政策的に選択されてきたわけではないので，さらなる改善を行う余地がある．

　料金を徴収していない一般道路では，料金を徴収するための新しい仕組みが必要である．シンガポールでは1975年から一般道路におけるロード・プライシングが行われている．当初は，中心市街地の対象エリアに流入する車両に課金するコードン・プライシング（Cordon Pricing）であった．その後，1998年からは無線通信により電子課金を行うERP（Electric Road Pricing）方式に切り替えている．この方式は日本のETCに似たシステムであり，あらかじめ金額をチャージしておいたICカードを車載器に挿入しておき，路側器（ガントリー）の通過時に無線通信で料金を引き落とす仕組みである．現在は，この進化形として，グローバル・ポジショニング・システム（Global Positioning System, GPS, 全地球測位網）を用いて車の位置情報を把握することによって，課金を行うシステムの検討を行っている．シンガポール以外でも，2003年から

ロンドンにおいてエリア・プライシング（課金区域内を走行する車両に対して課金する方式）が導入され，2007年にはストックホルムでコードン・プライシングが導入された．日本では，石原慎太郎知事の時代に東京都が導入を検討したが，実現には至っていない．

混雑料金を導入しても，混雑の程度に応じて時々刻々と料金を変化させていき，その料金を利用者すべてに知らせることは困難である．したがって，きめの粗い不完全な混雑料金にならざるをえない．このような次善の混雑料金の分析もさかんに行われている．[11] また，日本ではかなり高額の税金がガソリンや軽油に対してかけられているが，これは一種の道路利用料金であると解釈することができる．[12] この種の料金は混雑の程度によっては変化しない均一料金であるが，混雑料金のきめを粗くしていった極限であると考えることができる．したがって，ガソリン税の最適水準は次善の混雑料金の延長として分析することができる．

3.4 混雑料金収入で交通投資費用をまかなえるか？

上で述べたように，利用者は混雑料金の導入によって必ず損失をこうむる．したがって，料金収入を利用者に還元する手立てを考えなければ，混雑料金の導入に関して利用者の支持を得ることはむずかしい．混雑料金収入を利用者に還元する最も自然な方法は，料金収入を道路の拡幅，新規路線の建設などの道路投資の財源として用いることである．そうすれば，混雑が減少し，利用者は混雑緩和の便益を受けることになる．日本では，2008年に廃止されるまで道路特定財源制度が存在し，一般道路投資の財源のかなりの部分は自動車の用いるガソリンや軽油に対する税金によってまかなわれていた．[13] また，都市高速道路や道路公団による自動車専用道路の建設は利用者の支払う料金収入によって

---

11) たとえば，R. Arnott, A. de Palma, and R. Lindsey, "A Structural Model of Peak-Period Congestion: A Traffic Bottleneck with Elastic Demand," *American Economic Review* 83, 1993. pp. 161-179, を参照．
12) 2014年度においては，1リットル当たりガソリンは53.8円，軽油は32.1円，LPガスは約9.8円となっている．1リットル当たり税込み価格は，2014年においてガソリンが160円前後，軽油が140円前後であるので，価格に占める税金のシェアは小さくない．

まかなわれている．ガソリン税や高速道路料金を混雑の程度によって変動させれば，混雑料金として機能させることができる．[14] 以下では，混雑料金収入を道路投資の財源として用いるとどのような結果が生じるかを見てみる．

話を単純にするために，利用者が負担するガソリン代や時間費用等の私的費用は交通量 V に依存するが，道路の建設費用は F で一定であるとする．私的費用をすべての利用者について合計したものを $VC(V)$ と書く．総交通費用は建設費用と利用者費用の和であり，

$$TC(V) = F + VC(V)$$

となる．これを通常のミクロ経済学での総費用と考えると，平均費用は

$$AC(V) = C(V) + \frac{F}{V}$$

となる．各利用者の負担する私的費用は平均可変費用（AVC）に相当する．このように解釈し直すと，図4-4を図4-5のように書き直すことができる．この図での MC 曲線は図4-4の $SMC(V)$ 曲線に相当し，AVC 曲線は $C(V)$ 曲線に相当する．最適な混雑料金を設定すると，交通量は V^* になり，混雑料金は $P^* - C^*$ になる．したがって，混雑料金収入は影の付いた2つの長方形の面積の和である．また，道路建設費用は

$$F = (AC - AVC)V$$

を満たすので，下のほうの（AC^* と C^* の間の）長方形の面積に等しい．この図では料金収入が道路建設費用を上回っており，上の長方形の面積だけの黒字が発生する．この黒字分をさらに投資の財源にあてると，道路容量が増加し費用曲線が右側にシフトしていくことになる．

図4-5の，AC，AVC，MC の曲線は，道路投資の固定費用を一定に置いているという意味で，ミクロ経済学の教科書での短期費用曲線に対応する．道路投資の水準を変化させることができる場合には，投資水準に対応して多くの費

---

13) 2008年の一般財源化までは，（料金をとらない）一般道路の建設費用のうち国の負担分についてはそのほとんどが道路特定財源（自動車の利用者が負担するガソリン税，軽油引取税，自動車重量税等から構成される）によってまかなわれていた．ただし，地方政府の負担分については一般財源による部分がかなりの割合を占めていた．

14) 現状では，税率や料金は混雑の程度にかかわらず一定であるので，理想的な混雑料金とはほど遠いが，一種の不完全な混雑料金であると解釈できる．

図 4-5 混雑料金と交通投資

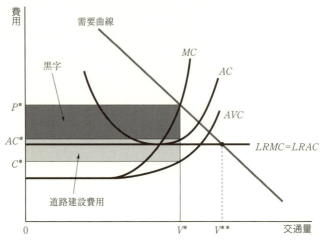

用曲線を描くことができ，それらの短期費用曲線のうちで最も費用が低くなるものを選ぶことができる．図 4-5 は長期平均費用曲線 $LRAC$ が水平である場合を描いているが，このケースは道路キャパシティーに関して規模の経済が一定の場合に対応している．規模の経済が一定の場合には，図 4-5 のように長期平均費用 $LRAC$ と長期限界費用 $LRMC$ とが一致する．道路投資が可変である時の最適解は，需要曲線が長期限界費用曲線と交差する点であり，図 4-5 では V^{**} の交通量の点である．

次に，長期の最適解における混雑料金を考えてみよう．初歩のミクロ経済学で学ぶように，長期の平均費用曲線は短期の平均費用曲線の下方の包絡線であり，長期の限界費用曲線は対応する短期限界費用曲線と交差する．したがって，図 4-5 の長期の最適点 V^{**} では，その点に対応する短期の平均費用と限界費用，長期の平均費用と限界費用の 4 つがすべて等しくなっている．つまり，長期の最適点での各費用曲線の関係は図 4-6 のようになっている．したがって，混雑料金は P^{**} 点と私的費用 C^{**} との間の差額になり，料金収入と道路建設費用が一致する．一般に，規模の経済が一定の場合には，道路投資が最適な点で料金収入と道路建設費用が等しくなり，料金収入で道路投資をちょうどまかなうことができる．[15]

図 4-6 混雑料金と道路建設費用：規模の経済一定

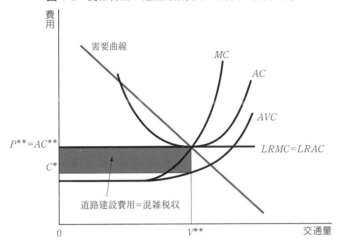

図 4-7 混雑料金と道路建設費用：規模の経済

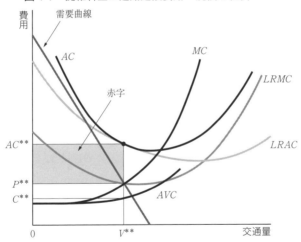

　最適な投資のための投資コストを混雑料金の収入ですべてまかなうことができるかどうかは，規模の経済性があるかどうかに依存する．図 4-7 は規模の経済性が存在するケースを描いているが，この場合には料金収入で道路建設費用

---

15) これは「収支均衡特性（self-financing property）」と呼ばれており，どういう場合に成立するかに関して数多くの研究がなされている．

をまかなうことはできず,道路建設事業者は赤字になる.したがって,最適な道路投資を行うためには,一般財源等からの補助が必要になる.逆に,規模の不経済性が存在する場合には,料金収入が投資コストを上回り,黒字が発生することを示すことができる(練習問題3を参照).

この結論が示しているのは,利用者の負担する料金で最適な交通投資がまかなえるかどうかは,交通サービスの供給における**規模の経済性**に依存していることである.そこで,実際に規模の経済性が存在するかどうかが問題になる.道路や鉄道などについては,用地買収や造成・建設などのために巨額の固定投資が必要であり,交通需要が小さい場合には大きな規模の経済性が存在する.

たとえば,鉄道については単線から複線にすると列車の運行本数を大幅に増加させることができ,大きな規模の経済性が存在する.大まかに言って,単線では1日に120列車程度であるのに対して,複線では400列車程度を走らせることができる.複線以上になると規模の経済性はそれほど大きくないが,2.2節でも見たように,快速と鈍行を分けることができるので,ラッシュ時における列車の速度低下が小さくなる.道路についても片側1車線から2車線にすると,追い越しができるようになるので同様な規模の経済性が発生する.

交通需要が小さい場合には規模の経済性が存在するが,ある程度の需要規模に達すると,規模の不経済が発生する.規模の不経済の要因としてよくあげられるのは,交差点の費用である.交差点の数は路線数よりも速い速度で増加する.たとえば,路線が2つだけで各路線が直線であると,交差点の数はたかだか1つであるが,路線が3つになると,交差点の数は3つになる.したがって,道路や鉄道の路線数が多くなると,交差点における信号や立体交差の建設費用がかさむことになる.また,用地買収コストも規模の不経済性の要因である.買収しなければならない面積が増加すると,買収交渉をしなければならない地主の数が増加し,それが買収コストの増加をもたらす.

個別の交通サービスにおいて,規模の経済性が存在するのか,あるいは規模の不経済性が存在するのかについては十分な研究が行われておらず,現在のところは信頼のおける答えは存在しない.ただし,アメリカの道路交通に関する研究では,規模の経済性や不経済性が極端に大きい例はほとんどないので,道路投資を混雑料金でまかなってもそれほど大きな過不足は生じないものと思わ

れる.鉄道に関しては,路線や都市圏の大きさによって事情は大きく異なるので,個別事例の検討が必要である.

もし規模の経済性が一定であると想定できれば,最適な交通投資を混雑料金でまかなうことができる.[16] 単純なボトルネック混雑モデルにおいては,たとえ混雑料金が不完全なものであっても成り立つことが知られている.[17] たとえば,混雑時も閑散時もまったく同じ料金である均一料金のケースやきめの粗い混雑料金のケースでも同じ結果が成り立つ.わが国の揮発油税や軽油引取税は混雑時も閑散時もまったく同率の税であり,前者のケースに相当している.したがって,規模の経済性が一定であれば,このような場合でも最適な交通投資を税収でちょうどまかなうことができる.

以上の議論について注意しなければならないのは,投資規模(交通キャパシティー)が最適になる点で料金収入(あるいは,税収)と交通投資費用が等しくなるためには,(1)規模の経済が一定であり,(2)料金水準が最適(均一料金や粗い混雑料金の場合には次善の最適)に決定されているという2つの条件が満たされていなければならないことである.したがって,料金水準が最適に設定されていない場合には,料金収入と投資費用が等しくても投資規模は最適にならない.たとえば,料金が高すぎる場合には,料金収入をすべて交通投資にあてると投資が過大になる(練習問題3を参照).道路交通の場合には,交通量がある一定水準を超えると急速に速度が低下するので,最適混雑料金の水準は交通量に応じて大きく変化する.したがって,実際には,最適混雑料金を計算することは困難である.交通計画の通常のアプローチは,**費用便益分析**などを用いて最適キャパシティーを先に決定し,そのための費用をまかなうことができるように料金水準を決定するというものである.交通キャパシティーの決定がうまく行われており,規模の経済が一定であれば,この方式で最適な料金水

---

16) このような考え方に基づいて,D. Newbery, "The Case for a Public Road Authority," *Journal of Transport Economics and Policy* 28, 1994(邦訳「公的道路主体の根拠(上)(下)」『高速道路と自動車』第38巻第6号および第7号,1995年)は,公的機関がロード・プライシングの収入を財源に用いて道路の投資と維持を行うことを提唱している.

17) 前掲のArnott, *et al.* (1993) 参照.

準が決定されることになる．

以上の議論の応用としていくつかの論点を提示することができる．第1に，混雑料金がゼロというのは通常は最適ではない．混雑料金で交通投資の固定費分をカバーしなければならないからである．第2に，都心部では地価が高いのでそのぶんだけ投資費用が高くなる．このことは都心部での混雑料金が郊外に比較して高くなければならないことを意味する．また，大都市では地方に比較して地価が高いので，大都市での混雑料金は地方に比較して高くなければならない．最適な混雑料金の水準は混雑の程度を反映するので，都心部では郊外に比較して混雑が激しく，大都市圏では地方圏に比較して混雑が激しいのは当然であるということになる．

3.5 隘路（ボトルネック）混雑

以上で見たような古典的な混雑モデルは実際の交通渋滞を表していないという指摘が，交通工学の研究者たちからなされている．現実の交通渋滞の発生を見てみると，たいていは何らかの隘路（ボトルネック）の存在によっている．たとえば，2つの道路が合流する地点や橋やトンネルの入口で待ち行列が発生することが多い．このような**隘路（ボトルネック）混雑**のモデルの研究も行われており，その概要はスモールとフェルフーフなどによって紹介されている．[18]

ボトルネック混雑においても混雑外部性が発生するので，混雑料金を導入することが望ましい．隘路（ボトルネック）混雑の特徴は，最適混雑料金の構造が非常に単純であることである．通過可能な交通量はボトルネックの容量によって決定されており，渋滞が発生してもしなくても一定である．したがって，ボトルネックに入ってくる交通量を交通容量に等しくなるように制御すれば，渋滞による社会的費用は発生しない．このような交通需要のコントロールは，混雑料金を時間帯に応じて変化させることによって行うことができる．混雑料金を混雑料金が存在しない場合の待ち行列の時間費用に等しく設定すれば，交通需要が減少して待ち行列が解消する．この場合には，行列で無駄にされてい

---

18) K. A. Small and E. T. Verhoef, *The Economics of Urban Transportation*, Routledge, 2007.

た時間費用がすべて料金として吸収され，この料金収入を道路キャパシティーの拡大等の有益な用途に使うことができる．

3.6 駐車混雑

路上駐車は車の流れを阻害し，混雑の発生原因になる．商店や事務所の前では荷物の積み降ろしなどのために駐停車が発生することがほとんど不可避であり，これが都心部での渋滞を激化させる大きな要因になっている．また，繁華街での違法駐車も混雑を悪化させている．

駐停車による混雑の悪化も外部不経済の一例であり，資源配分の効率性のためには，発生させる外部不経済の程度に応じた料金を課す必要がある．メーターを用いて駐車料金を取ったり，違法駐車に罰金を課したりしているのは外部不経済に対する対策という意味を持っている．しかし，違法駐車の取り締まりを完璧に行うことは不可能であるので，この種の対策にも限界が存在する．したがって，道路に面する建築物に駐車場の付置義務を課したり，道路管理者の側で積み降ろしスペースを設けたりするような補完的な対策も必要になる．また，道路に面している土地は固定資産税の評価額が高いのが通常であり，その税収を用いて道路の一部に積み降ろしスペースを設けるといった考え方もありうる．

4 ピークロード問題

都市交通の混雑はピークロード問題と組み合わされていることがほとんどである．その最も顕著なのは都市鉄道における朝夕の通勤ラッシュである．表4-9は，小田急小田原線の最混雑時1時間の通過人員と混雑率を終日のそれらと比較しているが，1日の乗客数の20％強が最混雑時の1時間に乗車していることがわかる．このような需要の時間的集中が，最混雑時の188％と終日の71％という混雑率の大きな差をもたらしている．都市鉄道と同様に，道路交通についても昼間に集中し深夜から早朝にかけては交通量が激減する．

前節の混雑料金の理論をこのようなピークロード問題に適用すると，混雑が

表4-9 小田急小田原線（世田谷代田〜下北沢）におけるピークロード問題[19]

	最混雑1時間			終日		
	輸送力(人)	通過人員(人)	混雑率(%)	輸送力(人)	通過人員(人)	混雑率(%)
1975年度	29,596	67,887	229	270,243	233,010	86
1985年度	35,948	74,100	206	351,057	287,209	82
1990年度	38,396	77,230	201	386,268	304,056	79
2000年度	38,576	73,435	190	428,278	303,999	71
2010年度	38,230	72,052	188	447,724	316,366	71

（出典）運輸政策研究機構『都市交通年報』．

発生するピーク時の料金を高くし，閑散時の料金を低くする必要があるということになる．航空料金が夏休みやゴールデンウィークなどの海外旅行シーズンには高く設定されているのはその一例であると考えることができる．ところが，都市鉄道や道路交通については，この種のピークロード料金が採用されることは稀である．逆に，通勤定期や通学定期の割引によってラッシュ時の利用者の料金が低くなっているのが実状である．以下では，ピークロード料金の理論を簡単に解説し，都市交通に対する適用可能性を考える．

4.1 ピークロード料金の理論

ピークロード料金の理論では，交通量が一定のキャパシティーを超えることはできないと考える．したがって，交通費用は前節におけるようななめらかな曲線ではなく，図4-8のようにキャパシティー K に達するまでは水平で，その点で垂直に立ち上がると仮定される．図4-8では，ピーク時の需要曲線が $x_1(p_1)$ で，オフ・ピーク時の需要曲線が $x_2(p_2)$ で表されている．この場合の最適料金は，オフ・ピーク時には限界費用 c に等しく，ピーク時には需要がちょうどキャパシティーに等しくなるような料金 p_1 になる．

次に，キャパシティーを拡張するような交通投資を考えてみよう．キャパシティーのコストが $r(K)$ であるとすると，キャパシティーをほんの少し ΔK だけ拡張することの費用は $r'(K)\Delta K$ である．[20] これに対して，キャパシティー拡張の便益は図4-8の影の付いた部分の面積であり，ΔK が小さければ

---

19) 1984年度以前は参宮橋・南新宿間における計測である．

図 4-8 ピークロード料金とキャパシティー拡張の便益と費用

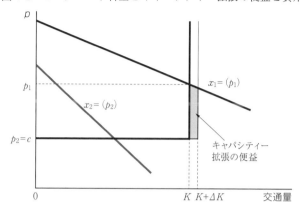

$(p_1-c)\Delta K$ で近似できる．最適なキャパシティーではキャパシティー拡張の限界便益と限界費用とが等しくならなければならないので，$p_1=c+r'(K)$ が成立する．このことから言えるのは，キャパシティーが最適に選択されている場合には，ピーク時割増料金がキャパシティー投資の限界費用に等しくなることである．

さらに，キャパシティー増加に関して規模の経済が一定であれば，キャパシティー増加の限界費用が平均費用に等しくなるので，ピーク時割増料金がキャパシティー費用をちょうどカバーすることになる．[21] つまり，オフ・ピークの需要者はキャパシティー費用をまったく負担せず，ピーク需要者だけがキャパシティー費用を負担する．

---

20) ここで，

$$r'(K)=\frac{dr(K)}{dK}$$

はキャパシティー増加の限界費用を表している．

21) キャパシティー増加に関して規模の経済が一定であるケースには，われわれのキャパシティー費用関数 $r(K)$ は線形になり，

$$r(K)=rK$$

の形に表される．この場合のピーク時料金は

$$p_1=c+r$$

で，ピーク時割増料金による収入も rK になる．したがって，ピーク時割増料金がキャパシティー費用をちょうどカバーすることになる．

キャパシティーの増加に関して規模の経済性が存在すれば，ピーク時割増料金で投資費用をすべてカバーすることはできない．したがって，最適な投資のためには外部からの補助が必要である．逆に，規模の不経済性が存在すれば，ピーク時割増料金の収入がキャパシティー費用を上回る．これらの結論は前節で見た混雑料金と投資費用の関係と同様である．

4.2 ピークロード料金の実現可能性

日本の都市交通においては**ピークロード料金**が採用されている例はほとんどない．このことによる資源配分の非効率性には，(1)オフ・ピーク時の料金が高すぎてオフ・ピークの交通量が過少になる，(2)ピーク時に料金が低すぎて混雑が激しくなりすぎるという2つの現象に加えて，(3)ピーク時の需要に対応してキャパシティー投資を行うので，投資費用がかさみ，それをまかなうために料金水準全体を高くせざるをえなくなることがあげられる．このような問題は経済学者によって指摘されてきたが，ピークロード料金の採用には反対が多く，いまだに本格的な導入はなされていない．

都市交通においてピークロード料金の採用が遅れている大きな理由は，政府による運賃規制が行われていることである．「混雑していることは交通のサービス水準が悪いことを意味しており，そのような場合に料金を高くすることはとうてい需要者に受け入れられない」といった理由で，政策当局はピークロード料金の採用には積極的ではなかった．政府による料金規制のない観光地の旅館などでは，日曜祭日の前日や夏休みなどの繁忙期に料金が高く，閑散期に低いのは当然になっており，需要者にも受け入れられている．都市交通においては政府による規制が存在するので，料金決定が経済原理ではなく，政治的なプロセスで決定される．ピークロード料金は投資コストの減少をもたらすので，利用者全体にとっては望ましいものであるが，政治の場に持ち込まれると，高い料金を負担する利用者からの反対が大きな力を持つことになることが多い．

ただし，ピークロード料金に対する政治的な反対は，ピーク時割増料金の代わりにオフ・ピーク時割引料金を採用することでやわらげられることが多い．実際に，いくつかの都市ではバス交通についてオフ・ピーク割引を導入しているし，東京でも1995年から私鉄や営団地下鉄がオフ・ピーク割引の導入を始め

ている．通常の回数券が10回分の運賃で11回利用できるところを，10時から16時までのオフ・ピーク限定の回数券は12回利用できるようになっている．ただし，この程度の運賃格差では需要の大幅なシフトを起こすことはむずかしい．

東京のように通勤時の混雑がきわめて激しいところでは，ピークロード料金の採用について技術的な困難が存在することは事実である．運賃が上昇する時刻の直前に大勢の人々が改札口に殺到したり，不適合の定期の利用者が旅客の流れをさえぎって大きな混乱を起こす可能性があるからである．[22] ただし，自動改札がほとんどの駅に行きわたっているので，定期を廃止して磁気カードやICカードから時間帯に応じた料金を引き落とすという仕組みが可能であり，そうすれば後者の問題はかなりの程度解決されるであろう．

4.3 需要の経年的増加

ピークロード料金の考え方は，需要が経年的に増加するようなケースについても適用できる．たとえば，複々線化投資を行うと建設当初は混雑が激減するが，年月が経過するにしたがって開発が進み旅客数が増加してくる．これにピークロード料金を適用すると，建設当初は需要が少ないので低料金にしておき，需要が増加して混雑が発生すると料金を引き上げることになる．ところが，日本の鉄道料金は「原価主義」によって規制されているので，キャパシティー投資を行う前の混雑している時期には低料金にせざるをえず，設備が増強されて混雑が緩和されると，投資費用をまかなうために料金の値上げが行われる．そして，投資費用の償却がすむと，たとえ混雑が激しくなっていても料金の値下げを行わなければならない．1988年に作られた「特定都市鉄道積立金制度」によって，複々線化が完成する前に料金値上げができるようになったので，この問題は若干緩和された．[23] しかし，ピークロード料金の考え方が適用された

---

[22] 通勤混雑に対する様々な政策の評価については，岡野行秀「通勤混雑と交通対策」八田達夫編『東京一極集中の経済分析』日本経済新聞社，1994年，33-64ページ，を参照．

[23] ピーク・ロード料金の考え方から特定都市鉄道積立金制度が正当化できることは，藤井弥太郎「鉄道」奥野正寛・篠原総一・金本良嗣編『交通政策の経済学』日本経済新聞社，1989年，第7章，170-187ページ，が指摘している．

わけではなく，許される料金値上げの額は大きくない．

高速道路料金についても同様な問題が存在している．高速道路会社が管理する高速道路については，建設が開始される時点で建設費用が料金算定のための原価に算入され，料金値上げが行われる．したがって，建設完了前に料金値上げができる仕組みになっている．ところが，首都高速のような都市高速道路では，建設が完了した時点で原価に算入されるので，ピークロード料金と正反対に混雑緩和時点で料金値上げが行われてしまう．

5 頻度の経済性と運営費補助

交通に関して重要な外部性としては，交通混雑に加えて待ち時間に関する外部性がある．たとえば，タクシーの利用者が増加して，それに比例してタクシーの運行台数が増加すると，タクシーが回って来る頻度が増加し待ち時間が減少する．電車やバスなどの公共交通機関の需要者にとっても，それらのサービスがどれだけの頻度で提供されているかが非常に重要である．

このような**頻度の経済性**は重要な外部経済をもたらす．利用者数が増加すれば運行頻度を増加させることができ，そのことがすべての利用者にとっての利便性を向上させるからである．つまり，新たに加わる乗客は電車の増発をもたらすので，他のすべての利用者に外部便益をもたらす．したがって，各利用者にピグー補助金を与えなければならないということになる．[24] 欧米諸国の公共交通では建設費補助に加えて運営費補助が与えられているが，その理由の1つは頻度の経済性であると考えられる．

タクシーについても，頻度の経済性によって政策的介入を正当化できる可能性がある．ただし，この場合の最適な政策が2002年の規制緩和前までの台数規制と価格規制の組合せであるとはまず考えられない．タクシー車両数の増加が頻度の外部経済をもたらすので，車両数を増加させるような補助金が資源配分を改善することになる．台数規制を用いて車両数を制限する制度は，逆に資源

---

[24] 頻度の経済性の理論的分析については，前掲のSmall and Verhoef（2007）を参照されたい．

配分を悪化させる可能性が大きい.

6　道路交通のもたらす外部不経済：定量的推計

　道路交通がもたらす外部不経済には，混雑外部性以外にも地球温暖化，大気汚染，騒音，交通事故等があり，これらの外部不経済の大きさを定量的に推計する研究が数多く存在する．以下ではこれらのうちで主要なものを紹介する.[25]

6.1　混雑外部費用

　混雑外部費用は混雑の程度に依存して大きく変化することが知られている．例えば，Mayeres and Proost（2001）[26]はピーク時とオフ・ピーク時とで6倍程度の格差があるとしている．アメリカの連邦道路局（US FHWA）による推計[27]では，都市高速道路で7.3円/kmであるのに対して地方高速道路では0.7円/kmとなっており，10倍近い格差がある．また，東京都区部では18円/kmから36円/kmときわめて高い（東京都ロードプライシング検討委員会による推計[28]）が，兒山・岸本（2001）による全国ベースでの推計値[29]は中位値が

---

25)　道路交通のもたらす社会的費用の推計を展望した文献には以下がある.
　　金本良嗣・蓮池勝人・藤原徹『政策評価ミクロモデル』東洋経済新報社，2006年，第4章付録A.6.
　　金本良嗣「道路特定財源制度の経済分析」『道路特定財源制度の経済分析』日本交通政策研究会，2007年，第1章，1-32ページ.
26)　I. Mayeres and S. Proost, "Should Diesel Cars in Europe Be Discouraged?" *Regional Science and Urban Economics* 31, 2001, pp. 453-470.
27)　US FHWA, *1997 Federal Highway Cost Allocation Study Final Report*, US Federal Highway Administration, Department of Transportation, 1997. なお，2000年の購買力平価に基づいて1ドル＝152円で円に換算している．これは以下のParry and Small（2005）による推計値についても同じである．
28)　東京都ロードプライシング検討委員会「東京都ロードプライシング検討委員会報告書」東京都環境局，2001年.

7.3円/km であり，Parry and Small (2005)[30] によるイギリスの推計値の6.6円/km とほぼ同じである．以下で見る他の外部費用推計値と比較すればわかるように，混雑外部費用は環境外部性や道路磨耗費用等の他の外部費用に比較して非常に大きい．

6.2 CO_2 排出による地球温暖化費用

地球温暖化の原因は CO_2 排出だけではないが，自動車関係では CO_2 が圧倒的に大きな要因であるので，ここでは CO_2 に焦点をあてる．金本・蓮池・藤原 (2006) 第4章で解説しているように，地球温暖化費用の推定方法としては，(1)地球温暖化による被害を予防する費用（対策費用）を推定する手法と，(2)地球温暖化による損害額（農作物の収穫減少，自然災害の増加等）を積み上げていく手法とがある．前者の対策費用を用いた推計には，森田 (1999)[31] がある．この研究では，京都議定書で定められた削減目標を達成するための費用を推計し，日本については，2010年時点で炭素トン（t-C）当たり234ドルという推計値を得ている．後者の被害費用を用いる推計は欧米に数多く存在している．それらを展望した Tol, et al. (2005) によると，調べた103の計測事例についての中央値は \$14/t-C で，平均値は \$93/t-C であった．[32] 平均値が中央値と大きく乖離しているのは，推計値がきわめて高いものが少数存在しているためである．ピア・レビューを受けている学術論文については推計値が低くなる傾向があり，中央値は \$50/t-C となっている．

地球温暖化費用を推計するもう1つの手法としては，排出権の取引価格を用

---

29) 兒山真也・岸本充生「日本における自動車交通の外部費用の概算」『運輸政策研究』Vol. 4, No. 2, 2001年, 19-30ページ．低位推計値は2.9円/kmで，高位推計値は14.6/kmである．

30) I. W. H. Parry and K. A. Small, "Does Britain or the United States Have the Right Gasoline Tax?" *American Economic Review* 95, 2005, pp. 1276-1289. イギリスについての低位推計値は2.8円/km，高位推計値は14.1円/kmである．アメリカについては，中位値が3.3円/kmであり，低位値と高位値はそれぞれ1.4円/km，8.4円/kmである．

31) 森田恒幸「地球温暖化と経済」安成哲三・岩坂泰信編『岩波講座地球環境学3 大気環境の変化』1999年, 第6章, 249-279ページ．

32) Tol, R. S. J., *et al.*, "The Marginal Damage Costs of Carbon Dioxide Emissions: An Assessment of the Uncertainties," *Energy Policy* 33, 2005, pp. 2064-2074.

いるものがある．EUのCO_2排出権取引市場は，2005年から取引が開始された．CO_2トン[33]当たり10ユーロ弱からスタートして，20から30ユーロの間を動いていたが，2006年5月に大きく値下がりし，10～15ユーロになった．その後，2006年末から07年初めにかけてさらに値下がりし，4ユーロ前後にまで下がった．2008年からの第2期間に入ると，排出枠を厳しくしたために値上がりし，08年上半期は20ユーロを上回っていた．しかしながら，リーマンショックの影響で急激に値下がりし，2013年には3ユーロ前後にまで落ち込み，14年には6ユーロ前後を推移している．このように排出権取引価格は大きく乱高下しており，まだ不安定な状況である．

イギリスとアメリカでは，政策評価に用いるための温暖化費用を政府が提示している．アメリカにおける炭素の社会的費用（Social Cost of Carbon）推計値は，2015年時点についての中心値でCO_2トン当たり37ドルであった（13年11月改訂値）．イギリスではEU排出権市場の取引対象になっているかどうかで値が異なり，取引対象のものについては4.56ポンド/t-CO_2であり，対象外のものについては61.79ポンド/t-CO_2であった（2015年時点の排出についての14年9月における推計値）．日本では，政府レベルでの推計値は存在しないが，原子力発電を中心に電源別の発電コストの比較を行った「コスト等検証委員会報告書」[34]においては，EUおよびオーストラリア・ニュージーランドの政策シナリオをベースに，\$19.5/t-CO_2（2010年）から\$30/t-CO_2（20年），\$40/t-CO_2（30年），\$45/t-CO_2（35年）と推移すると想定している．

このように，温暖化費用の推計値には大きなバラツキがあるが，それが設定されるとガソリン1リットル当たり温暖化費用を計算することができる．2006年に環境省が設定した炭素の排出係数は，ガソリンについては約633グラム/リットルである．炭素トン当たりの温暖化費用が1万円であるとすると，ガソリンのリットル当たり温暖化費用は6.33円となる．燃費がガソリン1リットル当たり10kmであるとすると，走行距離1km当たりの温暖化費用は0.633円

---

[33] CO_2トンは炭素トンの3.67倍であるので，CO_2トン当たりの価格を炭素トン当たりに換算するには，3.67倍する必要がある．

[34] エネルギー・環境会議コスト等検証委員会によって平成23年12月19日に報告書がとりまとめられた．

にすぎない．燃費が良くなると温暖化費用はさらに低下する．

6.3 SPM, NO_X 等による大気汚染費用

ガソリン車やディーゼル車は健康被害をもたらす大気汚染物質を発生させる．これらの大気汚染物質には，浮遊粒子状物質（SPM），窒素酸化物（NO_X），炭化水素（HC），硫黄酸化物（SO_X），一酸化炭素（CO），鉛化合物等がある．地球温暖化が地球全体の問題であるのに対して，SPM や NO_X による大気汚染は局地的な問題である．大気汚染の外部費用に関する実証研究は，主に海外において多くなされているが，車種，沿道人口，対象とする年等によって推定値が大きく異なる．

第1に，大気汚染費用はディーゼル車のほうがガソリン車よりはるかに大きい．大気汚染費用の実証研究の代表例である Small and Kazimi (1995)[35] は，ロサンゼルス地域のデータを利用して，自動車の排出ガスによって発生する VOC（Volatile Organic Compound, 揮発性有機化合物），NO_X, SO_X, PM10（粒径10μm 以下の浮遊粒子状物質）による被害額を推定している．彼らの結果によると，大型トラックがもたらす大気汚染外部費用は，1992年の環境基準のもとでは，走行キロ当たり約60円[36]と非常に大きな値になると推定されている．大気汚染物質のなかでは，浮遊粒子状物質によるものが定量的に最も大きい．日本のデータを利用して推定した兒山・岸本（2001）でも，大型トラックによる大気汚染費用は，走行キロ当たり約60円と非常に大きな値になっている．しかしながら，排出ガスに関する単体規制（新車に対して適用される各車両に対する排出ガス規制）が日本でもアメリカでも強化されてきたので，大気汚染物質の排出量は減っており，時間の経過とともに大気汚染費用は大幅に減少しているものと考えられる．[37] また，ガソリン車は浮遊粒子状物質をほとん

---

[35] Kenneth A. Small and Camilla Kazimi, "On the Costs of Air Pollution from Motor Vehicles," *Journal of Transport Economics and Policy* 29, 1995, pp. 7-32.

[36] 為替レートの変換は，混雑外部費用と同様に1ドル＝152円で行っている．

[37] 前掲の Small and Kazimi (1995) は，規制の強化を考慮に入れた推定も行っていて，2000年時点では走行キロ当たり約40円程度になるという結果を得ている．その後，規制はさらに強化されているので，現時点ではこれより有意に低いものと思われる．

ど排出しないので,大気汚染費用はディーゼル車よりはるかに低く,Small and Kazimi (1995) でも3.1円/kmであり,兒山・岸本 (2001) の推計では1.8円/kmである.

第2に,沿道人口の大きな地域では,大気汚染物質の暴露人口が大きくなるので,外部費用が大きくなる.また,風の状況等の気象条件によっても社会的費用は大きく異なる.

6.4 交通事故の外部費用

交通事故の費用については,事故を起こした車両が負担する部分とそれ以外の部分とがあり,外部費用は後者である.交通事故に関する外部性の中で,他のドライバーに対するものは,あるドライバーの走行が増えることによって,他のドライバーが事故にあう確率が増加することの費用を計算する.道路に車両が増加することによって事故が増加するかどうかは必ずしも明らかでない.車両の増加によって,より注意深く運転するようになったり,走行速度が落ちたりするからである.したがって,このタイプの外部性はゼロであると想定されることが多い.その他の外部性については,(1)歩行者や自転車に対する事故,(2)物損費用や医療費のうちで自己負担でない(保険でカバーされている)部分等がある.

交通事故の費用は,車両の大きさや走行速度に依存する.事故費用の車種間の差を明確にして推定した研究の例として,兒山・岸本 (2001) がある.そこでの結果によると,普通車の事故費用は7.1円/km,小型トラックおよび大型トラックの事故費用はそれぞれ4.9円/kmと7.9円/kmであり,普通車の約0.7倍および約1.1倍の費用である.

高速道路における走行は,歩行者や自転車がいないこと,交差点がないことなどから,一般道よりも事故による損害は少ない.金本・蓮池・藤原 (2006) 第2章では,国土交通省の費用便益分析マニュアル2003年版から,一般道の事故費用と高速道路のそれを計算している.その結果,一般道の事故費用は6.36円/台・kmであり,高速道路の事故費用 (0.74円/台・km) の約8.6倍にもなると試算されている.

6.5 道路損傷費用

道路損傷については,「4乗ルール」とも言われるように,車軸当たりの車両重量が重くなると,道路損傷の度合いが加速度的に大きくなる傾向にある.わが国では車両重量別あるいは走行条件別の道路損傷費用の推定を行った研究は見あたらないが,アメリカの連邦道路庁による推計[38]によると,都市高速では乗用車は0.1セント／マイルであるのに対して,40キロポンド,4車軸,単一車体のトラックは3.1セント／マイルである.

6.6 原油依存費用

ガソリンや軽油の需要増加は原油輸入に対する依存度を高め,エネルギー安全保障の問題や産油国による原油価格つり上げ等の問題を引き起こす.これらの費用を推計することは困難であるが,アメリカではいくつかの推計が行われている.これらの推計では,(1)原油輸入における産油国の独占利潤を減少させる効果,(2)原油輸入が停止した時のマクロ経済の混乱,および(3)原油の安定供給確保のための軍事関連支出が考慮されている.カリフォルニア・エネルギー委員会はこれらの推計値を検討し,1ガロン当たり12セントをベストの推計値としている.[39] これを152円／ドルの為替レート（2000年の購買力平価）で変換すると,約4.8円／リットルとなる.

6.7 騒音の外部費用

道路騒音によって沿線住民がこうむる外部不経済については,騒音が地価を低下させることに着目して,次章で簡単に解説するヘドニック・アプローチ（hedonic approach）を用いた計測がかなりの数見られる.これまでに日本で行われた研究では,公示地価データを用いたものは推計値が小さく,騒音が1デシベル大きくなることの効果は1 m² 当たり数千円のオーダーである.[40] こ

---

[38] US FHWA, *Addendum to the 1997 Federal Highway Cost Allocation Study Final Report*, US Federal Highway Administration, Department of Transportation, 2000.

[39] California Energy Commission, *Benefits of Reducing Demand for Gasoline and Diesel*, California Energy Commission, P600-03-005A1, 2003.

れは，公示地価には騒音のひどい地点が含まれていないことによるものである．環状7号沿線のデータを用いた山崎 (1991) による研究では騒音の外部費用推計値は約2万円であった．[41] これからわかるのは，騒音の外部費用は騒音がひどいケースについては非常に大きく，騒音レベルが下がるにつれて急速に低下することである．

7 交通投資の便益評価

　交通産業には大きな規模の経済性が存在することが多いので，民間企業にとっては採算が合わないことが多い．たとえば，図4-9のように平均費用が需要曲線をすべての供給量で上回っていると，価格をどう設定しても必ず赤字になる．以下で見るように，こういった場合でも社会的純便益がプラスになることがあり，政府が補助を与えたり，公共事業として自ら交通投資を行ったりすることを正当化できる可能性がある．しかしながら，政府の補助は無駄で非効率な交通投資を招く危険性を持っているので，社会的便益が費用を上回っているかどうかをチェックするために，**費用便益分析**（cost-benefit analysis）が行われる．費用便益分析の基本は本章の補論で解説するが，以下では便益評価について発生ベースと帰着ベースの2つが可能であることを示し，前者を用いた時の波及効果の扱い方を見る．

7.1　発生ベースの便益評価：消費者余剰アプローチ

　便益計測の伝統的な手法は，**マーシャル**（A. Marshall）の**「消費者余剰」**

---

40)　公示地価を用いた研究には，以下がある．
　　清水教行・肥田野登・内山久雄・岩倉成志「資産価値分析による中高層住宅の住環境の評価手法に関する研究」『都市計画学会学術研究論文集』23，1988年，253-258ページ．
　　矢澤則彦・金本良嗣「ヘドニック・アプローチにおける変数選択」『環境科学会誌』5(1)，1992年，45-56ページ．
41)　山崎福寿「自動車騒音による外部効果の計測」『環境科学会誌』4，1991年，251-264ページ．

図4-9 規模の経済性と採算性

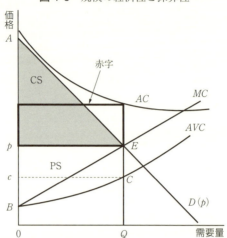

を用いるものである．**消費者余剰**は，その財をなしですませるくらいなら支払ってもよいと考える最高支払い許容額の和から，実際にその財の購入のために支払った額の合計を差し引いたものである．図4-9では，価格が p の時の消費者余剰 (CS) は，三角形 AEp の面積で表される．これは以下のように説明できる．

需要曲線の高さは，需要者が支払ってよいと思っている価格を表す．供給量がゼロの状態から出発して，最初の1個を最高の価格を支払う人に供給することを考えてみよう．需要曲線が A 点を通っていることは，この最初の1個を手に入れるために $0A$ 円だけ支払ってもよいと考えている人がいることを表している．もちろん，こんなに高い価格を払ってよいと思っている人は多くない．供給量が増加すると，払ってもよいと思う価格（**支払い意思額**と呼ばれる）は徐々に低下していき，供給量が Q の時には，p 円まで低下する．このように，需要曲線の高さは需要者がどれだけの価格を支払ってよいと思っているかを表している．

均衡価格が p の時の最高支払い許容額の和は台形 $0AEQ$ の面積である．一方，1個目の財の消費者も，Q 個目の消費者も，実際に支払う額は p 円で，支払い総額は $0pEQ$ の面積で表される．したがって，消費者余剰は三角形 AEp の面積となる．図4-9のように需要曲線が平均費用曲線の下にある場合には，

どのような価格を付けても赤字になる．しかし，図4-9のように利用者の得る消費者余剰が赤字額を上回っていれば，交通事業者に補助を与えてその交通機関を維持したほうがよい．

7.2 帰着ベースの便益評価：国民所得（指数）アプローチ

図4-9に示されているような発生ベースの便益は，交通サービスの利用者が得る便益を計測している．ところが，投資の便益が最終的に帰着するのは，交通サービスの利用者ではない場合が多い．たとえば，道路投資によってトラック輸送のコストが低下するケースを考えてみると，コスト低下の便益を最初に受けるのはトラック事業者である．もし貨物運賃が下がらなければ，トラック事業者が全面的に便益を受けることになる．しかし，実際にはトラック業者の競争によって多少なりとも運賃が下がるのが普通である．運賃が下がれば，輸送需要が増加するとともに，荷主が輸送費低下の便益を受ける．ところが，荷主も自分の事業での競争相手が存在するので，輸送費用の低下のかなりの部分は荷主の生産物の価格低下をもたらす．この生産物価格の低下は，その生産物の購入者に便益をもたらすことになり，交通投資の便益は荷主から生産物の購入者に転移していく．

交通投資の便益は，このような波及効果のプロセスが落ち着いた後の最終的な帰着先で計測することもできる．この種の帰着ベースの便益は，交通投資によって増加する実質国民所得の額によって評価できる．このアプローチは**国民所得アプローチ**と呼ばれることが多いが，実質国民所得の増加を**ラスパイレスやパーシェ等の数量指数**の形で計測するので**指数アプローチ**とも言われる．

国民所得アプローチで通常用いられるのは，ラスパイレスの数量指数かパーシェの数量指数である．ラスパイレスの数量指数は，事前の価格体系 p^B で評価した実質国民所得の比

$$Q_L = \frac{p^B x^A}{p^B x^B}$$

として表される．[42)] ここで，x^B と x^A は事前の消費ベクトルと事後の消費ベクトルである．また，パーシェの数量指数は，事後の価格体系 p^A で評価した事前と事後の実質国民所得の比

$$Q_P = \frac{p^A x^A}{p^A x^B}$$

として表される.国民所得アプローチでは,これらの比が1より大きければ,投資により実質国民所得が増加しているので,投資を行うべきであると考える.

しかし,正確には実質国民所得の増加とプラスの純便益とは1対1に対応しているわけではない.第1に,ラスパイレスの数量指数は等価変分より大きくなることはあっても小さくなることはないことが知られている.[43] したがって,事前の価格を用いた実質国民所得は,便益を過大評価することがわかる.第2に,パーシェの数量指数は補償変分より小さくなることはあっても大きくなることはない.したがってパーシェの数量指数は,便益を過小評価することになる.これらの性質を用いると,パーシェ指数は便益の下限の推定値とすることができ,ラスパイレス指数は上限の推定値とすることができる.

このように,パーシェとラスパイレスの指数はそれぞれ便益の上限と下限の推定値として使うことができる.これらの指数の計算のためには投資後の価格や需要量を推定しなければならないので,大規模地域計量経済モデル等を用いて経済システム全体の一般均衡解を計算する必要がある.しかし,地域計量モデルではデータの制約から,年次の時系列データを用いざるをえない.年次データではサンプルに含まれる情報が小さいので,誤差が非常に大きくなる.

また,消費関数が安定的であるなどの理由から,供給サイドの推定に比べ,需要サイドの推定のほうが容易であるので,このようなモデルの多くは供給制約を考慮に入れないケインズ型モデルである.したがって,大きな乗数効果が発生して便益の推定が過大になる傾向が強い.[44] この欠点を克服するためには,

---

42) 費用便益分析においては,投資を行う前と後とを比較するのではなく,投資を行うケースと投資を行わないケースについてそれぞれ何が起きるかを予測し,それらを比較する.つまり,違う時点を比較するのではなく,同じ時点について違うケースを比較する.したがって,正確には,事前と事後ではなく,投資を行わないケースと行うケースと表現する必要があるが,ここでは簡単化のために事前,事後を用いている.

43) ラスパイレス指数が等価変分より大きくなることはあっても小さくなることはないことの解説については,金本良嗣・長尾重信「便益計測の基礎的考え方」中村英夫編・道路投資評価研究会著『道路投資の社会経済評価』東洋経済新報社,1997年,第5章,75-99ページ;常木淳『公共経済学』新世社,1990年,を参照.

需要サイドと供給サイドの双方を同時に推定することが必要であるが，それらの同定（identification）はデータの制約から困難である．[45] このように，国民所得アプローチには欠点が多く，実務で用いるのは困難であると言わざるをえない．

帰着ベースの便益推定についてもう1つ重要なのは，発生ベースの便益に帰着ベースの便益を加えると便益の二重推定になることである．発生ベースの便益と帰着ベースの便益は，1つの便益を2つの異なった方法で推定しようとするものであり，これらを加えることをしてはならない．

波及効果の便益

都市鉄道の建設が周辺地域の住宅開発を可能にし，大きな地価上昇をもたらすことからもわかるように，交通投資は地域の経済全体に大きな波及効果をもたらすことが多い．このような波及効果の便益を計測する1つの方法は，帰着ベースの便益推定を行うことである．しかし，すでに述べたように，帰着ベースの推定は信頼できる推定結果をもたらさないので，発生ベースの便益を用いて波及効果の計測を行うことが望ましい．

補論で示すように，波及効果の便益は価格体系に歪みがない（つまり，価格が社会的限界費用に一致している）ファースト・ベスト経済と価格体系に歪みがあるセカンド・ベスト経済とで異なる．価格体系に歪みがない場合には，波及効果の便益と費用を貨幣単位で評価すると，相殺しあって純便益はゼロになる．こういった場合には，図4-9の交通需要曲線の解釈を変えることによって，

---

44) 乗数効果についてはマクロ経済学の入門書（たとえば，マンキュー『マンキュー経済学Ⅱ　マクロ編（第3版）』東洋経済新報社，2014年）を参照．
45) 同定問題については計量経済学の入門書（たとえば，山本拓『計量経済学』新世社，1995年）を参照されたい．
46) この結論の解説については，
金本良嗣「交通投資の便益評価・消費者余剰アプローチ」日交研シリーズ A-201，日本交通政策研究会，1996年．
Y. Kanemoto, "Urban Transport Economic Theory," in Richard J. Arnott and Daniel P. McMillen, eds., *A Companion to Urban Economics*, Blackwell Publishing, 2006, pp. 245-260.

図4-10 波及効果の便益の計測

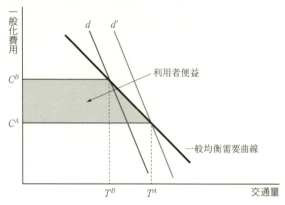

発生ベースの便益を用いて波及効果の便益も計測できる.[46)] 通常の交通需要曲線は，需要者の所得や交通以外の価格が動かないものと想定しており，部分均衡の需要曲線であると解釈しなければならない．波及効果は他の市場の価格を変化させるので，部分均衡の需要曲線がシフトする．これを考慮に入れたのが以下の図4-10である．交通費用が C^B から C^A に下がると，交通以外の部門の価格や所得が変化し，部分均衡需要曲線が d から d' にシフトする．したがって，波及効果を考慮に入れると，交通需要は太線のような一般均衡需要曲線で表されるようになる．この場合の交通投資の便益は，部分均衡の需要曲線の左側の面積ではなく，一般均衡需要曲線の左側の影の付いた部分の面積になる．これらの2つの差が波及効果によってもたらされた追加的な便益であると解釈できる．

交通投資が大きな波及効果を持ち，その便益が非常に大きいことがありうることは否定できない．しかし，この種の便益も交通需要の増大に反映されるの

Y. Kanemoto, "Surplus Theory," in A. de Palma, R. Lindsey, E. Quinet, and R. Vickerman, eds., *A Handbook of Transport Economics*, Edward Elgar Publishing, 2011, pp. 479–499.
を参照されたい．また，より厳密な分析は，

Y. Kanemoto and K. Mera, "General Equilibrium Analysis of the Benefits of Large Transportation Improvements," *Regional Science and Urban Economics* 15, 1985, pp. 343–363, で行われている．

で，交通需要曲線を用いた便益推定を行えば十分である．これと独立に，たとえば，地価上昇便益を推定して，それを足し合わせるようなことをすると，便益の二重評価になる．

　ここまでの議論は価格体系に歪みがない世界を前提にしている．しかしながら，現実には税制，外部性，独占力等によって価格が社会的限界費用と乖離していることが多い．価格体系に歪みが存在している場合には，他の市場における波及効果がプラスあるいはマイナスの社会的純便益を生んでしまう．費用便益分析の実務において価格体系の歪みを明示的に考慮に入れることはほとんどなかったが，最近になってイギリス等で導入されつつある．価格体系に歪みが発生しているセカンド・ベストの状況における費用便益分析については，補論で簡単に解説する．

8　交通機関の選択

　都市交通を担っている交通機関には，鉄道や地下鉄などの鉄軌道の交通機関，バス・タクシー・自家用車・トラックなどの道路交通，さらにはモノレールなどの新交通システムがある．利用者はこれらの交通機関の速度，快適性，料金などを考慮して，どの交通機関を用いるかを決定する．また，異なった交通機関は代替的な関係にあることもあるが，補完的な関係にあることもある．たとえば，利用者はバスかタクシーか地下鉄かといった選択を行う場合もあるが，地下鉄とバスとを組み合わせて用いることもある．したがって，異なった交通機関の間の競合と補完の関係は複雑である．この節では，競合する代替的な交通機関に焦点を絞って，交通機関選択の問題を考察する．

8.1　交通密度と交通機関

　交通機関の整備を行う交通事業者や交通政策当局者は，多様な交通機関のどれを整備するかの意思決定を行わなければならない．その際，特に重要なのは，それぞれの交通機関によって規模の経済性の程度が大きく異なるので，どの交通機関を整備すべきかが**交通密度**に決定的に依存することである．

日本の大都市圏では都市鉄道のかなりの部分を民間企業が供給しているが，これは世界に類を見ない．鉄道や地下鉄は建設費と車両費が高価であるので，非常に高い乗客密度が必要である．たとえば，地下鉄では時間当たり1万5,000人程度の乗客がいないと採算がとれないと言われている．日本で民間主体による都市鉄道の建設と運営が可能であった理由は，都市の人口密度が他国に比較してきわめて高いことである．

　鉄道と対照的に，道路交通は乗客密度が低くても採算がとれるが，運ぶことができる乗客数には限りがある．バスの場合には時間当たり3,000人程度を運ぶのが限度である．そこで，鉄道とバスとの中間の交通密度に対応するために，モノレールなどの新交通システムが開発されてきた．新交通システムの例としては北九州市のモノレールや神戸のポートアイランド線などがある．

　地方都市のように交通密度が低い場合にはバスでも採算がとれないケースが多い．その場合には，タクシーや自家用自動車等が中心的な交通手段にならざるをえない．

　都市交通において交通密度と規模の経済性の関係が非常に重要であることは，交通政策の意思決定をむずかしくする．第1に，交通密度が低くて採算が合わないことはその交通機関が社会的に有用でないことを必ずしも意味しない．図4-9で見たように，消費者余剰が赤字額を上回れば，交通事業者に補助を与えてその交通機関を維持したほうがよい．都市交通の補助に関してむずかしいのは，図4-9のように消費者余剰が赤字額を上回るケースが存在しうることは事実であるが，他の代替的な交通機関が存在するので，消費者余剰は思ったほど大きくない場合も多いことである．たとえば，鉄道の代替手段としてバス交通が利用可能な場合には，バス交通への代替によって鉄道の需要曲線の傾きが図4-9より小さくなり，消費者余剰が赤字を下回る可能性がある．

　また，交通事業者に対して補助金を与えると事業者の効率化努力を阻害する可能性が大きい．日本での都市交通への補助は建設費の補助が主体であり，運営費の補助が行われているのは公営交通を除いて多くなかった．これは，運営費の補助が経営効率化のインセンティブを阻害するからであると考えられる．

　政府による補助が各種交通機関の間で公平に行われているか否かは**イコール・フッティング**（equal footing）の問題として議論されてきた．当初は，道

路投資は税金を財源にしているので,利用者の負担する料金収入によって投資がまかなわれている鉄道や空港に比べて不当に優遇されているという議論がなされた.しかし,道路についても揮発油税や軽油引取税などを利用者が利用に応じて負担しており,道路が特に優遇されているということではない.

8.2 次善の料金

道路交通では混雑現象が頻繁に発生するが,混雑料金が採用されていることはほとんどない.このような場合には,他の交通機関を整備することによって道路利用者が減少すれば,道路混雑が緩和され,その結果,資源配分が改善する.

道路交通に混雑料金が課されていない場合に,それと代替的な公共交通機関の料金をどうすべきかという問題は**次善(セカンド・ベスト)**の問題の1つであり,補論の費用便益分析で解説する手法が適用でき,通常は公共交通機関の料金を社会的限界費用より低くするのが次善の最適になる.[47] 道路交通から公共交通機関に利用者をシフトさせることによって,道路交通の混雑を緩和させることができるからである.欧米諸国で公共交通に対して運営費補助が与えられている理由の1つは,通勤ラッシュ時の道路混雑を緩和させるためである.

ただし,この種の議論が成り立つためには,道路交通と公共交通機関の間に密接な代替関係が存在していなければならない.東京や大阪では通勤交通の主体は公共交通機関であり,道路交通と公共交通機関の間の代替性は小さい.このような場合には,公共交通機関に補助を行っても道路交通の混雑緩和は期待できない.しかし,中小都市では自家用車での通勤者が半分を超えることも珍しくないので,欧米と同様な公共交通機関への補助が正当化される可能性がある.

次善料金の理論は高速道路と一般道路との関係にも適用できる.たとえば,

---

47) 前掲のKanemoto (2006) にも簡単な解説があるように,道路交通と公共交通機関の需要の合計が一定である場合には,価格と社会的限界費用の乖離が双方について等しくなければならない.つまり,道路と公共交通の価格と社会的限界費用をそれぞれ p_1, MSC_1, p_2, MSC_2 とすると,

$$p_1 - MSC_1 = p_2 - MSC_2$$

が成立するのが,次善の最適料金である.したがって,公共交通の料金は社会的限界費用より低く,その乖離幅は道路交通の混雑外部費用と等しい.

有料の都市高速道路と無料の一般国道の間には密接な代替関係が存在するので，高速道路料金の大幅な上昇は一般国道への需要シフトを生み，一般国道の混雑を悪化させる．このような場合の高速道路料金は，第3節で見たファースト・ベストの混雑料金の水準よりも低く抑える必要がある．高速道路を利用する車両を増やすことが一般道路での混雑緩和に役立つからである．

8.3 次善の投資

次善の問題は料金だけでなく投資についても発生する．公共交通機関への投資補助によって公共交通機関の利便性が改善されれば，道路の混雑が緩和され，それが死重損失の減少をもたらす．公共交通機関の費用便益分析の際には，道路混雑の緩和による死重損失の減少を便益に加える必要がある．

たとえば，混雑している既存の道路（旧道）と並行してバイパス道路（新道）が整備される場合には，旧道では混雑が緩和されることになる．混雑していた旧道では，利用者の負担（一般化費用）が社会的限界費用を下回っており，死重損失が発生している．新道整備によって旧道の混雑が緩和され，利用者の時間費用が低下すれば，それが死重損失の減少額として計測されるべき便益になる．

ただし，セカンド・ベストの状態における混雑緩和便益の計測には微妙な点があり，注意深い適用が必要である．たとえば，混雑している道路自体に対する投資はその道路における混雑緩和をもたらすが，この場合には死重損失はかえって増加する．これは，混雑によって利用者の負担（一般化費用）が社会的限界費用を下回っている状態にあるのが，投資によって一般化費用が下がり，歪みが拡大するからである．つまり，利用者が負担する一般化費用が社会的限界費用より低い場合には，交通量が過剰になっている．この時に道路投資を行うと一般化費用が低下するので，過剰な交通量をさらに増加させることになる．この交通量の増加が死重損失の増加をもたらす．[48]

また，次善の理論による補正が必要なのは，混雑のような技術的外部性であり，金銭的外部性についてはこのような補正は必要ない．価格が限界費用に等

---

[48] 金本良嗣「交通投資の便益評価・消費者余剰アプローチ」日交研シリーズ A-201，日本交通政策研究会，1996年，を参照．

しくなっているファースト・ベストの世界では次善の問題は発生しないからである．

キーワード

混雑率　混雑　流れの混雑　道路容量　社会的限界費用　混雑料金　社会的純便益　規模の経済性　隘路（ボトルネック）混雑　ピークロード料金　頻度の経済性　費用便益分析　（マーシャルの）消費者余剰　支払い意思額　国民所得（指数）アプローチ　ラスパイレスの数量指数　パーシェの数量指数　交通密度　イコール・フッティング　次善（セカンド・ベスト）　一般化費用　生産者余剰　社会的余剰　グロス消費者余剰　総支出額　経路依存性　波及効果　間接市場　直接市場　一般均衡需要曲線　限界費用　総可変費用　死重損失

練習問題

1. 図 4-11 のような道路混雑のモデルについて，(1)社会的限界費用曲線を求め，(2)最適な混雑税とそのもとでの交通量を求めよ．ここで，$C(V)$ は交通量が V の時の各利用者の費用である．

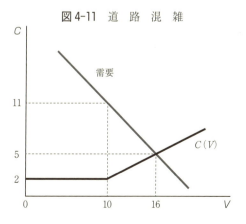

図 4-11　道路混雑

140　4章　都市交通

2. 超混雑が発生している場合の死重損失を図4-4と同様な図で示せ．

3. 道路サービスの供給において規模の不経済性が存在する場合には，混雑料金と道路投資を最適化すると，道路事業者に黒字が発生することを示せ．

4. (1)規模の経済が一定であり，(2)料金水準が最適（均一料金や粗い混雑料金の場合には次善の最適）に決定されていれば，投資規模（交通キャパシティー）が最適になる点で料金収入（あるいは，税収）と交通投資費用が等しくなる．しかし，高すぎる料金が設定されている場合には，料金収入をすべて交通投資にあてると投資が過大になる．図4-6と同様な図を描いて，このケースを図示せよ．

5. ある都市鉄道路線について，ピーク時の需要曲線が

$$q_1 = 2000 - 5p_1$$

であり，オフ・ピーク時の需要曲線が

$$q_2 = 120 - 0.5p_2$$

である．ここで，p_1とp_2はそれぞれの時間帯の運賃である．電車の運行費用は1人当たり100円であり，ピーク時もオフ・ピーク時も同じである．キャパシティー費用はピーク時の対応だけに必要であり，ピーク時の乗客1人当たり100円である．

(a) ピークとオフ・ピークの運賃がp_1とp_2である時の消費者余剰と鉄道事業者の利潤を求めよ．

(b) 消費者余剰と鉄道事業者の利潤の和を最大化するような運賃と乗客数を求めよ．

6. ある都市の住民はすべて800万円の年収を持っており，200m²の敷地の住宅に住んでいる．住民の効用は住宅の敷地面積と宅地以外の消費（住宅の建物部分を含む合成消費財）に依存する．したがって，合成消費財をzで表すと，住民の効用は$U(z, 200)$となる．すべての住民は都心に通勤しており，現在の住宅地は都心から40kmの地点まで広がっている．通勤費用は1km当たり年間2万円かかる．住宅地の外側の境界での地代は農業地代と住宅開発費用を考慮に入れると1戸当たり年間100万円である．

(a) 都心からの距離を$x$kmとした時の消費者の予算制約はどうなるか．合成消費財zの価格を1とおき，都心からの距離が$x$kmの地点の1m²当

たりの地代を $R(x)$ とせよ.
(b) 都心 ($x=0$) での地代を求めよ.
(c) この都市が小開放都市であるとせよ. 交通システムの改善によって通勤費用が半分になると地代曲線にどのような影響を及ぼすかを図示せよ.
7. 価格の低下が料金割引ではなく, 道路投資によって起きたケースについて, 図 4-17 と図 4-18 に対応する図を描け.

付録　費用便益分析の基礎[49]

　交通産業には規模の経済性や頻度の経済性などの市場の失敗がつきものであるので，道路，空港，港湾のように政府による公共事業として交通投資が行われることが多いし，鉄道やバスのように民間主体が経営する場合でも，政府による補助が与えられることが多い．こういった場合には，欧米諸国では非効率な投資をさせないようなチェック・メカニズムとして費用便益分析（cost-benefit analysis）が用いられてきた．これは，個々の公共投資プロジェクトの社会的費用と社会的便益を計算して，便益費用比が低いものには投資しないというものである．日本では，最近までは費用便益分析がまったく行われないことが多く，行われたとしてもその結果は政府の内部資料として非公開にされていることがほとんどであった．しかしながら，1996年12月に行政改革委員会から提出された「行政関与の在り方に関する基準」において，「行政が関与する場合には，それによって生じる社会的便益と社会的費用とを事前及び事後に総合的に評価し，その情報を積極的に公開する」ことが提言された．この提言を最大限尊重するとの閣議決定がなされ，それを受けて，1997年には国が行うすべての新規公共事業について費用対効果分析を行わなければならないという指示が当時の橋本龍太郎総理大臣から出された．以下では費用便益分析の基本を解説する．

費用便益分析の役割

　費用便益分析は公共事業以外にも適用可能であり，特にアメリカでは規制評価にも用いられている．費用便益分析の実務における長所は，貨幣単位というわかりやすい指標で政策の評価ができることである．[50] 便益が費用に比較してどの程度大きいかについての定量的な指標としては貨幣単位以外のものはほぼ考えられない．もちろん，便益を貨幣単位で計測することがむずかしいケースは多い．そういった場合には，費用効果分析（たとえば，1人の人命を救うた

---

[49]　本付録は，金本良嗣・蓮池勝人・藤原徹『政策評価ミクロモデル』東洋経済新報社，2006年，第2章の一部を加筆修正したものである．

めの費用が2億円であるといった具合に、効果指標1単位当たりの費用を計測する分析）や定性的費用便益分析（定性的に費用や便益の大きさを説明するもの）が用いられる。

アメリカの行政法学者であるSunsteinは、ラブ・キャナル事件と呼ばれているアメリカで起きた廃棄物による環境汚染事件を取り上げ、認知バイアスやパニック的対応が合理的なリスク政策をむずかしくしていたと論じ、こういった場合には費用便益分析の枠組みを適用することが有益であるとしている。費用便益分析は便益と費用を包括的に取り上げて、それらを総合的に比較考量するので、目を引きやすい特定のリスクだけに着目して、他のリスクを無視してしまうといったことを矯正する効果を持つからである。[51]

費用便益分析のプロセス

費用便益分析は政策代替案の評価手法であり、意思決定者による政策選択を助けるために行われる政策分析のなかの1つのステップと位置づけられる。政策分析の流れは、(1)問題を明らかにする、(2)政策代替案を設定する、(3)各政策代替案の効果を予測し、その評価を行う、(4)政策提言を行うといったものであり、図4-11のように整理することができる。費用便益分析はこの流れの中の政策インパクトの評価の部分に当たっている。

---

50) Adler and Posner は以下のように述べている。"if government agencies should employ cost-benefit analysis, then they should do so because it is a beneficial tool, not because the sum-of-compensating-variations test or any related test has basic moral weight." M. D. Adler and E. A. Posner, *Cost-Benefit Analysis: Legal, Economic, and Philosophical Perspectives*, University of Chicago Press, 2000, p. 2.

51) "cost-benefit analysis…can help overcome many of the problems we face in assessing risks.…it promotes a better understanding of the actual consequences of regulation. When availability bias makes people excessively concerned with trivial risks, cost-benefit analysis is a useful corrective. When the public is becoming fearful of an imaginary danger, but neglecting real dangers in daily life, an effort to tabulate the costs and benefits can overcome both panic and neglect. When regulation actually increases the very risks that it is designed to reduce, an understanding of health-health tradeoffs can be a valuable corrective." (C. R. Sunstein, *Risk and Reason: Safety, Law, and the Environment*, Cambridge University Press, 2004, p. 291).

144 4章 都市交通

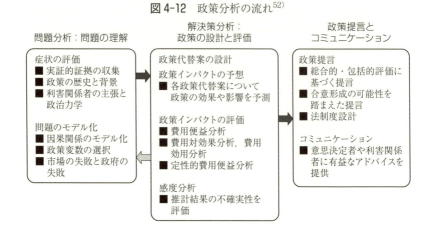

図 4-12 政策分析の流れ[52]

政策分析においては，現状の問題点を理解して，政策課題を抽出し，それを明確に定式化するという問題分析のステップが非常に重要である．ピント外れのモデルでは意味のある分析ができないのは当然である．問題の把握においては，現在現れている「症状」を調査し，その重要性を評価するのが最初になる．しかしながら，たんなる「症状」の認識だけでは適切な政策形成にはつながらない．その病状をもたらしている因果関係を理解し，公共政策によって変化させることができる変数と症状の間の関係を定式化する必要がある．これが図4-12における「問題のモデル化」である．

問題のモデル化においては，「症状」に関係する「市場の失敗」と「政府の失敗」を検討することが有益である．市場の失敗が存在する場合には，その性質と定量的重要性を調べ，それを補正する政策的介入を検討することになる．政策的介入の検討の際には，政府の失敗の可能性を考慮に入れる必要がある．また，問題を引き起こしているのは市場の失敗ではなく，政府の失敗であることもありうる．その場合には，政府による政策的介入を止めることによって改善ができるかどうかを検討しなければならない．

以上のような問題分析を経て，政策の設計と評価を始めることになる．この段階の主要なステップは，

---

52) この図は，David L. Weimer and Aidan R. Vining, *Policy Analysis: Concepts and Practice*, 5th ed., Longman, 2010, p. 344, Figure 15.1, を若干修正したものである．

(1) 何を評価するか（評価する政策プロジェクト代替案）を決定
(2) 各代替案についての政策インパクト（効果・影響）を予測
(3) 政策インパクト（効果・影響）の便益・費用を貨幣単位で評価し，それをさらに割引現在価値化して各代替案の純便益（あるいは，費用便益比）を計算
(4) 感度分析を行う

といったものである．これらの各ステップを簡単に説明しておこう．

(1) 政策プロジェクト代替案の設定

まず何を評価するかを決めなければ評価を行うことはできない．評価を行うには少なくとも2つの代替案を設定し，それらを比較する必要がある．通常は，新規プロジェクトと現状維持ケースとの2つを比較することが多く，プロジェクトを行うケースと行わないケースということで，WithケースとWithoutケースと呼ばれる．多数の代替案を設定して，それらを比較することも可能であるが，代替案のそれぞれについて政策プロジェクトの効果を予測しなければならないので，数多くの代替案を扱うことは実務上困難である．本格的な評価を行う前に概算での評価を行って，ベストに近い案に絞り込んでおくことが望ましい．

(2) インパクトの予測

政策プロジェクトは国民の活動に対して様々な効果や影響をもたらし，それらを通じて便益や費用を発生させる．プロジェクトのインパクトを定量的に評価するためには，第1に，これらの効果や影響を列挙して，それらを測定する指標を選択しなければならない．

たとえば，道路投資プロジェクトは，渋滞を緩和したり，高速走行を可能にしたりすることによって，利用者の時間や走行経費（ガソリン代等）の低下をもたらす．同時に，地球温暖化ガス（二酸化炭素等）や大気汚染物質（窒素酸化物，粒子状浮遊物質等）の排出量を変化させる．さらに，交通事故の減少もありうる．もちろん，道路投資のためには，コストがかかるので，これも考慮に入れる必要がある．一般に，プロジェクトの効果には，プロジェクトに必要

な投入物(インプット)とプロジェクトがもたらす産出物(アウトプット)がある.これらのうちで,定量的に重要であると考えられるものをすべてリストアップするのが最初の仕事になる.

次に,プロジェクトのインパクトを計測する指標を選択し,それらを予測しなければならない.プロジェクトがもたらす効果のすべてを定量化できるとは限らないし,それが理論的に可能だとしても,現時点ではそのために必要なデータが収集されていないこともある.一般に,評価に必要なデータがすべてそろっていることはまれであり,既存の収集可能なデータを上手に加工して用いるといった工夫が必要である.また,新たにデータを集めることが必要になることもある.

(3) 便益・費用の計測

プロジェクトのインパクトが予測できたら,それらに貨幣単位での評価を与えなければならない.道路投資の場合には,道路利用者の時間節約,死亡事故や傷害事故,大気汚染による健康被害等について,これらの価値を貨幣単位で計測しなければならない.

「人命の価値」や「時間の価値」等に関する貨幣評価原単位の設定は,科学的研究を基礎に,注意深く行う必要がある.これらの原単位をどのように設定するかで,便益の評価値が自動的に変化する.たとえば,時間価値を何円/分に設定するかによって,交通投資の便益が大きく変わる.ここでむずかしいのは,時間価値は人によっても異なるし,同じ人でも,いつどういう乗り物に乗るかによって異なっていることである.同じ人がビジネスで飛行機に乗っている時の時間価値と,週末に車で遊びにいっている時の時間価値には,かなりの差があるのが通常である.時間価値の計測には,計量経済学的な研究が用いられる.ごく単純化して言えば,スピードが速くて運賃が高い乗り物とスピードが遅くて運賃が低い乗り物との間の選択を利用者がどのように行っているかを調べることによって,時間価値を計測しようというものである.欧米諸国の研究によると,通勤やレジャーにおける時間価値は平均賃金よりかなり低い.これを平均的な1時間当たりの国民所得等で推定すると,大きく間違える可能性がある.日本では時間価値に関する実証研究が遅れているために,国民所得等

を使うことが多いが，これは望ましくない．

　各年における便益と費用を計測したら，それを割引率を使って現在価値に換算しなければならない．割引率が r であり，t 年における便益と費用がそれぞれ B_t と C_t であるとする．0年の価値に換算した便益と費用の割引現在価値をそれぞれ $PV(B)$ と $PV(C)$ と書くと，

$$PV(B)=\sum_{t=0}^{T}\frac{B_t}{(1+r)^t} \; ; \; PV(C)=\sum_{t=0}^{T}\frac{C_t}{(1+r)^t}$$

となる．

　公共投資のように長期にわたって便益が発生するプロジェクトの場合には，割引率をどう設定するかで割引現在価値が大きく変わってくる．市場金利が低い日本では通常4％が使われているが，市場金利の高いアメリカでは7％という数字が使われている．

　最後に，プロジェクトの純便益は

$$NPV = PV(B) - PV(C)$$

と計算できる．プロジェクトが1つしかない場合には，純便益が正であれば採択を推奨し，負であれば不採択を推奨することになる．また，複数のプロジェクトから選択する場合には，純便益が最大になるプロジェクトがベストということになる．

　純便益の代わりに，便益費用比

$$\frac{B}{C}=\frac{PV(B)}{PV(C)}$$

を用いることがある．便益費用比が1より大きければ，純便益が正であるので，プロジェクトが1つしかない場合には，純便益を用いる時とまったく同じである．しかし，複数プロジェクト間の選択においては異なった結果がもたらされる．費用が小さいプロジェクトは便益費用比が高くても純便益が小さいことがありうるからである．複数のプロジェクトから1つだけを選択しなければならない場合には，純便益を用いるのが望ましい．しかし，予算の範囲内で複数のプロジェクトを実施できる場合には便益費用比の高い順に採択するのが望ましい．

　なお，税金を使って実施するプロジェクトの場合には，税金を徴収すること

によって発生する様々な社会的費用を考慮する必要がある．徴税費用がその一例であるが，これ以外にも，税金による価格体系の歪みがもたらす社会的費用が存在する．日本では，公共投資の費用便益分析においてこういった費用を考慮に入れていないので，通常用いられている便益費用比が1以上という採択基準は過大な投資を招いてしまう恐れがある．税金の社会的費用を考慮に入れた採択基準を用いなければならない．

便益・費用の計測の際にもう1つ考慮しなければならないのは，誰の便益・費用を考えるかということである．たとえば，地方政府のプロジェクトにおいて，他地域の人たちに及ぼす便益を考えるべきかということがある．もし地方政府が他地域の便益を無視する場合には，中央政府は補助金等を使って，それを補正することが望ましい．より大きな問題は，他国に帰属する便益をどうするかという点である．たとえば，航空管制システムに対する投資は，近隣諸国もその便益を享受できる．こういった場合に他国に帰属する便益まで考慮するかどうかということが問題になる．実際の評価においては，自国だけの便益を考える評価に加えて，感度分析の一環として，他国への便益も考慮に入れた評価を行うといった対応をする場合が多い．

(4) 感度分析

政策評価においては，大きな不確実性が避けられない．プロジェクトのインパクトの推計においても，その貨幣価値換算においても，大胆な想定をせざるをえないことが多い．適切な政策選択を行うためには評価結果の不確実性の程度を正しく認識しておく必要があり，分析者は自分たちの分析結果がどの程度の信頼性を持っているのかを正しく伝える義務がある．評価結果の不確実性を扱う方法の1つが感度分析である．たとえば，交通需要予測の不確実性については，交通需要が下ブレした時と上ブレした時の2つについての推計値を付け加えることによって，評価結果の不確実性に関する理解を助けることができる．こういった感度分析は，貨幣価値換算の原単位，割引率，需要の伸び率等のうちで，重要なものについて行う必要がある．

日本では感度分析と称して需要が予測より1割増加するといったケースの計算を行って並べるだけのことが多い．感度分析の目的は推計値の不確実性を把

握するために行うのであり，こういった機械的な計算はほとんど意味がない．パラメータの値やモデルの構造等の様々な前提条件について，それらの不確実性の程度を評価して，それらが評価結果をどの程度左右するかを分析しなければならない．

感度分析の最も単純な方法は，パラメータ等について，最も確からしい中位値に加えて，それを超える可能性がほとんどない高位値と，逆にそれより低くなる可能性が小さい低位値を設定し，これらの3つのケースそれぞれについての推計を行うことである．もう少し複雑な方法としては，各種のパラメータを同時に変化させた時の最善ケースと最悪ケースを計算する最悪・最善分析（Worst-and Best-Case Analysis）やモンテカルロ・シミュレーションによって推計値の確率分布を計算するモンテカルロ感度分析がある．[53]

便益評価の基礎

費用便益分析は7.1節で見た発生ベースの便益評価を用いるのが通常である．交通投資の便益の計測においては，金銭的な費用のほかに時間費用や疲労等の非金銭的な費用が重要である．したがって，縦軸にはたんなる価格の代わりにこれらのすべての費用をまとめた**一般化費用**を取ることが多い．これは，たとえば，1 km当たりのガソリン代，車両の磨耗費，時間費用，有料道路料金等の合計である．図4-13に示されている**消費者余剰**（Consumer's Surplus, CS）と**生産者余剰**（Producer's Surplus, PS．供給者余剰と呼ばれることもある）の和が社会的純便益であり，これを**社会的余剰**（Social Surplus, SS）と呼んでいる．消費者余剰は需要曲線の左側の面積（三角形 pEA）であり，上で見たように，消費者が道路交通から得ている便益を表す．同様に，供給曲線の高さは生産者が供給してもよいと思っている価格を表すので，消費者余剰の時とまったく同じ論理を用いることによって，三角形 pEB が供給者の得ている便益（生産者余剰）であることがわかる．

以上のような消費者余剰と生産者余剰の測り方は実務では困難なことが多い．

---

[53] これらについては A. E. Boardman, D. H. Greenberg, A. R. Vining, and D. L. Weimer, *Cost-Benefit Analysis: Concepts and Practice*, 4th ed., Prentice-Hall, 2010, の第7章を参照されたい．

図4-13 消費者余剰（CS）と生産者余剰（PS）

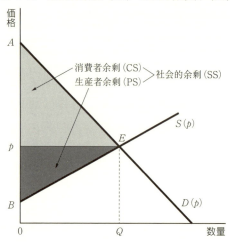

供給曲線の推定が容易でないことが多いからである．また，外部性が存在するケースへの拡張も複雑になる．実務的には，以下で解説するグロス消費者余剰（社会的便益とも呼ばれる）と社会的費用を用いるほうが簡単である．

グロス消費者余剰（Gross Consumer Surplus, GCS）は通常の消費者余剰（CS）に利用者が負担する**総支出額**（pQ）を加えたものであり，

グロス消費者余剰（GCS）＝消費者余剰（CS）＋総支出額（pQ）

となる．通常の消費者余剰は需要曲線の左側の面積であるのに対して，社会的便益は需要曲線の下側の面積になる．図4-14の例では，グロス消費者余剰は$AEQ0$の面積である．グロス消費者余剰から総社会的費用を差し引けば社会的純便益（つまり，社会的余剰）が出てくる．図4-14では，平均社会的費用がcであるので，社会的余剰は薄いグレーの部分の面積で与えられる．

消費者余剰は直観的にわかりやすい便益計測の手法であるが，いくつかの欠点が指摘されている．まず，消費者余剰は，一般的には，効用水準の変化を貨幣換算したものになっていない．また，消費者余剰は需要曲線の左側の面積を求めるものであり，複数の財の価格が同時に変化する場合には，「線積分」を求めることになる．ところが，この積分値は積分をとる経路の取り方によって異なった値を示してしまう．これは，一般に線積分の**経路依存性**と呼ばれてい

図4-14 グロス消費者余剰と総社会的費用を用いた便益評価

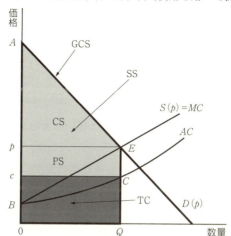

る問題である.[54]

　ヒックス（J. R. Hicks）による等価変分や補償変分を用いれば，これらの問題を避けることができる．しかし，マーシャルの消費者余剰は等価変分や補償変分の近似値として用いることができ，そのことによる誤差は需要曲線の推定にともなう誤差よりもはるかに小さいのが通例である．したがって，実務では，計算の面倒な等価変分や補償変分を用いる代わりに，マーシャルの消費者余剰を用いることがほとんどである．

　費用便益分析においてもう1つ注意しなければならないのは，投資が行われる前と後とを比較するという言い方は正確でないことである．費用便益分析は，事前と事後を比較するものではなく，投資が行われたケースと投資が行われなかったケースを，同じ時間的スパンで比較するものである．したがって，With（投資が行われたケース）と Without（投資が行われなかったケース）とを比較すると言うほうがより正確である．

波及効果を考慮に入れた便益計測

　公共投資は様々な**波及効果**をもたらす．たとえば，バイパスの建設は既存の

---

54) 消費者余剰の経路依存性については，R. Boadway and N. Bruce, *Welfare Economics*, Basil Blackwell, 1984, の第7章を参照.

道路の混雑緩和をもたらす．また，既存商店街からバイパス沿いへの店舗の移動をもたらすこともある．さらには，主要幹線道の建設によって企業立地が促進され，地域経済の活性化がもたらされるという議論もなされる．

すべての市場は連関しているので，どういう政策であっても，価格変化や需要変化を通じて他の市場（以後，**間接市場**と呼ぶ）に影響を及ぼす．これらの波及効果は，間接効果と呼ばれたり，（金銭的）外部効果と呼ばれたりしている．たとえば，道路投資は当該道路（**直接市場**）の交通量を増加させるだけでなく，他の道路の交通量を減少させて，それらの道路の混雑を緩和するといった効果を持つ．また，道路投資による輸送費用の低下は輸送される製品の生産・消費の拡大をもたらし，さらには，産業や住宅の立地パターンをも変化させる．もう1つ重要なのは，このような波及効果は，投資の行われた道路にフィードバックしてきて，さらなる交通需要の変化をもたらす．投資直後は交通需要の増加はわずかであり，数年を経過した後に交通需要が大幅に増加することが多いのは，波及効果がすべて顕在化するまでにかなりの時間がかかることを反映している．

一般均衡需要曲線

以下の図4-15は，2市場の例を用いて波及効果を図示している．具体的には，2つの交通路線を考え，路線1における一般化費用を p_1^B から p_1^A に下げた時に，代替的な路線2では交通量が減少して混雑が緩和されるということを想定している．部分均衡の需要曲線 $D_1(p_1, p_2)$ は，他市場の価格 p_2 を所与として描かれる．路線2の部分均衡需要曲線 $D_2(p_2, p_1)$ も同様に，路線1の価格を所与としている．路線2では混雑が発生しているので，一般化費用と交通量の関係は

$$p_2 = P_2(Q_2)$$

で与えられる右上がりの関係になっている．

ここで，路線1の価格（一般化費用）が p_1^B から p_1^A に下がると，路線2の部分均衡需要曲線が $D_2(p_2, p_1^B)$ から $D_2(p_2, p_1^A)$ にシフトする．その結果，交通量が減少し，路線2の一般化費用が低下する．路線2における一般化費用の低下は路線1の需要を減少させるので，路線1の需要曲線も $D_1(p_1, p_2^B)$ から

図 4-15 一般均衡需要曲線と部分均衡需要曲線

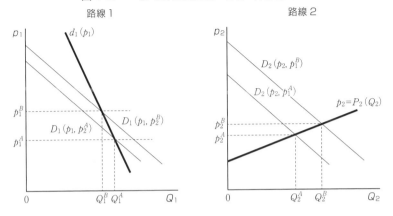

図 4-16 波及効果を含んだグロス消費者余剰

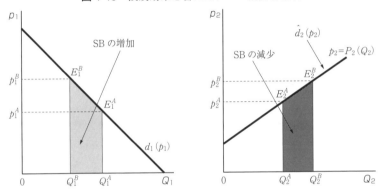

$D_1(p_1, p_2^A)$ にシフトする．

　路線1における価格（一般化費用）を少しずつ変化させて，波及効果による部分均衡需要曲線のシフトをたどりながら描いた需要曲線が，**一般均衡需要曲線**であり，図4-15では $d_1(p_1)$ で表されている．一般均衡需要曲線は間接的な影響を受ける他市場においても定義され，それらの市場における価格と需要量の推移をトレースしたものになる．図4-15では，路線2の価格と需要量は $p_2 = P_2(Q_2)$ 曲線上を動くので，この曲線が一般均衡需要曲線になる．

　一般均衡需要曲線を用いれば，波及効果が存在する場合でも簡単に便益評価を行うことができる．部分均衡需要曲線の代わりに一般均衡需要曲線を使うこ

とによって,部分均衡分析とまったく同じ結論を得ることができるからである.『政策評価ミクロモデル』第2章付録1で示されているように,一般均衡需要曲線の下の面積が社会的便益を表し,左側の面積が消費者余剰を表す.図4-16は,路線1における一般化費用が p_1^B から p_1^A に下がり,その結果として,路線2における一般化費用が p_2^B から p_2^A に下がったケースの社会的便益の変化を表している.路線1においては交通量が増加しているので,社会的便益の増加はプラスであるが,路線2では交通量が減少しているのでマイナスになっている.なお,以降の図では,便益の増加あるいは費用の減少を薄いグレーの部分で表し,便益の減少あるいは費用の増加を濃いグレーの部分で表している.

純便益の計測

グロス消費者余剰がわかれば,それから社会的費用を引くことによって,純便益(社会的余剰)が求まる.路線1が高速道路であるとして,その料金を割り引く政策を考えると,社会的費用の変化は図4-17のようになる.路線1では料金割引によって交通量が増加するので,社会的費用も増加する.また,混雑がより激しくなることによる社会的費用の増加も発生する.逆に,路線2では,交通量が減少するので,社会的費用が減少する.図4-17の社会的費用の変化に,図4-16のグロス消費者余剰の変化を重ね合わせると,図4-18の社会的余剰の変化が出てくる.路線1では交通量増加によるグロス消費者余剰の増加があるのに対して,路線2では交通量減少によってグロス消費者余剰が減少

図4-17 料金割引による社会的費用(SC)の変化:波及効果を含む分析

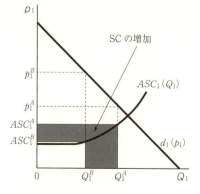
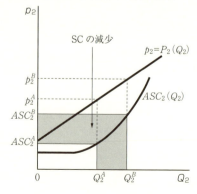

図 4-18 料金割引による社会的余剰（SS）の変化：波及効果を含む分析

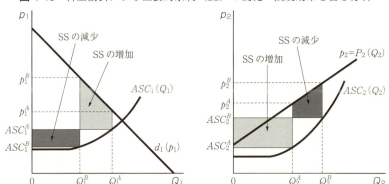

する．また，路線1では混雑悪化による社会的費用の増加があるのに対して，路線2では混雑緩和によって社会的費用が減少する．これらの効果を足し合わせることによって，料金政策の社会的純便益が求まる．

限界費用を用いた便益計測

ここまでは平均費用を用いて社会的費用を計測してきたが，**限界費用**を用いて計測することも可能である．限界費用は生産量をごくわずか増やした時にどれだけ総費用が増加するかを表しており，数学的には総費用の微分である．逆に，限界費用を積分することによって総費用が求まるが，固定費分は抜け落ちてしまうので，限界費用の積分は**総可変費用**に等しい．

また，図 4-13 における生産者余剰は限界費用を用いて計測した生産者の便益であると解釈できる．これは以下のように説明できる．供給曲線が描けるためには，供給者がプライス・テイカー（価格受容者）である必要がある．プライス・テイカーの場合には，供給者の利潤最大化行動から，価格と限界費用が等しくなるので，供給曲線は限界費用曲線と一致する．したがって，供給曲線の下側の面積は限界費用の積分に等しい．これは総可変費用に等しいので，生産者余剰は

　　　生産者余剰＝総収入－供給曲線の下の面積＝総収入－総可変費用

となる．

図 4-19 は限界費用を用いて社会的費用の変化を表している．これを図 4-16

図 4-19 料金割引による社会的費用（SC）の変化：限界費用を用いた計測

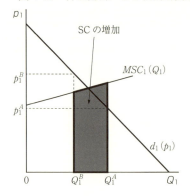
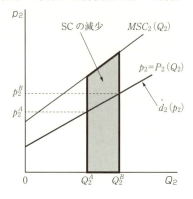

図 4-20 料金割引による社会的余剰（SS）の変化：限界費用を用いた計測

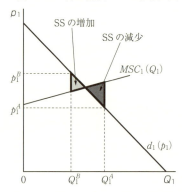
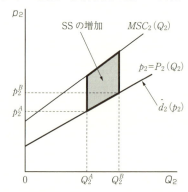

の社会的便益の変化と重ね合わせると図 4-20 の社会的余剰の変化になる．実務的には限界費用の計測は平均費用の計測よりむずかしいが，これらの図は平均費用を用いた図よりも簡単であるので直観的な理解が容易である．社会的限界費用を用いて価格変化の純便益を表すと，社会的余剰の変化は価格が社会的限界費用と乖離していることによる**死重損失**の変化と一致する．

初歩のミクロ経済学で習うように，死重損失は最も効率的なケース（ファースト・ベストとも呼ばれる）と比較した時の，社会的余剰の減少分である．社会的余剰は価格が社会的限界費用に等しい時に最大化されるので，価格が p_1^B の時の死重損失は路線 1 における薄いグレーの部分に等しい．同じことを p_1^A

に適用すると，濃いグレーの部分が価格が p_1^A の時の死重損失であることがわかる．したがって，路線1における社会的純便益（薄いグレーの部分の面積から濃いグレーの部分の面積を引いたもの）は料金割引による死重損失の減少分に等しい．路線2においても同様なことが成り立ち，図の薄いグレーの部分は死重損失の減少分になっている．

　図から明らかなように，価格が社会的限界費用と等しい場合には，路線2における社会的余剰の変化はゼロになる．これが，「価格が社会的限界費用に等しくなっているファースト・ベストの経済においては，波及効果の便益費用は相互に相殺しあうので，直接効果の便益だけを推計すればよい」という第7節で述べた命題の簡単な証明になる．また，波及効果が正の便益をもたらすか負の便益をもたらすかについては，社会的限界費用が価格より高くなっているかどうかによっていることもわかる．図4-20の例では，路線2の社会的限界費用が価格より高く，しかも波及効果は路線2の交通量を減少させる方向に働いている．この場合には，波及効果の便益は正である．逆に，価格が限界費用より高い場合には，波及効果の便益は負になる．より一般的な分析については，Kanemoto and Mera（1985）[55] および Kidokoro（2004）[56] を参照されたい．

便益計測手法：まとめ

　以上の解説は複雑に見えるが，実際の便益計算は簡単である．第1に，需要予測に基づいて，一般均衡需要曲線を推測する．実際には，需要曲線が直線であると仮定する場合がほとんどである．その場合には，政策を実行する場合（With）としない場合（Without）について，価格（＝一般化費用）と需要量（＝交通量）を予測し，これらの2点を直線で結ぶことによって需要曲線が描ける．第2に，需要曲線の下の部分の面積を計算し，社会的便益（グロスの消費者余剰）SBの変化を求める．第3に，社会的費用の変化を求める．最後に，

---

[55] Y. Kanemoto and K. Mera, "General Equilibrium Analysis of the Benefits of Large Transportation Improvements," *Regional Science and Urban Economics* 15, 1985, pp. 343-363.

[56] Y. Kidokoro, "Cost-Benefit Analysis for Transport Networks: Theory and Applications," *Journal of Transport Economics and Policy* 38, 2004, pp. 275-307.

社会的便益の変化から社会的費用の変化を差し引けば,プロジェクトの便益(社会的余剰)が求まる.

価格,需要量,および社会的費用が適切に推計されていれば,外部性が存在したり,価格体系の歪みが存在したりするケースでも,まったく同じ推計手法が適用可能である.特に,需要曲線が直線であるという通常の仮定を置くと,便益推計はきわめて単純である.

需要曲線が直線のケースの便益公式1:社会的便益と社会的費用

影響を及ぼす市場が多数存在する一般的なケースを考えてみよう.この場合でも,需要曲線が直線であれば,便益計算において必要な情報は,投資をする場合としない場合の各市場における価格(=一般化費用),需要量(=供給量),および社会的費用だけである.市場iにおいて,需要量がQ_i^BからQ_i^Aに変化し,価格と社会的費用がp_i^BとSC_i^Bからp_i^AとSC_i^Aに変化する場合には,社会的便益の増加は

$$\Delta SB_i = \frac{1}{2}(p_i^A + p_i^B)(Q_i^A - Q_i^B)$$

であり,社会的費用の増加は

$$\Delta SC_i = SC_i^A - SC_i^B$$

であり,これらの差が市場iにおいて発生する社会的余剰の変化

$$\Delta SS_i = \frac{1}{2}(p_i^A + p_i^B)(Q_i^A - Q_i^B) - (SC_i^A - SC_i^B)$$

である.これらの差をすべての市場について足したもの

$$\Delta SS = \sum_i \left\{ \frac{1}{2}(p_i^A + p_i^B)(Q_i^A - Q_i^B) - (SC_i^A - SC_i^B) \right\}$$

が便益の推計値(社会的余剰の変化)になる.

需要曲線が直線のケースの便益公式2:消費者余剰と生産者余剰

この公式を消費者余剰と生産者余剰を用いて表すことも可能である.しかし,消費者余剰と生産者余剰は政府の税収や外部性を含んでいないので,これらを付け加える必要がある.たとえば,市場iにおける政府税収がT_iで,外部費

用が EC_i であると，社会的余剰の変化は

$$\Delta SS_i = \Delta CS_i + \Delta PS_i + \Delta T_i - \Delta EC_i$$

であることが簡単にわかる．したがって，社会的余剰の変化は消費者余剰と生産者余剰の変化に税収増を加えて，外部費用の増加を差し引いたものになる．

需要曲線が直線のケースの便益公式3：限界費用と限界便益を用いる間接市場の便益計測

通常は，限界費用のデータを得ることがむずかしいので，限界費用と限界便益を用いた便益計算はむずかしいが，政策による直接的な影響を受けない間接市場における便益の計測には有益なことがある．間接市場では費用関数のシフトが起きないので，図4-19のように，社会的余剰の変化は社会的限界便益（MSB）と社会的限界費用（MSC）の差を積分したものになり，

$$\Delta SS_i = \int_{Q_i^B}^{Q_i^A} [MSB_i(Q_i) - MSC_i(Q_i)] dQ_i$$

と表すことができる．社会的限界便益と社会的限界費用の差は，通常は，税－限界外部費用であるので，税率と限界外部費用の推計値があれば，社会的余剰を簡単に求めることができる．特に，これらが需要量によらず一定であれば，

$$\Delta SS_i = (t_i - MEC_i) \Delta Q_i$$

となる．ここで，t_i は供給量1単位当たりの税であり，MEC_i は限界外部費用である．[57]

以上の議論は幅広い応用が可能である．たとえば，ここでの市場 i は他の交通機関や他の路線であってもよい．交通ネットワークは多数のノード（結節点）とそれらを結ぶ多数のリンクから構成されており，2地点を結ぶルートが多数存在する．こういった場合でも，ルート間の代替性が不完全な場合には，各ルートが別々の市場であると考えることができ，すべてのルート（＝市場）

---

57) これはハーバーガーによる超過負担の公式と同じである．A. C. Harberger, "The Measurement of Waste," *American Economic Review* 54, 1964, pp. 58-76；Y. Kanemoto, "Second-best Cost-benefit Analysis in Monopolistic Competition Models of Urban Agglomeration," *Journal of Urban Economics* 76, 2013, pp. 83-92；Y. Kanemoto, "Evaluating Benefits of Transportation in Models of New Economic Geography," *Economics of Transportation* 2, 2013, pp. 53-62, を参照されたい．

について社会的便益と社会的費用の変化を計算して，それらを合計することによって便益の計算ができる．

5章 住宅市場

1 はじめに

　都市空間において住宅の占める割合は非常に大きい．たとえば，2011年度における東京圏（1都3県）の住宅地面積は1,793km^{2}で全宅地面積2,545km^{2}の70%程度を占めている．[1] したがって，都市空間の分析のためには住宅市場がどのように動いているかを理解しておくことが欠かせない．

　住宅は，耐久性，立地条件，広さ，構造などについて差別化されているという特徴を持っており，初歩的なミクロ経済学で扱われている同質財の分析はそのままの形では適用できない．また，供給者と需要者の間の情報の非対称性や取引費用（家探しや引越しの費用を含む）の問題も重要である．この章では，これらの住宅の特質を考慮に入れて，住宅市場の様々な側面を考える．

---

1) ここでの宅地は，住宅地，工業用地，商業地などを含むが，道路や河川は含まない．また，田，畑，山林，ゴルフ場等も含まない．

2 日本の住宅事情

　日本の住宅事情は悪いと言われてきたが，歴史的にはかなりのスピードで改善されてきている．表5-1からわかるように，1人当たりの居住室の広さは，1963年から2013年の50年間に約2.8倍に増加している．また，住宅設備も改善してきており，1973年には浴室保有率が73.3％であったが，2008年には95.5％となり，浴室のない住宅はごく稀になった．水洗トイレのある住宅の割合（水洗化率）は，下水道普及の遅れによって欧米諸国に比較して低い状態が続いていた．しかしながら，1970年代以降急ピッチで整備が進み，73年に31.4％であったのが，2008年には90.7％となり，9割を超えるに至っている．

　1人当たりの住宅の広さが大きくなってきた背景には，住宅が広くなってきたことと，1住宅に住む人数が減ってきたことがある．表5-2からわかるように，1住宅当たり延べ床面積は1970年代と80年代に大きく増加しているが，90

表5-1　1人当たりの住宅の広さ

	1人当たり畳数	1室当たり人員
1963年	4.91	1.16
1973年	6.61	0.87
1983年	8.55	0.71
1993年	10.41	0.62
2003年	12.17	0.56
2008年	12.83	0.55
2013年	13.54	0.53

（出典）　総務省統計局「住宅・土地統計調査」．

表5-2　1住宅当たり延べ床面積の推移

（単位：m^2）

	総　数	持ち家	借　家
1968年	73.86	97.42	38.05
1978年	80.28	106.16	40.64
1988年	89.29	116.78	44.27
1998年	92.43	122.74	44.49
2008年	94.13	122.63	45.49
2013年	94.42	122.32	45.95

（出典）　総務省統計局「住宅・土地統計調査」．

表 5-3 世帯人員構成の推移

	世帯数(千)	1世帯当たり人員(人)	世帯人員構成				
			1人	2人	3人	4人	5人以上
1960年	22,539	4.14	5.3%	12.7%	15.9%	18.6%	47.5%
1970年	30,297	3.41	10.8%	15.5%	19.7%	25.4%	28.7%
1980年	35,824	3.22	19.8%	16.8%	18.1%	25.3%	20.0%
1990年	40,670	2.99	23.1%	20.6%	18.1%	21.6%	16.7%
2000年	46,782	2.67	27.6%	25.1%	18.8%	16.9%	11.5%
2010年	51,842	2.42	32.4%	27.2%	18.2%	14.4%	7.8%

(出典) 総務省統計局「国勢調査」.

年代以降は増加率が低下している．また，借家についてはそれほど増加していない．表 5-3 は世帯人員の推移を表している．世帯人員は 1 住宅に住む人員とは厳密には同じでないが，ほぼ一致する．世帯人員は一貫して減少してきており，1960年には4.14人であったのが，2010年には2.42人になっている．特に1人世帯の増加は著しく，2010年には 3 割を超えている．また，1 人世帯と 2 人世帯を合わせると，全世帯のほぼ半分になっている．

次に**住宅価格**を見てみよう．住宅には，**住宅サービス**のフローとしての側面と資産価値を持つ**ストック**としての側面とがあり，それぞれに価格が存在する．サービスに対する価格は「家賃」(持家の場合には「帰属家賃」)であり，ストックに対する価格は住宅の「購入価格」である．第 1 に，フローの価格として月当たりの住居費を見たのが表 5-4 である．1980年から2000年にかけては，所得の上昇を上回る率で**住居費**が増加し，住居費支出割合は顕著に増加した．2000年から10年にかけては，可処分所得が減少したにもかかわらず住居費が増加し，住居費支出割合はさらなる増加を見せている．2010年の住居費支出は月 6 万円足らずで，可処分所得の13.6%程度を占めている．ただし，この表では，住居費は家賃・地代・修繕費等にローン返済額を加えたものと定義されている．借家については家賃がとらえられているが，持家についてはローン返済額がベースであるので，自己資金部分が抜け落ちており，住居費の過小評価になっている可能性が大きい．また，この表はサンプル数が多くない標本調査である家計調査[2]によっているので，どの程度日本全体の動向を表しているかについ

---

2) 調査世帯数は9,000世帯以下である．

表5-4 住 居 費

(単位:円/月,%)

	住居費	可処分所得	住居費支出割合
1980年	23,227	305,549	7.6
1990年	39,403	440,539	8.9
2000年	56,570	474,411	11.9
2010年	58,376	429,967	13.6

(注) 可処分所得は実収入から税・社会保障費などの非消費支出を差し引いたものである.
(出典) 総務省「家計調査」.

表5-5 首都圏の住宅価格の年収倍率

	年収(万円)	分譲マンション			建て売り戸建て住宅			
		価格(万円)	年収倍率	床面積(m^2)	価格(万円)	年収倍率	敷地面積(m^2)	床面積(m^2)
1980年	493	2,477	5.0	63.1	3,051	6.2	189.3	101.3
1990年	767	6,123	8.0	65.6	6,528	8.5	193.1	126.5
2000年	815	4,034	4.9	74.7	5,234	6.4	152.0	111.5
2010年	762	4,716	6.2	71.0	4,646	6.1	136.9	102.4

(出典) 国土交通省住宅局住宅政策課監修『住宅経済データ集』2013年度版, 図表6-10, p.107.

ても議論がありうる.

　第2に，表5-5は首都圏について分譲マンションと建て売り戸建て住宅の価格推移を見ている．このデータは立地条件や品質グレードによる相違を調整していないので，目安程度の情報でしかないが，1980年代終わりから90年代初めにかけてのいわゆるバブル期に住宅価格も高騰し，年収倍率が8倍程度になったが，その後は低下し，2000年頃にはマンションで4.9倍，建て売り住宅で6.4倍程度になっている．マンション価格はその後に持ち直して，2010年には6倍を超えている．

　次に，日本の住宅を欧米主要国と比較してみよう．表5-6は住宅の床面積を比較している．新築住宅の床面積はアメリカでは150m^2を超えているのに対して，日本とドイツでは90m^2台でほぼ同じである．[3] しかし，ドイツの世帯規模はわが国の3分の2程度なので，1人当たり床面積はドイツのほうがかなり大きい．表5-6でもう1つ顕著なのは，日本の賃貸住宅の1戸当たり床面積が45.5m^2と非常に小さいことである．わが国ではファミリー向けの賃貸住宅は

表 5-6 新築住宅の平均床面積

(単位：m²)

	1人当たり床面積	1戸当たり床面積		
		合計	持家	賃貸
日　　本	37.3	94.1	122.6	45.5
アメリカ	62.3	157.2	157.2	113.6
ド イ ツ	46.1	99.0	129.8	78.1

(出典) 国土交通省住宅局住宅政策課監修『住宅経済データ集』2013年度版, 図表9-1, 9-2, p.175.

表 5-7 住宅価格の年収倍率：国際比較

国名	新築住宅価格	世帯年収	年収倍率
アメリカ	221,800	49,445	4.49
イギリス	187,088	36,373	5.14
ド イ ツ	145,688	41,868	3.48
日　　本	3,824	691	5.53

(注) アメリカは2010年（ドル），イギリスは2009年（ポンド），ドイツは2006年（ユーロ），日本は2012年（万円）のデータである．
(出典) 国土交通省住宅局住宅政策課監修『住宅経済データ集』2013年度版, 図表6-12, p.109.

きわめて少ない．

　表5-7は新築住宅価格の比較を行ったものである．**住宅価格**の年収倍率は日本では5.53で，アメリカ，イギリス，ドイツの3国より高い．なお，この表における日本のデータは民間分譲マンションの平均価格を用いており，大都市圏に偏りがあるが，表5-5の首都圏の年収倍率6.2より低くなっている．

　住宅価格に関してもう1つ注意しなければならないのは，住宅の広さや質の差を考慮に入れなければならないことである．たとえば，ドイツの住宅は半永久的に使うという意識で建てられており，日本におけるように20年程度で建て替えるのが普通である住宅とは品質が異なっている．また，上で見たように，アメリカの住宅は床面積が広く，それを考慮すると，日本やドイツの住宅のほぼ半分の価格になる．さらに，日本の住宅は敷地面積が小さいことに注意が必

---

3) アメリカのデータは戸建てとモービル・ホームが対象であり，集合住宅を含んでいないので，アメリカの居住スペースは大きめに出ている可能性が大きい．しかし，アメリカでは一戸建て住宅のシェアが大きいので，このバイアスはそう大きくないであろう．

要である.日本では一戸建ての平均敷地面積が272m² (2013年住宅・土地統計調査) であるのに対して,アメリカでは1,000m²を超えており,わが国よりはるかに広い.[4]

3 住宅の財としての特徴

住宅は,経済学の教科書では扱われていない以下のような様々な特徴を持つので,分析が複雑になりがちである.[5] ただし,次章でも述べるように,これらの特徴は他の財・サービスについても見られることであり,これらがただちに政策的介入を正当化するわけではないことに注意が必要である.

3.1 必需性

住宅は,雨,雪,風,暑さ,寒さなどの自然の脅威からの避難所という人間の基本的ニーズを提供しており,ほとんど誰もが必要とする財である.低所得者層に対する住宅供給が所得再分配政策の1つとして頻繁に行われるのはこのことによっている.ただし,必需性の程度は地域,環境,文化によって異なる.たとえば,寒冷地では暖房の付いた住宅が生存のために必須であるが,温暖地では必ずしも住宅は必須ではなく,住む住宅がない者も実際に存在する.また,住宅サービスの品質には大きな多様性があり,後ほど紹介するように住宅需要の所得弾力性は食物などに比較すれば大きい.

3.2 耐久性

住宅は長い耐久年数を持ち,木造住宅でも数十年,コンクリート住宅ではそれ以上の耐久年数を持つ.また,住宅の取り壊しにもかなりの費用がかかる.

---

[4] 2009年の American Housing Survey によると,住宅敷地面積の中央値は0.26エーカーであり,これは約1,052m²に相当する.

[5] R. Arnott, "Economic Theory and Housing," Ch. 24 in E. S. Mills, ed., *Handbook of Regional and Urban Economics*, Volume II, Elsevier, 1987, はこれらの要因の重要性を強調している.

3　住宅の財としての特徴　167

これらの特性によって，住宅建設は不可逆性を持ち，失敗した時にやり直すことが困難である．したがって，将来の予測が重要であるとともに，将来の不確実性に対する対応を考える必要がある．また，住宅は耐久性を持つことによって，資産としての役割を持つ．したがって，住宅に関しては消費選択と資産選択が同時に行われることになる．

3.3 重要性

住宅は家計支出の大きな割合を占めるという意味で重要な財である．また，持家は通常の家計の保有する資産の大きな割合を占めているのが通常であり，資産保有の一環としても大きな役割を果たしている．

3.4 多様性と住宅市場の薄さ

住宅は輸送が困難であるので建設された地点にほぼ固定される．したがって，周辺環境，立地特性が重要な要素となる．立地条件や環境特性は場所によって異なっており，住宅サービスの異質性をもたらす大きな要因になっている．また，住宅サービスの異質性は住宅の広さや構造などの差によってももたらされている．住宅市場全体では多数の供給者と需要者が存在していて完全競争に近い状態のように見えるが，住宅の異質性により，同一特性の住宅の需要者と供給者の数はそれほど多くない．

3.5 生産における規模の経済性

住宅供給には様々な意味での生産における規模の経済性が存在する．まず，建築戸数が多くなると，建築の定型化，労働者の時間配置における無駄の排除，部品の大量発注，生産のプレハブ化等によってコストの削減が可能であり，少なくともある程度の規模までは規模の経済が存在する．また，取り壊し，改築，増築等にも規模の経済が存在し，住宅改良は連続的に少しずつ行うよりは一定時点にまとめて大きな改築や新築を行ったほうが効率的である．しかし，住宅産業における規模の経済性は，半導体産業や自動車産業などに比べて大きいとは言えず，寡占化の程度は大きくない．

3.6 情報の非対称性

住宅供給には様々な意味の**情報の非対称性**が存在する．

第1に，住宅需要者は，住宅特性をすべて知ることはできない．たとえば，建築上の欠陥工事は供給者にはわかっていても，それを買い手が見つけることは困難である．

第2に，賃貸住宅の借り手と貸し手の特性も非対称情報であることが多い．たとえば，貸し手にとっては住宅をていねいに使う借り手が望ましいし，他の住民に迷惑をかけがちな人は望ましくない．ところが，家主が事前に借り手の特性を知ることは必ずしも容易でない．また，借り手にとっても必要以上にうるさい家主は好ましくないが，借り手が貸し手の特性を知ることも簡単ではない．

第3に，賃貸住宅の維持管理の責任は，家主側が負う場合が多い．これは，借り手に責任を負わせた場合には，借り手が行う維持管理の程度を観察することが困難なことによる．ここで注意が必要なのは，貸し手が借り手の維持管理の程度を観察できるだけでは十分でないことである．維持管理に関する契約が実効性を持つには，当事者間で争いになった時に裁判所等の第三者が裁定しなければならない．そのためには，維持管理の程度を裁判所等が知ることができること，すなわち第三者が検証可能であることが必要である．維持管理に関する情報の非対称性の問題については後ほど第8節で検討する．

3.7 取引費用の重要性

住宅の取引には様々な取引費用がかかり，それが住宅市場に無視できない影響を与えている．取引費用の例には，(a)家探しの時間的・金銭的費用，(b)引越しの費用（社会的・心理的費用も含む），(c)不動産仲介手数料，(d)各種税金がある．特にわが国では，不動産取得税や譲渡所得税などの税金が取引費用の大きな割合を占めており，アメリカなどと比較して既存住宅取引が少ない原因になっている．

4　住宅サービスの質と量

前節でも述べたように，住宅サービスは同質財ではない．各住宅は床面積，敷地面積，建物の構造，内装，庭木などが異なっている．さらに，交通の利便性などの立地条件や街並みなどの周辺環境も異なっている．したがって，詳細に見ていくと，各住宅はすべて異なっており，ひとつとして同じ住宅はないといってよい．

住宅サービスの異質性に対処する方法としては大別して以下の2つの定式化が用いられてきた．第1の定式化は，何らかの形で住宅サービスを同質財に変換して，各家計は同質な住宅サービスの「量」を選択していると考えるものである．第2の定式化は，住宅サービスを床面積，敷地面積，都心への時間距離などの多数の特性の束（ベクトル）として表現し，家計はこれらの特性の束を選択していると考える．以下では，これら2つのアプローチを簡単に解説しておきたい．

4.1　生産関数による住宅サービスの定義

仮に同質的な住宅サービスが定義できたとして，その量を H で表し，価格を p で表す．そうすると，住宅サービスへの支払額（住宅サービスの総価値）は

$$V = pH$$

となる．ここで問題なのは，家計が住宅サービス全体にいくら支払っているのかは観察可能であるが，住宅サービスの量 H と住宅の単位サービス当たりの価格 p は観察できないことである．

住宅サービスの量を定義する方法としてよく用いられているのが，住宅サービスを生産するのに用いられた投入物の量を用いる方法である．たとえば，住宅サービスが土地 L と資本（建物）K から作り出されるとすると，**住宅サービスの生産関数**を

$$H = F(K, L)$$

図5-1 等生産量曲線と住宅サービスの量の定義

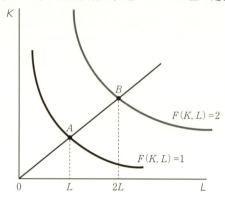

のように書くことができる．図5-1は，住宅サービスのある一定の量を生産するために必要な土地と建物の量をプロットした等生産量曲線を描いている．このような等生産量曲線を用いると住宅サービスの量を定義することができる．たとえば，A点の生産量を1とすると，土地と資本の投入量が2倍になったB点の生産量を2とすることができる．[6]

---

[6] 具体的には，以下のような手続きで住宅サービスの量を定義できる．まず，住宅サービスの生産関数の形を仮定する．たとえば，1次同次のコブ＝ダグラス型生産関数は，

$$H = AK^{\alpha}L^{1-\alpha}$$

の形に書ける．ここで，住宅サービスの単位の取り方を調整して，

$$A = 1$$

と置くことができる．

土地の価格をp_L，資本の価格をp_Kと置くと，住宅サービスの供給者の利潤は

$$\Pi = pK^{\alpha}L^{1-\alpha} - p_K K - p_L L$$

となる．利潤最大化の1階の条件は

$$\alpha p \left(\frac{K}{L}\right)^{\alpha-1} = p_K$$

と

$$(1-\alpha) p \left(\frac{K}{L}\right)^{\alpha} = p_L$$

である．これら2つの条件から

4.2 ヘドニック・アプローチ

住宅を購入する人々は，都心への通勤時間，周辺環境（空気や水などの自然環境と周辺公共施設などの社会環境の双方を含む），敷地面積，床面積などの多数の特性を考慮に入れる．ヘドニック・アプローチは，住宅をこれらの特性の束（ベクトル）で表現する．たとえば，住宅の第 i 番目の特性量を h_i で表すと，各住宅を特性ベクトル

$$h = (h_1, \cdots, h_n)$$

で表現することができる．住宅の市場価格はこの特性ベクトルに対応して形成され，住宅価格と特性ベクトルとの関係を市場価格関数

$$p = p^*(h)$$

で表すことができる．住宅の需要者と供給者は住宅情報雑誌を読んだり，不動産業者に聞いたりしてこの市場価格関数を観察する．たとえば，都心までの通勤時間が1時間30分，敷地面積が150m²，床面積が120m²で，周辺環境の良好な住宅の価格が6,500万円であるといったことを観察する．

観察した市場価格関数を前提にして，住宅の需要者は自分にとって最適な特性を持った住宅を選択する．また，住宅の供給者も，市場価格関数を前提に，利益を最大にするような住宅特性を選択する．このような需要者・供給者の行動によって成立する市場均衡を考えるのが**ヘドニック・アプローチ**（hedonic approach）になる．ヘドニック・アプローチは景観，騒音，大気汚染等の外

$$\alpha = \frac{p_K K}{p_K K + p_L L}$$

が成り立つ．この関係を用いることによって α は実際のデータから簡単に推定できる．こうして生産関数が推定できれば，各住宅の住宅サービス量は，生産関数に資本と土地の投入量を代入することによって求めることができる．また，利潤最大化の1階の条件から K/L を消去することによって，住宅サービスの価格は

$$p = \alpha^{-\alpha}(1-\alpha)^{-(1-\alpha)} p_K^\alpha p_L^{1-\alpha}$$

で与えられる．このアプローチは，R. F. Muth, "The Derived Demand for Urban Residential Land," *Urban Studies* 8, 1971, pp. 243-254, や A. M. Polinsky and D. T. Ellwood, "An Empirical Reconciliation of Micro and Grouped Estimates of the Demand for Housing," *Review of Economics and Statistics* 61, 1979, pp. 199-205, 等が用いている．

部経済,不経済の評価に多く用いられている.補論では,こういった応用も含めて簡単にヘドニック・モデルを解説している.

5 住宅の価格

おおざっぱに言えば,住宅は土地と建物からできており,住宅の価格はそれらを合わせたものの価格である.日本の税制では土地を除いた家屋部分だけを住宅と呼ぶ場合があるが,ここでは特に断らないかぎり住宅は土地を含むものとする.第3章で土地の価格として地価と地代の2つがあることを見たが,住宅の価格についても「資産価格」と「賃貸価格」とがある.住宅の資産価格は住宅の所有権を購入する時の価格であり,住宅の賃貸価格は住宅を借りる時の家賃である.持家の場合には家賃の支払いは行われないが,持ち主としての自分が居住者としての自分に家賃を支払っているとみなすことができ,このような「みなし家賃」を**帰属家賃**と呼んでいる.

住宅の資産価格と賃貸価格との間の関係は土地の場合の地価と地代の関係と同じであるが,住宅市場の分析の際には,**資本(の使用者)費用**(user cost of capital)の概念を用いて,これらの間の関係を表現することが多い.

まず,最も簡単なケースとして,住宅の寿命が無限で,毎年同じ家賃 R を稼ぐことができ,利子率が i で一定の場合を考えてみよう.この場合には,住宅の資産価格 V と賃貸価格 R の間の関係は

$$(5.1) \quad V = \sum_{t=1}^{\infty} \frac{R}{(1+i)^t} = \frac{R}{i}$$

となる.資本コストは賃貸価格と資産価格の比率 R/V であるので,この場合の資本コストは利子率 i に等しい.

一般には,建物の寿命は無限ではなく,時間が経過するにしたがって劣化していく.また,住宅価格が上昇すると値上がり益を得ることができる.これらの要因を考慮に入れると,住宅の資本コストは少し複雑になる.住宅の傷みや劣化による減価償却分が D,維持費用が M,住宅価格の値上がり益が ΔV であるとすると,住宅投資の純収益は $R-D-M+\Delta V$ である.住宅投資の収益

率が借入金の利子率に等しくなるまで投資が行われるので，均衡条件は

$$\frac{R-D-M+\varDelta V}{V}=i$$

となる．ここで，減価償却，維持費用，値上がり益の3つと資産価値との比率をそれぞれ $d=D/V$, $m=M/V$, $g=\varDelta V/V$ と表すと，賃貸価格と資産価格の関係は

(5.2) $R=(i+d+m-g)V$

となり，資本コストは

$$\rho=i+d+m-g$$

となる．たとえば，利子率が6％，減価償却と維持費用の合計が住宅価格の1％，住宅価格の期待上昇率が3％であると，住宅の資本コストは4％になる．

インフレーションによって一般物価水準が上昇する場合には，利子率の水準は物価上昇を反映して高くなる．そこで実質利子率を i^R とし実質住宅価格上昇率を g^R とすると，物価上昇率が π である場合には，名目利子率と名目住宅価格上昇率は $i=i^R+\pi$ と $g=g^R+\pi$ となる．これらの関係を上の (5.2) 式に代入すると，物価上昇率 π が相殺されて，

$$R=(i^R+d+m-g^R)V$$

となる．この場合には，実質値を用いた資本コストは

$$\rho=i^R+d+m-g^R$$

となり，物価上昇率の変化は資本コストを変化させない．しかし，後掲の練習問題で見るように，税制を考慮に入れると物価上昇率の変化が資本コストに影響を及ぼす可能性がある．

5.1 所得税と資本コスト

資本コストの概念は企業の投資行動の分析などによく用いられているが，住宅市場の分析においても非常に有効である．税制や住宅補助がもたらす価格体系の歪みの多くが資本コストという単一の指標に集約されるので，資本コストを用いると，これらの政策の分析が簡単になるからである．以下では所得税を例に取って，資本コストの概念の使い方を見てみよう．

わが国の所得税の体系においては，資産所得が労働所得から分離されており，

異なった税率が適用されている．2015年現在では，通常の所得税は最高税率55％（国税45％，地方税10％）の累進税となっているが，利子所得に対する所得税は税率20％（所得税15％，地方税5％）の分離課税になっている．土地の売却益に対する譲渡所得税の税率（国税と地方税の合計）は，長期（所有期間が5年を超えるもの）の場合は利子所得と同じ20％であり，短期の場合は39％である．また，2013年から37年までは，東日本大震災の復興財源を確保するために復興特別所得税として所得税額の2.1％が追加される．したがって，利子所得に対する税率を τ_I，長期譲渡所得税率を τ_G，通常の所得税率を τ_Y とすると，所得が高い人にとっては

$$\tau_Y > \tau_G = \tau_I$$

となっている．所得が低い場合には逆に

$$\tau_Y < \tau_G = \tau_I$$

となる．

住宅に対しては固定資産税も課税される．固定資産税の税率は1.4％が標準的で，これに都市計画税の0.3％を加えた1.7％が名目的な土地保有税率である．しかし，固定資産税課税のための住宅の評価額は土地についても建物についても市場価格よりはるかに低い．したがって，実効税率は1.7％を大幅に下回る．以下では，固定資産税の実効税率を τ_P と書き，0.5％であるとする．

まず，借家を建てる場合の資本コストを考える．若干非現実的であるが，簡単化のために今年建てた借家を来年には売却すると想定する．ただし，譲渡所得税率は長期の税率が適用されるとする．借家建設の費用が V であり，全額を借入れでまかなうとすると，金利，固定資産税，減価償却，維持費用の4つの費用の合計は $(i+\tau_P+d+m)V$ となる．借家の場合には，これらの費用を家賃収入から控除できるので，そのぶんだけ所得税が減少する．家賃収入を R_R とすると，所得税は

$$\tau_Y[R_R-(i+\tau_P+d+m)V]$$

となる．また，住宅価格の上昇による値上がり益は gV であるが，これには τ_G の率の譲渡所得税が課税される．したがって，借家経営による純収益は

$$R_R-(i+\tau_P+d+m)V+gV-\tau_Y[R_R-(i+\tau_P+d+m)V]-\tau_G gV$$

となる．これがゼロになるまで借家の供給が行われるので，借家の賃貸価格と

資産価格の関係は

$$(5.3) \quad R_R = \left(i + \tau_P + d + m - \frac{1-\tau_G}{1-\tau_Y}g\right)V$$

を満たす．したがって，借家の資本コストは

$$(5.4) \quad \rho_R = i + \tau_P + d + m - \frac{1-\tau_G}{1-\tau_Y}g$$

となる．

次に，持家を購入する場合の資本コストを考える．持家の場合にも，購入資金を全額借入れでまかない，次の年に売却するとする．借家の場合には家賃収入に所得税が課税されたが，持家の場合の帰属家賃には所得税は課税されない．その代わりに，利子費用，固定資産税，減価償却，維持費用の4つの費用を課税所得から控除することができない．[7] 売却益に対する譲渡所得税は持家の場合にも課税されるので，持家の帰属家賃と住宅価格の関係は

$$(5.5) \quad R_o = (i + \tau_P + d + m - (1-\tau_G)g)V$$

を満たし，持家をローンで購入する場合の資本コストは

$$(5.6) \quad \rho_o = i + \tau_P + d + m - (1-\tau_G)g$$

となる．

借家と持家の資本コストを比較すると，その差は

$$(5.7) \quad \rho_R - \rho_o = -\tau_Y \frac{1-\tau_G}{1-\tau_Y}g$$

となる．復興所得税を無視すると，高所得者で所得税の（限界）税率が50％の人にとっては，

$$\rho_R - \rho_o = -0.8g$$

となり，借家の資本コストのほうが低くなる．また，その差は住宅価格の上昇率に比例して大きくなる．たとえば，高度成長期のように上昇率が10％に達している時は，資本コストの差は8％にも達する．借家の資本コストのほうが低

---

[7] アメリカでは住宅ローンの利子支払いは費用とみなされ，所得税の課税の対象となる所得から控除できる．日本では持家購入の場合には利子の所得税控除は認められていない．1986年に住宅ローンの残高に基づく税額控除制度が始められた．ただし，この制度では控除できる税額と控除できる期間に上限がある．2014年4月現在では，年間40万円が上限で，住宅購入後10年間控除を受けることができる．

い理由は，住宅の値上がり益の税引後の実質価値が異なることによる．持家の場合には帰属家賃には課税されず，値上がり益だけに20％の税率で課税される．したがって，10％の値上がりから譲渡所得税を差し引いた10×0.8＝8％が値上がり益の実質価値である．借家の場合には家賃収入に50％の所得税が課税されるので，これとの相対的な関係における実質価値は8÷0.5＝16％になる．このことによって，値上がり益の実質価値は借家のほうが持家より8％高くなる．

借家のほうが値上がり益の実質価値が高くなるのは，50％の所得税を20％の譲渡所得税に変換できるという節税効果が存在するからである．借家建設を行うと，借入金の金利や減価償却費などの費用をその時点の課税所得から控除でき，そのぶんだけ所得税が減少する．将来の売却益でこれらの費用を回収すると，売却益に対する税率は20％と低いので，50％の所得税率との差だけの節税利益が発生することになる．この節税利益は所得税率が下がると急速に小さくなる．たとえば，所得税率が40％の時には資本コストの差は約5.3％になり，30％の時には約3.4％，20％の時には2％になる．また，最近のようにデフレ状況で住宅価格がほとんど上昇しない時には節税メリットはないが，インフレが再度起きれば節税利益が発生する．

6　住宅の需要と供給

住宅市場の定式化は，前節で見た資本コストの概念を用いて行われることが多い．アメリカにおける住宅市場の需給均衡に関する支配的な考え方は，**ストック・フロー・アプローチ**（stock-flow approach）と呼ばれるものである．[8] このアプローチでは，住宅の賃貸価格は住宅ストック全体の需給均衡によって決まり，それと資本コストの関係から住宅の資産価格が決まるとする．住宅の新築戸数は住宅ストック全体に比較すると少ないので，ストック市場の

---

[8] E. Mills and B. Hamilton, *Urban Economics*, 5th ed., Harper Collins, 1994, の第10章および D. DiPasquale and W. C. Wheaton, *Urban Economics and Real Estate Markets*, Prentice-Hall, 1995（瀬古美喜・黒田達朗訳『都市と不動産の経済学』創文社，2001年）の第1章を参照．

図 5-2 住宅の賃貸価格の決定

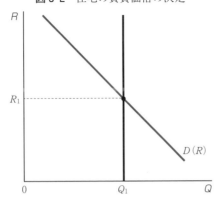

需給均衡では供給は固定しているとされる．フローの住宅投資は，ストック市場で決まる住宅の資産価格と住宅建設コストの間の相対的関係によって決定される．

以下では，住宅市場に関するストック・フロー・アプローチを解説し，その後に，このアプローチと第3章で解説した住宅開発のタイミングの決定との関係を考察する．

6.1 住宅サービスの需要と賃貸価格

住宅の新規供給は既存のストック量に比較するときわめて少ない．国土交通省の「住宅着工統計」によれば，2013年の新設住宅着工戸数は約98万戸であるのに対して，総務省の「住宅土地統計調査」によると，住宅の総数が約6,063万戸であり，新規供給は住宅ストックの約2%にすぎなかった．したがって，短期的には住宅ストックは所与であると考えてもよい．住宅の賃貸価格（借家の場合には家賃，持家の場合には帰属家賃）は，住宅の需要がこの住宅ストックと等しくなるように決定される．図 5-2 は住宅市場の短期均衡を表しており，均衡での住宅ストックは Q_1 であり賃貸価格は R_1 である．

6.2 需要関数の推定

住宅の需要関数は賃貸価格 R と所得 Y の関数として，

$Q=D(R, Y)$

の形に書くことができる．住宅市場の実証分析における最初の課題は，この需要関数の推定である．需要関数が線形であり，

$Q=a_0-a_1R+a_2Y$

の形に書けるとすると，実際の住宅需要のデータから3つの係数 a_0, a_1, a_2 を求めることができる．

この推定における1つの問題は所得データとして何を用いるかである．住宅は取引費用が大きいので，一度購入するとかなりの長期間にわたって買い換えることはしないのが通常である．したがって，今年は所得が高いとしても，来年以降は減少することが予想されていれば，高価な住宅を購入することはしないであろう．つまり，需要関数の中に入るべき所得は，その年の所得ではなく，将来にわたって予想される所得の平均である．このような長期的な平均所得を定義する方法として，フリードマンによる「恒常所得」がある．恒常所得の推定を可能にするデータが存在する場合には恒常所得を用いた推定が行われるが，データの制約から恒常所得の推定が不可能な場合も多い．

住宅の需要関数が推定できれば，住宅需要の価格弾力性と所得弾力性を求めることができる．[9] アメリカでは数多くの推定例が存在する．Mayoのまとめによると，[10] 価格弾力性は0.3と0.9の間である．所得弾力性は借家の場合には0.25と0.70の間であり，持ち家の場合には0.36と0.87の間である．日本では個表（個人別）データの利用が容易ではないことから，住宅需要関数の推定例は少なく，定説と言えるものはまだ存在していない．住宅統計調査の個表データを用いたティワリと長谷川の推定によると，[11] 東京23区の借家の価格弾力性が0.33，（生涯）所得弾力性が0.26であり，持ち家の場合は価格弾力性が0.38，（生涯）所得弾力性が0.37である．

---

9) 住宅需要の価格弾力性は価格が1％上がった時に住宅需要が何％減少するかを計算したもので，$-(\partial D/\partial R)(R/D)$ で表される．所得弾力性は同様に定義され，所得が1％上がった時に住宅需要が何％増加するかを計算したものである．

10) Stephen K. Mayo, "Theory and Estimation in the Economics of Housing Demand," *Journal of Urban Economics* 10, 1981, pp. 95-116.

11) P. K. ティワリ，長谷川洋「テニュア選択と住宅需要のシミュレーションモデル：首都圏を例にして」『季刊住宅土地経済』No. 37, 2000年, 28-35ページ．

6.3 住宅建設と資産価格

住宅の資産価格が住宅の建設コストを上回れば，住宅を建設して，それを売却することによって利益を上げることができる．したがって，住宅の新規供給量は住宅の資産価格と建設費用の関係から決定される．前節で見たように，住宅の資産価格は賃貸価格を資本コスト ρ で割ったものであるので，図5-2の例では，$V_1 = R_1/\rho$ となる．

住宅の建設コストには土地の費用も含まれるので少し注意する必要がある．土地の取得費用を P_L とし，建設コストを K とすると，住宅の供給費用は

$$C = P_L + K$$

と書くことができる．もし資産価格がこの供給費用より高く，

(5.8) $\quad V > C = P_L + K$

が成立していれば，住宅の新規供給が行われ，逆に，資産価格のほうが低ければ新規供給は行われない．したがって，住宅の供給量は住宅の資産価格と供給費用が一致する点に決定される．

住宅の供給費用は供給量に依存し，通常は供給量が増加すると上昇する．供給量の増加とともに住宅の建築資材や労賃が上がったり，土地の取得費用が上がったりするからである．したがって，住宅の供給曲線は図5-3のような右上がりの曲線になる．図5-3の D 曲線は，図5-2の需要曲線を資産価格に対応

図 5-3 住宅の供給曲線と需要曲線

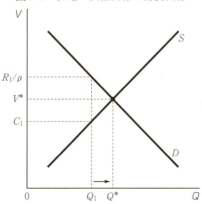

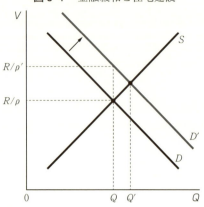

図5-4 金融緩和と住宅建設

させて描き直したものである.

現状の住宅ストック Q_1 に対応して,図5-2で住宅の賃貸価格が決定され,それを資本コストで割った R_1/ρ が住宅の資産価格になる.図5-3では,住宅の資産価格が供給費用 C_1 を上回っているので,新規建設が行われ,住宅ストックが増加する.需要曲線と供給曲線が変化しなければ,供給曲線と需要曲線が交わる Q^* まで新規建設が行われ,この点が長期均衡になる.しかし,実際には長期均衡に達する前に,需要と供給の条件が変化し,長期均衡の位置自体がたえず変化する.

わが国だけでなく他の国でも,地価は金融緩和期に大きく値上がりし,その後値下がりするというパターンを取っている.第3章で見たように,1970年代初めと80年代後半の地価高騰は双方とも金融緩和期に発生した.こういった地価変動のサイクルの中で,地価が値上がりする金融緩和期に住宅や商業ビルの建設が増加し,地価が値下がりする時期には減少するという傾向がある.この建設投資サイクルはアメリカで顕著に見られたが,わが国でも住宅建設についてはこのパターンが1970年代から発生しており,オフィス・ビルについては80年代からこの傾向が見られるようになった.

金融緩和期の地価が上昇している時期に住宅建設が増加することは図5-3からはごく自然な結果である.金融緩和期には利子率が低下するので,資本コストが下がる.したがって,住宅の賃貸価格が同じであっても,資産価格は上昇

する．図5-4では，資本コストがρの時に，住宅ストックがQの点で需給均衡が成立している．ここで，資本コストがρからρ'に低下すると，資産価格を用いた住宅需要曲線はDからD'にシフトする．そうすると，現状の住宅ストックQのもとでは，住宅の資産価格が住宅建設費用を上回るので，住宅建設が始まる．これが，金融緩和によってもたらされる住宅建設ブームである．

*6.4　住宅建設に関する動学的意思決定

以上のような考え方は，アメリカでは住宅の需要と供給に関する標準的な理解になっている．しかし，住宅建設の意思決定を明示的に定式化していないので，その厳密な理論的基礎には疑問が残る．特に，土地の取得費用P_Lがどう決定されるのかの説明がされていないのが重要な欠点である．土地費用の比率が小さいアメリカではともかく，日本では土地の取得費用が外生的であるという仮定は現実的でない．第3章で解説した住宅建設のタイミングに関する動学的な分析を拡張することによって，この種の議論の理論的基礎を作ることができる．その概略は以下のようになる．

第3章では，現時点で住宅を建てることと，住宅建設を延期することとの間の選択を考えていた．これに対して，(5.8)式は，現時点で住宅を建てることと，現在の所有者が現在の用途に土地を使い続けることとを比較していると解釈できる．以下では，現在の用途が農業であり，土地の取得価格が農地価格に等しい例を考える．[12] (5.8)式が成立していれば，現時点で住宅を建てるほうが，農地として使い続けるより望ましい．ただし，現時点が住宅建築の最適なタイミングである保証はない．第3章での分析を適用すると，以下のような議論ができる．

開発を1年遅らせると1年分の家賃収入が得られなくなる．しかし，農業を継続することができ，農業地代分の利益を得ることができる．また，土地開発と住宅建設の費用負担を1年繰り延べることができるので，1年分の利子費用を節約できる．家賃収入が農業地代と利子費用節約分の合計より小さければ，住宅建設を遅らせたほうがよい．したがって，t期における家賃がR_t，住宅建

---

[12]　住宅地の需要に比較して住宅地に転用できる農地の面積が大きければ，農地所有者間の競争によってこれが成立する．

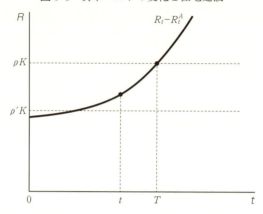

図 5-5 資本コストの変化と住宅建設

設費が K,利子率が i,農地地代が R_t^A であると,現時点 t で住宅を建築することが最適であるためには,

(5.9)　$R_t - R_t^A \geq iK$

が成り立っていなければならない.[13] したがって,現時点で住宅建設が行われるための条件は (5.8) 式と (5.9) 式の双方が成立していることである.[14] 第

---

13) 住宅建設費が θ の率で上昇する場合には,簡単な計算から,最適な住宅建築時期は
$$R_t - R_T^A = \rho K_T$$
を満たす T になることがわかる.ここで,
$$\rho = i - \theta$$
であり,これは住宅建設費の上昇を考慮に入れた資本コストであると解釈できる.この結論は,住宅の資本コスト ρ を適切に定義することによって,住宅税制や所得税制が存在するケースに拡張することができる.なお,最適住宅建築時期を第 3 章の練習問題 6 と同様に数学的に導くことができる.T 期に開発するとした時の初期時点における地価は
$$p_1(T) = \sum_{t=1}^{T-1} \frac{R_t^A}{(1+i)^t} + \sum_{t=T}^{\infty} \frac{R_t}{(1+i)^t} - \frac{K_T}{(1+i)^{T-1}}$$
となる.これを最大にする地価は $p_1(T-1) \leq p_1(T) \geq p_1(T+1)$ を満たしていなければならない.ここで,
$$K_T = (1+\theta)^t K_0$$
であると,
$$R_{T-1} - R_{T-1}^A < (i-\theta)K_T < R_T - R_T^A$$
が得られる.

3章では（5.8）式は自動的に満たされていたので，この条件を明示的に議論しなかったが，一般にはこの条件も考慮する必要がある.

実際には，金融市場の動向によって資本コストはかなり大きく揺れ動く．また，住宅の賃貸価格も住宅市場の動向によって変化する．このような場合には，(5.9) 式が成立するような時点で必ず建設が起きるわけではない．たとえば，

$$R_t - R_t^A < \rho K$$

であったのが，資本コストの急速な低下によって，

$$R_t - R_t^A > \rho' K$$

になるようなことが考えられる．この場合には，将来の T 時点に建設する計画であったのが，現時点（t 時点）で建設されるようになる．逆に，資本コストが急激に上昇すると，予定していた住宅建設が中止され，住宅建設がパッタリと止まってしまうことになる．

7 住宅市場の推移

前節で見たように，住宅建設は資本コストの変化によって大きな影響を受ける．資本コストの変化をもたらす最も大きな要因は実質金利である.[15] 図5-6からわかるように，金融緩和期には実質金利は大きく下がり，これが資本コストを低下させる．この傾向が特に顕著であったのは，1970年代前半と80年代後半であり，資本コストの低下によって住宅建設の増加がもたらされた．第3章の図3-2で見たように，1980年代末のいわゆるバブル期には実質金利の低下が地価を上昇させる効果を持ったが，同時に，住宅建設を増加させた．その後，1996年頃とリーマン・ショック前の2007年頃にも実質金利の低下と住宅建設の増加が起きている．

大きなトレンドとしては，1960年代に当初の年50万戸から70年の年150万戸まで急速に建設戸数が増加した後は，90年代半ばまで年150万戸前後を維持し

---

14) 厳密には，$R_t - R_t^A$ が時間とともに増加しているという2階の条件も成立していなければならない．

15) 実質金利は名目金利から予想物価上昇率を差し引いたものである．

184　5章　住宅市場

図 5-6　住宅建設の推移

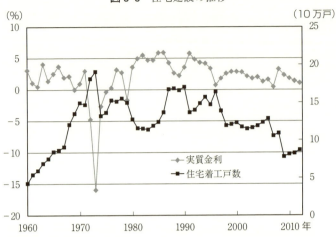

（注）　名目金利は貸出約定金利（総合，全国銀行）の月次データの年平均を用いた．
（出典）　日本銀行「経済統計年報」，総務省統計局「消費者物価指数」，国土交通省「建築着工統計調査」．

図 5-7　住宅ローン残高の推移

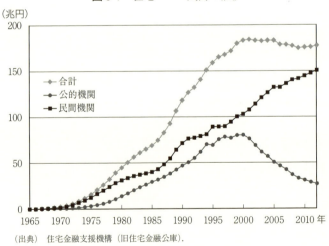

（出典）　住宅金融支援機構（旧住宅金融公庫）．

ていたが，90年代終わりからは年120万戸程度に下がり，2008年のリーマン・ショック以降には年100万戸を割り込むようになってきている．

　1960年代には住宅建設は実質金利の動きにほとんど影響されず，着実に増加

していった．この時期には金融機関は厳しく規制されており，住宅ローンの利用可能性は限られていた．住宅ローンの新規融資額を表している図5-7からわかるように，住宅ローンの利用が一般化したのは1970年代に入ってからであり，60年代には融資を受けることができた人々は多くなかった．このような条件のもとでは貯蓄が住宅建設資金の主体にならざるをえず，金融市場の動向にほとんど影響されないのは当然である．経済成長にともなって所得が増加するとともに貯蓄が増加し，それが1960年代における住宅建設の持続的な増加をもたらしたと考えられる．

1970年代には，民間銀行による住宅ローンが広く利用可能になるとともに，住宅金融公庫による低利融資も増加した．これによって住宅建設が金利情勢に左右されるようになったが，同時に年150万戸を超える住宅建設も可能になった．この時期にいかに大量の住宅建設が行われたかは，1988年における全住宅ストックの約36％が70年代の10年間に建築されたものであることに如実に示されている．[16] 国際的に見ても，この時期の住宅建設は顕著に大きい．たとえば，1980年代の平均は，日本の住宅建設戸数は人口1,000人当たり約11戸で，アメリカの約6戸の倍近い数字になっていた．2012年にはこれが約6.9戸まで減少し，1980年代のアメリカに近い水準になった．なお，アメリカでは2006年までは人口1,000人当たり6戸程度だったのが，2007年のサブプライム・ローン危機，2008年のリーマン・ショックを経て，大きく落ち込んでおり，2012年には2.5戸になっている．

なお，住宅金融公庫を中心とする公的住宅融資は民間融資に匹敵する規模を持っていたが，2000年以降は急激に縮小した．2007年には，住宅金融公庫が独立行政法人住宅金融支援機構へ移行したのにともない，住宅金融支援機構が扱う直接融資は災害復興住宅融資等のような民間金融機関では対応が困難なものに限られるようになった．次章で扱うが，住宅支援機構の主たる業務は民間金融機関による住宅融資を支援する「証券化支援業務」になった．

1970年以降の大量の住宅建設によって住宅は少なくとも量的には充足してきた．次の表5-8にあるように，空き家率は1963年の2.5％から2013年には

---

[16] 1988年の「住宅統計調査」によると，総住宅戸数は約3,741万戸であり，そのうち70年代に建築されたものは約1,354万戸である．

表 5-8 住宅総数と空き家戸数の推移

	住宅総数	空き家	空き家率
1963年	21,090,000	522,000	2.5%
1973年	31,058,900	1,720,300	5.5%
1983年	38,606,800	3,085,600	8.0%
1993年	45,878,800	4,106,700	9.0%
2003年	53,890,900	6,095,100	11.3%
2008年	57,586,000	7,156,700	12.4%
2013年	60,628,600	7,783,600	12.8%

(注) 1978年以降は別荘等の二次的住宅戸数が報告されているので,二次的住宅を空き家から除いている.
(出典) 総務省統計局「住宅・土地統計調査」.

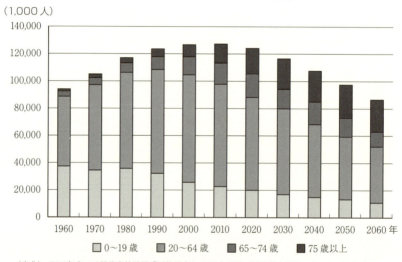

図 5-8 年齢別人口:推移と将来推計

(出典) 2010年までは総務省統計局「国勢調査」.2020年以降は国立社会保障・人口問題研究所による『日本の将来推計人口』(2012年1月推計).

12.8%まで上昇している.空き家の中には老朽化して放置されているものも多くなってきており,2013年においてはその59.1%(賃貸用55.1%,売却用4.0%)だけが賃貸あるいは売却用とされている.

住宅建設が2000年代に入って減少してきた背景には**少子高齢化**もある.

図5-8にあるように,日本の総人口は2010年以降減少局面に入ってきている.2010年には約1億2,800万人であったのが,30年には約1億1,660万人になり,

図5-9 世帯数と1世帯当たり人員：推移と将来推計

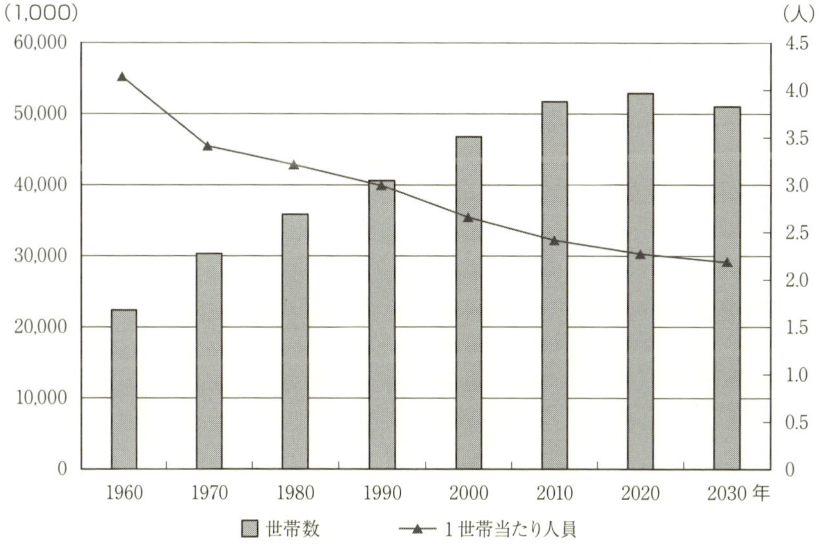

（出典） 2010年までは総務省統計局「国勢調査」．2020年以降は，国立社会保障・人口問題研究所による『日本の世帯数の将来推計（全国推計）』（2013年1月推計）．

表5-9 住宅投資に占めるリフォームの割合：国際比較 （%）

	リフォーム比
日　本（2008年）	30.1%
イギリス（2008年）	62.3%
フランス（2008年）	52.3%
ド イ ツ（2008年）	77.0%

（出典）『平成22年度国土交通白書』．

さらに60年には約8670万人にまで落ち込むと予測されている．**総人口が減少**する中で，高齢者人口は大きく増加する．75歳以上の高齢者は2000年には約900万人だったのが，10年には約1,400万人に急増し，30年には2,200万人を上回ると予測されている．2010年から人口が減少するが，住宅戸数の落ち込みはそれほどではないと予想される．図5-9にあるように，1世帯当たり人員が減少するので，世帯数は2020年まで増加する．2030年には減少するが，2010年とほとんど変わらない水準にとどまる．

住宅ストックが蓄積されてくると，建て替えやリフォームをどうするかとい

う問題が重要になる．建て替えについての統計としては，着工統計の中に再建築というデータがある．これは建築される住宅のうちで，既存住宅を取り壊して建て替えたものを表している．再建築率は，調査を開始した昭和63年度から平成8年度までは20%台で推移していたが，以降は20%を切り，近年は10%強で推移している．したがって，建て替えは経年的に少なくなっている．それでは，既存住宅のリフォームについてはどうだろうか？ 残念ながらリフォームに関するデータは整備されておらず，粗い推計値しか存在しない．表5-9の国際比較によると，住宅投資に占めるリフォームの割合はヨーロッパ各国と比べて半分程度である．今後は増加していくと予測されているが，これまでのところは顕著な増加はしていない．

8 持家と借家

借家を借りるか持家を買うかは住宅の需要者が最初に直面する選択である．**持家と借家の間の選択**は"tenure choice"と呼ばれ，経済学者の興味を集めてきた．表5-10に示されているように，持家率は国によって大きく異なっており，日本とアメリカでは持家率が60%を超えているが，ドイツでは45%程度である．この節では，持家と借家の間の選択に関してどのような要因が働いているのかを考える．

8.1 持家と借家の間の選択

持家も借家も同じ住宅サービスを提供しているが，これらの間には微妙な相

表5-10 持 家 率
(%)

	持家率
日 本	61.7%
アメリカ	66.2%
ド イ ツ	45.7%

(出典) *American Housing Survey 2011, Statistisches Bundesamt, Statistisches Jahrbuch Deutschland und Internationales 2012*, 総務省統計局「住宅・土地統計調査」2013.

違が存在する．借家と比較すると，持家の長所には，所有欲を満足させることや，自分の意思に反して追い出されることがないことなどがあるが，最大の長所は所有者と利用者が一致していることである．借家の場合には所有者（家主）と利用者（借家人）が別々になっているので，これら二者の間に契約関係が発生する．後ほどより詳細に検討するが，様々な形の契約の不完全性によって借家は持家に比較して非効率的になる．

持家にも短所があり，その最大のものは取引費用が大きいことである．特に，譲渡所得税，登録免許税，不動産取得税などの税金が持家の取引費用を大きくしている．また，持家の場合には一時期に支払わなければならない金額が大きいので，ローンを組んだりしなければならないという資金調達の問題も発生する．

実際の選択は，これらの短所と長所を比較して行われ，各人の置かれている状況によって選択が異なることになる．たとえば，頻繁に引越しをしなければならない人々にとっては取引費用の低い賃貸住宅が相対的に有利になる．また，維持管理に細やかな配慮が必要な庭付きの一戸建て住宅に関しては持家のほうが有利になる．

わが国では，(1)「借地借家法」による借家人の権利の保護，(2)所得税や相続税などの様々な税制，(3)住宅金融支援機構融資などの住宅補助制度等も持家と借家の間の選択に影響を及ぼしている．これらの問題については次章で取り上げる．

8.2　借家のモラル・ハザード：情報の非対称性

借家は持家に比べると維持管理が悪くなりがちであるが，これは情報の非対称性によって維持管理に関する契約が困難であることに原因がある．住宅の居住者がどの程度注意深く家屋の維持管理を行っているかを知ることは外部の者にとっては困難である．つまり，家屋の傷みが居住者の不注意や管理の落度によるものであるのか，あるいは不可抗力であるのか，または，欠陥建築によるものであるのかを知ることは容易でない．この場合には，維持管理の程度に関して，居住者とそれ以外の人々との間に情報格差（つまり「情報の非対称性」）が存在する．

一般には，借家に関しては情報の非対称性から維持管理に問題が発生するが，持家に関してはこの種の問題は発生しないと信じられている．ところが，情報の非対称性が居住者と家主の間だけに存在している場合には，借家と持家の間に本質的な相違は存在しない．

借家契約で，借家人の行う維持管理の程度を家主が観察することが困難である場合を考えてみよう．借家人は家を借り続けているかぎり自分の行う維持管理の便益を享受する．維持管理の手を抜くと居住環境が悪化し，そのことによって自分自身が不利益をこうむるからである．問題は，借家人は，自分が借家を出た後に新しい借家人に帰属する便益については無視してしまうことである．したがって，借家人による維持管理の努力が過小になるのは，自分が借家を出た後の居住条件に影響する部分だけである．持家の場合でも，維持管理の効果については売り主と買い手の間にまったく同じ情報の非対称性が存在する．買い手が維持管理の程度を観察できなければ，売り手はそれを見越して維持管理の手を抜くことになる．

したがって，持家と借家の差を説明するには，居住者と家主の間の非対称性ではなく，これら両者と第三者（裁判所）の間の非対称性を導入しなければならない．[17] 維持管理に関する契約が強制力を持つためには，維持管理の程度を裁判所が知ることができることが必要である．つまり，貸し手と借り手の両者が知っているだけでは不十分であり，維持管理の程度が第三者によって検証可能でなければならない．貸し手と借り手の双方がどちらに責任があるかを知っていても，どちらかが（あるいは両方が）嘘をつく可能性があり，その場合には裁判所はどちらが正しいかを判断できない．裁判所が検証できなければ，契約違反を訴え出ても意味がなく，維持管理に関する契約は強制力を持たないことになる．こういった場合には借家人の維持管理の努力は不十分になり，借家人の**モラル・ハザード**（moral hazard）が発生する．

---

17) 第三者との間の情報の非対称性は「検証可能性」（verifiability）の問題として，契約の経済理論の中心の1つになっている．金本良嗣「契約の経済理論と不動産市場：持家，借地，借家」『住宅問題研究』5，1989年，12-26ページ，および，Y. Kanemoto, "Contract Types in the Property Market," *Regional Science and Urban Economics* 20, 1990, pp. 5-22, とそれらの中の参考文献を参照されたい．

これに対して，売買契約では第三者による検証可能性は不要である．買い手の側は維持管理の程度を観察した後に価格を決定できるので，維持管理に関する契約を結ぶ必要がない．売り手の側は維持管理を良くすれば高い価格で売れるので，適切な維持管理をするインセンティブを持つ．このように，第三者との間の情報の非対称性によって借家と持家の間の維持管理の相違を説明することができる．

9 住宅産業

住宅の供給には数多くの業者がかかわっており，宅地開発，住宅建設，上下水道工事，インテリア，不動産仲介などの様々な役割を担っている．この節では，住宅建設，宅地開発，不動産仲介の3つの業種を取り上げ，その技術的特質や産業構造を概観する．

9.1 住宅建設

わが国における伝統的な住宅の建て方は「木造在来工法」と呼ばれる．これは，木造の柱と梁とで建物の骨組みを作り，そこに壁を組み込むという方式である．この工法は鴨居や柱の取り付けなど現場で工事しなければならない部分が多いことと，現場で精密なはめあわせのできる熟練大工が必要であるという特徴を持っている．また，生産における規模の経済性はごく小さく，大工兼任の工務店店主による家族経営が多い．このことを反映して，木造建築業の1事業所当たりの平均従業員数は4.3人である．[18] また，業者数もきわめて多く，土木・建築を含めると約47万の業者が存在しており，建築だけに限っても約16万の業者が存在している（2013年における建設業許可業者数）．

第二次大戦後は，木造在来工法に加えて，鉄筋コンクリート造などの非木造住宅が増加してきた．木造住宅でもプレハブ住宅やツー・バイ・フォー住宅などの新しい工法が広まった．

---

18) 2009年の「経済センサス：基礎調査」による．木造建築業を除いた建築工事業の1事業所当たり平均従業員数は9.0人である．

木造住宅と非木造住宅の比率については，1970年には全新築住宅のうち木造が67.4％を占めていた．それ以降木造の比率は減少し，1990年には42.4％になり，90年代から2000年代前半にかけては45％前後で推移してきた．しかしながら，リーマン・ショックによる景気停滞によって2008年から非木造住宅の建設が大幅に減少したために，2009年から13年にかけては55％程度に上昇している．

プレハブ住宅は，工場で前もって部品を作っておき，それを現場で組み立てる工法であり，1960年前後から広まってきた．プレハブ住宅には，構造材として何を使うかによって，木材を使う木質系，鉄骨を用いる鉄鋼系，コンクリート・パネルを用いるコンクリート系などがあり，工法の差によって，パネル工法，軸組工法，ユニット工法などがある．これらのどのタイプを用いるかは各プレハブ・メーカーによって異なっており，様々なタイプが共存している．1992年には住宅建設にプレハブの占める割合（ツー・バイ・フォー住宅を含む）は21.7％に達し，最近（2009年〜13年）では27％を超えている．[19]

ツー・バイ・フォー住宅は，アメリカで一般的な工法で，2インチ×4インチの規格化された木材を用いることと，木材を用いた壁パネルで構造を支えるのが特徴である．日本では1975年頃から広まりはじめ，2013年には全新築住宅の12.3％を占めている．

プレハブ住宅は工場の建設などにかなりの規模の経済性が存在する．したがって，プレハブ住宅メーカーは規模の大きな業者が多く，積水ハウス，積水化学工業，旭化成ホームズの上位3社の戸建て住宅年間販売個数は1万戸を超えている（2012年度）．ツー・バイ・フォー住宅については工場は必要なく，特に大きな規模の経済性は存在しないと思われるが，外国の建築工法の輸入であるので，熟練工の訓練などに対する投資を行うことが必要であった．そのために，当初は，ツー・バイ・フォー住宅についても大規模なメーカーが存在し，最大手の会社（三井ホーム）は1992年に年間1万1,000戸を供給し，ツー・バイ・フォー住宅の20％強のシェアを持っていた．しかし，ツー・バイ・フォー住宅を供給する建築業者数が増加し，三井ホームの戸建て住宅供給戸数は4,000戸程度まで低下している（2012年度）．

---

19) 建築着工統計（国土交通省）による．

伝統的には一戸建てや長屋建ての低層住宅が日本の住宅の大部分を占めていたが，都市化の進展と建築技術の進歩によって中高層住宅が増加してきた．特に，1970年代以降の中高層住宅の増加は著しく，非木造共同住宅が全住宅ストックに占める割合は73年には8.7%であったのに対して，88年には19.4%に増加し，2008年には36.2%に達している．中高層住宅の主体はいわゆる分譲マンション（中高層［3階建以上］，分譲，共同建で，鉄筋コンクリート，鉄骨鉄筋コンクリートまたは鉄骨造の住宅）である．分譲マンションは1970年代から急速に普及し，80年代には新築住宅戸数の約1割程度を占めるにいたり，2000年代には2割近くまで達した．リーマン・ショックの後，2009年には約1割に下がったが，2011年から13年にかけては14%程度まで戻している．

以上のように，住宅建設にも新しい技術が用いられるようになってきており，技術進歩が進んでいる．ただし，現場での工事が不可避であることから，労働生産性の伸び率は製造業などに比べて小さい．1955年から90年までの35年間に全産業の労働生産性は約5.6倍になったのに対して，建設業の労働生産性の伸び率は約3倍にとどまっていた．その後，1990年代には建設業の生産性が大幅に低下するという事態になった．2000年代は横ばい状況である．[20]

9.2 宅地開発

不動産業，建設業，鉄道事業など様々な業種の企業が宅地開発を行っている．また，これらの民間デベロッパーに加えて，旧住宅・都市整備公団（現在の独立行政法人都市再生機構）や地方住宅供給公社などの公的主体も宅地開発を行っていた．宅地供給量は1972年の23,400haをピークとして減少してきており，2010年には4,600haとピーク時の5分の1の水準になっている．また，公的供給のシェアも減少しており，2010年の公的供給は900haにすぎない（平成24年版『土地白書』による）．

日本では土地所有が分散しており，多数の小規模地権者がいるので，全面買収による大規模開発は困難である．したがって，土地所有者の所有権を残したまま行う土地区画整理事業[21]が多用されてきた．これを反映して，1970年代

---

20) 1990年代においても全産業の生産性は上昇している．

後半から2000年にかけては，土地区画整理事業認可面積のほうが開発許可面積より大きい年が多かった．しかし，2000年代に入って激減しており，平成25年版『土地白書』によると，2011年度には住宅開発の開発許可面積は2,639haであったのに対して，土地区画整理事業認可面積は595haであった．これは住宅が充足してきたことによって，大規模開発が減少したためであると思われる．

宅地開発の費用は，地形や土質等の自然的条件，地権者の数などの社会的条件，道路等の社会資本の整備状況などによって大きく異なり，統計データも整備されていない．ここでは都市開発協会のモデル事業[22]における開発費用を紹介しておきたい．かなり古いデータであるが，このモデル事業は標準的なケースを想定しており，開発費用の大体の目安としては役に立つであろうと思われる．このモデル事業では，1986年度の1m^{2}当たりの土木工事費は1万8,500円であり，地方自治体から求められる負担金は5,840円である．これら2つの費用だけでも2万4,340円/m^{2}となる．さらに，開発面積のうち道路等の公共施設がほぼ半分を占めるので，販売可能宅地はその54.8%にすぎない．したがって，販売する宅地当たりの開発費用は少なくとも4万4,416円/m^{2}となる．つまり，デベロッパーによる土地の取得価格がゼロであったとしても，住宅地の販売価格は200m^{2}区画で約900万円にのぼることになる．さらに，宅地開発には非常に長期の時間がかかるので，これらの費用に加えて多額の金利費用がかかる．[23]

---

21) 土地区画整理事業においては，道路，公園，河川等の公共施設を整備・改善するとともに，土地の区画を整えて利用価値を高くする．その際に，地権者からその権利に応じて少しずつ土地を提供してもらい（減歩），この土地を道路・公園などの公共用地が増えるぶんに充てたり，道路，公園，上下水道等を含む公共施設整備の費用をまかなったりする．地権者は，以前所有していた土地に換えて，区画整理された宅地を受け取る．事業後の宅地の面積は以前に比べ小さくなるものの，都市計画道路や公園等の公共施設が整備され，土地の区画が整うことによって，利用価値の高い宅地が得られる．

22) 都市開発協会「規制見直しに際しての基本的課題と事業の促進策」1994年，61-67ページ．

23) 建設省（現・国土交通省）の「不動産業総合調査に関する結果報告（住宅・宅地編）」（平成4年12月）によれば，3,000m^{2}以上の住宅団地の平均では，用地取得開始から工事開始まで6年9カ月，工事開始から分譲開始まで2年11カ月，分譲開始から分譲終了まで9年3カ月かかっている．

第8章で見るように,わが国の開発規制は,小規模な開発に対してはゆるやかであり,大規模な開発に対しては厳しい傾向を持っている.大規模開発のほうが宅地開発および住宅建設の面でコストが低く,しかも美観や社会資本整備の面で優れている.それにもかかわらず,小規模のミニ開発のほうが採算性がよくなってしまっているのは規制の歪みによっている.アメリカの住宅建設コストがわが国に比べて大幅に低い1つの大きな要因は,住宅供給の主体がデベロッパーによる住宅団地開発であるからである.大規模開発に対する規制が小規模開発よりも厳しいことが,わが国の住環境の改善を阻んでいる1つの要因である.

9.3 住宅取引

第3節で見たように,住宅は立地特性,広さ,構造などがそれぞれ異なっている異質財である.このために,消費者は自分に最も適した特性を持つ住宅を探す必要があり,それを助ける不動産仲介業者が存在している.また,消費者の好みと住宅特性とのマッチングの困難さから,空き家がまったくない状態はほとんどありえない.ある程度の空き家率がなければ,住宅を探している人々が自分のニーズに合う住宅を見つけることがきわめて困難になる.表5-8によれば,2013年には空き家率は12.8%になっており,高い水準である.ただし,日本の空き家率には居住の不可能な廃屋も含まれており,住宅市場に出ている空き家の比率はこれよりかなり小さいと思われる.たとえば,2009年の国土交通省「空家実態調査」によれば,最低居住水準を満たしたうえで入居者を募集しているものは全体の6割強にすぎない.

表5-11の第2列は1年間の既存(中古)住宅の売買戸数を表しており,第

表5-11 既存住宅取引

	既存住宅取引戸数 (千戸)	既存住宅取引シェア (%)
日 本 (2008年)	171	13.5%
アメリカ (2009年)	5,156	90.3%
イギリス (2010年)	749	84.2%
フランス (2010年)	782	69.3%

(出典) 国土交通省住宅局住宅政策課監修『住宅経済データ集』2013年, p.181, 図表9-8.

3列はそれを新築住宅を含む総取引戸数で割ったものである．この表からわかるように，既存住宅市場の厚みには大きな差があり，日本では既存住宅の取引はきわめて少ない．

　住宅はいったん建築すると建て替えることに大きなコストがかかるので，家族構成や好みが変化した時には，他の住宅に住み替えるほうが効率的な場合が多い．住宅の中古市場はこのような住み替えを可能にするという役割を果たしている．ところが，わが国では登録免許税，不動産取得税，譲渡所得税などが既存住宅の取引費用を非常に大きくしており，そのことが中古市場の健全な発展を阻害している．

　住宅の取引市場に関しては2つのタイプの情報の問題が重要である．第1の問題は，誇大な広告をしたり，代金を持ち逃げしたりするような不動産業者の不正行為の可能性である．住宅の取引は金額が大きく，しかも通常の人々は人生に何度も行うことではない．したがって，顧客の無知や不注意につけこもうとする行動が起きやすい．

　このような不動産仲介業者の「モラル・ハザード」に対しては，アメリカでは弁護士を取引に介在させることによって防いでいる．わが国では，「宅地建物取引業法」によって取引業者の規制を行っている．

　住宅の取引に関するもう1つの問題は，ある種のネットワーク外部性の存在である．買い手のニーズに合うような物件を提供することが**不動産仲介**の役割であるが，この役割を果たすためにはなるべく多くの物件と顧客を扱ったほうがよい．したがって，大規模なフランチャイズを持つ企業が有利になる．しかし，企業の内部管理上の問題と企業間の有効な競争を確保するという点からは，企業組織をあまり大きくしないほうがよい．そこで，独立した不動産業者の物件情報と顧客情報をプールする情報ネットワークが有益な役割を果たすことになる．アメリカでは"Multiple Listing Service"と呼ばれる情報ネットワークが存在しており，わが国では**指定流通機構**と呼ばれる仕組みが作られている．

　わが国の仕組みでは，不動産仲介業者と顧客との間の契約を「専属専任媒介契約」，「専任媒介契約」，「一般媒介契約」の3つに分類している．専属専任媒介契約では，顧客が媒介を依頼した業者以外の業者に重ねて媒介を依頼することと自分で見つけてきた相手方と直接売買契約を締結することは禁止されてい

る．不動産業者側には，目的物件を指定流通機構に登録し，業務処理状況を1週間に1回以上依頼者に報告する法律上の義務がある．専任媒介契約は，媒介を依頼した業者以外の業者に重ねて媒介を依頼することはできないが，自分で見つけてきた相手方と直接売買契約を締結することはできる．その代わりに，業者側は目的物件を指定流通機構に登録し，業務処理状況を2週間に1回以上依頼者に報告する義務がある．一般媒介契約は，他の業者に重ねて媒介を依頼することができるが，これについては業者側は流通機構に登録する義務はない．

公益財団法人不動産流通近代化センターが公表している「2013不動産業統計集」によれば，2011年における不動産取得税の課税件数（継承分，専用住宅）から贈与件数を除いた既存住宅流通量の推計値は約50万件である．一方，指定流通機構への戸建て住宅とマンションの成約報告件数は約10万件であるので，既存住宅の流通量の約20％程度を占めている．[24]

キーワード

住宅価格　住宅サービス　住宅ストック　住居費　情報の非対称性　住宅サービスの異質性　住宅サービスの生産関数　ヘドニック・アプローチ　帰属家賃　資本（の使用者）費用　ストック・フロー・アプローチ　住宅の需要関数　少子高齢化　総人口減少　持家と借家の間の選択（tenure choice）　モラル・ハザード　宅地開発の費用　不動産仲介　指定流通機構　付け値関数　都市間の賃金格差

練習問題

1. 住宅サービスの生産関数が $H = K^\alpha L^{1-\alpha}$ のコブ＝ダグラス型であるとせよ．

---

[24] なお，課税件数から推計した既存住宅流通量は約50万件で，表5-11の既存住宅取引戸数が約17万戸であったのに対してかなり大きくなっている．この差の詳細は不明であるが，前者には借家の売買や居住者でない不動産業者が売買したぶんが含まれている．

敷地面積が200m²の住宅Aが4,000万円で売られている．この住宅の土地価格は1m²当たり10万円であることがわかっている．住宅の資本（建物）部分の価格を20万円とする．

(a) 住宅の生産者が利潤最大化を行っていると仮定して，住宅サービスの価格と量を求めよ．

(b) 10年前に建築された別の住宅Bがある．10年前の価格体系は現在と異なっている可能性がある．この住宅の敷地面積は150m²で，現在の住宅価格は3,000万円である．この住宅の住宅サービスの量と資本の量を求めよ．

2. 実質利子率i^Rと実質住宅価格上昇率g^Rは一定であるが，物価上昇率πは変化し，名目利子率と名目住宅価格上昇率が$i=i^R+\pi$と$g=g^R+\pi$である場合を考える．所得税率がτ^Yで譲渡所得税率がτ^Gであるとし，固定資産税，減価償却，維持費用は無視できる（ゼロである）とする．持家についてはローン金利を課税所得から控除できないが，借家についてはそれができるとせよ．

(a) 住宅の建築費用の全額をローンでまかなった時の，持家と借家の資本コストを求めよ．

(b) 物価上昇率が1％上がった時に資本コストは何％上昇（あるいは下降）するか．

(c) アメリカのように，持家についてもローン金利が課税所得から控除できる場合の資本コストを求め，物価上昇率が資本コストに及ぼす効果を求めよ．

3. 前問の(a)と(b)で，住宅建設費用を手持ち資金でまかなった時の持家と借家の資本コストを求め，物価上昇率が資本コストに及ぼす効果を分析せよ．利子所得にはτ^Iの税率で課税され，この税率は所得税率と譲渡所得税率の双方より小さいとせよ．

4. 金融引締めによって実質金利が上昇した時に住宅建設がどうなるかを図5-5と同様な図を用いて説明せよ．

付録　ヘドニック・モデルと環境価値の計測

　ヘドニック・モデルにおいては，住宅をその特性ベクトル $\boldsymbol{h}$ で表現し，住宅需要者の最適化問題は，効用関数 $U(z, \boldsymbol{h})$ を予算制約式

$$y = z + p(\boldsymbol{h})$$

のもとで z と $\boldsymbol{h}$ について最大化する問題として定式化できる．ここで，z は住宅地以外の消費をすべて合わせた集合財であり，その価格を1に基準化している．また，y は所得である．市場価格関数 $p(\boldsymbol{h})$ は一般に線形であるとは限らない．

　消費者の最大化問題は図5-10に示されている．この図では住宅地の特性が1つだけであると想定し，横軸にその特性 $\boldsymbol{h}$ をとり縦軸にその他の消費財 z を取っている．市場価格関数は線形であるとは限らないので，予算制約線

$$y = z + p(\boldsymbol{h})$$

が一般には直線にならないことが通常の消費者行動の理論とは異なっている．しかしながら，その他はまったく同じであり，消費者の最適解は無差別曲線と予算制約線の接点 $(\boldsymbol{h}^*, z^*)$ になる．

　ヘドニック・アプローチでは，ここで**付け値関数**（bid price function）を導入する．付け値関数は特性ベクトル $\boldsymbol{h}$ を持つ住宅地に対してある消費者が最大限支払ってよいと思っている価格（＝付け値）を表すものである．付け値はその消費者の効用水準を指定しなければ決めることができない．効用水準を高くすれば，宅地に支払いうる価格は下がるし，逆に低くすれば上がるからである．したがって，付け値関数 $R(\boldsymbol{h}; y, u)$ は，所得 y の消費者がある効用水準 u を達成しなければならないとした時に，住宅地 $\boldsymbol{h}$ に支払いうる最高の価格を表している．

　たとえば，図5-10の $U(z, \boldsymbol{h}) = u^*$ の曲線は効用水準が u^* の時の無差別曲線であり，住宅地の特性が $\boldsymbol{h}$ の場合にこの効用水準を達成するために最低限必要な消費財 z の量を表している．この場合に宅地に支払いうる最高の価格（付け値価格）は，所得 y から必要な消費財への支出額 z を差し引いたものとなる．

図5-10 ヘドニック・モデルにおける効用最大化

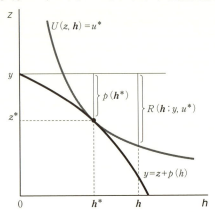

図5-11 市場価格関数と付け値関数

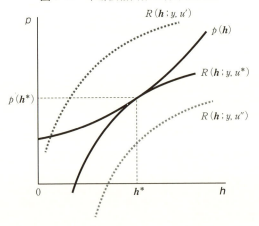

つまり，付け値関数は無差別曲線と縦軸上の y 点を通る水平線との間の垂直距離で表される．

図5-10の上下を逆転させると図5-11のような市場価格関数と付け値関数の関係が得られる．付け値関数は効用水準を所与にしており，効用水準を変えると付け値関数もシフトする．高い効用水準には低い付け値関数が対応するので，この図に描かれている付け値関数では，u'' が最も高く，その次が u^* で，u' が最も低い．消費者は市場価格曲線上にありながら最も高い効用水準を達成す

図 5-12 付け値関数，オファー価格関数，市場価格関数

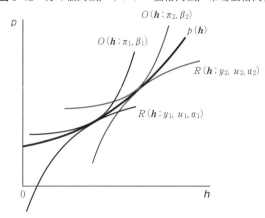

る住宅地を選択する．したがって，市場価格関数と付け値関数が接する点 $\boldsymbol{h}^*$ が消費者の最適解を与える．

　ここまでは1人の消費者の行動を考えてきたが，現実には所得と嗜好の異なった多くの消費者が存在し，各々の消費者が異なった付け値関数を持っている．消費者の嗜好を α で表すと効用関数は $U(z, \boldsymbol{h}; \alpha)$ の形に描け，付け値関数は所得に加えて嗜好のパラメータ α にも依存して，$R(\boldsymbol{h}; y, u, \alpha)$ のように描くことができる．市場均衡ではすべての消費者の付け値曲線が市場価格に接していなければならないので，図5-12のように市場価格関数 $p(\boldsymbol{h})$ は消費者の付け値関数の包絡線になっていなければならない．

　住宅の供給者の行動も同様に定義でき，消費者の場合の付け値関数に対応する「オファー価格関数」を考えることができる．オファー価格関数は，ある技術的条件（パラメータ β で表される）を持つ供給者がある与えられた利潤 π を得なければならないとした時に提示できる最低の価格であり $O(\boldsymbol{h}; \pi, \beta)$ と書くことができる．利潤は価格が高いほど大きくなるので，生産者はオファー価格関数が市場価格関数に上から接する点を選択する．したがって，図5-12のように，市場価格関数はオファー価格関数の下側の包絡線になっている．

　以上の議論からわかるように，市場価格関数は買い手の付け値曲線と売り手のオファー価格曲線の双方の包絡線になっており，一般には付け値曲線ともオファー価格曲線とも一致しない．

図5-13 ヘドニック・モデルにおける環境の価値

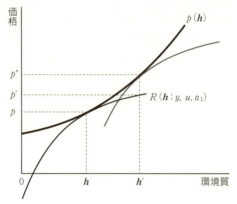

ヘドニック・モデルにおいては付け値関数を用いて環境改善の便益を測ることができる．たとえば，図5-13においては，環境質が h から h' へ改善された時，付け値関数の値が p から p' へ上昇する．この場合には，付け値関数の定義から，環境質の改善に対して $p'-p$ だけ支払っても消費者の効用関数は変化しない．したがって，大気汚染の改善に対する消費者の支払い容認額（willingness to pay）は $p'-p$ であると言える．このように，付け値関数から支払い容認額の意味での環境質の価値を測定することができる．

市場価格関数は一般に環境の価値とは一致せず，付け値関数を用いた場合より大きくなる．図5-13では，市場価格関数を用いた推定は $p''-p$ であり，これは付け値関数を用いたものより明らかに大きい．市場価格関数の推定は容易であるので，これを用いて環境の価値を推定することが多いが，この方法では環境価値の過大評価がもたらされる．すべての消費者が同質であり，同じ付け値関数を持つ場合には，市場価格関数と付け値関数が一致するので，この問題は発生しない．しかし，通常は消費者は同質ではなく，市場価格関数を使う推定ではバイアスが発生する．

付け値関数の推定が可能であれば，それを用いて環境の価値の計測を行うのが望ましい．しかし，付け値関数の推定には幾多の困難があるので，実際には市場価格関数の推定で満足せざるをえない場合がほとんどである．[25]

市場価格関数の推定は以下のようにして行われる．市場価格関数の関数形と

して線形の関数を選ぶと，推定式は以下のようになる．

$$p = a_0 + a_1 h_1 + a_2 h_2 + \cdots + a_n h_n + u$$

ここで p は地価，h_i は i 番目の属性，a_i は推定する係数，u は誤差項であり，a_i は最小二乗法によって測定される．[26]

　ヘドニック・アプローチでは，地価の決定要因のうち環境質以外の要因を除去して環境質だけの効果を抜き出す必要がある．環境質以外の要因は多種多様であるので，それらの影響を除去するためには説明変数の数が多くならざるをえない．ところが，これによって多重共線性が発生し，パラメータの推定値が不安定になることが多い．また，推定式の定式化の如何によって異なった結果が出てくるので，自分たちにとって望ましい結果が出たケースだけを報告するようなことが行われる可能性がある．

　市場価格関数の統計的推定が正確であったとしても，ヘドニック・アプローチが正しい便益評価をもたらすとは限らない．[27] まず，環境質に対応して敷地面積や建物の階数などの不動産の特性を最適に選択することができるという意味での長期のケースについては以下の結果が得られている．ヘドニック・アプローチの便益評価がバイアスを持たないのは，(a)地域間の移動が自由で費用がかからないという意味で地域が開放性を持ち，(b)消費者が同質的であり，しかも，(1)プロジェクトが小さいか，(2)プロジェクトが便益を及ぼす地域が小さいか，(3)消費と生産について財の間の代替性が存在しないか，のいずれかが成り立つ場合である．開放性と同質性が成り立っているが，(1)〜(3)が成り立たない場合には便益を過大評価する傾向が生まれる．また，開放性は成り立っている

---

25) 金本良嗣・中村良平・矢澤則彦「ヘドニック・アプローチによる環境の価値の測定」『環境科学会誌』2，1989年，251-266ページ，を参照．

26) 線形モデルは推定に便利であるが，最良のものである保証はない．ヘドニック価格関数の形状は理論的には特定できず，統計的に調べるしかない．線形に代わる関数形としては対数線形や Box-Cox 変換が用いられることが多い．これらの関数形については前掲の金本・中村・矢澤（1989），およびその中の参考文献を参照されたい．

27) 金本良嗣「ヘドニック・アプローチによる便益評価の理論的基礎」『土木学会論文集』No. 449/IV-17, 1992年, 47-56ページ, が示しているように, 時系列の資本化仮説にはもう一つの欠点がある．つまり，時系列の資本化仮説が成立するためには環境改善の起きる地域が他の地域に比べて小さいという小地域の仮定が必要であるが，クロス・セクションの資本化仮説については必ずしもこの仮定は必要でない．

が同質性が成り立たない場合にも便益の過大評価の傾向がもたらされる.

建物や敷地面積などの不動産特性が所与である短期の場合には若干事情が異なる. 環境質が異なりそれ以外の特性が同じ不動産がたまたま存在していれば, それらの間の価格差を用いてヘドニック推定値を得ることができる. もし環境改善プロジェクトが小さいか, あるいは大きくてもそれが消費財の相対価格を変化させなければ, この種のヘドニック推定値が正しい便益評価をもたらす. しかし, それ以外の場合には長期の場合と同様に過大評価の傾向が存在する.

最後に, 開放性の仮定が成立せず, 地域間の移動費用が無視できない場合には, ヘドニック推定値は便益を過小評価する傾向を持つ.

以上の結果から, ヘドニック推定値の正確性は一般には保証されないことがわかる. しかし, ヘドニック・アプローチは通常の便益推定法が適用できない非市場財の便益を推定しようとするものである. もともと非市場財の便益を知ることはきわめて困難であり, ごくおおざっぱな推定ができるだけでも非常に有益である.

都市間賃金格差と環境の価値

地価や住宅価格を用いるヘドニック・アプローチにおいては, 都市内で環境条件が異なる地点を比較することが通常である. 都市間での環境条件の相違については, **賃金格差**を用いて環境の価値を計測しようとすることが多い. これは, 環境アメニティーの優れた都市では, 賃金が少々低くてもそこに住みたい人が多いであろうという仮説に基づいている.

都市間の賃金格差を用いて環境の価値を計測することは可能であるが, これは地価が環境質を反映することとは矛盾しない.[28] 環境が良くて賃金が安い地域では企業立地が増加し, 企業用地の地価が上昇するからである. したがって, 企業用地と住宅用地の双方の地価を用いれば, 賃金格差を用いる必要性はなくなる.

---

28) 前掲の金本 (1992) と Y. Kanemoto, "Hedonic Prices and the Benefits of Public Projects," *Econometrica* 56, 1988, pp. 981-989, を参照.

6章 住宅政策

1 はじめに

　住宅市場に対する政策的介入は多岐にわたっており，ごくおおまかに分類しても以下の5つのタイプが存在する．
(1) 住宅補助政策：公共住宅の供給，住宅金融公庫（住宅金融支援機構の前身）による低利融資，高齢者向け賃貸住宅などに対する政府補助．
(2) 住宅税制：所得税，相続税，固定資産税，不動産取得税などにおける住宅優遇政策．
(3) 「借地借家法」による契約関係の規制：「借地借家法」による自由な借地借家契約の制限．
(4) 住宅市場に対する規制政策：住宅の品質を確保するための，建築規制，住宅性能表示制度，瑕疵担保の履行に関する規制，マンションの管理や建て替えに関する法制度等．また，J-REITのような不動産投資信託による不動産証券化に対しても様々な規制が課されている．
(5) 住宅市場が円滑に機能するための支援：住宅市場には様々なタイプの市場の失敗が存在するので，それに対処するための政策が講じられている．たとえば，住宅金融市場においては30年といった長期の住宅ローンが必要とされているが，それを民間金融機関が提供するのは困難であるので，住

宅金融支援機構によって住宅ローン債権の証券化支援が行われている．また，災害リスクを低減させるために，地震保険に対する支援や密集市街地の改善・整備が行われている．さらに，温暖化対策として，省エネ法による建築規制や都市低炭素化促進法による支援が行われている．

これら以外にも，都市計画上の土地利用規制（容積率，建ぺい率，日照等に関する規制）や公共施設・公共サービスの供給も住宅市場に大きな影響を与えているが，これらはそれぞれ第8章と第9章で取り上げる．

2　なぜ住宅政策？[1]

補助の程度や重点の置き所に差はあるが，ほとんどの国で様々な形の住宅補助政策が採用されている．表6-1で大雑把に分類しているように，**住宅補助**は，その対象の差によって，持家に対するものと賃貸住宅に対するものとの2つがある．また，これらのそれぞれについて，

(1) 公共主体による住宅の直接供給，
(2) 民間主体による住宅の建設や購入に対する補助（金利補助や抵当保証を含む），
(3) 住宅居住者に対する補助，
(4) 税制上の優遇措置

の4つが存在する．

これらの住宅補助政策はそれぞれ異なった経済効果を持っているが，何らかの形で市場メカニズムに対して介入していることはすべて同じである．第1章で見たように，市場の失敗が存在していなければ，政策的介入は正当化できない．住宅補助政策も価格体系の歪みをもたらし，資源配分の効率性を損なうので，その弊害を上回るような市場の失敗が存在していることが政策的介入の前提となる．住宅市場における市場の失敗を議論する前に，いくつかの典型的な住宅補助政策を取り上げ，それらがどのような資源配分の歪みをもたらすかを

---

[1] この節と次節の内容は，金本良嗣「住宅補助政策の経済学」『都市住宅学』No. 4, 1994年, 12-19ページ, をベースにしている．

表 6-1 住宅補助のタイプ

補助のタイプ	持　　家	賃　　貸
公共住宅供給	・日本住宅公団*，住都公団*，住宅供給公社*	・公営住宅 ・都市再生機構賃貸住宅
建設（購入）補助	・住宅金融公庫融資** ・住宅金融支援機構による住宅ローン債権の保証	・住宅金融公庫融資**
世帯補助		・生活保護における住宅扶助 ・資格制による家賃補助（ドイツ） ・予算枠による家賃補助（アメリカ）
税　制	・ローン金利の税額控除 ・登録免許税，不動産取得税，固定資産税，相続税等の軽減 ・ローン金利の所得控除（アメリカ）	・割増償却（サービス付き高齢者向け住宅） ・加速度償却（ドイツ）

（注）　* 日本住宅公団及びおよび日本住宅公団と宅地開発公団を統合して設立された住宅・都市整備公団（住都公団）は分譲住宅の供給を行っていたが，住宅供給より都市整備に重点を置く都市基盤整備公団（都市公団）に改組され，分譲住宅の供給を停止した．その後，都市公団は地域振興整備公団の地方都市開発整備部門と統合され，都市再生機構となった．地方公共団体によって設立された住宅供給公社も最近ではほとんど分譲住宅の供給を行っていない．

　　　** 住宅金融公庫による住宅ローン融資は2007年に住宅金融公庫が住宅金融支援機構に移行したことにともない廃止された．

検討する．

2.1 住宅政策の評価

　実際の住宅補助制度は非常に複雑であり，それらを実態に即して分析するとたいへん煩雑になる．ここでは説明の簡単化のために，公共住宅，家賃補助，住宅金融公庫融資の3つをごく単純化して分析する．

(1) 公共住宅がもたらす非効率性

　公共住宅がもたらす非効率性には以下の3つがある．第1に，公共部門が供給する住宅は，そこに住む住民が望ましいと思うものとは乖離する傾向がある．また，住宅の維持補修についても住民の望む水準と乖離する傾向がある．第2に，公共部門には費用削減のインセンティブが欠如しているので，建設費や維持費が過大になりがちである．第3に，公共住宅への入居希望者が供給戸数に比較して多い時には，何らかの形で割当てをせざるをえない．特に，東京のような大都市の公共住宅にはきわめて多数の応募者が殺到する．このような場合

208 6章 住宅政策

図6-1 公共住宅による資源配分の歪み

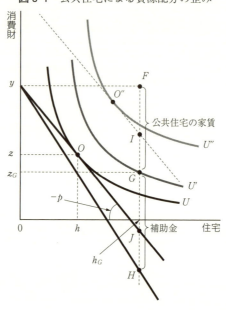

の割当ては抽選で行われるのが通常であるが，幸運にも当選した者と当選しなかった者との間に大きな不公平が発生する．したがって，低所得者用の公的住宅供給は**水平的公平**を損なう可能性が大きい．公共住宅の供給を正当化できるためには，これらの3つの欠点を上回るだけの社会的便益がなければならない．

図6-1は，公共住宅の第1と第2の欠点を表している．公共住宅に住んでいる消費者の所得を y，消費財 z の価格を1と置き，民間の住宅の価格（家賃）が住宅サービス1単位当たり p 円であるとする．民間借家を借りる場合の予算制約は

$$y = z + ph$$

である．図6-1では，この予算制約線は yOJ を通る直線であり，無差別曲線は U, U', U'' である．公共住宅が供給されていない場合の選択は予算制約線 yOJ を前提に行われ，最適解は O 点である．ここで，h_G の公共住宅が FG に等しい家賃で供給されると，この消費者の消費は (z_G, h_G) となり，効用水準は U' に上昇する．したがって，この消費者は喜んで公共住宅に入ることになる．

政府が民間の住宅供給者と同じコストで住宅を供給できるとすると，G点で住宅を供給するためには政府が線分GJに等しい補助を与えればよい．しかし，公共部門には費用削減のインセンティブが存在しないので，住宅コストは民間供給者より高くなるのが通例である．したがって，必要な補助額はGHのような水準になる．

このような公共住宅の供給は，所得補助の場合と比べると非効率である．つまり，住民にGHの補助金を与え，住宅を自由に選択させると，住民の効用水準はU''に高まる．公共住宅の供給が非効率性をもたらす理由は2つある．第1に，公共主体には費用削減のインセンティブが欠如しているために供給コストが高くなる．図6-1では，民間の供給者ならばFJの費用でh_Gの住宅を供給できるのに，政府が供給するとFHの費用がかかる．第2に，政府が供給する住宅は消費者が望むものとは異なるので，消費者の選択に歪みが生じる．住民にGHの補助金を与えて，住宅の選択を自由にすると，O''の点を選択し，h_Gの住宅は選ばない．この場合には，h_Gの住宅は住民にとっては高級すぎることになる．第1の要因によるロスは

$$JH = IG$$

に等しく，第2の要因によるロスはI点とO''点との間の差に等しい．

森田・中村は第2の要因による非効率性の大きさが平均して13%程度であると推計している．[2] また，非効率性の大きさは世帯によって大きなバラツキがあるという結果を得ている．第1の要因によるロスの計測はなされていないが，これについても無視できるほど小さくはないと予想される．建築工事の発注を行うのは公共部門であり，コスト削減のインセンティブが弱いからである．頑張って，予算以下にコストを抑えたとしても，それに報いる仕組みがないことが通常で，逆に，次の年度の予算を減らされてしまう可能性もある．コストダウンのためには建設業者の間の競争をうまく使う必要があるが，建設業者との軋轢を乗り越えてまでそういった努力をするインセンティブは公共発注者には存在しない．特に，地元業者保護のために入札参加者を地元業者に限定することが多く，そのために，効率性の高い業者の参入が阻まれたり，業者間の「談

---

[2] 森田学・中村良平「公営住宅入居世帯の便益と消費選択の変化」『季刊住宅土地経済』No. 53, 2004年, 26-34ページ，を参照．

合」が助長されたりする可能性がある.また,きめ細かい費用削減努力が必要な維持管理費や住宅担当の自治体職員の人件費などについてもかなりの無駄が発生していると思われる.

(2) **家賃補助がもたらす非効率性**

次に,**家賃補助**を考えてみよう.補助が存在しない時には,消費者は図6-2のO点を選択する.ここで,家賃の一定割合の補助を考える.補助率がsの場合には予算制約は

$$y=z+(1-s)ph$$

となる.したがって,予算制約線は縦軸の切片を中心に右方向に回転し,最適点はO'点に移る.この場合に政府が支出しなければならない補助金額は$O'A$に等しい.ここで,同じ金額の補助金を所得補助の形で与えると,予算制約線は元の予算制約線と平行に右上にシフトする.所得補助の場合の最適点はO''点であり,図6-2から明らかなように,消費者の効用水準は住宅補助の場合より必ず高くなる.

このように,補助を受ける側にとっては,家賃補助よりは所得補助のほうが望ましい.したがって,家賃補助を正当化できるためにはかなり複雑な論理構成が必要である.

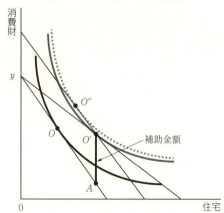

図6-2 所得補助と住宅補助

(3) 住宅金融公庫融資がもたらす非効率性

実際の補助制度はもっと複雑であり，上で見た公共住宅と家賃補助における資源配分の歪みはかなりの程度緩和されている．その一例として，2007年に廃止されるまで住宅金融公庫が行っていた**住宅ローン融資**を見てみよう．

住宅金融公庫の低利融資は住宅に対する実質的な補助金であり，上で見た家賃補助と似ているが，以下の2点が異なっている．第1に，融資には限度額があり，通常は残りの分を民間金融機関から借り入れなければならない．第2に，床面積や住宅価格についての制約があり，それらの融資基準を満たした時のみ融資が受けられる．また，床面積や購入者の所得に依存して融資限度額や金利が異なっており，広い住宅や高額所得者には高い金利が適用される．

公庫融資は図6-3のように予算制約線をキンク（屈折）させる．この図では，予算制約線がキンクする A 点の左側では住宅価格が融資限度額より低く，融資額は住宅価格に等しい．ところが，この点の右側では住宅価格が限度額を超えているので，限度額いっぱいまで融資を受けている．実際には，住宅金融公庫の融資が住宅価格を超えることは少なく，キンク点 A の右側になっていることが多いと考えられる．

予算制約線がキンクする A 点の右側では住宅の限界価格は変化せず，所得補助と実質的に同じである．したがって，上で見た家賃補助のような資源配分

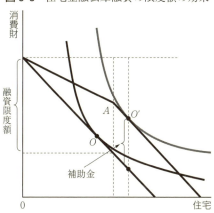

図6-3 住宅金融公庫融資の限度額の効果

図6-4 住宅金融公庫融資の融資基準の効果

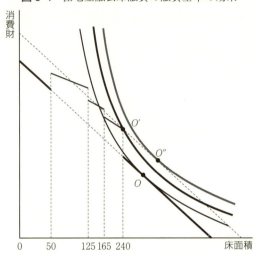

の歪みは発生しない.

第2の融資基準に関しては，ここでは住宅の床面積に関する条件に注目する．床面積に関する条件は，中高層分譲住宅（いわゆるマンション）や一戸建て住宅などの住宅のタイプによって異なっているが，それぞれのタイプについて床面積が一定以下の狭い住宅と一定以上の広い住宅は金融公庫融資が受けられない．また，融資を受けることができる住宅についても，融資額と金利が床面積に応じて異なっている．

図6-4は，住宅の床面積当たりの価格が一定であると想定して，[3] 住宅の面積に対する制限の効果を表している．住宅金融公庫融資の金利は住宅の床面積に応じて上下するので，消費者の予算制約線はジャンプ点を持つ．需要者の無差別曲線の形状がこの図のようになっていると，ジャンプ点 O' が最適解になる．もし同額の補助を床面積の制限なしで得ることができたとすると，最適点は O'' になる．この点では，消費者は O' より広い住宅を選択し，効用水準が高くなる．瀬古によれば，[4] 金融公庫融資を受ける住宅の広さはジャンプ点の近くに集中しているが，これは床面積の制限によって資源配分の歪みが発生し

---

[3] この想定は一般に正しくないことは言うまでもない．また，図6-4のジャンプ点は1993年時点におけるものを簡略化して表したものである．

ていることを示している.

2.2 住宅市場における市場の失敗と政治の失敗

上で見たように,程度の差はあれ,住宅補助は資源配分の歪みを発生させる.経済学者のかなりの部分が住宅補助政策に反対の立場を取っているのは,この理由によるところが大きい.住宅補助政策に反対する立場からは,住宅補助は「政治の失敗」の典型例であるととらえられている.住宅は一般市民にとって非常に身近なものであるために政治化しやすい.たとえば,「わが国の大都市圏における劣悪な住宅事情を改善すべきである」とか,「住宅価格を年収の5倍に抑えるべきである」というスローガンは住民にとってわかりやすいものであるので,政治的な公約として取り上げられやすい.住宅問題の政治化は,本来は市場が処理すべき経済問題に対して政治と行政が余計な介入を行うという弊害をもたらすことになる.

住宅補助において「政治の失敗」が存在していることは間違いないが,住宅に関して「市場の失敗」が発生していることもまた事実である.以下では,住宅補助を正当化する際によくあげられる市場の失敗を取り上げ,それらに対して住宅補助政策が望ましい政策であるかどうかを議論する.

(1) 公　　平

住宅補助を正当化する議論としてまず持ち出されるのは**公平性**の問題である.「低所得層に良質な住宅を保証するために賃貸住宅補助を行うべきである」とか,「親から住宅を相続できる人々とそうでない人々との間の富の分配の不平等化が進んでいるので,中堅所得層向けの持家補助を行うべきである」とかといった議論がこれにあたる.

市場メカニズムは効率性を確保するためには有効であるが,富の分配の公平

---

4) M. Seko, "Effects of Subsidized Home Loans on Housing Decisions and Efficiency in Japan: Tradeoff between Quality and Quantity," *Journal of Real Estate Finance and Economics* 6, 1993, pp. 5-13, および瀬古美喜「市場の不完全性と政策による歪み:床面積規制をめぐって」『日本の住宅市場と家計行動』第2章, 東京大学出版会, 2014, 23-50ページ.

性を保証するものではない．したがって，豊かな人々から貧しい人々への所得の再分配を行うことは，公共政策の重要な役割になる．しかし，この議論だけでは住宅補助を正当化することはできない．ミルズとハミルトンが強調しているように，[5] なぜ住宅だけが補助を受けるべきであって，それ以外の消費財が補助を受けるべきではないのかを説明できなければ，住宅に対する補助は正当化できない．住宅補助は住宅以外の消費に比較して住宅を優遇するので，食料などの他の消費が相対的に減少することになる．たとえば，生きていくために欠くべからざる食料よりも，住宅のほうが優遇されなければならないという理由は考えにくい．

　他の商品ではなく住宅に補助すべきであるという議論の第1は，何らかの理由で社会（あるいは為政者）の価値観が補助を受ける当人の価値観と異なっているとするものである．この議論は誰かの価値観が他の人の価値観に優先することを意味しており，受け入れるのは困難であろう．ただし，家計の構成員の間に対立がある場合には，第三者の介入が望ましいと考えられるケースがある．たとえば，幼児を家に1人残したままで外出することが違法とされている国があるのは，このタイプの介入の例であると考えられる．これと同様に，所得補助を与えると親が酒やギャンブルに使ってしまう場合には，住宅や食料の形で補助を与えたほうがよいと考えても不思議はない．カリー（J. M. Currie）はアメリカにおける実証研究を基礎に，所得補助への移行が悪い効果を持つことを示している．[6]

　ニコルズ（A. L. Nichols）とゼックハウザー（R. J. Zeckhauser）は，住宅補助のほうが所得補助より望ましいというもう1つの議論を示している．[7] 彼らの議論は，補助金の不正受給者を減らすためには，所得補助よりは必需品の形での補助のほうが望ましいというものである．所得が高く，補助の資格を実際

---

5) E. Mills and B. Hamilton, *Urban Economics*, 5th ed., Harper Collins, 1994, 11章を参照．

6) J. M. Currie, *The Invisible Safety Net: Protecting the Nation's Poor Children and Families*, Princeton University Press, 2008.

7) A. L. Nichols and R. J. Zeckhauser, "Targeting Transfers through Restrictions on Recipients," *American Economic Review* 72, 1982, pp. 372-377.

には満たしていないにもかかわらず，偽って補助を得ようとする人を考えてみよう．もし補助が劣等財の形で与えられていて，しかもそれを転売できない場合には，補助を受けることの便益は，所得補助の場合よりも小さい．したがって，劣等財で補助を与えると不正受給者が減少し，補助金の有効な利用につながることになる．住宅サービスは劣等財ではないが，通常は所得弾力性が1より小さい必需財であり，しかも転売が困難であるので，この種の望ましい効果を若干は持っていると思われる．

(2) 効　　率

次に，**効率性**の観点から住宅補助を正当化できないかどうかを見てみる．実は，効率性による正当化は，公平の視点からの所得再分配政策と組み合わされることが多い．効率性の視点から住宅補助が正当化されれば，所得再分配を住宅補助の形で行うことに追加的なメリットが出てくるからである．

効率性の観点からの住宅補助正当化の第1は，**近隣外部性**によるものである．近隣の住宅の質は住環境の重要な構成要素である．たとえば，良質な住宅が並んで美しい街並みが形成されている地域では，住宅価格が高くなる傾向が見られる．したがって，住宅の質の改善は，その住宅だけではなく，近隣の住宅の価値も高める可能性がある．このような場合には，住宅の質の改善は近隣の住宅に対して外部経済を与えることになる．外部経済を発生させる財・サービスには，ピグー補助金を与えて，供給を促進させることが望ましい．

近隣外部性が存在するのは確かであるが，その定量的重要性に関しては否定的な実証研究のほうが多い．また，たとえ近隣外部性が無視できないとしても，外部性を生むものにターゲットを当てるべきであり，住宅全体への補助は大きな無駄をもたらす．たとえば，住宅の内部についていかに高級な素材を用いても，外部性はもたらされないので，垣根や庭の手入れなどに補助対象を限定したほうが良い．カナダのビクトリア市の高級住宅街は観光地になっていて，それらの住宅の庭の手入れについては市から補助金が出ている．このようにターゲットを絞った補助金でなければ効果が薄い．

近隣に最も大きな影響を与えるのはスラムの存在であるが，アメリカの経済学者の多くは近くにスラムが存在することによる住宅価格の低下は非常に小さ

いと考えている.[8] スラムは住宅の問題ではなく,貧困や失業の問題であり,それらに対する直接的な政策が必要であるというのが一般的な考え方である.

効率性の視点からの住宅補助正当化論の第2は,住宅補助は他の政策がもたらしている歪みを修正するためであるというものである.2011年に創設された「サービス付き高齢者向け住宅(サ付き住宅)」制度に関する丹呉・高山による分析がその例である.[9] 特別養護老人ホーム(特養)等の介護施設においては高率の補助がなされており,入居者は社会的費用のほんの一部しか負担していない.こういった場合には,必要度の高くない(経済学用語では,支払い意思額が高くない)人たちも特養に申し込み,結果としてそういった人々の一部が入居することになる.実際に,2015年改正で入所基準が要介護3以上になるまでは,要介護2以下の人々も特養に多く申し込んでいる.[10] さらに,特養への申込者が多いために,割当制になっていて,入所できない人たちがいる地域がある.こういった場合には,サ付き住宅に対して補助を出すことが,特養への申込者を減少させ,特養における歪みを緩和させる効果を持つ.丹呉・高山によれば,この効果によってサ付き住宅に対する補助が効率性を改善するケースがありうる.

もう1つの例は固定資産税による歪みである.固定資産税のうち住宅の建物に対する部分は,住宅コストを押し上げ,住宅の消費を過少にする歪みをもたらす.住宅補助金はこの効果を相殺する方向に働くので,資源配分を効率化する.この議論は,固定資産税の歪みを解消することが不可能なことを前提としている.固定資産税の歪みを解消するために住宅補助を用いるよりは,固定資産税自体を歪みのない形にするほうが行政コストが小さくてすむ.固定資産税のうち,住宅消費を減少させる効果を持つのは,建物部分に課されるものだけであり,土地部分に対する税はこのような歪みをもたらさない.したがって,

---

8) H. S. Rosen, "Housing Subsidies: Effects on Housing Decisions, Efficiency, and Equity," in A. J. Auerbach and M. Feldstein, eds., *Handbook of Public Economics*, Elsevier, 1985.

9) 丹呉允・高山知拡「サービス付き高齢者向け住宅への補助政策の経済分析」『季刊住宅土地経済』No. 88, 2013年, 20-27ページ.

10) 要介護2は排泄や食事に何らかの介助を必要とするような状態であるが,全面的な介護が必要な状態には至っていない.

欧米の経済学者がよく主張しているように,建物部分に対する固定資産税を廃止してしまって,土地部分についてだけ課税したほうが効率的である.[11]

(3) 政治の失敗

どの国においても様々な住宅補助政策が実施されているのは,住宅に市場の失敗が多いからというよりは,住宅問題が政治化しやすいからである.政治の領域に入ると,経済全体としてのパイを増やすことよりは,様々な政治的圧力を用いて,パイの分配を自分たちに有利にしようとする行動が多くなり,その結果として,様々な**政治の失敗**が発生する.

住宅補助についてよく取り上げられるのは,新規建設に偏った補助が行われるという議論である.住宅の新規建設は住宅業界,建設業界を潤すので,既存の住宅ストックの有効利用よりは建て替えのほうが優先されがちである.住宅補助政策のうちで定量的に重要なのは,住宅金融公庫による低利融資と住宅ローン減税制度であるが,これらは当初は新築住宅のみが対象とされていた.その後,既存住宅に拡大されたが,既存住宅のほうが実質補助金額やその他の条件の面で不利になっている.

欧米諸国でもこの傾向は存在したが,住宅ストックが充実し,新規供給に偏った住宅補助の非効率性が顕著になってきたので,建設補助から家賃補助(「石への補助から人への補助」というスローガンが使われた)へと移ってきている.たとえば,ドイツでは第二次大戦後の住宅建設補助によって1950年代に大量の住宅建設が行われたが,65年に住宅手当の制度を導入し,対人補助に政策の重点を移していった.わが国でも最近では既存住宅ストックの活用に焦点が当たりつつある.

---

11) 以上で紹介した住宅補助正当化論は一応経済学的な基礎を持っているが,政策当局者やマスコミの展開する住宅補助正当化論には経済学的に意味のないものが多い.それらの例については,練習問題2と,前掲の金本(1994),12-19ページ,を参照されたい.

3 日本の住宅補助制度

　税制と「借地借家法」のもたらしている歪みによって，わが国では小規模賃貸住宅の供給が豊富である．このことは，狭くて低品質の借家の家賃を低くし，低所得層のための公共住宅や住宅補助の必要性を相対的に小さくしている．さらに，日本では所得分布が他のほとんどの先進国より平等であったので，低所得層のための住宅政策はあまり大きな政治的関心を集めてこなかった．低所得層のための住宅政策は地方自治体による公営住宅の供給がほとんど唯一のものであり，その他の住宅補助政策は中堅層向けになっている．以下では，わが国の公共住宅，住宅補助，住宅税制を概観する．ホームレス政策は日本では住宅政策として位置づけられていないが，住宅困窮者の最底辺はホームレスであるので，この節の最後でホームレス政策についても簡単に触れる．

3.1 公共住宅

　公共部門による住宅供給には，分譲住宅の供給と賃貸住宅の供給の2つがある．前者は日本住宅公団およびその後身である住宅・都市整備公団（以下，住都公団）や地方自治体の住宅供給公社（以下，公社）によって行われてきたが，最近はほとんど行われていない．公共賃貸住宅の供給は市町村，都市再生機構（住都公団の後身），公社などによって行われている．

　表6-2からわかるように，公共主体によって供給されている賃貸住宅の戸数は予想以上に多く，公営借家と都市再生機構・公社借家とを合わせて全住宅ス

表6-2　住宅ストックの構成

住宅の種別	全住宅ストックに占める割合(%)
公営の借家	3.8
都市再生機構・公社の借家	1.6
民営借家	28.0
給与住宅	2.2
持ち家	61.7

（出典）　総務省統計局「平成25年住宅・土地統計調査」．

トックの5.4％（約280万戸）に達している．ただし，新規供給戸数は減少してきており，とりわけ都市再生機構・公社による新規供給は非常に少ない．

公共賃貸住宅のうち，貧困者のためのものは基本的には公営住宅だけであり，都市再生機構・公社の借家は低所得者向けの住宅ではない．これに対して，欧米諸国の公共賃貸住宅は貧困者用に限られているのが普通である．日本では公営住宅についても所得制限は他の国に比較して緩やかである．入居収入基準は月収25万9,000円（収入分位50％）を上限として，政令で指定する基準（月収15万8,000円（収入分位25％）等）に従い，各自治体が条例で決めることになっている（2014年現在）．

東京の公営住宅には非常に多くの応募者が殺到し，競争倍率が百倍を超えることもある．しかし，農村部で公共賃貸住宅に十分な応募がないことがあり，地域によって状況はまったく異なっているのが現状である．

3.2 住宅補助

次に，住宅に対する補助金を見てみよう．1950年に設立され2007年に廃止された住宅金融公庫が，持家と貸家の建設に対して低利融資の形で実質的な補助を与えていた．持家に対する**住宅金融公庫融資**は，2％程度の金利補助に相当し，融資を受けた人が実質的に得ている補助金は100万円のオーダーに達していた．

貸家建設に対する住宅金融公庫融資の中で，中堅所得層をターゲットに家賃制限と所得制限を組み合わせたものについては実質的な補助額が大きかった．この種の民間賃貸住宅建設補助は，当初は「施策民賃」と呼ばれていたが，1993年からは「特定優良賃貸住宅供給促進制度」[12]に衣替えされ，2001年からは「高齢者向け優良賃貸住宅」が加えられた．さらに，2007年からはこれら2つが統合され「地域優良賃貸住宅制度」に改組された．この制度では，一定の基準を満たす賃貸住宅に対して，整備費用に対する補助に加えて実質的な家賃補助[13]も行っている．

---

12) 「特定優良賃貸住宅供給促進制度」では，金融公庫融資や共同施設整備費の補助などの直接的な建設補助に加えて，一種の家賃補助が導入されている．ただし，この家賃補助は，家賃の減額のために家主に与えるものであり，建設補助の色彩が強い．

2011年には高齢者向け優良賃貸住宅が廃止され,「**サービス付き高齢者向け住宅**」制度が創設された.この制度は地域優良賃貸住宅制度の1つとして位置づけられ,高齢者向け賃貸住宅に高齢者支援サービスを組み合わせるものである.ハード面の基準に加え,高齢者支援サービスと契約内容についても基準を設け,それらに適合する住宅供給に対して国が直接補助をするとともに,5年間の割り増し償却等の税制優遇と**住宅金融支援機構**による低利融資を組み合わせている.ハード面の基準は,床面積が原則25m²以上で,台所,水洗便所,収納設備,洗面設備,浴室が備えられており,さらに,バリアフリー(廊下幅,段差解消,手すり設置)であるといったものである.サービスについては,少なくとも安否確認・生活相談サービスを提供しなければならない.契約内容については,長期入院を理由に事業者から一方的に解約できないことや,敷金,家賃,サービス対価以外の金銭を徴収しないこと,前払金に関して入居者保護が図られていることといった条件がある.

地域優良賃貸住宅制度では,家賃低廉化のための補助を受けることができるのはこの制度を用いて新規に建設あるいは改良された住宅に限られている.欧米諸国における家賃補助の仕組みは既存の民間賃貸住宅を対象としており,地域優良賃貸住宅制度とは大きく異なる.わが国では,既存民間賃貸住宅を対象とする家賃補助は,生活保護の一部として支給される住宅扶助を除けば,ごく一部の自治体が限定的に行っているにとどまっている.

欧米諸国の家賃補助は国によってかなり異なった制度になっている.

第1に,ドイツでは所得水準等に関する受給資格を満たしていれば必ず家賃補助を受けることができるという「資格制度」(entitlement program)を採用しているが,アメリカでは受給者数は予算枠によって制限されており,有資格者の一部しか補助を受けられない.

第2に,補助額の決定のルールが国によって異なっている.アメリカの「8条補助」と呼ばれている制度は,受給者の所得水準から計算される住宅支出可能額と実際の家賃の間の差額を補償する制度であり,より安い住宅を探すインセンティブが存在しなかった.この欠点を修正するために,補助額が実際に支

---

13) この家賃補助は入居者に与えるものではなく,貸家供給者に対して補助を与えて家賃を下げさせるといった形で運用されている.

払う家賃額に依存しない**バウチャー（voucher）制度**を導入し，現在は新しい補助制度と古い補助制度とが共存している．

ドイツでは，補助額は，実際に支払った家賃，所得，家族数などに応じて定められているが，安い住宅を探すインセンティブが失われない形になっている．

第3に，フランスのように家賃補助を受けることができる住宅に限定が存在する場合がある．アメリカでも，補助を受けることができるためには，一定以上の「品質」の賃貸住宅に住む必要がある．これに対して，ドイツでは住宅の品質自体にバラツキが少ないこともあって，住宅の品質面での制約は大きくない．

第4に，どの国の家賃補助も国レベルの補助制度であり，地方自治体レベルの補助制度は存在しないといってよい．これは，家賃補助が所得再分配政策の一環として行われていることによる．財政学の教科書にあるように，所得再分配政策を地方自治体が行うシステムは望ましくない．どの町に住むかによって受けることができる補助金額が違うことは，水平的公平の見地から望ましくないからである．また，手厚い補助を与えている自治体には，低所得層が集中してきて，いずれは補助をまかなう税収を確保することが不可能になる．

3.3 税　　制

住宅には消費税以外に様々な税が課されているが，税制上の優遇措置も数多い．最初に住宅に対する税を概観し，その後に優遇措置を見てみる．

住宅取得時には建物部分に対して通常と同じ税率で消費税が課税される．ただし，土地分については消費税は課税されない．消費税率は2014年4月に5％から8％に上げられ，17年4月にはさらに10％に上げられることになっている．なお，住宅に対する消費税は新築時には課税されるが，既存住宅を購入する際には，売り主が一般消費者の場合には課税されない．ただし，売り主が不動産会社等の課税事業者である場合には，既存住宅であっても課税される．他の不動産と同様であるが，住宅の場合には消費税に加えて登録免許税，不動産取得税，印紙税が取得の際に課税される．また，取得後に毎年固定資産税・都市計画税が課税される．

住宅に対する税制上の優遇措置は数多く，しかも複雑に入り組んでいる．こ

こではごく簡単に主要なものをあげておくにとどめたい.

第1に, 住宅地は固定資産税の軽減措置を受けることができる. 1994年度の改正までは, 住宅用地については課税標準額[14]が固定資産税評価額の2分の1に減額され, 小規模住宅用地（住宅1戸について200m^{2}以下の住宅用地）についてはさらにその2分の1に減額された. 1994年度からはこの優遇措置がさらに拡大され, 課税標準が3分の1に減額されている. この優遇措置によって, 住宅地に対する固定資産税と都市計画税の実効税率は, 商業地等の用途に比較して低くなっている. また, 小規模住宅用地については, 固定資産税評価額がさらにその半分にされるので, 実効税率は通常の6分の1になる.[15]

第2に, 借家の場合には, 貸家建設のための借入金の金利支払いを必要経費として家賃収入から控除できる. ところが, 持家の場合には, 住宅ローンの金利支払いを所得から控除できない. ただし, 1986年から所得税の**住宅取得控除**の制度が始まった. この制度はその後拡大され, 2014年4月時点では, 住宅ローン残高の1％を40万円を上限として10年間にわたって税額控除できる.[16]

持家の場合には住宅ローンの利子支払いの所得控除が認められていないことが, 持家を賃貸に比較して不利にしているとの議論がある. しかし, これは持家の帰属家賃が課税されないことを見過ごしている. 貸家の賃貸収入は家主の所得として所得税の課税対象になる. 持家の場合には自分が自分に家を貸しているのと同じであり, 家主としての自分に借家人としての自分が家賃を支払っているとみなすことができる. これを「帰属家賃」と呼んでいるが, 帰属家賃には課税されないので, 持家が賃貸に比較して有利になっている. 住宅ローンの金利支払いが所得控除できないことは, この持家の有利性を相殺する役割を果たしている.

第3に, 持家は相続税に関しても大きな優遇措置を受けており, この優遇措

---

14) 課税標準額は税額を算定するうえでの基礎となる課税対象額である. たとえば, 150 m^{2}の住宅用地は小規模住宅用地の優遇措置を受けることができるので, 固定資産税評価額が3,000万円だったとすると, その課税標準は500万円となる. 固定資産税率は通常1.4％であるので, 優遇措置がない場合の税額は年42万円であるが, これが7万円になる.

15) 都市計画税の課税標準については, 小規模住宅用地は固定資産税評価額の3分の1, その他の住宅用地は3分の2となる.

置は年々拡大されてきた．1983年には200m²以下の土地部分について30％の減額であったのが，その後，順次拡大され，1994年度の税制改正では80％になった．したがって，持家の敷地は通常の相続税評価額の20％にしか課税されないことになる．その後，2001年には面積の拡大も行われて，240m²以下になり，2015年からは330m²以下になった．[17]

第4に，1969年に居住用財産の買い替え特例を廃止した際に，譲渡所得の1,000万円特別控除が認められた．この特別控除はその後3,000万円に増額され，譲渡所得の課税に関して持家を非常に有利にする効果を持っている．

貸家が持家より有利な側面は少ないが，その例外は，賃貸住宅で赤字を出した時に，それを他の所得と相殺することができることである．賃貸住宅の建設当初は，ローン金利の負担と減価償却費が大きいので税務上は赤字になることがほとんどである．この赤字を所得から差し引いたものが課税所得になるので，所得税の支払額を減らすことができる．もちろん，建築後，時間が経過すると，金利負担と減価償却費が減少し，黒字になるが，その時点で売却すればよい．高額所得者にとっては，譲渡所得税の税率は給与所得に対する税率よりはるかに低いので，譲渡所得税を支払っても全体としては節税になる．[18] サラリーパーソン等の給与所得者にとっては，給与所得と合算できる所得は不動産所得以外にはほとんどないので，賃貸住宅への投資が所得税の節税手段としてほぼ唯一のものになっている．

最後に，社宅の供給についても税制面の優遇がある．雇用者が従業員に住宅手当を与えた場合には，それは所得とみなされ所得税が課税される．ところが，

---

16) アメリカにおける所得控除の制度は，課税所得が利子費用だけ減少するので，納税者にとってのネットの利益は限界所得税率に利子費用を掛けたものになる．つまり，利子支払額が200万円であり，限界所得税率が50％であれば，納税者にとっての利益は100万円である．これに対して，税額控除は所得控除と違って丸々その額の税金の割り戻しを受けることができる．したがって，30万円の税額控除は納税者にとって30万円の便益をもたらす．

17) 貸家についても事業として行っていたことが認定されれば，相続人が相続する宅地の200m²分まで50％の減額を受けることができる（2001年以降）．

18) 前章で，高額所得者にとっては貸家の資本費用が持家の資本費用より低いことを見たが，それはこの節税効果を反映している．

社宅については，市場家賃よりはるかに低い家賃で貸与し，実質的には多額の住宅補助を与えることになっている場合でも，それが課税されることはほとんどない．

3.4 ホームレス政策

東京や大阪のような大都市にはかなりの数のホームレスが公園，河川敷，道路等に寝泊まりしている．ネットカフェやファストフード店などに寝泊まりしている人を加えるとホームレスの人数はもっと多い．長い間，ホームレスに対する体系的な政策は存在しなかったが，2002年に「ホームレスの自立の支援等に関する特別措置法（ホームレス自立支援法と略記）」が制定された．この法律に基づいて，国はホームレスの自立の支援等に関する基本方針を策定し，地方公共団体はそれぞれの地域の実情に応じた実施計画を策定して，ホームレスの支援を行ってきている．

ホームレス自立支援法のもとで中心になるのはホームレス自立支援事業である．これは，「ホームレスに対し，一定期間宿泊場所を提供した上，健康診断，身元の確認並びに生活に関する相談及び指導を行うとともに，就業の相談及びあっせん等を行うことにより，その自立を支援する事業」とされている（第8条2項の二）．

「ホームレスの実態に関する全国調査（概数調査）」によると，ホームレスの数は減少しており，2009年調査では1万5,759人であったのが，2013年調査では8,265人と半数近くになっている．地域別には，大都市圏で多く，2013年調査では東京都23区で1,787人，大阪市で1,909人，横浜市で581人，川崎市で527人となっている．数は相対的に少ないが，地方にもホームレスは存在しており，鹿児島市で35人，宇都宮市で22人，松山市で20人となっている．

2012年の「ホームレスの実態に関する全国調査検討会」報告書によると，路上（野宿）生活者の高齢化，長期化の傾向が強まっており，60歳以上のホームレスが54.6%と半数を超え，そのうちで路上生活期間が3年以上の層が62.6%にのぼっている．こういった層に対しては，自立支援事業の有効性は小さい．また，過去に自立支援事業を利用していても再路上化している人たちが特に若年層に少なからず存在する．

ホームレスの減少に大きな役割を果たしたのは,生活保護である.生活保護は生活費分(生活扶助)に加え,住宅費(住宅扶助)や医療費が支給されるので,最低限の住居は確保できる.したがって,生活保護を受けることができれば,ホームレスから脱却することが可能であり,そのような人々がかなり存在したと思われる.しかしながら,ホームレスとして残っている人々の多くは生活保護の恩恵を受けていない.上の2012年報告書によると,生活保護を利用したことのない人がホームレスの4分の3程度存在する.その理由は,「生活保護制度を利用したくない」というのが45.9%で,「生活保護制度は知っているが,自分は利用できない」という回答が18.8%,「生活保護制度を知らない」という答えが6.7%であった.

4 借地借家法

前章で見たように,わが国ではファミリー向けの借家がほとんど供給されておらず,賃貸住宅の1戸当たり平均床面積は45.5m^{2}にすぎない.この原因は,「借地借家法」による借家権保護であるという意見が多く,2000年には借地借家法が改正され,借家権が保護される旧来の借家契約に加えて,契約で定めた期間の満了によって自動的に契約が終了する定期借家契約が可能になった.以下では,借家権保護が住宅市場にどのような影響を及ぼすかを考える.[19]

4.1 契約自由の原則の否定としての借地借家法

わが国では民法が個人や企業の間の契約関係を規定する法律である.民法の基本は**契約自由の原則**である.つまり,個人や企業は,自分たちで自由に契約内容を定めることができ,自分たちが定めた契約は守らなければならないのが原則である.わが国の**借地借家法**はこの契約自由の原則を大幅に制限するものである.借地借家法は許される契約内容を限定しており,それに反する契約は当事者同士が自由意思で結んだものであっても無効とされる.2000年から導入

---

19) この節の議論は,金本良嗣「日本・ドイツ・アメリカの住宅政策 I:借家権の保護」『季刊住宅土地経済』No. 11, 1994年, 16-23ページ, によるところが大きい.

された定期借家以外の通常の借家契約は期限の定めのない契約でなければならず，何年か後に必ず明けわたすという条項を契約書に書いたとしてもそれは無効とされる．[20]

借地借家法による借家権保護制度の特徴は，新規家賃は自由であるが，借家人の追い出しと継続家賃の値上げに大きな制約がかかっていることである．具体的には，次のとおりである．

(1) 借家人が家賃を支払わないなどの例外的なケース（法律的には「正当事由」があるケース）を除いては，家主は借家人を追い出すことができない．借家人を追い出すことができるための正当事由については，家主側の正当事由と借家人側の正当事由が比較される．たとえば，家主が持家を手放さなければならなくなって，借家に自分で住む必要が生じただけでは，借家人を追い出すには十分ではない．家主にとっての必要性と借家人にとっての必要性とが比較衡量され，もし借家人にとっての必要性が高いと判断された時には，借家人を追い出すことはできず，家主は他の借家を借りなければならない．

(2) 家賃を上げようとした際に，借家人がそれを拒否すると，家主は裁判に訴えて裁判所の許可を得なければ，家賃を上げることができない．

アメリカでは，借家権の保護に関する連邦レベルの法制は存在しない．しかし，地方分権が徹底しているアメリカでは，州や市町村レベルで借家権の保護や家賃規制を定めることができる．したがって，州や市町村によってはこれらの規制が行われているケースがある．最も有名な例は，ニューヨーク市における家賃規制である．しかし，ほとんどの州や市町村においては，借家権の保護制度は存在しない．

ドイツでは，日本と似た借家権の保護が行われているが，日本ほど極端ではない．第1に，わが国では家主側の正当事由と借家人側の正当事由を比較するが，ドイツでは家主側の正当事由だけを立証すればよい．また，家賃の値上げに関しては，ドイツでは，近隣の借家の家賃資料を提出するなどの手続きを家

---

20) このように当事者間の契約を無効にする法律上の規定を「強行規定」と呼んでいる．

主が踏む必要があるが,[21] それが行われていれば,家賃値上げを阻止するためには,借家人の側が裁判所に訴えなければならない.日本では立証責任が家主側にあるのに対して,ドイツでは借家人側にあると言える.

4.2 借家権保護の効果

借地借家法による借家権保護制度の特徴は,新規家賃は自由であるが,借家人の追い出しと継続家賃の値上げに大きな制約がかかっていることである.借地借家法に反対する論者は,この制約が借家の供給を阻害していると主張している.また,借家権の保護を主張する人々は,これらの制約のおかげで,家主が独占的地位を利用して家賃をむやみに引き上げることが防止されていると主張している.ところが,家賃規制とは違って,借家権保護制度のもとでは新規家賃は自由に設定できる.継続家賃の値上げができない時には,新規家賃はそのことを考慮に入れて決定される.したがって,**借家権保護制度の効果**は,一般に考えられているよりは,はるかに微妙である.

継続家賃の値上げがまったく不可能である場合には,図6-5のように継続家賃が一定になる.ところが,借家権保護が行われていてもいなくても家賃収入で借家の建設費用をまかなわなければならないので,新規家賃の水準は借家権の保護がない場合に比較して高くならなければならない.図6-5のように,借家期間の後半での損失を前半での利益で相殺するように新規家賃を設定すれば,借家権の保護が存在しない場合とまったく同じ利潤(の割引現在価値)を確保することができる.説明を単純にするために,家主にとっての割引率がゼロである(利子率ゼロで資金の貸し借りができる)とすると,図6-5で斜線を引いた2つの三角形の面積が等しい時にこれが成立する.

もし,(1)家主に加えて借家人も一定の金利で自由に資金の貸し借りができ,(2)借家人が借家を継続する期間が事前にわかっていて,それに対応して新規家賃を決定できる,という2つの条件が満たされていれば,家賃の値上げができなくても問題は発生しない.借家している全期間における家賃支払いの割引現

---

21) ドイツでは,継続家賃の上昇率はその地域の「平均的な」家賃上昇率を上回ってはならないという規定がある.さらに,3年間で20%(1987年以前は30%)以上の家賃の値上げは許されていない.

図6-5 新規家賃と継続家賃

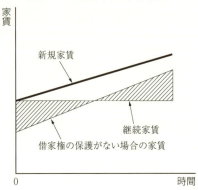

在価値が同じになるように新規家賃を設定すれば，借家人にとっての家賃負担も家主にとっての収益も同じになるからである．したがって，借家権の保護を行っても借家供給は阻害されない．このような場合には，借家権を保護しても保護しなくてもまったく同じ結果が生じる．

借家権の保護が違いをもたらすのは，上の2つの条件が満たされないような世界においてだけである．また，借家権の保護の効果は，どの条件が満たされていないかに応じて非常に異なったものになりうる．

第1に，一定の金利でいくらでも資金の貸し借りができるという仮定は満たされていないことが多い．貸し倒れのリスクがあるので，金融機関は借り手の望みどおりに貸してくれるわけではないからである．借家人の所得が将来上昇することが予想される時でも，担保がなければ金融機関からローンを借りるのは非常に困難である．したがって，借家権が保護されていて新規家賃の水準が高い時には，その家賃を払うことができず，もっと質の低い住宅に住むことを余儀なくされてしまう人々が出てくる．借家権の保護が撤廃されれば，新規家賃の水準が下がるので（もちろん，継続家賃は上昇するが），そのような人でも質の高い借家に住むことができる．このように，借家権の保護が借家人に不利益をもたらすという逆説的な結果が生じる．

第2に，借家人が借家を継続する期間は固定されておらず，事前にはわからない．継続家賃は新規家賃より低いので，いったん入居したら，他の借家に転居することは不利になる．したがって，子供ができて，もう少し大きな借家に

移りたい時でも，我慢して現在の狭い借家に住み続けることになる．

借家権保護の弊害は，借家に住むか持家に住むかの選択と，借家に住む場合にどういった借家に住むかの選択の2つの側面に現れてくる．前者については，借家権保護は借家を持家に比べて不利にするので，持家率を過大にする．借家権保護によって，ファミリー向けの住宅の供給がほとんどなくなり，ある程度以上の規模の住宅に住もうと思うと持家しか選択肢がないことはその一例である．後者の借家間の選択については，借家権保護によって，初期家賃が高くなりすぎ，若い世代が非常に狭い賃貸住宅に住まざるをえなくなることや，継続家賃が低いので，もう少し狭い住宅に引越したほうがよい高齢者が広い住宅に住み続けることがあげられる．

4.3 取引費用と情報の不完全性

以上の2つの例では，借家権の保護がかえって借家人の利益を阻害する結果となる．しかし，情報の不完全性や取引費用が存在する時には，借家権の保護が借家人に利益をもたらすことがありうる．

よくあげられる例は，引越し費用や不動産仲介手数料などの**取引費用**の存在である．借家を追い出されると，他の借家に移るためには，これらの取引費用がかかる．したがって，家賃の値上げを受け入れなければ出ていってもらうという脅しを使って，既存の借家人の家賃を市場家賃以上に上げることができる．借家権の保護はこのようなことを防止して家賃の水準を抑えるという有益な役割を果たしているという議論である．

この種の家賃上昇効果がどの程度大きいかは実証的な問題であるが，引っ越し費用や不動産仲介手数料はそう大きな額ではないので，定量的な重要性は小さいと思われる．また，借家権の保護が存在しないアメリカの都市においても，継続家賃は新規家賃より有意に低い．[22] したがって，家主が独占力を行使して継続家賃を釣り上げるという行動は一般的ではないものと思われる．

情報の不完全性が存在する時には，借家権保護などのような市場メカニズムに対する公的介入が社会的な便益をもたらすことがありうる．ヒューベルト

---

22) 前掲の注19) の金本 (1994) を参照．

(F. Hubert)は,借家権保護に関して,そのような例が存在することを示している.[23] 彼の議論は,借家人の属性に関して情報の不完全性があることを前提にしている.借家を傷めたり,近隣の住民に迷惑をかけるような借家人とそうでない善良な借家人とがいて,家主は最初はどちらであるかがわからないが,しばらく住んでいればどちらであるかが明らかになると仮定する.このような情報の不完全性が存在する場合には,借家権を保護したほうがよいケースが出てくる.

ヒューベルトの議論のエッセンスは以下のような単純なものである.入居した後には家主は借家人の属性を観察できるので,望ましくない借家人を追い出そうとする.追い出すことはその家主にとって利益になるが,追い出された借家人はどこか別の借家に入り,そこで迷惑をかけることになる.したがって,追い出すことの社会的便益はゼロであり,追い出された借家人が支払わなければならない引越しや家探しの費用が社会的なネットのロスになる.

この種の問題がどの程度の定量的重要性を持つかは明らかでない.たとえば,近所に迷惑をかけると借家から追い出されてしまうということが,そのような行動に対する抑止力として働く可能性もある.この抑止効果によって借家人の行動が改善されれば,借家権を保護しないことが社会的な便益をもたらすことになる.

4.4 定期借家制度

2000年の借地借家法改正で,**定期借家契約**が可能になった.定期借家契約においては,契約で定めた期間が満了すれば確定的に契約が終了する.ただし,賃貸人および賃借人双方が合意すれば,改めて再契約をして,引き続きその借家への居住を続けることができる.

定期借家契約はいくつかの条件を満たさなければならない.第1に,公正証書などの書面により行わなければならないとされている.したがって,口頭のみによる契約では,その契約は定期借家契約ではなく,従来型の借家契約とみなされてしまう.改正借地借家法には,「公正証書による等書面によって契約

---

[23] F. Hubert, *The Regulation of Rental Contracts in the Housing Market*, Peter Lang, 1991.

をするときに限り」と記されているが，公正証書による必要は必ずしもなく，市販の契約書で契約しても，独自に作成した契約書で契約しても有効となる．しかし，「契約の更新がなく，期間の満了により当該建物の賃貸借は終了することについて，その旨を記載した書面を交付して説明しなければならない」とあるので，契約の更新がないことや期間の満了により借家関係が確定的に終了することなどを記載した書面をわたして説明しなければならない．また，書面をわたしたかどうかについてトラブルにならないように，書面の受領証を受け取っておくことが奨励されている．

第2に，契約期間が1年以上の場合は，貸主は期間満了の1年前から6カ月前までの間に，借り主に契約が終了することを通知する必要がある．

第3に，床面積が200平方メートル未満の住宅については，借主にやむをえない事情（転勤，療養，親族の介護など）が発生し，その住宅に住み続けることが困難となった場合には，借主から解約の申し入れができることとなっている．この場合，解約の申し入れの日から1月経過すれば，契約が終了する．

第4に，定期借家制度が施行された2000年3月1日より前に締結された借家契約については従来の借家契約として更新され，定期借家契約になることはない．また，既存の借家契約については当分の間，借り主と貸し主が合意しても定期借家契約を結ぶことはできないとされており，合意して従来の契約を解除して改めて定期借家契約を結んだとしても，その契約は従来の正当事由による解約制限のある借家契約となる．ただし，居住用以外の建物については，従来の借家契約を合意の上解除し，新たに定期借家契約を結ぶことができる．

定期借家はファミリー向け借家の供給を増やすと期待されていたが，住宅に関してはいまだにほとんど利用されていない．不動産情報サービス業のアットホーム株式会社の調査によると，2012年度においても東京圏の定期借家物件成約数が居住用賃貸物件に占める割合は2.8％にすぎない．ただし，事務所や店舗のような事業用途においては普及が進んできており，不動産市場の構造にインパクトを与えている．

5 住宅ローン債権の証券化

　第3節でも見たように，長期・固定金利の住宅ローンを提供していた住宅金融公庫は2007年に廃止され，その後継機関として設立された住宅金融支援機構（以後，機構と略記）は個人に対する直接融資を原則として行わず，一般金融機関が提供する住宅ローンの証券化を支援することが主たる業務となった．この証券化支援業務の中心は「フラット35（買取型）」と呼ばれているもので，一般金融機関の住宅ローンを機構が買い取ったうえで，これを証券化して，この証券を投資家に売却する．[24] 個人が返済した元金・利息は，金融機関が回収して，それが住宅ローン証券を買った投資家に流れていく．民間金融機関はこの回収業務で手数料収入を得る．また，機構も証券化にともない手数料を徴収する．住宅ローンの金利分は投資家に支払う利息分に加え，これらの手数料も含むことになる．

　住宅ローンの証券化を公的機関である機構が支援する理由は，長期・固定金利の住宅ローンを民間金融機関が提供しようとすると，大きな金利リスクに直面することにある．最近は低金利が続いているが，マクロ経済の動向を反映して金利は大きく変動しうる．金利が高くなると，住宅ローンの返済額が大きくなり，場合によっては返済不能に陥るので，借り手にとっては長期にわたって金利が固定されていることが望ましい．ところが，銀行等の金融機関は短期の預金等で資金調達していることがほとんどであるので，住宅ローンを固定金利で提供すると，金利上昇時に逆ざやになる可能性がある．たとえば，2014年においてはフラット35による35年固定金利の住宅ローン金利は年率2％前後である．1990年頃のように定期預金金利が5％を超えることが将来起きる可能性があり，その場合には金融機関は大きな赤字をこうむる．実際に，アメリカでは1980年代にこういった理由で住宅金融専門会社であるS&L（Savings & Loan

---

[24] 「フラット35（保証型）」というものも住宅金融支援機構は提供している．これは，住宅ローンを買い取る代わりに，住宅融資保険を引き受け，投資家に対して元金・利息の支払いを保証するものである．

Association, 貯蓄貸付組合）の多くが破綻した．

　機構が固定金利ローン債権を買い取ることによって，金融機関は将来の金利リスクを負う必要がなくなるので，長期の固定金利住宅ローンを提供することができるようになる．一方，機構は金融機関から買い取ったローン債権をプールして，それを担保とした**住宅ローン担保証券**（**RMBS**, Residential Mortgage Backed Securities）を発行する．この RMBS は月次パス・スルー方式と呼ばれているものであり，もともとの住宅ローンの元利金の返済状況にリンクして，RMBS の元利金を支払う．住宅ローンは繰り上げ返済が可能であるし，返済の遅延や不払いも起きるので，月々の返済額は変動する．RMBS の元利金支払いもこれにリンクして変動することになる．RMBS の主たる買い手は長期資金を運用する保険会社，年金基金，個人投資家などであり，長期資金の運用には RMBS のような長期の証券が適している．

　個々の住宅ローンには不払いのリスクが存在するので，これを軽減するために RMBS は数多くの住宅ローンをプールする．2014年初頭に発行された機構 RMBS では約5,000人の住宅ローンをプールしている．不払いになるリスクは住宅ローン債務者の個別の事情によって起きる部分が大きいので，プールすると不払い率はあまり変動しない．[25] したがって，投資家にとって機構 RMBS はリスクの小さい証券であり，政府保証がついていないにもかかわらず，AAA という最上位の格付を得ている．

　住宅ローンの証券化においてもう1つ重要なのは，住宅ローンを出した金融機関（オリジネーターと呼ばれる）がローン債権を勝手に処分しないようにしておかなければならない．また，オリジネーターが破綻した時に，ローン債権が差し押さえられないようにしておかなければならない．さらに，証券化を行った機構が破綻したり，政治的な圧力等によって元利支払いを遅らせたり，ストップしたりする可能性もある．こういった時にもローン債権が守られるような倒産隔離と呼ばれる仕組みが設けられている．倒産隔離の仕組みには特別出資会社を作る SPV（Special Purpose Vehicle）方式と信託を用いる信託方式とがあるが，機構 RMBS は信託方式を用いている．機構が買い取った住宅

---

[25] これは確率論における大数の法則による．

234　6章　住宅政策

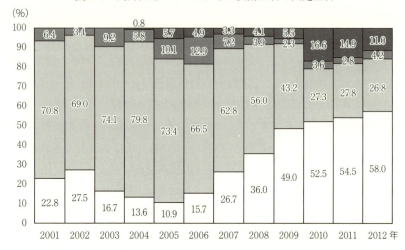

図6-6　民間住宅ローンにおける変動金利と固定金利

□変動金利型　□固定金利期間選択型　■全期間固定金利型　■証券化ローン

(出典)　国土交通省住宅局「民間住宅ローンの実態に関する調査結果報告書」(平成24年度, 25年度).

ローンは信託免許を持つ信託会社（実際には，信託銀行）に譲渡し，信託勘定に入れられる．機構が破綻したり，元利支払いが遅延したりする場合には，投資家が信託から直接に元利償還金を受け取ることになる．

さて，こういった証券化を公的機関が行う理由はあるのだろうか？　商業不動産担保証券等の他の分野においては，民間企業が証券化を行っている．公共部門の関与が必要な最大の理由は，規模の経済性であろう．なるべく多くのローンを集めて大きなプールを作ることがリスクを小さくするために必要である．また，証券化するには信託の設定や監査等にかなりの固定費が必要であり，規模の小さいプールでは採算がとれない．したがって，多数の企業が証券化を行うといった競争的な状況にはならないかもしれない．アメリカでもファニーメイ (Fannie Mae, Federal National Mortgage Association) やフレディーマック (Freddie Mac, Federal Home Loan Mortgage Corporation) という政府支援機関が住宅ローンの証券化を行っている．[26]

名目金利が1990年代後半以降安定的に低い水準であったために，日本の住宅ローンにおいては，変動金利の占める割合が大きく，RMBSを用いた固定金

利のシェアはいまだにそれほどは大きくなっていない．図6-6に示されているように，2012年には変動金利の割合が6割近くになり，RMBSを用いた証券化ローンは11％程度にとどまっている．なお，機構RMBSを用いず金融機関が独自に提供している固定金利ローンは4.2％であり，一定期間だけ金利を固定する固定金利選択型のシェアは26.8％であった．

6 不動産証券化

前節で見たのは住宅ローンの証券化であったが，住宅等の不動産そのものを証券化する**不動産証券化**も普及してきている．これは不動産からあがる賃貸収入をベースに証券化を行うものであり，REIT（Real Estate Investment Trust）がその典型である．

不動産証券化には様々なバリエーションがあるが，その構造は典型的には以下のようなものである．まず，証券化のために不動産を所有する特別目的会社を設立する．[27] もともとの不動産の所有者（オリジネーター）は自分の不動産をこの特別目的会社に売却する．特別目的会社が株式会社であれば，その株式を投資家に販売し，これが不動産証券になる．不動産証券の買い手である投資家，金融機関，年金基金等は特別目的会社が所有する不動産から得られる収益を配当の形で受け取ることになる．

実物不動産は，(1)物件ごとに条件が異なり，個別性が強い，(2)物件1つひとつの価格が高いために，投資のためには多額の資金が必要である，(3)管理運営について専門的なノウハウが必要である，といったことから，流動性に乏しく，幅広い投資家を集めることが困難である．不動産証券化は，多くの物件を集めて個別物件のリスクをプールしたうえで，そのプールをベースに証券を発行し

---

26) アメリカの政府支援機関は政府の出資を受けない株式会社であるが，法律によって設立され政府の監督を受ける．なお，2008年のリーマンショック以降，ファニーメイとフレディーマックは政府の管理下にある．

27) これは「SPC法」に基づく「特定目的会社」のケースであるが，「投信法」に基づく「投資法人」，「会社法」に基づく「合同会社」などもある．

て小口化する．これによって，多様な多くの投資家から資金を集めることができるようになる．

　不動産証券化が進むためにはいくつかの法制度の整備が必要であった．その最大のものは，二重課税の回避である．不動産証券化の最も自然な方法は，株式会社を設立し，この会社が不動産を購入することである．そうすれば，この会社の株式を不動産からの収益を配分するための「不動産証券」とすることができる．その際の問題は，株式会社は利益に対して法人税を支払わなければならないことである．法人税支払後の利益が配当として投資家に分配された時には，投資家はさらに所得税を支払わなければならない．投資家が直接に不動産を購入した時には，中間での法人税を払う必要がないので，証券化はこれに比べて不利である．二重課税の回避の手法としては，組合や信託のように，もともとの法制度の組み立てから法人税が課税されない「器（ビークルと呼ばれる）」を利用する方法がある．しかしながら，これらの手法には制度上様々な制約がかかっているので，使いにくいことが多い．たとえば，「組合」を使うと二重課税を回避できるが，株式会社で許されている有限責任制が許されていない．したがって，損失が出た場合には組合員（＝投資家）が負担しなければならず，投資家にとってのリスクが大きい．[28]

　こういった事情から，より使いやすい「器」を用意するための特別法がいくつか制定された．それらの代表的なものとしては，「資産流動化法（資産の流動化に関する法律）」に基づく「特定目的会社」と「投信法（投資信託及び投資法人に関する法律）」に基づく「投資法人」がある．これらのスキームにおいては，法人税の課税がなくなるわけではないが，投資家に対する利益の配分を費用とみなすことができ，そのぶんを課税所得から控除できるので，結果として課税されない．その際，非課税にするためには，配当可能所得額の90％を超える部分を配当しなければならないとされている．

　不動産証券化のために必要なもう1つの条件は，「倒産隔離」である．証券

---

[28] 株式会社においては有限責任制を取っているので，会社が赤字になって倒産した時でも，株式の価値がゼロになるだけで，株主はそれ以上の負担を求められるわけではない．ところが，組合では組合員が無限責任を負うので，組合員個人の負担が求められる．

化においては，オリジネーターが不動産を特別目的会社に譲渡するが，その後オリジネーターが倒産した場合に，オリジネーターの債権者（あるいは破産管財人）が証券化した不動産を差し押さえようとするかもしれない．そうすると，投資家は配当収入を得られないばかりか，元本の回収さえできなくなる危険がある．また，特別目的会社自体の倒産についても，投資家が損害をこうむる危険性があるので，そのリスクを最小化する手当を講じておく必要がある．

日本における不動産証券化は1990年代終わり以降急激に進んだ．1998年に上記の「資産流動化法」が制定され，また，2000年には「証券投資信託及び証券投資法人に関する法律」が上記「投信法」に改正されて，不動産証券化のための制度的枠組みが整備された．これを受けて，2001年から **J-REIT** と呼ばれる日本における不動産投資信託がスタートした．商業用不動産ローンをまとめて証券化した商業用不動産ローン担保証券（CMBS；Commercial Mortgage Backed Securities）も1990年代半ば以降に広がっていった．

J-REITは当初2銘柄で始まったのが，成長を続けて，2014年12月には49銘柄で時価総額が10兆円を超えるにいたった．しかしながら，アメリカではREITの時価総額が約9,100億ドル（1ドル120円換算で109兆円）にものぼっており（2014年12月），それに比べるとJ-REITの規模はまだ小さい．

7 住宅の品質確保

住宅については品質の問題が政策上も重要な課題である．手抜き工事によって雨漏りがしたり，地震時に倒壊したりするといった事例がマスコミに取り上げられることがある．また，既存住宅については建物部分の価値はほとんどゼロであり，土地代部分だけの価格でしか売れないといったことがよく言われている．さらに，マンションについては，老朽化して危険な状態なのに，建て替えの合意が困難なことが多い．前者2つは住宅の作り手と買い手，あるいは売り手と買い手の間の非対称情報の問題である．住宅の手抜き工事は外側からは見つけることが困難であるので，施工者と買い手の間に大きな情報格差がある．また，売り手は長い間住んでいて欠陥がわかっていても，買い手はその情報を

得ることが困難である．第3の老朽化マンション問題は共同的意思決定の困難さを反映している．住民それぞれに様々な事情があるので，マンション建て替えの合意をとることは実際にはきわめて困難である．

7.1 品確法と住宅瑕疵担保履行法

2000年に施行された「住宅の品質確保の促進等に関する法律（**品確法**）」は，新築住宅についての品質確保を図るために，3つのことを定めた．第1に，「構造耐力上主要な部分等」にあたる瑕疵について，瑕疵担保期間10年間の義務づけを行った．「構造耐力上主要な部分等」とは，構造上主要な部分（基礎，壁，柱など）と雨水の浸入を防ぐ部分（屋根，外壁など）で，これらについて瑕疵があった場合には，10年間にわたって修理・補修等の義務を負うことになった．

第2に，住宅性能表示制度を新設し，希望する者は住宅の性能評価を受けることができるようにした．これには，(1)構造耐力，遮音性，省エネルギー性などの住宅の性能を表示するための基準を設定すること，(2)性能表示の信頼性を確保するために，性能評価を行う第三者機関（指定住宅性能評価機関）を整備すること，(3)住宅の売買契約の際に指定住宅性能評価機関から交付された住宅性能評価書の記載内容（住宅性能）が契約内容として保証されるようにすることの3つが含まれる．評価費用は1件当たり10～15万円程度となっている．

第3に，指定紛争処理機関や住宅紛争処理支援センターを新たに設置し，性能評価を受けた住宅にかかわるトラブルについて紛争処理が円滑かつ迅速に進むようにした．

「品確法」で住宅の主要構造部分の瑕疵について10年間の瑕疵担保責任が定められたが，売り主が倒産してしまった場合には，責任を果たす主体がいなくなってしまう．このことに対応するために，2007年に「特定住宅瑕疵担保責任の履行の確保等に関する法律（**住宅瑕疵担保履行法**）」が制定された．この法律は，新築住宅を供給する事業者に対して，瑕疵の補修等が確実に行われるように，保険加入または供託を義務付けるものである．[29] これによって，事業者が倒産した場合等でも，2000万円までの補修費用の支払いが保険法人から受け

---

29) 義務づけは2009年からスタートした．

られるようになった．

7.2 マンションの建て替え

　第5章で見たように，中高層分譲住宅（いわゆるマンション）が増加し，1990年代以降は新築住宅の1〜2割を占めている．マンションについて最も重要な政策課題となっているのが増えている老朽マンションの建て替えである．2013年末のマンション・ストック戸数は約601万戸であるが，そのうちで，耐震基準が強化された1981年以前に建築されたものが約106万戸存在している．これらのすべてが耐震性に問題を持っているわけではないが，かなりの部分が地震時の倒壊リスクを抱えている．また，建築後50年以上を経過したマンションが増加してきており，老朽化によって建て替えが必要なケースも増えている．しかしながら，マンションの建て替えは遅々として進んでおらず，2014年4月までで196件にすぎない．

　マンションは1棟の建物に複数の住戸（場合によっては，店舗や事務所）があるが，壁，玄関，エレベーター，階段等の共有部分が存在するので，各住戸に関する所有権をどう設定するかが問題になる．日本では，1962年に制定された区分所有法（建物の区分所有等に関する法律）で，専有部分・共用部分・建物の敷地についての権利関係が明確化され，マンションに関する基本的な法制度が整った．しかしながら，区分所有法には建て替えに関する規定がなく，全員同意が必要だった．[30] 全員一致での建て替えは実際的にほぼ不可能であるので，その後，何段階にもわたって法制度の整備が行われた．まず，1983年の区分所有法改正で，区分所有者の4/5および議決権（専有部分の床面積の割合による）の4/5以上の多数決で建て替えが可能であるとされた．ただし，費用の過分性（建物がその効用を維持し，または回復するために過分の費用を要するに至った時）と，主たる使用目的の同一性の要件が必要とされた．特に，費用の過分性の要件については明確な基準がなく，この要件をめぐって訴訟が起こされることとなった．

　2002年には，マンション建替え円滑化法の制定と区分所有法の改正が行われ

---

30) これは一般的な法律である民法の規定に基づく．

た.円滑化法では,建て替え決議成立後の建て替え事業の実現に関する手続き等を整備するとともに,法人格のあるマンション建替組合の設立を可能にした.区分所有法の改正では,上記の費用の過分性および建物の使用目的の同一性の要件を廃止した.

　2002年の円滑化法制定および区分所有法改正後も,老朽マンションの建て替えが進まなかったので,2014年にさらに円滑化法の改正が行われた.この改正の主要点は建物の解体と跡地の売却をしやすくするものであった.建て替えについては区分所有者の5分の4の同意でよかったが,建物を解体して跡地を売却することは建て替えではないので,この規定が適用できず,民法の一般原則に則って全員の同意が必要であった.2014年の改正で,建物の解体と跡地売却についても区分所有者の5分の4が同意すれば認められるようになった.区分所有者が自力で建て替えるのでは,新たに建てるマンションの設計をどうするか,住戸をどう配分するかなどについても区分所有者間で意見調整をしなければならず,時間や労力がかかる.一括売却して,跡地を買い受けたデベロッパーが新たにマンションを建築し,希望する区分所有者はその中の住戸を購入するというやり方のほうが建て替えが進みやすいと考えられる.なお,5分の4の同意で一括売却が認められるのは,耐震性不足など老朽化が進んだマンション(要除却認定マンション)に限られており,すべてのマンションで可能なわけではない.また,跡地を買い受けたデベロッパーがマンションを建設する際には,周辺環境に貢献するなどの条件を満たせば,容積率規制が緩和されるというインセンティブが設けられている.[31]

　2014年の改正後も建て替えがスムースに進むかどうかは定かではなく,様々な問題が残されている.[32] 第1に,区分所有者の5分の4の同意が必要という条件は厳しく,少数の者が建て替えを阻止できてしまう.過半数に近い条件に緩和しなければ,建て替えの推進は難しい.第2に,建て替え決議に同意せず,建て替えに参加しない区分所有者に対しては,時価での売り渡し請求を行うことで権利を移すことになっている.ここで,時価がどう決められるかが必ずし

---

31) 跡地にはマンション以外の用途の建物も建設できるとされている.
32) たとえば,浅見泰司・福井秀夫・山口幹幸編著『マンション建替え』日本評論社,2012年.

も明確でないことが問題である．山崎・瀬下[33]は時価が建て替えによる価格上昇を反映するものとされていることに着目し，これが補償金目当ての反対者を生んで，建て替えを困難にすると主張している．反対者から買い取るのは建て替えの前であり，建て替えによる価格上昇は不確実である．このタイミングで価格上昇を予測して値上がり分を反対者に補償することになる．買い取り価格が将来の不確実性を考慮に入れて適切に設定されていれば問題ないはずであるが，実際にはそれが難しく，高めの価格になることが考えられる．いずれにせよ，取引が頻繁には行われない住宅市場で時価をどう設定すれば良いかは本質的に難しい問題であり，簡単な解決策はないと思われる．

7.3 マンション管理適正化法

マンションにおける品質確保のもう1つの問題は，適切な管理である．区分所有者全員で構成される「管理組合」がマンション管理の責務を負うが，通常は，マンション管理業者にマンションの維持や修繕，および管理組合の会計業務を委託する．実際には，管理業者が倒産したり，管理組合が機能しなくなったりして，居住環境が悪化し，危険な状態になるケースが存在している．こういった問題に対処するために，2001年にマンション管理適正化法（「マンションの管理の適正化の推進に関する法律」）が施行された．この法律では，管理組合や区分所有者に助言や指導等を行うことを業務とするマンション管理士という資格を創設した．また，マンション管理業者の登録を義務化し，各管理業者に対して，30管理組合につき1名以上の専任の管理業務主任者をおくことを義務化した．

8 災害リスクと温暖化に関する政策

住宅に関係する災害は地震，火災，水害，土砂崩れなど数多く，それらに対する政策も重要である．災害に対する政策には大きく分けて，災害を防止する，

---

[33] 前掲の浅見・福井・山口編著（2012）の中の，山崎福寿・瀬下博之「マンションの建替え決議と補償のあり方について」，を参照．

あるいは災害の被害を小さくするための政策と、災害による被害を受けた場合にその後の生活再建を支援する政策とがある．

8.1 土砂災害対策

前者については，災害タイプごとに様々な政策が打たれている．ここでは，2014年8月に起きた豪雨によって広島市で70人を超える死者を出し，大きな被害が出た土砂災害を取り上げる．実は，広島市では1999年にも死者24名を出す大きな土砂災害が発生している．それが契機となって，土砂災害対策の本格的な検討が始まり，2000年に土砂災害防止法（「土砂災害警戒区域等における土砂災害防止対策の推進に関する法律」）が制定された．この法律は様々なことを定めているが，主たるものは，土砂災害警戒区域（通称：イエロー・ゾーン）と土砂災害特別警戒区域（通称：レッド・ゾーン）を指定して，それぞれについて行われるべき対策を規定していることである．イエロー・ゾーンにおいては，危険の周知と警戒避難体制の整備を行う．「危険の周知」の具体的内容は，(1)土砂災害ハザード・マップ（土砂災害警戒区域等の位置や避難場所等を示す地図およびその他の円滑な警戒避難に必要な情報を記載）を市町村長が配布することと，(2)宅地や建物の売買の際に宅地建物取引業者が警戒区域内であることについて重要事項説明を行うことを義務づけることの2つである．危険度の高いレッド・ゾーンにおいては，開発規制（住宅宅地分譲や災害時要援護者関連施設の建築のための開発は基準に合ったものに限って許可）や構造規制（建築物の構造が安全かどうかの建築確認）が課される．

これらの対策は経済学的にどう正当化できるであろうか？「危険の周知」に関する政策は，災害リスクについての住宅の売り手と買い手の間の情報の非対称性を解消することによって効率性を高めることが期待できる．さらに，災害リスクについてはその正確な理解ができず，合理的な選択ができないケースが存在する．災害リスクに関する注意を喚起することによってより合理的な選択を促すという効果も期待できる．「警戒避難体制の整備」は，その便益が住民全体に及ぶという共同消費財的性格を持つことが，公共部門が担う最大の理由であろう．これに加えて，「危険の周知」と同様に合理的な選択を促す効果も期待できる．「レッド・ゾーンにおける開発規制，構造規制」については，

以下の2つの効果が期待できる．第1に，災害時における公共負担を軽減するという外部便益を持つ．災害時には当人が被害を受けるだけでなく，救助や生活支援などのための財政負担が発生する．規制によって被害を受ける世帯が少なくなったり，被害が軽減されたりすると，この公共負担が減少する．第2に，構造規制によって堅固な建物が建てられると，それが土石流を食い止め，下流の住民をより安全にするという外部経済をもたらす．

8.2 地震保険

被災後の生活再建を支援する政策については，**地震保険**を取り上げる．火災保険には火災以外の災害を追加する[34]ことができるので，風水害や雷などの災害リスクに関しては，民間で提供されている保険に加入して，リスクを軽減することができる．しかしながら，民間の火災保険は地震をカバーしていない．大地震による被害はあまりにも大きくなるので，民間企業ではそのリスクを引き受けられないからである．この隙間を埋めるために，1966年に地震保険制度ができた．この制度では，政府が「再保険」という形で損害保険会社をバックアップしている．具体的には，以下のような仕組みになっている（2014年現在）．まず，1回の地震において支払われる保険金の総額にあらかじめ限度額（保険金総支払限度額と呼ばれる）を定める．これは，関東大震災規模の地震がきた場合でも保険金の支払いができるように設定され，7兆円とされている．この保険金支払いを再保険の形で損害保険会社と政府が分担する．1,000億円までは政府は負担せず，1,000億円以上3,620億円までは50％，それ以上7兆円までは約99.5％を政府が負担することになっている．

地震保険は以下のような特徴を持っている．
・損害保険会社が販売する火災保険に付帯する形で加入しなければならない．
・居住用の建物と家財を対象としており，建物と家財に分けて入らなければならない．
・保険金額は火災保険の30％〜50％の範囲内でなければならず，上限は建物が5,000万円で家財は1,000万円である．

---

[34] 住宅総合保険と呼ばれている．

・受け取れる保険金は，損害の程度によって「全損」「半損」「一部損」の3つに区分されている．全損の場合は契約金額の100％，半損は50％，一部損は5％である．[35] 通常の火災保険のような損害額の細かい査定は行わない．

　保険料は建物の構造と所在地によって大きく異なっており，地震被害を受けやすい建物や地域ほど高くなっている．たとえば，東京都の木造の建物で免震・耐震性能に応じた割引がない住宅に保険金2,000万円を設定すると，保険料は年間6万5,200円になるが，耐震等級が最高の住宅は50％の割引を受けることができて，保険料は3万2,600円になる（2014年7月現在）．岩手県や秋田県などの地震被害を受けにくいとされる地域では，割引がない木造住宅でも保険料は年間2万円である．

　当然，地震保険は保険に加入して保険料を支払っていなければ受け取れない．地震保険の加入率は2013年で全世帯の27.9％，火災保険加入者の58.1％である．[36] したがって，地震保険の加入率は高いとは言えない．ただし，地震保険に加入しているかどうかにかかわらず被災時には様々な公的支援を受けることができる．それらのうちで最も大きいのが，被災者生活再建支援金である．この支援金は住宅が全壊した世帯，あるいは半壊して大規模な補修を行わなければ居住するのが困難な世帯等に支給される．支援金の額は住宅の被害程度と住宅の再建方法に応じて決定され，最大で300万円である．

8.3　温暖化政策

　温暖化は地球規模の外部性であり，政策対応が正当化されうる分野である．住宅に関しても冷暖房や温水利用にともなうエネルギー消費が温暖化ガスを発生させるので，省エネを促す政策が取られている．これらの政策には大別して省エネ法（「エネルギーの使用の合理化等に関する法律」）による規制と予算・税制による支援の2つがある．省エネ法は幅広い分野をカバーしているが，住宅も適用対象になっており，新築住宅は一定の省エネ性能を満たしている必要がある．1999年基準では外皮（外壁や窓等）の断熱性能に関する基準であった

---

35) 正確には，時価が契約金額より低い場合には契約金額の代わりに時価を用いるとされている．
36) 損害保険料率算出機構「損害保険料率算出機構統計集（平成25年度）」，による．

のが，2013年基準では建物全体の省エネルギー性能を評価する一次エネルギー消費の基準が加わった．税制による支援としては，省エネ改修の所得税税額控除の制度がある．補助金による支援も存在し，高性能建材導入促進事業やネット・ゼロ・エネルギーハウス支援事業等がある．[37]

これらの温暖化政策については，本来は，それらがどれだけのCO_2排出量削減効果を持ち，そのための社会的費用や財政費用はいくらであるかの経済評価を行うべきであるが，残念ながらまとまった研究は存在しないようである．

キーワード

住宅補助　公共住宅　水平的公平　家賃補助　住宅ローン融資　公平性　効率性　近隣外部性　政治の失敗　住宅金融公庫融資　サービス付き高齢者向け住宅　住宅金融支援機構　バウチャー（voucher）制度　住宅取得控除　契約自由の原則　借地借家法　借家権保護制度の効果　取引費用　情報の不完全性　定期借家契約　住宅ローン担保証券（RMBS）　不動産証券化　REIT（J-REIT）　品確法　住宅瑕疵担保履行法　地震保険

練習問題

1. 年収が300万円で，効用関数が$U(z, h) = z^{1/2} h^{1/2}$の家計を考える．ここで，$h$は住宅であり，$z$はそれ以外の消費財すべてを表す合成財である．1単位当たりの価格は住宅と消費財の双方とも1万円である．
   (1) この家計の最適な消費選択を求め，最適解での効用水準を求めよ．
   (2) $h = 200$の公共住宅が年間150万円の家賃で提供された場合の効用水準を求めよ．
   (3) 公共住宅の供給費用が民間の住宅と同じ（つまり，1単位当たり1万

---

[37] 税制および補助金による省エネ住宅の支援の具体的な内容は年度によって変化している．

円)の場合に，上の公共住宅につぎ込む政府補助と同額の所得補助を行った時の効用水準を求めよ．公共住宅の場合と同じ効用水準にするために必要な所得補助の金額を求めよ．

(4) 1単位の住宅当たり5,000円の住宅補助が与えられた時の家計の消費選択を求め，最適解での効用水準を求めよ．この効用水準を達成するために必要な所得補助の金額を求め，住宅補助金の額と比較せよ．

2．以下の住宅補助政策正当化論を批判的に論評せよ．

(1) わが国の住宅事情は欧米先進国と比較して悪いので，住宅に対して補助を与えなければならない．

(2) 東京圏などのような大都市圏では住宅価格が高くなってしまい，一般のサラリーマンには手の届かないものになってしまった．したがって，中堅層向けの住宅補助が必要である．

3．図6-5の状況において，当初は借家権保護が永続するとすべての人々が期待していたのに，ある時突然に借家権保護が撤廃された状況を考える．図6-5と同様な図を用いて，この場合の家賃の経路はどうなるかを示せ．また，借家権保護の撤廃によって家主が得る'タナボタ'利益の大きさと，借家権保護のない場合に借家人がこうむる損失の大きさもその図の中に示せ．

7章

都市規模

1 はじめに

　第1章で見たように，戦後の著しい都市化の進展によって大都市圏の人口が急速に増加した．特に，東京圏の人口増加は顕著であり，交通混雑，地価の高騰による劣悪な住宅事情，世界に類を見ない長い通勤時間など，過密の弊害が発生した．これらの問題は東京一極集中の弊害として大きく取り上げられ，その解決策として人口と経済活動の地方分散化の促進が提唱されてきた．しかしながら，分散政策が効果をあげているとは言いがたい状況である．
　この章の課題は，都市規模の決定に関する理論的枠組みを提供することによって，市場経済における都市規模分布の決定メカニズムを理解することである．
　政府による公共政策が必要となりうるのは，「市場の失敗」が存在するケースである．これは都市規模に関する政策に関しても同じである．たとえば，地方分散化政策の強力な推進を正当化できるためには，分散化政策なしでは東京圏への「過大な」人口集中が起こることが論証できなければならない．つまり，分散化政策正当化のためには，都市人口の過大化をもたらすような「市場の失敗」が存在することが前提となる．市場機構による都市規模の決定に関してどのような「市場の失敗」が存在するのかが，以下の分析の焦点になる．

2 集積の経済：規模の経済と企業間の交通・通信費用

第1章では集積の経済をもたらす要因を，Duranton and Puga (2004) にしたがってシェアリング（共用），マッチング（適合），ラーニング（学び）の3つに分類して，それぞれを簡単に解説した．大都市の都心部には多様な企業のオフィスが集積しており，さらにそれらのための企業向けビジネス・サービスも多く立地している．これらの多様性を享受できることはシェアリングによる集積の経済の一種である．この節では，都心部における複雑な企業間取引ネットワークに着目して，企業間取引による集積の経済に焦点を当てる．

地価が非常に高い大都市都心部に企業の事務所が集中しているのは，事務所間の通信や取引がきわめて頻繁であり，相互に隣接して立地するのが有利だからである．対面（フェイス・ツー・フェイス）のコミュニケーションが頻繁に必要な時には，この要因がとりわけ重要になる．たとえば，都心部の徒歩10分圏内に取引先が集中している時には，1日に5つの取引先に出向いても時間のロスは小さいが，片道1時間以上かかる地点に分散している場合は往復の時間だけで1日が過ぎてしまう．

対面のコミュニケーションが都市集積に大きな役割を果たしている理由は，人間の移動費用が非常に高いためである．荷物の移動費用は輸送費用だけであるのが通常であるが，人間の移動にはそれに加えて移動者の時間費用がかかる．移動時間中に仕事をするのは通常困難であるので，人の移動の時間費用は非常に高い．たとえば，1カ月の給料が40万円で月160時間働く人の時間当たり給与は2,500円である．企業は給料に加えて，福利厚生費，年金の企業負担分等のフリンジ・ベネフィットを負担しなければならないので，労働費用は時間当たりではこの倍近くになる．したがって，移動時間中に仕事ができなければ，移動の時間費用は時間当たり5,000円にもなってしまう．

企業間の交通・通信費用が**多様性の便益**と**規模の経済性**の2つと結びつくと，集積の経済が生まれる．第1章で簡単に触れたように，企業の生産活動に規模の経済性が存在しない時には，企業間の交通・通信費用は逆に空間的分散の要

2 集積の経済：規模の経済と企業間の交通・通信費用　249

図7-1　都市の空間構造と商業立地

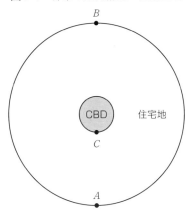

因になり，集積の経済をもたらさない．なぜならば，規模の経済性が存在しない時には生産規模をいくら縮小しても生産の効率性が落ちないので，すべての生産物を各家庭が自分の家の裏庭で作ることができる．そうすれば，企業間の取引はすべて自宅の裏庭で行われるので，交通・通信費用がゼロになる．もちろん，実際には，どんな生産活動にもある程度の規模の経済が存在するので，このようなことは起こりえない．いかなる場合にも従業員の数を1以下にすることはできず，通常の最小規模は従業員数1よりもかなり大きい．

　生産における規模の経済に多数の多様な企業間の交通・通信費用が結びつけられると，大きな集積の経済が発生する．互いの交通・通信費用を節約するために，企業同士が隣接して立地するようになるからである．したがって，企業間交流の重要性が大きい部門（通常は，企業の企画・営業部門である）が都心（CBD）を形成し，都心に通勤する従業者がその周辺部に住居を構える立地パターンが生まれる．これが都市形成の最も基本的なメカニズムである．

　都心あるいは都心近くには商業地が形成され，デパート等が立地するが，これはこの基本的なパターンから派生してくる副次的なものである．都心部に商業地が形成される理由は，都心のビジネス地区を取り巻いて環状に住宅地ができるので，中心近く（たとえば，図7-1におけるC点）に立地したほうが，A点のような外縁部に立地するよりも顧客からの平均距離が短くなるからである．A点に立地するとCBDの逆の側のB点のような住宅地に住む住民から

の距離が遠くなり，都心に立地するよりも顧客への平均的な距離が長くなる．

2.1 相互に取引を行っている 2 企業の立地選択

都心のビジネス地区における企業間交流が大きな集積の経済を生み出していることは間違いない．都市経済学の研究では，これらの交流は通常の市場取引ではなく，何らかの技術的外部経済（情報交換など）であると仮定されていた．[1] しかし，集積の経済をもたらす企業間の交流が外部経済（つまり，非市場的取引）のみであるというのは説得的ではない．なぜならば，市場機構の発達や政府の介入によって外部性が内部化されれば，集積の経済も失われてしまうことになるからである．たとえば，情報が売買されるようになると，情報交換にともなう集積の経済も失われるはずである．

前節の議論からわかるように，生産における規模の経済性が存在すれば，企業間の交流が通常の市場取引（つまり，中間生産物の市場取引とそれにともなう交通・通信費用）であっても集積の経済が発生する．[2] 以下では，この点を簡単に見てみよう．

相互に取引を行っている 2 つの企業を考えよう．簡単化のために，これらの企業の生産規模は固定されているとする．相互に取引を行うことによって，両方の企業がそれぞれ a だけの便益を得るものと仮定する．相互の取引のための交通・通信費用は，2 つの企業の間の距離を x とすると，$2tx$ であり，これを 2 つの企業が折半して，各企業は tx だけの費用を負担するものとする．もちろん，2 つの企業が取引をするのは，取引することの純便益

$$b(x) = a - tx$$

---

[1] H. Ogawa and M. Fujita, "Equilibrium Land Use Patterns in a Non-monocentric City," *Journal of Regional Science* 20, 1980, pp. 455-475; H. Imai, "CBD Hypothesis and Economies of Agglomeration," *Journal of Economic Theory* 28, 1982, pp. 275-299, 等は，企業間の相互作用が外部不経済であると仮定して，都市の内部構造の分析を行った．

[2] これは Y. Kanemoto, "Externalities in Space," *Fundamentals of Pure and Applied Economics* 11, 1987, pp. 43-103, によって指摘されている．Y. Kanemoto, "Optimal Cities with Indivisibility in Production and Interactions between Firms," *Journal of Urban Economics* 27, 1990, pp. 46-59, は生産における規模の経済と企業間の交通・通信費用を結びつけたモデルを用いて都市規模の分析を行っている．

2 集積の経済：規模の経済と企業間の交通・通信費用 251

図7-2 企業間取引と立地外部性

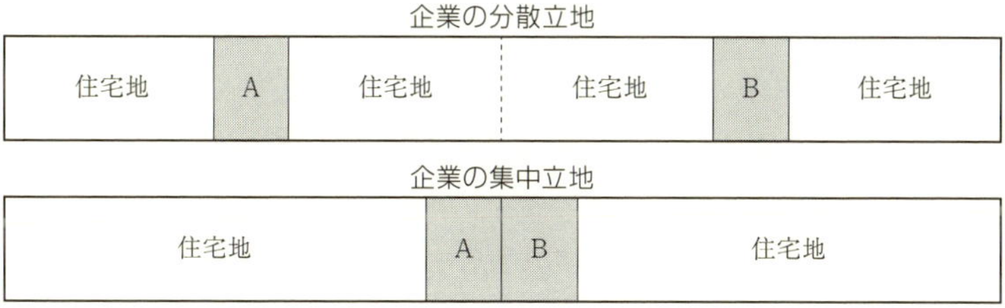

企業の分散立地

| 住宅地 | A | 住宅地 | 住宅地 | B | 住宅地 |

企業の集中立地

| 住宅地 | A | B | 住宅地 |

が非負の時だけである．

　簡単化のため，これらの企業が図7-2のような細長い一次元の空間に立地しているものとする．図7-2の上のパターンでは，2つの企業（A企業とB企業）が離れて立地しており，各立地点の両側にその企業で働く労働者の住宅地域が形成されている．これに対して，下のパターンでは，2企業が中心部に隣接して立地しており，その周辺に両企業の労働者の住宅地ができている．

　これら2つのパターンの間の選択はどのようになされるのであろうか．2企業が隣接して立地すると企業間の交通・通信費用を節約することができる．しかしながら，これらの企業の従業員は平均して長い距離を通勤しなければならないので，より高い賃金を払わなければ従業員を集めることができなくなる．また，企業の支払わなければならない地代も高くなる．もしこれらの不利益を上回るだけの交通・通信費用の節約があれば，企業の集中が起きることになる．

　本来，企業間の交通・通信費用は通常の財・サービスの取引と何ら異なるものではなく，通常の競争市場においては外部性を生じさせるものではない．しかし，企業の生産に規模の経済がある場合には，交通・通信費用の存在は企業間の立地選択における外部性を発生させる．これは以下のようなメカニズムによっている．企業Aが企業Bの隣に立地すると，企業Aにとっての交通・通信費用の負担が減少するが，同時に企業Bの交通・通信費用の負担も減少する．ところが，各企業は自分にとっての便益しか考えないので，立地を決定する際，相手企業に及ぼす便益は考慮に入れない．したがって，両企業をあわせて考えれば隣接して立地することが望ましい場合でも，各企業が自分勝手に行動すると，離れて立地する可能性がある．

　コミュニケーション費用を2つの企業の間にどう配分してもこの問題は解消

しない．たとえば，企業Aだけが費用を負担する場合には，企業Bの立地決定に歪みが発生してしまうし，逆に，企業Bだけが費用を負担する場合には，企業Aの立地決定に歪みが発生する．

外部性が存在することは適切な価格づけがなされていないことを意味する．したがって，効率的な資源配分を達成するための1つの政策は，税金や補助金を用いて外部経済・不経済の発生者に適切な対価を支払わせる（あるいは受け取らせる）ことである．こういった政策は**ピグー補助金**あるいは**ピグー税**（Pigovian tax/subsidy）と呼ばれている．[3] 企業間の交通・通信によって発生する立地外部性についても，ピグー補助金を導入することによって企業の立地決定を修正し，最適な土地利用パターンを達成することができる．

企業間の交通・通信費用を2つの企業で折半している場合には，一企業が他企業の近くに立地を変更すると，自分の受ける便益とちょうど等しいだけの便益を他企業に与えることになる．したがって，立地変更の私的便益は社会的便益のちょうど半分であり，各企業に自分の得る企業間取引の純便益

$$b(x) = a - tx$$

に等しいだけのピグー補助金を与えてやればよい．[4]

実際には，この種のピグー補助金の制度は存在しないので，企業の都心への集中が過小になる傾向を持つ．したがって，何らかの形で企業の都心部への集積を奨励したほうがよいかもしれない．また，都市規模の決定に関しても，都市集積を奨励するような政策を取ったほうがよいことになる．

2.2 混雑外部性と都心への企業集積

都市における外部性でもう1つ重要なのは都市交通の混雑現象である．[5] たとえば，自動車交通においては，交通量が一定水準を超えると交通量の増加は

---

[3] 厚生経済学の基礎を作ったピグー（A. C. Pigou, 1877-1959）が提唱したところから，ピグー補助金（税）と呼ばれるようになった．

[4] ここでは両企業が交通費用を均等に負担する場合を考えているが，負担が均等でない場合にも外部性はなくならない．たとえば，片方の企業だけが負担する場合には，負担しない企業は自分の立地選択の相手に対する影響を考えないので，交通費用を負担しない企業から負担する企業への外部効果が存在する．

[5] 都市交通における混雑現象については第4章を参照．

スピードの低下を招く．したがって，1台の車が道路に入ると道路交通のスピードを低下させ，同時に走っている他の車に外部不経済を与えることになる．混雑によって外部不経済が発生するのは道路交通に限らず，電車や地下鉄などの公共交通についても様々な形での外部不経済が発生する．たとえば，混雑している電車で感じる不快感も外部不経済であるし，ラッシュ時に電車の運行速度を落とさなければならないことも外部不経済を発生させる．

このように，混雑現象が存在する時には外部不経済が発生するので，各個人の負担する私的交通費用は社会的費用より小さい．したがって，混雑税を課して各個人の費用負担を増加させることが効率的である．しかし，現実には混雑税は導入されていないので，企業と家計の立地行動には歪みが存在する．企業間の交通費用の場合には，この効果は上述の企業立地の外部性による効果と同一方向に働き，企業の都心への集中を過小にする．両方とも，企業の支払う交通費用を過小にしているからである．[6]

しかし，通勤費用の場合には逆である．企業間の交通費用は企業の隣接立地を有利にするが，通勤費用は企業が分散して立地することを有利にする．したがって，通勤費用が過小であることは，企業の集中のコストを過小にし，企業集中を過大にする傾向を持つ．特に日本では，混雑時の交通に対して混雑税が課されるどころか，通勤手当や定期割引の形の補助金が与えられており，通勤の私的費用と社会的費用との乖離は非常に大きい．[7]

以上の議論をまとめると，企業間の交通・通信費用にかかわる**立地外部性**と企業間の交通費用における**混雑外部性**は都心への企業集中を過小にする傾向を持つが，通勤における混雑外部性や通勤手当は都心への集中を過剰にする傾向を持つ．したがって，実際に都心への集中が過小になっているのかどうかは，これらの2つの力のどちらが強いかによっている．残念ながら，現在のところ

---

[6] 企業立地の外部性に対するピグー補助金は企業間取引の純便益を $a-tx$ から $2(a-tx)$ にするが，これは企業の交通費用を tx から $2tx$ に増加させる効果を持つ．

[7] 通勤手当は企業が負担しているので，その限りでは費用負担は行われている．しかし，日本の所得税制においては，一定額までは通勤手当が所得とはみなされず，所得税が課税されないので，そのことによる歪みが発生している．欧米諸国で通勤手当の給付がないのが普通であるのは，このような税制上の優遇措置がないからであると思われる．

これらの2つの力の強さに関する実証的分析は存在しない.

3 集積の経済と都市規模

この節では,集積の経済が存在する時に市場メカニズムによって決定される都市規模が効率的であるかどうか,そうでなければどういった政策が可能かという問題を考える.

3.1 集積の経済による都市

集積の経済には様々なタイプがあり,実際の都市ではそれらが複雑に絡み合っている.ここでは,説明の簡単化のために,集積の経済の発生要因にはさかのぼらず,最初から集積の経済の存在を仮定する.つまり,都市の人口が増加すると,集積の経済によって各企業の生産関数が上方にシフトすると単純に仮定する.前節で見たように,規模の経済と企業間取引を組み合わせたモデルでも企業間の外部経済が発生するので,都市全体をマクロ的に見るとこの仮定が(少なくとも近似的に)成立する.[8]

集積の経済の存在は**都市規模**を大きくする傾向を持つが,第1章で論じたように,集積の利益と逆の方向に働く集積の不利益が存在していなければ,都市が際限なく大きくなり,すべての人口が1つの都市に集まってしまう.したがって,何らかの集積の不利益を導入しなければならない.ここでは,説明の簡単化のため,都市の面積が一定で,拡大することができないと仮定する.都市の面積が限られていることから,都市人口が増加すると1戸当たりの住宅敷地面積が狭くなって消費者は不利益を受ける.実際には都市の面積は固定されておらず,周囲の農村地域等に拡大していくことが可能である.しかし,都市面積が拡大すると都市住民の平均通勤距離が長くなるので,通勤費用の増大が

---

[8] 前掲のKanemoto (1990), pp. 46-59,では,規模の経済と企業間取引の組合せに基づくモデルでも都市規模の決定に関しては以下の分析がほぼそのまま当てはまることを示している.

集積の不経済として働く．こういったケースに分析を拡張することはむずかしくなく，同様な結果が得られる．[9]

集積の経済を直接に受けるのは企業であり，集積の不経済を直接に受けるのは消費者である．しかし，だからといって企業だけが集積のメリットを受け，消費者だけが集積によって被害を受けるわけではない．東京の住居費が上がれば，東京に立地する企業はその他の地域に立地する企業よりも高い給料を払わなければならない．したがって，結局のところは企業も集積の不経済のコストを負担することになる．また，集積の経済を企業が受ければ，企業の生産性が向上し，より高い給料を支払うことができるようになるので，東京の住民も集積のメリットの恩恵を受けることになる．

最初は，都市（たとえば，東京のような中枢都市を想定されたい）が1つだけ存在していると仮定し，この都市とその他地域との間の関係を考える．国全体の人口は $\overline{P}$ で固定されているとし，都市の人口を P とすると，その他地域の人口は

$$P^A = \overline{P} - P$$

を満たす．

すべての消費者は同質であるとする．この同質性の仮定には，すべての消費者が，(1)同じ嗜好（効用関数）を持っている，(2)すべての資産（ここでは土地と企業の株式）を均等に所有している，および(3)労働者としての能力がまったく同じであることの3つが含まれる．

3.2　市場都市規模の決定：1都市の都市規模

いま地域間の移住にはコストがかからないと仮定する．すべての消費者が同質であるので，均衡では両地域の効用が等しくなっていなければならない．[10] 図7-3は，都市の効用水準とその他地域の効用水準が人口とともにどう変化するかを表している．

---

9) Y. Kanemoto, *Theories of Urban Externalities*, North-Holland, 1980, を参照．
10) 効用水準は等しくなっても，所得水準は都市のほうが高くなる．都市では住宅コストが高いので，労働者を確保するためにはより高い賃金を支払う必要があるからである．

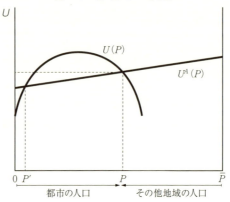

図7-3 都市人口の決定

この図の $U(P)$ 曲線は都市の人口が変化した時に都市の効用水準(実質生活水準)がどう変化するかを表している.都市規模が小さい時には,集積の経済を享受できないので生産性が低い.都市規模が大きくなるにしたがって,集積の経済が生み出されるので,生産性が向上し,効用水準も高くなる.しかし,都市規模がある程度を超えると,住宅事情の悪化から効用水準が下がってくる.

その他地域の人口はグラフの右端から左向きに取られている.その他地域には,農村部とここで考えている都市以外のすべての都市とが含まれているので,その中身は複雑である.ここではその構成には立ち入らず,その他地域の人口が増加すると効用水準が低下する,とだけ仮定する.したがって,その他地域の効用曲線 $U^A(P)$ は右上がりである.[11] また,図7-3では $U(P)$ 曲線の左側の出発点が $U^A(P)$ 曲線よりも低くなっているので,都市人口がゼロの時にはその他地域のほうが効用水準は高い.これは,都市機能をサポートするためには,交通通信ネットワークなどの様々な社会資本投資が必要であり,小さい人口ではそれらの費用をまかなえないことによる.

図7-3では,両地域の効用が等しくなる点が P と P' の2つ存在する.しか

---

[11] 農村部については労働以外に土地という固定的な生産要素が存在するので,人口が増加すると生産性が低下する傾向を持つ.都市部についても,後で見るように,人口の増加が効用水準を上昇させる領域は安定的でないので,集積の不経済の領域に入っているはずである.

図 7-4　都市人口抑制策

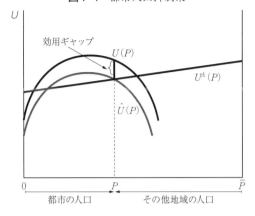

し，人口は効用の低い地域から高い地域に動いていくので，P' 点は不安定であり，安定的に維持されるのは P 点だけである.[12]

　以上の分析では，自由でスムースな人口移動を仮定している．実際には，違う都市への移住には金銭的，心理的に無視できない費用がかかる．しかし，生活水準に有意な差があればかなりのスピードで人口移動が起きることは，1970年代までの地方部から三大都市圏への大きな人口移動からもわかるであろう．

　図 7-4 からわかるように，もし都市とその他地域の効用の間にギャップを発生させることが可能であれば，都市住民にとっては都市人口の制限をしたほうがよい．八田が議論している労働許可証や新規流入人口だけへの課税はこの種の効果を持つ.[13] しかし，効用ギャップを発生させない都市人口抑制策は，都市住民にとっても不利である可能性がある．たとえば，事務所立地規制によって $U(P)$ 曲線を下方にシフトさせ，$\hat{U}(P)$ 曲線にすると，都市人口は減少するが，効用水準は下がってしまう．

---

12)　何らかの攪乱によって P' より少しだけ都市人口が増加した場合を考えてみよう．そうすると，都市の効用がその他地域の効用より高くなるので，その他地域から都市への人口移動を引き起こす．こうした始まった都市人口の増加は P 点に達するまで続くことになる．逆に，都市人口が P' から少しだけ減少すると，都市からその他地域への人口移動が起き，都市人口はゼロになるまで減少する．

13)　八田達夫「巨大都市の経済学」『経済セミナー』，1992年，連載．

都市からその他地域への所得移転は，$U(P)$ 曲線を下方にシフトさせ，$U^A(P)$ 曲線を上方にシフトさせる．これが効用水準を上げるかどうかは様々な条件に依存する．地域間所得移転の効果については，次節のピグー補助金のところで詳しく議論する．

3.3 都市数の増加

次に，都市が1つから2つに増加する可能性を考えてみよう．たとえば，日本では全国的な中枢管理機能を持つ都市は東京だけであるが，このような状態から出発して，全国中枢都市を2つに増加させる可能性を考える．

図7-5は都市が1つしかないケースと都市が2つになったケースを描いている．「2都市」の曲線は，同サイズの都市が2つ存在する場合に，それらの2都市の人口の和と効用水準との関係を表している．この図では，都市が1つの場合の均衡効用水準 u^* よりも2つの場合の均衡効用水準 u'' のほうが高い．しかし，放っておくと，都市が2つに増加する可能性は小さい．

新しい都市の人口が $\tilde{P}$ を超えなければ，その都市での効用水準は既存の都市の効用水準とその他地域の効用水準を下回る．したがって，新しい都市は人口を集めることができず，都市として成長することは不可能である．新しい都市の人口を最初から $\tilde{P}$ 以上にすることができれば，第2の都市は成長をとげ，2都市均衡が達成される．

図7-5 一極集中と二極分散

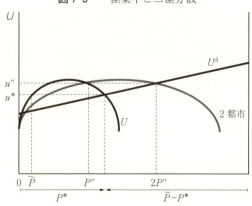

もし強力なデベロッパーが存在し，多数の企業を集めて新しい都市に移動させることができれば，そのようなことが可能である．しかし，実際には，集積の経済が発揮できるほどの都市集積を作ることは，民間企業はおろか政府の手をもってしても困難である．したがって，2都市に都市機能を分散させることのほうが望ましくても，いったん1都市への過度な集中が起きてしまうと分散が不可能になるケースが存在する．

3.4　都市数の決定：過少な都市数と過大な都市規模

　以上の議論から，都市の数を増加させて既存の都市の都市規模を小さくしたほうがよい場合でも，それが不可能なケースが多いことがわかる．このことは，市場経済では都市数が過少になり都市規模が過大になる傾向があることを示唆している．次に，市場経済での都市数の決定について考えてみよう．

　議論を簡単にするために，すべての都市がまったく同じ条件を持っており，しかも農村地域の人口は無視できるほど小さいと仮定する．したがって，ここでの問題は，全人口を何個の都市に分配するかという問題になる．各都市における都市規模と効用水準の関係は図7-6のようになっているとする．また，これまでと同様に，すべての個人はまったく同質であると仮定するので，市場均衡ではすべての都市で効用水準が等しくなっていなければならない．すべての都市で効用水準が等しくても都市人口は必ずしも等しいとは限らない．図7-6の曲線の頂上以外では同じ効用水準を達成する人口水準が2つ（頂上の左側と右側とに）存在するからである．しかし，頂点P^*の左側の均衡は不安定である．何らかの攪乱によって少しだけ他の地域に移住すると，左側に移動するので，他の都市より効用水準が下がってしまい，他都市への移動が始まってしまうからである．[14)] したがって，安定均衡ではすべての都市が頂点の右側に位置しなければならず，すべての都市で人口が同じになるのが均衡である．この場合には1都市の人口と都市の数とが1対1に対応し，都市の人口が増加することは都市数が少なくなることと同じである．各都市の人口がPで国全体の総

---

14)　均衡の安定性に関する動学的分析については，T. Tabuchi, "Existence and Stability of City-size Distribution in the Gravity and Logit Models," *Environment and Planning A* 18, 1986, pp. 1375-1389, を参照．

図7-6 市場都市規模

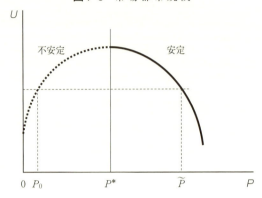

人口が $\overline{P}$ であると,都市の数は

$$n = \frac{\overline{P}}{P}$$

となる.

　明らかに,図7-6の P^* (効用水準を最大にする都市規模) より小さい都市規模は安定的な均衡ではありえない.いま,何らかの攪乱によって,ある企業が他の都市へ移動したとしよう.移動先の都市では人口が増加するので,住民の効用水準が上昇し,よりいっそうの人口流入を招く.これに対して,人口が流出した都市では効用水準が下がるのでさらに人口流出が進むことになる.人口が流入した都市は,少なくとも P^* に達するまで成長を続け,人口流出側の都市は最終的には消滅する.

　最適な都市規模より小さい都市規模は安定的ではないが,最適規模より大きな都市規模は安定均衡になりうる.都市人口が P^* より小さい場合とは逆に,人口が流入した都市では効用水準が下がり,人口が流出した都市では上がるからである.人口流入都市では効用水準が下がるので,他の都市への流出が起き,元の均衡に逆戻りしてしまう.

　過大な都市人口を減らす方法は,新しい都市を1つ建設することである.しかし,巨大な新しい都市を建設するには多くの企業を同時に集めなければならず,これは実際には困難である.多くの企業を同時に集めることができない時には,新しい都市は1つ(あるいは少数の)企業から出発しなければならない.

したがって，新しく作ることができる都市の規模は，図7-6のP_0のように既存の都市に比べるときわめて小さいものとなる．この都市の効用水準は低いので，新しい都市が建設されるのは，既存の都市の人口が最適人口を大きく超えて，$\tilde{P}$を超えた時のみである．したがって，P^*と$\tilde{P}$の間の都市規模はどれも安定的に維持される．

以上の議論から，集積の経済によって形成される都市は，都市規模が過大になる強い傾向を持つことがわかる．都市規模が最適より大きい場合でも安定的な均衡になり，この状態を修正するメカニズムが働かないからである．この結果は最適な都市規模を達成するための政府介入を正当化する1つの理由になる．

市場都市規模の非効率性は，多くの企業が協同して新しい大規模都市集積を形成することができないという仮定に決定的に依存している．ヘンダーソン（J. V. Henderson）が仮定しているように，[15] 都市の建設と管理を行う都市デベロッパーが多数の企業を集めることができるならば，この問題は起こらない．都市が大きすぎる場合には，デベロッパーは最適な大きさの都市を建設することによって利益をあげることができる．したがって，デベロッパーによる都市建設が最適な都市規模を達成する．

実際には，民間デベロッパーが都市集積を形成できるとは考えにくい．筑波研究学園都市での経験からもわかるように，多数の民間企業を集めるのはきわめて困難である．巨額の国費を投じて社会資本を整備したにもかかわらず，民間企業が本格的に立地を始めるまでには10年以上もかかっており，民間ベースで可能な事業であるとは思えない．

また，デベロッパーが都市建設の費用をまかなうためには，土地を開発前の低い価格（たとえば，農地価格）で購入し，開発後に高い価格で住民や企業に売却する（あるいは，高い地代で貸す）ことができなければならない．これは，土地が細分化され零細な地主によって所有されている時には困難である．都市が建設されるのを知った地主は，地価が将来値上がりすることを予想するので，農業地代では土地を提供しないからである．

以上の分析では，都市の階層構造を無視していた．実際の都市構造は複雑な

---

15) J. V. Henderson, *Economic Theory and Cities*, Academic Press, 1977（折下功訳『経済理論と都市』勁草書房，1987年）．

図7-7 東京一極集中の安定性

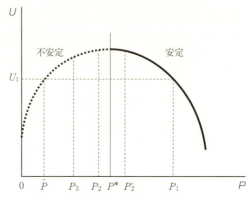

階層をなしており,ごく単純化しても第1章の図1-6のようになっている.東京には金融機関の本社や大企業の本社が集中し,本社機能というサービスを他の地域に対して提供している.大阪,名古屋,ブロック中枢都市,県庁所在都市,地方中心都市などの各階層の都市はそれぞれ異なった機能を果たしており,都市規模も各自の果たしている機能に応じて決まっている.各階層の都市について,その都市の果たしている機能を所与とすると,上とほぼ同じ分析が可能である.都市規模はその機能にどの程度の集積の経済がともなっているのかによって決定される.程度の差はあれ,どの階層にも集積の経済が存在するので,都市規模が過大になる傾向も存在する.ただし,下の階層になればなるほど,この問題は小さくなる.都市規模が過大になるのは,同じ階層の新しい都市を作ることが困難であるからであるが,小さい都市を作るのは大きい都市を作るのより容易であるからである.

　図7-6の議論を最高レベルの都市階層に適用すると,**東京一極集中**現象の説明が可能である.日本の都市システムが第1章の図1-6のような階層構造をなしているとしよう.この階層構造においては,最高レベルの中枢管理機能を担っている都市は東京だけである.このケースの東京の都市規模が図7-7のP_1であるとする.中枢管理機能の東京への一極集中を分散化して,東京に加えて大阪が最高レベルの中枢都市になると,東京と大阪が同じ都市規模になり,双方ともP_2になるとする.さらに,中枢管理機能が名古屋にも分散し,東京,

大阪，名古屋の3都市が全国レベルの中枢管理機能を分担すると，これらの3都市の都市規模は P_3 になるとする． P_1, P_2, P_3 が図7-7の位置にあると，二極分散の状態も三極分散の状態も不安定であり，安定的な均衡は東京への一極集中（P_1）だけである．

さて，ここで経済構造の変化が起きて，二極分散のケースの都市規模が P_2' になったとしよう．この場合には，東京，大阪の二極構造も安定的であり，しかも二極分散のほうが一極集中よりも効用水準が高い．ところが，一極集中が起きてしまった後には，二極構造には移行しない．一極集中のもとでは，大阪への中枢管理機能の集中が十分でなく，集積のメリットを発揮できないからである．何らかの強力な分散政策を用いて，$\tilde{P}$ を超えるような集積を大阪にもたらすことができなければ，二極分散は不可能である．

4 最適都市規模

前節では，都市規模を最適にするような政策的介入は考えてこなかった．しかし，集積の経済が存在する場合には，自由競争市場で形成される都市規模が最適である保証はない．次に，**最適な都市規模**のための条件を考える．この節では主要な結論を直観的に解説するにとどめ，それらの導出は付録で概観する．

4.1 集積の経済とピグー補助金：最適都市規模

まず，前節の最初の部分で分析した一都市とその他地域との間の人口配分について，最適な人口配分のための条件がどうなるかを見てみる．われわれのモデルでは，都市人口の増加が集積の外部経済と混雑の外部不経済を発生させる．もし前者が後者を上回れば，都市住民にピグー補助金を与えて都市集中を奨励する必要がある．逆に，後者が前者を上回ればピグー税をかける必要がある．ここではピグー補助金のケースを考える．

都市住民にピグー補助金を与えると，図7-8のように都市の効用曲線 $U(P)$ が上方へシフトする．ところが，ピグー補助金をまかなうためには，国民に均一にかかる税金を重くせざるをえないので，その他地域の効用曲線 $U^A(P)$ は

図 7-8 ピグー補助金

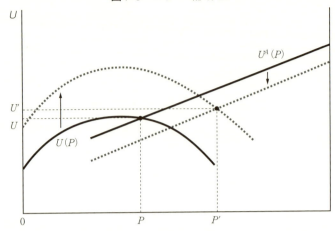

下方へシフトする．この図に描かれているケースでは，都市住民に補助金を与えることによって，都市人口は P から P' に増加し，均衡での効用水準は U から U' に上昇する．したがって，この場合の都市住民への補助金は都市住民のみならずその他地域の住民の効用も上昇させることになる．補助金の水準を少しずつ上げていって，均衡での効用水準を最高にするようなものを求めたのが，最適なピグー補助金になる．

　集積の経済のメリットを受けている都市の住民にさらにピグー補助金を与えなければならないのは不合理であると思うかもしれない．しかし，集積の外部経済が存在している場合には，放置しておくと都市の人口が過小になってしまうので，これを補正するためにピグー補助金が必要になる．

　ただし，ピグー補助金を必要とするのは限界的な集積の経済（つまり，現在の都市人口に1人付け加わった時に，その新たな1人が既存の住民および企業に与える集積の外部経済）に対してであって，平均的な集積の経済に対してではないことに注意が必要である．前節で見たように，東京のような巨大中枢都市では，都市規模が過大であっても市場メカニズムにまかせておいてはこれを修正するような力が働きにくい．したがって，都市規模が過大になっている可能性が大きい．都市規模が過大になると，極端なケースでは混雑現象があまりに顕著になり，集積の外部不経済が外部経済を上回ることも可能である．この

場合には，ピグー補助金は負になり，都市住民にピグー税を課す必要が出てくる．

4.2 ヘンリー・ジョージ定理：最適都市数

ここまでは都市数が1つで固定されているケースを考えてきたが，都市の数についても最適化を考えることができる．都市数は整数でなければならないが，連続的に変化させることができると仮定して都市数に関する最適条件を求めると，「集積の外部経済に対するピグー補助金の総額が都市地代の総額に等しくなる」．これは**ヘンリー・ジョージ定理**と呼ばれている．[16]

都市政府が地代に100%課税し，それでピグー補助金をまかなった時の財政余剰（**ヘンリー・ジョージの財政余剰**と呼ぶ）をSで表すと，この財政余剰は都市数が最適の時にゼロになる．都市地代は都市規模が大きくなるにしたがって高くなるので，都市数が多すぎる（都市規模が小さすぎる）時には財政余剰は負であり，都市数が少なすぎる時には正になる．これを示しているのが図7-9である．

大都市においては都市地代の総額は非常に大きいので，都市人口が最適な場合にはピグー補助金も正できわめて大きい．ただし，都市規模が過大（都市数が過少）な時には，これは必ずしも成り立たない．上でも議論したように，極端な場合には，都市規模が大きくなりすぎて混雑現象があまりに顕著になり，それを考慮に入れるとネットでは集積の外部経済がマイナスになることもありうる．この場合には，ピグー補助金は負になる．

「ヘンリー・ジョージ定理」は，集積の経済に加えて地方公共財が都市集積の要因になっている場合にも拡張できる．その場合には，ピグー補助金に公共財供給コストを加えたものが都市の総地代に等しくならなければならない．[17]

---

[16] ヘンリー・ジョージ（Henry George, 1839-1897）はアメリカの社会改革論者で，公共支出をすべて土地に対する100%の単一課税でまかなうことを主張した．ヘンリー・ジョージ定理が成り立っていれば，彼が主張する土地100%単一課税で政府の財政収支がちょうど均衡する．

[17] 地方公共財に関するヘンリー・ジョージ定理については，前掲のKanemoto（1980）の第3章，およびそこで紹介されている参考文献を参照されたい．

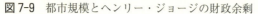

図7-9 都市規模とヘンリー・ジョージの財政余剰

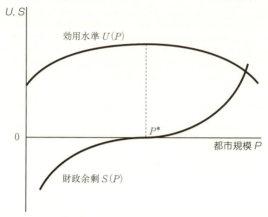

また，1企業の規模の経済性による企業城下町の場合にも同様なヘンリー・ジョージ定理が得られている．効率的な生産のためには価格を限界費用と等しくしなければならないが，規模の経済が存在する場合には平均費用が限界費用を上回るので，企業に赤字が発生する．この赤字の額が都市の総地代と等しくなる時に都市の最適規模が達成される．[18] この結果は，交通投資等による開発利益を吸収して投資財源にあてるべきであるという「開発利益還元論」の理論的基礎になっている．[19]

ヘンリー・ジョージ定理は実際の都市が過大になっているかどうかの検証に用いることができる．実際のデータから図7-9の財政余剰がプラスになっていることがわかれば，都市規模が過大であると推定できるからである．しかしながら，地価データは曲がりなりにも全国レベルで存在するが，信頼のおける地代データは存在しないので，ヘンリー・ジョージ定理の直接的な適用は困難である．そこで，Kanemoto, et al. (1996)，金本・齊藤 (1998)，金本 (2006)[20]

---

18) 前掲の Kanemoto (1980) の第2章を参照．

19) 金本良嗣「空間経済と交通」藤井彌太郎・中条潮編『現代交通政策』東京大学出版会，1992年，第7章，117-129ページ，を参照．

20) Y. Kanemoto, T. Ohkawara, and T. Suzuki, (1996), "Agglomeration Economies and a Test for Optimal City Sizes in Japan," *Journal of the Japanese and International Economies* 10, pp. 379-398；金本良嗣・齊藤裕志「東京は過大か：ヘンリー・ジョージ定理による検証」『季刊住宅土地経済』No. 29, 1998年，9-17ページ，および金本良嗣

は以下のような方法を考えた．3.4節で見たように，均衡で最適都市規模が達成されるとは限らず，市場均衡での都市規模は過大になる傾向がある．この過大になる傾向は都市規模の大きさによって異なると考えられる．実際の都市圏は東京圏を頂点とするヒエラルキーを形成しているので，最適都市規模はヒエラルキー階層ごとに異なっており，最適都市規模からの乖離幅も階層によって異なる．都市規模が小さい階層では，新たに同規模の都市を作るのは容易であり，最適規模からの乖離は相対的に小さい．これに対して，大都市を新たに作るのは困難であるので，都市が大きくなればなるほど最適都市規模からの乖離が大きくなると考えられる．それを検証するために，地価総額[21]とピグー補助金総額の比率を日本の都市圏について計算し，東京都市圏が他の都市圏と比較して大きく異なっているかどうかを調べた．Kanemoto, et al.（1996）では東京が過大であるとの結果は得られなかったが，データと推定法を改善したより最近の上掲2論文は東京が過大であることを示唆している．

この節の分析では，集積の経済がどのようなメカニズムでもたらされるかを明示しておらず，集積の経済にともなう価格体系の歪みを無視している．本章の2節および第1章で見たように，集積の経済の発生要因には様々なものがあるが，そのほとんどは価格体系の歪みを内包している．たとえば，2節で見た企業間交通・通信費用の例では立地選択において交通・通信の私的費用が社会的費用と乖離している．また，新経済地理学で用いられている独占的競争モデルでは，製品差別化によって個別生産者がある程度の価格支配力を持ち，限界費用より高い価格を設定する．Behrens, et al.（2015）[22]は，製品差別化によって集積の経済が生まれる後者のモデルを用いて，価格体系の歪みを所与とした次善のヘンリー・ジョージ定理を導出している．そこでの結果によると，都市数最適の条件はヘンリー・ジョージの財政余剰がゼロになることではなく，

　　「東京は過大か：パネルデータによる再推定」『季刊住宅土地経済』No. 62, 2006年，12-20ページ，を参照されたい．

21) 実際の推定では，地方公共財による集積効果も考慮に入れるために，社会資本ストック総額も用いている．

22) K. Behrens, Y. Kanemoto, and Y. Murata, "The Henry George Theorem in a Second-best World," *Journal of Urban Economics* 85, 2015, pp. 34-51.（http://dx.doi.org/10.1016/j.jue.2014.10.002）．

価格体系の歪みによる死重損失を考慮に入れて修正する必要がある.[23]

5 おわりに

この章では，市場経済における都市規模の決定には少なくとも2つのタイプの市場の失敗が存在することを明らかにした.

第1に，都市の存在理由の最も重要なものである集積の経済にともなって市場の失敗が発生する．企業が大都市に集中する最大の理由は，他企業との取引や情報交換が容易であることによる．第2節で説明したように，企業の生産活動に規模の経済性が存在する時には，取引費用や通信費用を削減するために多数の企業が集中して立地し，都市が形成される．生産における規模の経済性と企業間の輸送・通信費用の2つが同時に存在する時には，企業の立地決定における外部効果が発生する．1企業の立地決定はその企業自身にとっての輸送・通信費用を変化させるのみならず，その企業と取引関係にある他の企業の輸送・通信費用をも変化させるからである．この外部効果の存在によって引き起こされる市場の失敗の方向は，都心での企業の集中が不十分になるというものである．つまり，都心における企業の立地密度を上げてより集積度の高い土地利用に変えるのが望ましい．ただし，現実には企業間の輸送・通信費用による市場の失敗だけではなく，都市交通における混雑現象などの他のタイプの市場の失敗も存在するので，これだけの議論から企業の集積の促進政策が望ましいとは結論できない.

都市規模の決定に関するもう1つの市場の失敗は，数多くの企業を集めて新しい都市を作ることは困難であることによる．集積の利益を享受するためには多くの企業が集積することが必要であるが，集積の利益を享受できるだけの数の企業を一時に集めることはきわめてむずかしい．したがって，市場経済にお

---

[23] 具体的には，財政余剰が限界超過負担（都市数を増加させることによる限界的な超過負担の増加）と1都市内における価格の歪みの総額（価格の歪みに消費量をかけたものを都市内のすべての消費について足し合わせたもの）の和に等しくなるのが，都市数最適のための条件である.

いては，都市規模が過大になる傾向が存在する．

　このタイプの市場の失敗の政策的意味を東京を例にとって説明しよう．たとえば，東京が過大であり，東京の人口を減少させたほうが効率的であるとしよう．東京の人口を減少させるためには，東京に存在する経済活動のかなりの部分を他の都市に移す必要がある．東京には企業の本社が集中しており，日本全国の中枢管理機能を果たしているので，東京の経済活動を移すということは東京と同様の中枢管理機能を持った新しい都市を作ることを意味する．これは，たとえば，現在東京にある大企業の本社のほぼ半分を大阪に移すことによって達成できる．しかし，たとえ，このような移動によってすべての企業が利益を得ることができる場合でも，多数の企業の本社を同時に移動させることはきわめて困難であり，少数の企業の移動から出発しなければならない．ところが，少数の企業が移動しただけでは集積の利益を享受することができず，大阪への本社の移動は起こりえない．したがって，都市規模が過大であっても，その都市の機能を他の都市に移して都市規模を縮小させることは，政府の強力な介入なくしてはきわめて困難である．都市規模を制御できる有効な政策手段が存在すれば，政府の介入によって資源配分の大幅な改善を行いうる可能性がある．ただし，自由主義経済のもとでは企業の移転を強制することは困難であるので，政府の取りうる政策は社会資本の配分や新規立地の規制などの間接的な政策によらざるをえない．したがって，政府の力をもってしても都市規模の制御は困難であるかもしれない．

　経済理論的には，新都市形成の困難さによる市場の失敗は取引費用の存在によるものであると解釈できる．もし，企業間の取引費用が存在しなければ，多数の企業が同時に移動するという契約を費用をかけずに作成することができる．都市規模が過大な時には，そのような契約によってすべての企業に利益がもたらされるようにすることが可能であり，市場メカニズムによって都市規模の縮小が起きる．しかし，数百数千の企業の間にこのような契約を結ぶためには，多大の取引費用がかかるので，現実には都市規模が過大なままにとどまる傾向を持つ．政府が規制や誘導などの何らかの政策手段を用いてこの取引費用を削減できる時には，政府の介入が正当化できる．

　日本の都市政策を考えるうえにおいては，中央政府が東京に立地しているこ

とがきわめて重要である．第1章で，都市の存在理由の1つに公共財の存在があることをあげたが，政府機能が東京に集積していることは公共財の偏在の一例であり，これが東京圏の規模を大きくしている1つの重要な要因である．諸外国の例からも明らかなように，首都が大都市にある場合にはその都市がきわめて大きくなる傾向を持ち（フランスにおけるパリ，イギリスにおけるロンドンなど），首都が小都市にある場合には1都市だけが大きくなる傾向は小さい（アメリカ，ドイツなど）．都市規模に関して政府の取れる唯一の有効な政策は，遷都を含む政府機能の分散化であろうと思われる．[24]

キーワード

規模の経済性　企業間の交通・通信費用　多様性の便益　ピグー補助金（税）　（立地）外部性　混雑外部性　集積の経済　都市規模　東京一極集中　最適な都市規模　ヘンリー・ジョージ定理　ヘンリー・ジョージの財政余剰

練習問題

1. 2つの企業とそれらの企業の従業員が，図7-2のような幅が1の同質な帯状の土地の上に立地している．縦方向の交通費用はゼロであり，横方向の交通費用はそれぞれの敷地の中心から中心までの距離によって決定される．企業の事務所の敷地面積は1であり，正方形の形をしていなければならない．それぞれの企業は2人の従業員を雇い，各従業員は敷地面積が1で正方形の住宅地に住む．通勤費用は単位距離当たりt円である．

　2企業の生産規模は固定されており，お互いの企業の生産物の1単位を中間投入物として使用している．もし他企業の生産物を中間投入物として使わ

---

[24] 首都機能の移転の効果の厚生経済学的分析は，金本良嗣「首都機能移転の効果」八田達夫編『東京一極集中の経済分析』日本経済新聞社，1994年，213-256ページ，で行われている．

なければ q だけの生産量が得られる．他企業の生産物を（1単位）使うと生産量は $q+a+1$ に増加する．両企業の生産物の価格は1円であるとし，中間投入物の輸送コストは単位距離当たり c 円である．ただし，$a \geq 3c$ であると仮定する．

(1) 以下の図のように，企業が分散して立地している場合の社会的純余剰を計算せよ．ここで，社会的純余剰は2企業の生産物の価値から中間投入物の費用，中間投入物の輸送費用，通勤費用の合計を差し引いたものである．

企業の分散立地

住宅地	A	住宅地	住宅地	B	住宅地

(2) 以下の図のように企業が集中して立地している場合の社会的純余剰を計算せよ．集中立地のほうが分散立地より望ましいのはどういう場合か．

企業の集中立地

住宅地	住宅地	A	B	住宅地	住宅地

2．本文中の図7-3について以下の問いに答えよ．
  (1) 都市人口が 0，P'，P の3つのケースが市場均衡になりうる．これらの均衡から少し外れるとどちらの方向に人口移動が起きるのかを調べることによって，安定的な均衡はどれで，不安定な均衡はどれかを示せ．
  (2) 住宅開発の規制を行うことによって新規住民の流入を既存住民が制御できるとせよ．当初の都市人口が P' である時に，その時点の都市住民が選択する都市人口を示せ．ただし，両地域の効用曲線自体はこのような政策によっては変化しないと仮定せよ．
  (3) 両地域間の人口移動が自由であり，効用水準が等しくなるケースについて以下の2つの政策が都市人口と効用水準に与える効果を示せ．(a)都心の事務所に対する土地利用規制を強化することによって都市の生産性を下げる．(b)地域開発戦略を改善して，その他地域の生産性を上げる．

*3．面積 $\overline{H}$ のまったく同質な多数の島から構成されている経済を考えよ．各

島の人口と経済全体の人口をそれぞれ P と $\bar{P}$ で表す．各島で消費財が生産され，各企業の生産関数は

$$F(N, P) = N[1-(Q-P)^2]$$

である．ここで，Q は所与のパラメータであり，N は企業の従業員数である．消費者はすべて同じ効用関数

$$u(z, h) = z^{1/2} h^{1/2}$$

を持っている．ここで，z と h はそれぞれ消費財と土地の消費量である．

(1) 住民が住んでいる島の数が n で連続的な内生変数であるとして，最適な都市規模を求めよ．

(2) 各消費者がすべての企業の株式とすべての土地を均等に所有していると仮定する．住民の住んでいる島の数 n を所与として，企業の参入が自由なケースの競争均衡を求めよ．その際に，賃金と地代を計算せよ．(企業の生産関数が一次同次であるので均衡での企業規模は不定になることに注意せよ．)

(3) (2)において，住民の住んでいる島の数が内生的に決まる時の市場均衡はどうなるか．この市場均衡の都市規模を最適解と比較せよ．

付録　都市規模決定の数学モデル

この付録では，簡単な数学モデルを用いて，第3節と第4節で直観的に解説した結果を導出する．

都市規模の決定

まず，都市の生産構造を以下のように定式化する．都市内には多数の企業が存在し，それぞれの企業の生産は，企業の雇用する労働者の数 N に加えて，都市人口 P にも依存するとする．土地や資本などの労働以外の生産要素は無視し，企業の生産関数を $f(N, P)$ と書く．都市人口 P を固定すると，この生産関数は図 7-10 のような形をしているとする．つまり，雇用量が小さい時には規模の経済性が存在し，雇用量が大きくなると規模の不経済に移行すると仮定する．説明を単純にするために，労働だけが投入物であり，すべての企業が同じ生産関数を持っているとする．

都市規模が大きくなると交通混雑などのような様々な外部不経済が発生する．この種の混雑外部性は集積の経済と逆の方向に働き，ピグー税が必要となる．ここでは混雑外部性も企業の生産活動だけに発生し，しかも都市人口のみに依

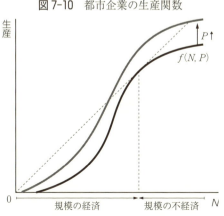

図 7-10　都市企業の生産関数

存するとする.したがって,生産関数の中の都市人口 P は集積の経済と混雑外部性の双方を表している.前者が後者を上回っている場合には,図7-10のように都市人口の増加が生産関数を上方にシフトさせる.逆に,混雑が激しくて後者が前者を上回っている場合には,都市人口の増加は生産関数を下方にシフトさせる.

都市内には多数の企業が存在して,生産物市場と労働市場の双方とも競争的であるとする.また,企業の新規参入は自由であると仮定し,企業の(超過)利潤がゼロになるような長期的均衡を考える.都市人口 P が与えられると,これら2つの条件から都市内の生産活動がすべて決定される.したがって,都市の総生産は都市人口の関数 $F(P)$ として求められる.また,賃金水準も $w(P)$ の形に書くことができる.[25]

都市以外の地域はすべてまとめて考え,その総生産関数は $G(P^A)$ の形をしているとする.ここで,P^A は都市以外の地域の人口である.国全体の人口が $\overline{P}$ で固定されていて,

$$P^A = \overline{P} - P$$

であるので,その他地域の賃金は $w^A(P)$ の形に書くことができる.

第3節で仮定したように,すべての消費者は,(1)同じ効用関数を持っている,(2)すべての資産(ここでは土地と企業の株式)を均等に所有している,(3)労働者としての能力がまったく同じであるという3つの意味で同質である.これら

---

[25] これらの関数は以下のようにして求められる.生産物価格を1と基準化し,賃金を w と置くと,企業の利潤最大化 $\max_{(N)} \{f(N,P) - wN\}$ から,賃金は労働の限界生産性の価値に等しくなる.

$$w = f_N(N, P)$$

また,企業の利潤がゼロになるという条件から

$$f(N, P) = wN$$

が成立し,これらの2つの関係から

$$f(N, P) = f_N(N, P)N$$

が得られる.この式を N について解くことによって,各企業の雇用を都市人口 P の関数 $N(P)$ として表すことができる.さらに,この関数を代入することによって,賃金と都市内総生産も都市人口の関数として求めることができる.

$$w(P) = f_N(N(P), P),$$
$$F(P) = Pf(N(P), P/N(P)).$$

の仮定の中で特に注意が必要なのが，(2)の資産の均等所有の仮定である．これらの資産の中には土地も含まれているので，われわれのモデルでは地主と労働者の区別は存在しない．すべての労働者が全国のすべての土地を均等所有していると仮定されている．

各消費者の所得は，労働所得，地代収入，企業利潤の配当の3つから構成される．地代収入と配当所得の和を y で表すと，都市住民の所得は

$$I = y + w(P)$$

となる．同じ消費者がその他地域に住むとすると，その所得は賃金所得だけが異なり，

$$I^A = y + w^A(P)$$

となる．

消費者はこれらの所得を前提に自分の満足を最大にするような意思決定を行う．この意思決定は，都市およびその他地域のそれぞれに住んだ時の消費行動の決定と，これらのどちらに住むかという地域選択の2つに分かれる．

まず，都市に住んだ時の消費行動を考えてみよう．消費者の効用は住宅の敷地面積とその他すべての消費財を表す合成消費財 z に依存するとする．簡単化のために，効用関数は

$$U(z, h) = z + u(h)$$

という特殊な形（擬線形と呼ばれている）をしているとする．この擬線形の効用関数では「所得効果」が存在しないので，所得の変化による一般均衡的波及効果を無視でき，分析が非常に単純になる．合成消費財の価格を1とし，地代を R で表すと，都市住民は

$$I = z + Rh$$

という予算制約のもとで，効用を最大にするような選択を行う．

消費者の効用最大化問題を解くと，都市住民の選択する住宅敷地面積が地代の関数 $h(R)$ として求められる．[26] ところが，都市内の住宅地の供給量は H で固定されており，住民1人当たりの住宅地面積はこれを住民数で割ったもの H/P でなければならないので，住宅地の需要と供給が一致するためには，

---

[26] 擬線形の効用関数のもとでは住宅敷地需要は所得に依存しない．

$$\frac{H}{P} = h(R)$$

が成立しなければならない。この関係から、都市地代は都市人口の関数として求められ、

$$R = r\left(\frac{H}{P}\right)$$

の形に書くことができる。[27]

以上をまとめると、都市での効用水準は

(7.1) $\quad U = y + w(P) - r\left(\frac{H}{P}\right)\frac{H}{P} + u\left(\frac{H}{P}\right)$

となる。

次に、同じ消費者がその他地域に住むとすると、所得は賃金所得だけが異なり、

$$I^A = y + w^A(P)$$

となる。その他地域の住宅地代は無視できるほど小さいと仮定し、ゼロと置く。住宅地の管理のコストを考えると、地代がゼロであっても敷地面積はそう大きくはならないと考えられる。地代がゼロの時に消費者が選択する住宅敷地面積を h^A と書くと、その他地域に住んだ場合の効用水準は

(7.2) $\quad U^A = y + w^A(P) + u(h^A)$

となる。[28]

(7.1)式と(7.2)式における非労働所得 y は都市での地代収入と都市およびその他地域の企業からの配当収入の和であるので、

(7.3) $\quad \overline{P}y = r\left(\frac{H}{P}\right)H + G(\overline{P} - P) - (\overline{P} - P)G_P(\overline{P} - P)$

---

27) 消費者の効用最大化の1階の条件は

$$u'(h) = R$$

であるので、

$$r\left(\frac{H}{P}\right) = u'\left(\frac{H}{P}\right)$$

が成立する。

28) 効用最大化の1階の条件から、住宅敷地面積は

$$u'(h^A) = 0$$

を満たす。

を満たす．ここで

$$G_P(\overline{P}-P)=\frac{dG(\overline{P}-P)}{d(\overline{P}-P)}$$

である．

　以上のようにして，都市人口 P が決まると，生産と住宅敷地面積が決定され，それが各地域での所得と効用水準を決定する．消費者は都市とその他地域での効用水準（U と U^A）を比較し，効用水準の高い地域に移動する．このような人口移動は両地域の効用が等しくなるまで続き，均衡点では，

$$(7.4)\quad w(P)-r\left(\frac{H}{P}\right)\frac{H}{P}+u\left(\frac{H}{P}\right)=w^A(P)+u(h^A)$$

が成り立つ．この式では P だけが未知の変数であるので，都市の人口 P が求まる．第3節の図7-3からもわかるように，(7.4)式を満たすような都市人口は1つだけとは限らない．それらの均衡のうちで不安定なものは達成されず，安定的なもののうちのいずれかが達成されることになる．

集積の経済とピグー補助金：最適都市規模

　次に，最適な都市規模の分析を行う．われわれのモデルでは，都市人口の増加が集積の外部経済と混雑の外部不経済を発生させる．もし前者が後者を上回れば，都市住民にピグー補助金を与えて都市集中を奨励する必要がある．都市住民1人に与えるピグー補助金の額を s で表すと，都市住民の所得は

$$I=y+w(P)+s$$

となる（ピグー税の場合には s がマイナスになる）．その他地域の住民はピグー補助金を受けないので，所得制約式は前節のままである．したがって，人口移動の均衡式 (7.4) は

$$(7.5)\quad w(P)-r\left(\frac{H}{P}\right)\frac{H}{P}+u\left(\frac{H}{P}\right)+s=w^A(P)+u(h^A)$$

となる．[29]

29）　ピグー補助金を入れた資源制約は

$$\overline{P}y=r\left(\frac{H}{P}\right)H+G(\overline{P}-P)-(\overline{P}-P)G_P(\overline{P}-P)-sP$$

　　となる．

278　7章　都市規模

最適なピグー補助金は均衡効用が最大になるような補助金の水準であり，簡単な計算から，

$$(7.6) \quad s = \frac{P}{N} f_P(N, P)$$

を満たすことがわかる．

この結果は以下のように解釈できる．都市住民の増加は集積の外部経済をもたらすので，都市住民にピグー補助金を与えなければならない．住民1人当たりのピグー補助金の額は住民が1人増加した時の外部経済便益に等しい．これは以下のように計算できる．都市住民が1人増加すると，集積の経済によって各企業の生産は f_P だけ増加する．ここで，都市内には P/N だけの企業が存在するので，全体としての生産の増加は $(P/N)f_P$ になる．この外部経済便益が各都市住民に与えなければならないピグー補助金の金額になる．

ヘンリー・ジョージ定理：最適都市数

ここまでは都市数が1つで固定されているケースを考えてきたが，次に都市の数についての最適化を考える．実際には都市数は整数でなければならず，都市数が1.76であるなどということはありえない．しかし，説明を簡単にするために，ここでは都市数が連続的に変化すると考える．[30]

都市数が n の時の，人口移動均衡の条件は

$$(7.7) \quad w(P) - r\left(\frac{H}{P}\right)\frac{H}{P} + u\left(\frac{H}{P}\right) + s = G_P(\overline{P} - nP) + u(h^A)$$

であり，資源制約は

$$(7.8) \quad \overline{P}y = nr\left(\frac{H}{P}\right)H + G(\overline{P} - nP) - (\overline{P} - nP)G_P(\overline{P} - nP) - nsP$$

である．これらの制約条件のもとで効用水準

$$(7.9) \quad U = y + w(P) - r\left(\frac{H}{P}\right)\frac{H}{P} + u\left(\frac{H}{P}\right) + s$$

を最高にするような都市数を求めると，以下の条件が得られる．

$$(7.10) \quad rH = sP$$

---

[30] 都市数が自然数である場合の最適条件を求めることはむずかしくなく，連続変数であると考えた時の最適条件はその条件のある種の近似を与えている．

したがって，都市数が最適であるための条件は，「集積の外部経済に対するピグー補助金の総額が都市地代の総額に等しくなる」というものである．この結果は「ヘンリー・ジョージ定理」と呼ばれている．都市政府が地代に100%の税率で課税し，それでピグー補助金をまかなった時の財政余剰（「ヘンリー・ジョージの財政余剰」と呼ぶ）を

$$S = rH - sP$$

で表すことができるが，ヘンリー・ジョージ定理によれば，この財政余剰は都市数が最適の時にゼロになる．

8章

土地利用政策

1 はじめに

　都市における土地利用政策は，土地利用規制と公共部門による社会資本整備によって主として担われている．この章ではこれらのうちの土地利用規制を主たる対象とするが，税制や土地取引規制等も取り上げる．日本の土地利用規制の中心をなすのは，「都市計画法」と「建築基準法」である．これらの法律の定める土地利用規制には，市街化区域，市街化調整区域の指定のような開発規制，第1種低層住居専用地域，商業地域，工業専用地域等の指定による用途規制，容積率や建ぺい率などを規制する形態規制などがある．以下ではこれらの土地利用規制制度を概観し，その効果やあるべき姿を検討する．

　土地利用規制は土地利用を直接的に制限するものである．これに対して，公園，道路，港湾，空港，鉄道，上下水道等の公共事業は直接的に土地利用に介入するものではないが，提供される社会資本サービスは土地利用に影響を与える．したがって，これらの公共事業を通じて土地利用の誘導を図ることも可能であり，土地利用における社会資本の重要性は無視できない．この章では土地利用規制に焦点をあてるが，土地利用規制は社会資本投資と密接に結びついているので，その限りにおいて社会資本投資の役割にも触れることになる．

　第2章でも見たように，市場経済においては土地利用構造も基本的には市場

メカニズムによって決定される．土地利用に関する公共政策（土地利用政策）の目的は，市場メカニズムにまかせておいては不都合が生じる場合に，公共部門の介入によって土地利用を改善しようとするものである．したがって，土地利用政策の経済分析の最も重要なテーマは，どのような「市場の失敗」が発生しており，その対策としてどういった政策が望ましいかを検討することである．たとえば，工場と住宅を分離するような用途規制については，工場と住宅の間の外部性が市場の失敗をもたらしているかどうか，もし外部性が存在していればその大きさは用途規制の様々なコストを正当化するほど大きいかどうかが問題となる．さらに，もし用途規制が望ましいとすればどの程度細かい規制が望ましいか，また，それぞれの用途地域はどのように決めるべきか等の問題も分析しなければならない．

もちろん，こういった厚生経済学的分析はきわめて重要であるが，それだけでは十分でない．公共政策は，政治的プロセスを経て，政府（つまり，官僚組織）によって立案・執行されるので，現実の政治的枠組みの中での政策選択がどのようにして行われるのかに関する経験科学的分析も必要である．

以下では，第2節で日本における土地利用政策の現況を概観する．第3節から第6節までは土地利用政策に関する経済分析を紹介する．最後に，第7節で土地取引規制について簡単に議論する．

2　日本の土地利用政策

土地利用規制に対する考え方は国によって異なっている．浅見によれば，土地利用規制の手法には大別して2つのアプローチがある．[1] 第1は，地区の詳細な計画を提示し，敷地ごとにその用途や形態を細かく規制していく**計画規制手法**である．この手法は，ドイツの都市計画で採用されている．[2] 第2のアプローチは，ある程度の広がりを持った地域において最低限の条件を一律に規定する**一般規制手法**である．計画規制手法では各敷地ごとに規制の内容を変える

---

1)　浅見泰司「土地利用規制」八田達夫編『東京一極集中の経済分析』日本経済新聞社，1994年，第4章，95-130ページ．

ことができるが，一般規制手法ではそのようなことはできない．一般規制手法の典型は，地域地区制（ゾーニング）である．地域地区制は，都市をいくつかの地域タイプに区分して，各タイプの地域内では土地利用の用途や建ぺい率・容積率などについて同じ制限を課す．日本はアメリカにならってこの地域地区制を採用している．

すでに述べたように，日本の土地利用規制の法的基礎は都市計画法と建築基準法である．これらの2つの法律の前身である「(旧) 都市計画法」と「市街地建築物法」は1919（大正8）年に制定されたが，その後，「(新) 都市計画法」の制定（1968年）と「建築基準法」[3] の大改正（1970年）によって現行の法体系が確立された．これら2法はその後何度も改正されたが，法体系の根幹は変わっていない．日本の土地利用規制の中心は，市街化区域・市街化調整区域の指定による**区域区分（線引き）制度**と建物の用途や形態を規制する**地域地区制（ゾーニング）**である．前者は，開発許可制度とともに土地の開発を規制する開発規制としての役割を果たしている．後者は，土地利用の用途を規制する用途規制としての役割と，建物の建ぺい率，容積率，形状等を規制する形態規制としての役割を同時に果たしている．以下では，これらのそれぞれについての制度的枠組みを概観する．[4]

2.1 開 発 規 制

日本の**開発規制**は，都市計画を定める対象となる都市計画区域を市街化区域と市街化調整区域に二分する**区域区分**（いわゆる「線引き」）制度とこれらの区域に適用される**開発許可制度**によって担われている．[5]

---

2) イギリスでも敷地単位の規制が行われているが，それは開発許可を与える際に個別に判断され，後述するドイツのBプランのような地区の詳細計画があらかじめ提示されているわけではない．
3) 市街地建築物法は1950年に廃止され，建築基準法に移行した．
4) 本節の解説は，小林重敬「日本の都市計画体系と土地問題」岩田規久男・小林重敬・福井秀夫『都市と土地の理論』ぎょうせい，1992年，第6章，97-127ページ，と，前掲の浅見（1994）によるところが大きい．
5) 「線引き」の制度は開発許可制度とともに1968年に制定された．

(1) 市街化区域と市街化調整区域

市街化区域とは,「既に市街地を形成している区域及び概ね10年以内に優先的に市街化を図るべき区域」であり,この区域内では,市街地開発事業や都市施設整備のための公共投資が積極的に行われるとともに,民間の開発も一定の基準に合致する限り認められる.これに対して,**市街化調整区域**は,「市街化を抑制すべき区域」であり,この区域においては,開発行為は原則として抑制され,また,公共投資も原則として行われないこととなっている.ただし,市街化調整区域は,半永久的に市街化が見込めない区域と,将来一定期間内に市街化の可能性があるが当面の間は市街化を抑制する区域の両方を含んでいる.

都市計画区域を市街化区域と市街化調整区域に分ける線引きの制度は1968年に導入されたが,実際の線引きのプロセスを経て市街化区域は広めに設定されることとなった.市街化調整区域への編入は補償無しで開発が厳しく制限されるので,これに地権者が抵抗したためである.[6] 新市街地についてはほぼ10年以内に市街化を図るものとされているが,基盤整備が10年以内に可能な範囲をはるかに超えて市街化区域が設定されていることが多い.こういった地域においては,基盤整備なしの虫食い型の開発が行われたり,農地や未利用地のまま長期間にわたって放置されたりしている.特に,市街化区域の中に多くの農地が取り込まれ,それらの農地に対して税制上の優遇措置がなされたことが,市街化区域の開発を阻害してきた.農地税制の問題については,2.5節で扱う.

一方,市街化調整区域においても,開発許可を弾力化する方向での手直しと,「線引き」自体を弾力化する方向での手直しが行われてきた.

前者の開発許可の弾力化は線引き制度の制定以来積み重ねられてきている.第1に,市街化調整区域に以前から居住していた農家等の分家住宅については市街化調整区域内であっても宅地開発が許可される.農家の分家住宅の「バラ

---

[6] 竹歳誠「市場と政府」『会計検査資料』2009年2月号,39-45ページ,によると,「一本の線の中か外かで土地の開発価値が大きく異なってしまうことから,地権者を巻き込んでの線引きの実務は大変な作業となった.この結果,市街化区域の広さは,当初は80万ヘクタールくらいが想定されていたのに,実際はその1.5倍の120万ヘクタールに拡大した.」(40頁).

建ち」によって，市街化調整区域内においても無計画な住宅開発が発生している．第2に，計画的な大規模開発（住宅用地の造成など）は無秩序な虫食い開発による弊害をもたらさないと考えられるので，20ha以上の開発については認められていた．1983年にはこの面積基準を「5 ha以上」とすることができるようになった．その後，人口減少下においては大規模住宅開発であれば許可するとする合理性が失われてきたとされ，2006年の都市計画法改正で大規模開発の例外規定は廃止された．以後は，地区計画が定められている場合にそれに適合する開発なら許可できるという制度を用いることになった．

後者の線引きの運用の弾力化のうちで最も重要なものは，1982年の「人口フレームの保留制度」である．線引きの改訂はほぼ5年おきで，人口予測を基礎に行われる．人口フレームの保留制度は，あらかじめ予測人口の一部を留保しておき，改訂時期にならなくても随時線引きを変更できる人口枠を用意しておく制度である．

(2) 開発許可制度

線引き制度の根幹は都道府県知事（政令指定都市等[7]にあってはその長）による開発許可制度にある．まず，市街化調整区域にあっては開発は原則不許可であり，開発が許可されるのは，

(1) 周辺住民の日常生活に必要な店舗等を目的とするもの，
(2) 農林業漁業用建築物を目的とするもの，
(3) 市街化調整区域内に存する鉱物資源，観光資源等の有効な利用上必要なもの，

等の場合である．市街化区域においても開発許可制度が適用され，開発許可の申請を受けた都道府県知事は，宅地の水準を確保するための基準（技術基準）に適合する場合につき開発許可を行うこととされている．[8]

---

7) 中核市や特例市にも開発許可権限が委任されている．
8) 技術基準には，
 (1) 予定建築物の用途が用途地域等に適合していること，
 (2) 道路・公園・給排水施設等が十分配置されていること，
 (3) 環境保全のための樹木の保存，表土の保全等の措置が取られていること，

日本の開発許可制度の特徴は，一定規模以上の開発でしかも土地の区画形質の変更をともなうものだけに適用されることである．日本の制度はイギリスの制度を参考にして制定されたが，イギリスの制度では，規模の小さい開発に対しても許可制度が適用され，また，区画の変更がなくても用途の変更があれば許可制度が適用される．

開発許可に関連して地方公共団体が**宅地開発指導要綱**を制定している．宅地開発指導要綱は，

(1) 都市計画法に基づく開発許可の技術基準に上乗せして，それを上回る内容の道路・公園等の施設の確保を開発者に義務づけたり，

(2) 義務教育施設負担等の名目による負担金を徴収したり，

(3) 周辺住民との事前の調整を要求したりする

ものである．宅地開発指導要綱は法律や条例によって定められていない行政指導であり，その法律的な位置づけに関しても議論があるところであるが，多くの自治体が開発許可と連動して適用している．

日本の開発許可制度の最大の問題は，一定規模以上でなければ適用されないことである．[9] 市街化区域における開発許可の規模基準は300m^2と1,000m^2の間で地方自治体が決定することになっており，この基準を下回る小規模開発は開発許可を受ける必要がない．道路等の基盤整備が劣悪な「ミニ開発」が多数発生しているのは，これが1つの原因になっている．また，自治体が開発許可を宅地開発指導要綱と連動させているので，開発許可の対象となる大規模開発では開発者が基盤整備の負担を負わなければならない．したがって，大規模開発のみが基盤整備の負担を行い，小規模開発は負担を行う必要がないという不公平さが発生しており，住環境の劣悪な小規模開発を増加させることになっている．[10]

---

(4) 開発行為にかかわる土地の関係権利者の相当数の同意を得ていること，等がある．

9) 前掲の小林 (1992) を参照．

10) 4m以上の幅の道路に面していなければならないという「接道義務」は開発規模にかかわらず適用されるので，小規模開発でもそのための費用負担は行う必要がある．したがって，より厳密には，ここでの問題は接道義務を超えた部分の負担を求められるかどうかということである．また，中高層住宅を対象とする「マンション要綱」は開

開発規制に関わる問題でとりわけ注目を集めてきたのが，中心市街地商店街の衰退を食い止めることを目的とした大規模ショッピングセンターなどの立地規制である．以前は，1973年に制定されたいわゆる「大店法」[11] によって，大型小売店舗の出店の際に既存中小店を保護するために，店舗の規模等についての調整が行われていた．しかし，日本市場の開放を求めるアメリカからの「外圧」もあって，「大店法」は廃止されることになり，その替わりとしていわゆる「**まちづくり3法**」が1998年に制定された．「まちづくり3法」は，**改正都市計画法**，大規模小売店舗立地法（「**大店立地法**」），**中心市街地活性化法**の3つからなっている．「大店立地法」は「大店法」のような店舗面積等の調整は行わず，審査の内容は車両交通量の増加などの周辺住環境に対する影響を主体としたものになった．大型店の出店に関する規制を担うことになったのは改正都市計画法であったが，この時点の改正は市町村が独自に「中小小売店舗地区」などを設けて大型店を制限することを可能にしたにとどまった．中心市街地活性化法は中心市街地の活性化を推進するための法律である．

まちづくり3法の制定後も，ほとんどの中小都市において中心市街地の状況は改善するどころか，悪化していた．また，市街地の拡散を抑制し，中心部に都市機能を集めるコンパクト・シティーの考え方が提唱されている．こうしたことを背景に，まちづくり3法の見直しが行われ，2006年に改正法案が成立した．主な改正内容は以下である．

(1) 大規模集客施設[12] に関する立地規制の強化

大規模集客施設は，商業地域，近隣商業地域，準工業地域においてのみ出店可能とし，第2種住居地域，準住居地域，工業地域では原則として出店不可とした．また，非線引き白地地域などにも原則として出店不可とした．

　　発許可に関係なく適用していることからもわかるように，開発許可制度が存在しなくても建築規制の許認可権限を用いて開発指導要綱を押し付けることができる．したがって，開発規制だけが小規模開発の負担逃れの原因であるとは必ずしも言えない．しかし，開発許可権限の存在が地方自治体の立場をより強くしていることは確かであろう．

11) 正式名称は「大規模小売店舗における小売業の事業活動の調整に関する法律」．
12) 大規模集客施設は，延べ床面積が1万m^2を超える施設で，店舗以外にも，飲食店，劇場，映画館，展示場等が含まれる．

(2) 広域調整の仕組みの創設

都道府県が広域的な視点から望ましい立地を調整できるような仕組みにし，都道府県知事が影響を受ける他の市町村の意見を求めることを可能にした．

(3) 公共公益施設の中心市街地への誘導

開発許可が不要であった医療施設・社会福祉施設・学校についても開発許可の対象とし，中心市街地への誘導を可能とした．

2.2 地域地区制（ゾーニング）

市街化区域および市街化調整区域の区分からさらに進んで，住居，工業，商業等の土地利用の用途規制を加えるものとして，地域地区制（ゾーニング）がある．1992年の都市計画法・建築基準法の改正までは，第1種住居専用地域，第2種住居専用地域，住居地域，近隣商業地域，商業地域，準工業地域，工業地域，工業専用地域の8種類の用途地域が設定されていたが，改正後は地域区分が12種類に増加した．これらの地域区分のそれぞれについて用途が規制されているが，地域地区制では用途規制と同時に建物の形態規制も行っている．たとえば，第1種低層住居専用地域での建ぺい率は30，40，50，60％のいずれかであり，容積率は50，60，80，100，150，200％のいずれかである．

(1) 用途規制

日本のゾーニング規制における用途規制の特徴は，制限が緩やかであることである．たとえば，用途の混在が許されていないのは1種と2種の住居専用区域（低層および中高層）と工業専用区域だけであり，他の用途地域では混在が可能である．これは，用途規制を導入した際にすでに様々な用途が混在しており，それを追認せざるをえなかったことによる．また，日本の用途地域制では比較的広い地区を1つの用途地域に指定することが多いことや，全国一律の規定であり，地域の実情に応じた柔軟な設定ができないことも，用途規制が緩やかになっている原因であると言われている．[13]

[13) たとえば，前掲の小林（1992）を参照．ただし，地域ごとに規制内容を定めることができる地区計画でも規制を厳しくできないことが多く，この要因がどの程度強く働いているかについては議論がありうるであろう．

日本の**用途規制**の特徴としてはさらに以下の3点があげられる．

第1に，住居系地域に工業が入ることは規制しているが，工業地域や準工業地域に住宅が入ることは規制していない．これに対して，アメリカでは工業系用途地域に住宅を立地させないタイプの用途規制を採用している．

第2に，都市中心部では商業系地域が広い範囲で指定されており，住宅用途と商業用途が混在している．このような地域では住宅地から商業地への転換が進みがちであったが，最近では逆の動きも出てきている．

第3に，第1種・第2種低層住居専用地域と第1種中高層住居専用地域を除き，日本の用途規制は禁止用途の列挙方式であるので，新しい用途が出現した時にその用途を制限することがむずかしく，規制が後追いになる傾向がある．

1992年に改正された都市計画法・建築基準法では，住居系用途地域をそれまでの3地域（第1種住居専用地域，第2種住居専用地域，住居地域）から7地域（第1種低層住居専用地域，第2種低層住居専用地域，第1種中高層住居専用地域，第2種中高層住居専用地域，第1種住居地域，第2種住居地域，準住居地域）に細分化して，用途制限の強化を可能にした．

(2) 形態規制

日本では用途規制が緩やかであるので，土地利用規制の効果の重点は形態規制にあるという意見が多い．[14]　**形態規制**には，建ぺい率と容積率の規制に加えて隣地，道路，北側の斜線制限がある．ここで**建ぺい率**は建築面積と敷地面積の割合であり，**容積率**は建築物の総延べ床面積と敷地面積の割合である．[15]　**斜線制限**は隣地境界線や前面道路の幅員によって建物の高さに制限を設けるものである．

形態規制は用途地域と連動しており，2014年現在の建築基準法での規制は表8-1のようになっている．なお，この表では容積率や建ぺい率は幅をもって定められており（たとえば，第1種低層住居専用地域では建ぺい率は30%から60%までであり，容積率は50%から200%までである），これらの幅の中で都市計画で定めるものとされている．

---

14) たとえば，前掲の浅見（1994）を参照．
15) 建築面積は建築物の外壁の中心線で囲まれた部分の水平投影面積である．

表8-1 建築基準法における形態規制

	第1・2種低層住居専用地域	第1・2種中高層住居専用地域	第1・2種住居地域・準住居地域	近隣商業地域	商業地域	準工業地域	工業地域	工業専用地域
容 積 率	50～200%	100～500%	100～500%	200～1,300%	100～500%	100～400%		
建ぺい率	30～60%		50～80%	60～80%	80%	50～80%	50～60%	30～60%
道路斜線 (勾配)	$\frac{1.25}{1}$			$\frac{1.5}{1}$				
隣地斜線 (高さ)	—	$20m+\frac{1.25}{1}$			$31m+\frac{2.5}{1}$			
北側斜線	$5m+\frac{1.25}{1}$	$10m+\frac{1.25}{1}$	—	—	—	—	—	—
前面道路幅員による容積率	幅員×0.4			幅員×0.6				
日影による制限	有	有	有	有	—	有		

容積率と建ぺい率は各用途地域に対応して設定されており,住居系では低く,商業系では高くなっている.ただし,1992年の改正で,容積率の高い住居専用地域としての中高層住居専用地域がつくられたので,住居系でも500%の容積率が可能になった.

容積率に関する規制としてもう1つ重要なのは**前面道路幅員による規制**である.これは建物が面する道路の幅が狭い場合には容積率の上限を低くするものである.たとえば,商業系地域では前面道路の幅員に0.6をかけたものが容積率の上限になるので,4mの幅の道路に面している場合の容積率制限は240%となる.既成市街地ではこの規制によって容積率を高くできなくなっていることが多い.[16]

容積率の高い建物を建てるとその建物に出入りする交通量が大きくなるので,道路が狭いままでは,道路渋滞が起きたり歩行の危険性が増大したりする.前面道路幅員による容積率規制はこのような問題を回避するために設けられていると解釈できる.また,再開発を行い道路の幅員を広げれば容積率を高くできるので,前面道路規制は再開発のインセンティブを大きくする効果を持ってい

---

16) 前面道路幅員による容積率規制は幅員が12m未満のケースにだけ適用され,前面道路幅員が12m以上の場合には適用されない.

る.しかし,既成市街地における再開発は数多くの利害関係者の調整を必要とするので,実際に再開発が行われる地域は多くない.

斜線制限は道路や隣家に面して高い建物が建つことによる採光通風などへの悪影響を防ぐために設けられている.住居専用地域内では「道路斜線制限」と「隣地斜線制限」に加えて「北側斜線制限」が設けられているが,これは北側にある建物の日照を確保するのが主たる目的である.さらに,日照に関しては日照時間を直接的に規定する「日影規制」が地方公共団体の条例によって設けられている.

2.3 地区計画およびその他の規制

区域区分制(線引き)や地域地区制(ゾーニング)に加えて,地区計画や住宅付置義務規制などの新しいタイプの土地利用規制が導入されている.以下ではそれらのうちで主要なものを簡単に解説する.

(1) 地区計画

地区計画は1980年に創設されたが,これはドイツの B プランにならって地区レベルの詳細な土地利用規制を行えるようにしたものである.地区計画には,その目標などの区域の整備・開発・保全に関する方針と,地区施設(道路や公園など)の配置・規模,建築物の用途・形態・敷地等に関する整備計画が定められる.地区計画の特徴としては以下の3点があげられる.

(1) 地域地区制の上乗せ規制として,より厳しくより詳細な規制を定めることができる.[17]
(2) 道路などの基盤整備と建築物の用途や容積率などを一体として定めることができる.
(3) 計画の決定はもっぱら市町村が行う.

1992年の都市計画法の改正で**誘導容積制度**が導入された.これは,公共施設(道路等)の整備が不十分な地区において,現状での暫定的な容積率である**「暫定容積率」**と,地区計画で公共施設が整備された後の容積率である**「目標**

[17) 1992年からは,地区計画によって地域地区制の規制を緩和することも可能になった.

容積率」の2つの容積率を定めるものである．

　地区計画の適用地区は2011年度末には6,262地区（745都市）に達しており，かなり広がっている．当初は，新規宅地開発事業が行われる郊外部が主体であり，既成市街地での適用は多くなかったが，既成市街地での適用も増加している．地区計画は市町村が計画の主体であり，その遵守に関しては届出・勧告というソフトな手法と，条例で定めて建築確認の基準とするという「より強い」手法の2つが用いられる．

　地区計画以外に，住民相互間の協定としての「**建築協定**」や「**街づくり協定**」が締結されることもある．これらは，新規宅地開発が行われる際に，デベロッパーが主導して住民同士が締結することがほとんどであり，垣根を樹木によるものに限ったり，各住宅地にシンボルとなる樹木の植樹を義務づけたりすることが行われている．これらの協定の問題は，住民がそれに違反した時の罰則が明確でなく，法的な強制が困難であることである．

　地区計画は地域地区制の一般規制に上乗せするものとされていたので，一般規制を緩和できなかったが，1988年に創設された**再開発地区計画**と90年に創設された**住宅地高度利用地区計画**は一般規制を緩和してもよいとされた．これらの制度は大規模工場跡地の再開発や住居専用区域内の未利用地における中高層住宅開発に用いられてきた．しかしながら，地区計画では有効・高度利用を図るべき区域と容積を抑えるべき区域とを区分することによって容積率を適正配分することができるのに，これができないという制約があった．その後，2002年の改正で再開発等促進区を導入することによって，再開発地区計画と住宅地高度利用地区計画を地区計画制度に統合し，より使いやすい制度にした．

(2) 住宅付置義務要綱と共同住宅設置要綱（ワンルーム規制）

　東京の都心区では，住宅がオフィスや商業ビルに建て替わって居住人口が減少したことの対策として，業務ビルに住宅を付置することを要求する**住宅付置義務要綱**を定めている．また，いわゆるワンルーム・マンションの増加に対応して，一定戸数以上のワンルーム住宅を供給する場合には，各住戸の規模が一定規模以上になるように指導する**共同住宅設置要綱**を設ける自治体がでてきた．これらの土地利用規制は宅地開発指導要綱と同様に法的な裏付けを持っておら

ず，自治体の開発許可に関する権限を背景に行う行政指導である．

2.4　最低敷地面積規制

住宅1戸当たりの敷地面積に下限を設け，小規模な住宅を建てさせないようにする最低敷地面積規制はアメリカにおいて多用されているが，日本においてはあまり注目されてこなかった．しかしながら，一部の市区町村では開発指導要綱によって最低敷地面積の規制が行われてきた．たとえば，世田谷区では小規模宅地開発指導要綱によって，建ぺい率に応じて70m²〜120m²の宅地面積基準が設けられている．しかしながら，この規制は網羅的なものではなく，世田谷区においても4棟以上の住宅を建築する開発に限られている．また，実際に建築される住戸が開発許可申請時の図面と異なり，面積基準以下になっていることも多い．[18] このような実態を踏まえて，2000年の都市計画法改正で，開発許可の基準として敷地面積の最低限度を条例で定めることができるようにした．また，1992年の都市計画法改正で，第1種・第2種低層住居専用地域では敷地面積の最低限度を定めることができるようになり，[19] さらに2002年の都市計画法改正で，地方自治体がすべての用途地域について敷地面積の最低限度の基準を定めることが可能となった．現時点（2014年）においては，指導要綱，開発許可，用途地域による3種類の最低敷地面積規制が混在している．

アメリカでは郊外の高級住宅地において1エーカー（約4,000m²）以上の最低敷地面積規制が定められていることが多く，低所得層を郊外から排除し，都市中心部のスラムに押し込んでいるという批判がある．日本ではこれほど広い最低敷地面積が設定されている例はなく，関西の高級住宅地である芦屋の六麓荘でも400m²であり，東京の高級住宅地として有名な大田区田園調布でも165

---

[18]　最低敷地面積規制の実証的分析については，以下の論文を参照されたい．大嶽洋一「開発許可における敷地面積の最低限度規制に関する考察」『季刊住宅土地経済』No. 95，2015年冬季号，26-35ページ．

[19]　敷地面積の最低限度は，100m²と定められることが多い．建築基準法によればこの最低限度は200m²を超えることができないとされている（建築基準法53条の2）．なお，最低敷地面積が定められる前から存在している敷地面積の狭い建築物には「敷地面積の制限」を適用しないという救済措置が設けられている．ただし，敷地面積の最低限度を下回る既存建築物については，敷地の分割をすることはできない．

m²にすぎない.[20] いわゆるミニ開発を防止し,良好な住環境を形成するというのが日本における最低敷地面積規制の目的であると考えられる.

2.5 税制による土地利用の歪み

税制の主目的が土地利用政策であることはほとんどないが,税制は土地利用に大きな影響を与えており,意図せざる土地利用政策になっている.その代表例は,第3章でも触れた市街化区域内農地の問題である.また,住宅は様々な税制上の優遇措置を受けており,最近ではこれが荒廃した空き家を増やしているという議論がある.以下ではこれらの2点を簡単に解説する.

市街化区域内農地と税制

市街化区域はほぼ10年以内に市街化を図るのが建前であるが,市街化区域の中に多くの農地が残っている.住宅地に転用すれば平方メートル当たり10万円といった価値を生む土地がはるかに低い価値しか生まない農業に使われているのは,一見すると不可解な現象である.[21] こういったことが発生しているのは,都市近郊農地に対する税制上の優遇措置による.

第3章(4.1節)で見たように,都市近郊農地に関する政策は紆余曲折をたどった.市街化区域内農地の固定資産税評価価格が周辺の宅地に比べてきわめて低かったことが,土地の有効利用を阻んでいるとして批判され,1973年度から三大都市圏[22]の市街化区域内農地に対して宅地並み課税が導入された.この時の税制改正では,税負担の激変緩和措置を講じながら,周辺宅地の税負担に近づけていくこととされていたが,市町村が宅地並み課税による増税分を奨励金として還元するといったことを行ったために,実質上は税負担の増加にはならなかった.さらに,1982年度の地方税制改正において,**長期営農継続農地**

---

20) 田園調布では,かつては住民の協定で200坪(約660m²)が最低敷地面積とされていたが,遺産相続の際に相続税の支払いができず困る例が出てきたので,1991年に法的強制力を持つ地区計画を定めた際に165m²(約50坪)を最低敷地面積とした.

21) 「平成24年田畑売買価格等に関する調査結果」(全国農業会議所)によると,中畑(収量水準や生産条件が平均的な畑)の全国平均価格は908円である.

22) より正確には三大都市圏の特定市.特定市の定義については第3章を参照されたい.

の特例を設けることになった．長期営農継続農地の認定を受け，5年間営農を継続した場合には，宅地並み課税が免除され，実質的に農地相当の税額が課されることとなった．したがって，近隣の宅地よりはるかに低い固定資産税しか納める必要がないという状態が続くことになった．ただし，大都市圏における固定資産税評価額は宅地についても低かったので，この優遇措置の効果は定量的にはそれほどではない．より重要なのは相続税の優遇である．

相続税に関する優遇措置は1975年度税制改正によって創設された**納税猶予の特例**である．[23] これは，相続人が農業を継続している場合には，農業投資価格を超える部分の相続税についてその納税を猶予し，相続人が20年間農業を継続した場合か，死亡した場合には，猶予された相続税が免除されるというものである．農業投資価格は市場価格に比較して非常に低く，市街化区域内ではほとんどゼロに等しいと言ってよい．したがって，この優遇措置は市場価格で評価すれば莫大な相続資産を所有している都市近郊農家に大きな恩恵を与えていた．

1991年の税制改正で長期営農継続制度が廃止され，三大都市圏特定市の市街化区域内農地は「生産緑地」の指定を受けるか市街化調整区域に編入されなければ，相続税と固定資産税の優遇措置を受けられなくなった．また，生産緑地の条件も厳しくなり，

(1) 相続人が死ぬまで農業を継続しなければ相続税は免除されない（つまり，20年間農業を継続しただけでは免除されない）
(2) 農業が引き続き行われているかどうかをチェックするために，3年ごとに農業収入などに関する書類を提出しなければならない

こととなった．

長期営農継続農地制度廃止直後（1993年）の生産緑地面積は，三大都市圏特定市全体で1万5,113haであったのに対して，生産緑地を選択しなかった宅地化農地は3万628haであった．市街化区域内農地の約3分の1が生産緑地に指定されたことになる．その後，生産緑地面積はほぼ横ばいで，2012年でも1万3,957haであった．これに対して，宅地化農地は大幅に減少し，2012年には1万3,938haと1993年の半分以下になった．

---

23) 相続税納税猶予の特例は農地の相続に関して一般的に適用され，三大都市圏や市街化区域に限らない．

296　8章　土地利用政策

住宅優遇税制と空き家

　第6章の3.3節で見たように，住宅が受けている税制上の優遇措置は数多い．所得税についての住宅ローン減税（一定限度額まで住宅ローン残高の1％を所得税額から控除），贈与税の非課税（父母や祖父母から住宅取得資金の贈与を受けた場合に一定限度まで贈与税を非課税），登録免許税および不動産取得税の税率軽減，固定資産税・都市計画税の減額等がある．これらの優遇措置は住宅を他の土地利用に比較して有利にし，住宅用地を拡大するという効果を持つことは当然であるが，固定資産税軽減措置が荒廃した空き家を増やすという思いがけない効果があることが問題になった．

　住宅については土地部分の固定資産税が通常の6分の1に軽減される．[24] この軽減措置は住宅が建っていさえすれば適用されるので，荒廃した空き家が取り壊されず放っておかれる原因になっている．たとえば，土地部分の評価額が1,500万円の場合には，住宅が建っていれば固定資産税と都市計画税を合わせて年5万円であるのに対して，空き家を取り壊して更地にすると25.5万円に跳ね上がってしまう．

　荒廃した空き家は美観上問題であることに加えて，火災が起きたり犯罪の温床になったりする恐れがあり，周辺住民に対して外部不経済を与えている．したがって，空き家を取り壊すことに対して税制上のペナルティーを与える制度は望ましいものとは言えない．こういった意見を反映して，2014年11月に「空き家対策特別措置法」が制定され，荒廃した空き家に対策を打てる態勢が整えられた．税制上の扱いも2015年度の税制改正で是正され，荒廃した空き家については固定資産税の住宅用地特例の対象から外すことができるようになった．

3　外部性とその制御

　日本の地域地区制（ゾーニング）はアメリカのゾーニング規制から学んだも

---

[24] より正確には，200m²以下の部分については固定資産税が1/6，都市計画税が1/3になり，それを超える部分については固定資産税が1/3，都市計画税が2/3になる．

のである．アメリカのゾーニング制度の基礎は1926年の「**ユークリッド判決**」にある．[25] 土地利用規制は個人の財産権の不当な侵害ではないかという議論に対して，この判決では，他の土地利用に対して害悪（nuisance）をもたらす用途を規制するのは適法であるという判断を下した．経済学の言葉で言えば，ユークリッド判決は外部不経済をもたらす土地利用を規制することを正当化したものである．この節では土地利用規制の根拠としての外部不経済を取り上げ，その制御の手段としての土地利用規制を検討する．

3.1 外部性のタイプ

　土地利用における外部不経済は多様であり，どのような対策が望ましいのかもケースによって異なる．ユークリッド判決で取り上げられたのは，工業・商業用途から住居用途への外部不経済であった．この種の外部不経済の例としては，工場による騒音や大気汚染，商業ビルに出入りする自動車やトラックによる騒音や渋滞，風俗営業による治安の悪化等をあげることができる．ユークリッド型の土地利用規制は，外部不経済を発生させる用途についてはその立地を規制するが，外部不経済を発生させない用途については規制しないという考え方が取られる．日本のゾーニング規制においても，住宅の立地については規制しないが，工場やキャバレー，映画館等の立地については規制が厳しくなっている．

　土地利用における**外部性**は同じ用途の中においても発生する．たとえば，近隣の住宅の間でも様々な外部経済・不経済が発生している．庭の手入れが悪い住宅は，街並みを壊したり，害虫や樹木の病気を発生しやすくしたりするのはその一例である．また，周囲と調和しない色やデザインの住宅が少数あっただけで街並みの美観は崩れてしまうし，隣の住宅によって日照がさえぎられることも外部不経済をもたらす．住宅間の外部性で定量的に大きいと思われるのは，木造密集市街地における災害リスクであろう．耐火性能の悪い木造家屋は火災延焼のリスクが大きく，地震時等に著しく危険である．ゾーニングによる立地規制はこのような近隣住宅間の外部性に対しては無力であり，別の形での対応

---

[25] アメリカのゾーニング規制の紹介については，前掲の浅見（1994）および小林（1992）を参照．

が必要になる．

　街路や公園などの**地方公共財**はそれ自体としては外部性とは別物であるが，地方公共財の負担と受益の関係についても一種の外部性が発生し，それが土地利用規制を正当化する可能性がある．その典型は街路の整備である．道路は街区単位での整備が必要であり，自宅の前の部分だけ道路を広くしてもほとんど意味がない．このような場合には道路整備について近隣外部性が発生しているとみなすことができる．

　また，アメリカの都市の郊外での土地利用規制には地方公共サービスの負担に関する外部性を避けるという側面が大きい．低所得層が入ってくると低所得層向け公共サービスの財政コストが発生するし，税負担能力の低い低所得層が増えるとそれをカバーするために高所得層の税負担が増加したりすることが考えられる．また，町並みの美観が悪化したり，治安が悪くなることが懸念されるので，住宅の資産価値が下がったりする．こういったことを避けるために，アメリカの郊外では最低敷地面積を設定して小さい家やアパートを建てられないようにしているところが多い．

3.2　用途間の外部性

　最初に用途間の外部性を取り上げ，そのための対策としてのゾーニング規制の役割と限界を見てみよう．

(1)　用途の混在を防ぐ規制

　騒音をもたらす工場や治安の悪化をもたらす風俗営業などは外部不経済を発生させる．土地利用規制の第1の役割は，それらの活動を一定地域に集中させることによって外部不経済を受ける用途との混在を防ぐことである．たとえば，住宅地から工場を排除する土地利用規制は，住宅と工場を分離することによって外部不経済を減少させる効果を持つ．

　この種の規制は日本やアメリカではゾーニング規制によって行われている．ゾーニング規制について最初に問題になるのは，外部不経済の程度が規制を正当化するほど大きいのかどうかという点である．町工場と住宅が混在していると職住近接のメリットがあるし，人通りが絶えず，街のにぎわいがある．同様

なことが，レストランや商店と住宅の混在についても言える．したがって，騒音等の外部不経済がそれほど大きくなければ，土地利用の混在を許したほうがよいこともある．もちろん，閑静な住宅街のあちこちに商業ビルが点在することは好ましくないであろうが，商業用途への転換が一部で起きることは残りの住宅にとっては利便性の向上をもたらすであろう．また，石油精製工場や製鉄工場を住宅と混在させるのは大気汚染や騒音などから見て考えられないが，町工場や研究施設については一概に言えない．

　ゾーニングについての第2の問題は，果たして用途規制が必要なのかという点である．たとえば，市場機構にまかせておいても工場と住宅が分離する傾向を持つならば，ゾーニング規制の必要はない．当然のことながら外部不経済の受け手は外部不経済の発生源から離れて立地したがるので，外部不経済の存在は土地利用の分離をもたらす力となる．しかし，片方が外部不経済をもたらし，もう一方が外部経済をもたらす場合にはこの限りではない．たとえば，住宅はパチンコ店から外部不経済を受けるが，パチンコ店は住宅の近くに立地することから利益を受ける場合には，規制がなければ住宅地の中にパチンコ店が立地することが起こりうる．この場合にはパチンコ店の近くの住宅地では外部不経済を反映して地価が下がることになる．

　また，外部不経済によって用途が分離する傾向がある場合でも，各企業や各消費者はそれぞれ個別の事情によって立地選択を行うので，かなりの不確定要因が避けられない．したがって，住宅地の中にいくつかの工場や居酒屋がバラバラに立地したりするような例も考えられる．もしこのような土地利用が重大な外部不経済をもたらすならば，ゾーニングによる用途規制が正当化できる．

　以上の議論からわかるように，外部不経済が存在したとしても，そのことによってただちに混在を排除するゾーニング規制が正当化できるわけではない．また，混在によるメリットもあるので，ゾーニングの正当化のためには，個別の事例における外部不経済の定量化が必要である．このような検討を行うことなく，地域のイメージ等のムード的な議論だけで用途規制を行う傾向があるが，それは規制の失敗をもたらす原因となる．

　外部性の強さを定量的に推定する努力は，「ヘドニック・アプローチ」による実証分析等で行われているが，アメリカでも日本でも外部性の効果が大きく

推定されることは少ない.[26] その理由の最も重要なものは,外部性の効果はきわめて小さな圏域内でしか働かず,ブロックを1つへだてただけで非常に効果が弱くなることである.今までのところ,データの制約から,このような局地的な効果を定量的にうまくとらえることが困難であった.将来,より精密な実証分析によって外部性の強さの定量的測定が進歩することが望まれる.

(2) 土地の配分量の規制

用途規制の第2の役割は,外部不経済を発生する用途への土地の配分量を抑制することである.外部不経済を発生する用途が他の用途と混在することがないとしても,その用途が占める面積が広くなりすぎる傾向を持つかもしれない.たとえば,工業地域の近くの住宅地域では外部不経済によって地価が安くなり,工業地域が外側に広がりすぎる傾向を持つ.同様に,商業地域が住宅地域に対して外部不経済を及ぼしていると,用途規制によって商業地域の拡大を阻止することが望ましい可能性がある.

ただし,外部不経済に対する対策としては外部不経済の源泉に直接的に効果を及ぼす政策手段のほうが望ましい.たとえば,工業地域が大気汚染による外部不経済を発生させているとすると,大気汚染の排出量に応じてピグー税をかけるのが最善の策である.この最善の策の代わりに用途規制によって工業地域を狭めると,工場の規模が小さくなり,その結果として汚染物質の排出量が多少は減少するかもしれない.しかし,この効果は間接的なものでしかなく,どの程度の環境改善効果があるかはケースによって異なる.また,用途規制は工業用地の供給を減少させるので,工業用地価格を引き上げる効果を持つ.これが価格体系の歪みをもたらし,新たな資源配分のロスを生んでしまう.

これらの問題は図8-1を用いて説明することができる.まず,工業地域に立地している工場はすべて同じ技術を用いて生産を行っており,生産物は$x=0$にある港まで送られ,そのために輸送費用がかかるものとする.また,工場は競争的であり,利潤がゼロになるまで新規参入が起きるものとする.これらの仮定のもとでは,輸送費用の差を反映して工業地代は図のように右下がりにな

---

26) ヘドニック・アプローチについては第5章付録を参照.

図 8-1 外部不経済と土地利用規制

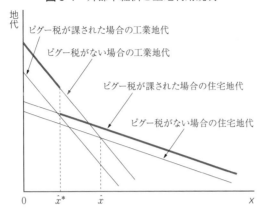

る．

　工業生産において投入物の間の代替性がなく，土地，資本，労働，原材料などの各種投入物を一定の比率で用いる必要があるとする（つまり，生産関数は固定係数（〔レオンチェフ〕）型である）．また，工場が排出する汚染物質は生産量の増加とともに大きくなるとする．

　土地利用規制が存在しない時には，工業地域と住宅地域の境界は工業地代と住宅地代が等しくなる点 $\hat{x}$ で与えられる．ここで，工場からの大気汚染に対してピグー税が課されると，工業地代が低下する．また，大気汚染が減少するので，住宅地の魅力度が向上し，住宅地代が上昇する．これらを反映して，境界は $\hat{x}^*$ に移る．すべての投入物が比例的に用いられるので，工業地域の面積の減少はそれと同じ割合での生産量の減少をもたらし，大気汚染は改善する．

　ここで，ピグー税をかけることが不可能であり，その代わりに土地利用規制を用いることができるとすると，最適な土地利用規制は工業地域が $\hat{x}^*$ より外側に広がるのを禁止することである．投入物の間の代替性がないので，この土地利用規制によってピグー税をかけた時とまったく同じ資源配分を再現することができるからである．ただし，工業地代はピグー税をかけた時より高くなり，図 8-1 の太線のように，両地域の境界で地代曲線がジャンプすることになる．

　次に，投入物の間に代替性が存在するケースを考えてみよう．この場合には，投入物の相対価格が投入量と生産量の選択に影響を及ぼす．したがって，ピ

グー税をかけずに土地利用規制で外部不経済を制御しようとすると,高すぎる工業地代が土地とその他の投入物との間の選択に歪みをもたらすことになる.また,土地の投入量の減少が資本や原材料の投入量の増加で補われるので,生産量の減少は代替性が存在しない場合に比較して少なくなる.したがって,汚染物質の排出量もピグー税の場合ほどには減少しない.ピグー税のケースと同じ量まで排出量を減少させようと思うと,工業地域を$\tilde{x}^*$よりさらに狭める必要が出てくる.[27]

以上の分析は工業地域から住宅地域への外部不経済を例にとったが,商業地域が交通渋滞などによる外部不経済を隣接する住宅地に及ぼすことも考えられる.この場合にも同様な分析が可能であり,土地利用規制によって商業地の拡大を抑えることが望ましいケースも考えられる.ただし,土地利用規制は硬直的になりがちであるという欠点を持っているし,商業と住宅の混在が下町の活気を作り出しているという側面もある.したがって,商業地から住宅地への外部不経済が土地利用規制を正当化できるほど大きいかどうかは疑わしい.また,住宅地は固定資産税の軽減措置を受けており,すでに税制の面から商業地の拡大を抑える政策が取られていることにも注意が必要である.[28]

(3) 多数の用途の空間配置

土地の用途が3種類以上ある時には,土地利用の空間的配分の問題はもっと複雑になる.たとえば,住宅と商業と工業の3種類があって,工業が住宅と商

---

[27] ここまでの分析では,大気汚染に対してピグー税をかければファースト・ベストの最適解が達成できることを前提にしていた.ところが,ヘンダーソンは,工場が発生させる外部不経済に対するピグー税だけでは最適解を達成することができず,土地利用規制によって工場の占める面積を調整することが必要である,という結果を導いている.(J. V. Henderson, *Economic Theory and Cities*, 2nd ed., Academic Press, 1985(折下功訳『経済理論と都市』勁草書房,1987年)の第3章を参照).この結果は,外部不経済の拡散過程の空間的特性に決定的に依存している.各工場から排出された汚染物質は大気中に拡散していき,発生源から離れるにしたがって密度が薄くなる.ヘンダーソンの結果を得るには,この拡散の程度が工業地域内と住宅地域内で異ならなければならない.(Y. Kanemoto, "Externalities in Space," *Fundamentals of Pure and Applied Economics* 11, 1987, pp. 43-103, を参照.)

[28] 第6章の3.3節を参照.

図 8-2 外部不経済と用途の空間配置

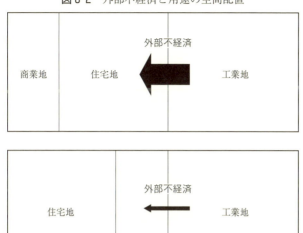

業の双方に外部不経済を及ぼすけれども，住宅のほうが外部不経済をより強く受ける場合がありうる．この場合には，図 8-2 の上の図のように住宅地が商業地と工業地にはさまれるような土地利用形態は効率的ではなく，下の図のように商業地が住宅地と工業地の間に入ったほうがよい．しかし，市場機構にまかせておいては前者の形態から後者の形態へ移行しないかもしれない．こういった場合には，何らかの土地利用規制を用いて，後者の形態になるような政策を取るべきであるかもしれない．

3.3 近隣外部性

次に，同じ用途の中で発生する近隣外部性を見てみよう．**近隣外部性**には南側に建っている建物によって日照をさえぎられるケースのように外部不経済の方向が一方的なものと，街並みの美観のように相互に外部性を及ぼしあう双方向のものとがある．街路や近隣公園などの地方公共財は，その費用負担を住民が分担していることを考えると，双方向の外部性と同様な効果を持つ．

これらのいずれについてもファースト・ベストの最適解は，外部不経済の程度に応じたピグー税を導入することによって達成できる．たとえば，日照の場

合には,隣の建物の日照をさえぎる度合いに応じた税を課せばよい.このような税は,隣人に与える外部不経済の大きさに応じて,隣地との距離や建物の高さなどをコントロールするという役割を果たす.たとえば,ピグー税がなければ敷地いっぱいに建てるケースについて,ピグー税が存在すると,税額を減らすために,境界から5m離して建てるといった変化が起きることが期待されている.

最適なピグー税の水準は隣人がこうむっている外部不経済の被害の程度に応じて変化するので,その計算は容易でない.特に,日照や美観といった近隣外部性については人によってその価値の評価が異なるので,ファースト・ベストのピグー税は不可能であると言ってよい.したがって,ピグー税を課すとしても平均的な被害を想定した大雑把なものにならざるをえない.

外部不経済に対する対策としては,ピグー税以外にも,当事者間の交渉にまかせるといった方法や土地利用規制による直接的な規制が存在する.まず,当事者間の交渉にまかせると何が起きるかを考えてみよう.

交渉による解決:コースの定理

当事者間の交渉が機能するための大前提は,各当事者がどういう権利を持っているかが明らかになっていることである.[29] 外部不経済を出す側が権利を持っていれば,受ける側が対価を支払って外部不経済を減少させてもらわなければならない.逆に,受ける側が権利を持っていれば,出す側は外部不経済を出さないようにするか,対価を払って出すことを認めてもらわなければならない.たとえば,日照に関して,隣家の日照をさえぎってよいということになっていれば,北側の住民は日照の確保のために南側の住民にお金を払う必要が出てくる.逆に,日照権が認められていれば,南側の住民は北側の住民の日照を確保するように低い建物を建てるか,お金を払って日照権の侵害を認めてもらわなければならない.

コースの定理は,権利の配分が明確であれば,どのような配分であるかにかかわらず当事者間の交渉によって「パレート最適」の状態が達成できるという

---
[29] 権利配分が明らかでない時には,権利の配分に関する交渉をまず行う必要があり,問題は複雑になる.

ものである．第 1 章で見たように，パレート最適とはある一個人の満足を高めようとすれば必ず他の誰かを犠牲にしなければならないという状態である．交渉の当事者が合理的であり，しかも，

(1) 交渉費用がかからない
(2) 双方が完全な情報を持っている
(3) 交渉によって達成された合意を双方が守ることを保証できる

という 3 つの仮定が満たされていれば，コースの定理が成立することはほぼ自明である．もしパレート最適の状況になっていなければ，片方の効用をそのままにしてもう一方の効用を高めることができるので，どちらかが新しい提案をしてパレート最適の状況に近づけようとするはずだからである．

交渉費用

実際には，当事者間の交渉はコースの定理が示唆するほどにはうまく機能しない．その最大の理由は，交渉のための時間と労力（**交渉費用**）がかかることである．土地利用に関する交渉にはとりわけ難しい側面がある．土地利用における外部不経済には建物の設計時点で対処しなければならないが，その時点では住宅は建っておらず，入居者は他の場所に住んでいるからである．建物が完成して住民が入居した後の交渉なら簡単なケースでも，他の場所に住んでいる入居前の住民との交渉は容易でない．

情報の非対称性

外部不経済に関しては情報の不完全性の問題も大きい．これに関して重要なのは，外部不経済の被害の程度を外側から客観的に計測することはほとんど不可能であることである．たとえば，昼間はほとんど家にいなくて日照時間に頓着しない人もいれば，アレルギー等の理由で日照を高く評価する人もおり，交渉相手がこれらのどちらであるかを知ることはむずかしい．本人に聞いても，日照を高く評価していると主張して交渉を有利に進めようとするインセンティブが存在するので，正しい答えが返ってくるとは期待できない．したがって，外部不経済を被害者がどう評価しているかについて，被害者側は知っているが加害者側はわからないという**情報の非対称性**が存在する．交渉のゲーム理論の

研究によれば，このような情報の非対称性が存在する場合には，コースの定理は一般には成立しない．その理由は，交渉のプロセスで相手の持っている情報をとろうとする行動が発生するので，交渉の決着に時間がかかるようになることである．[30]

合意の履行の強制可能性：囚人のジレンマ

コースの定理が成立するための第3の条件である合意の履行の保証については，外部不経済のタイプによって困難であったり容易であったりする．最も困難なケースは図8-3のような**囚人のジレンマ**である．

図8-3 囚人のジレンマ

		横山	
		清掃する	清掃しない
縦川	清掃する	1, 1	-1, 1.2
	清掃しない	1.2, -1	0, 0

いま，縦川さんと横山さんが向かい合わせに住んでいる道路の清掃を考えてみよう．2人ともが頻繁に清掃すると道路はいつも綺麗であるので，両方が1の効用を得る．2人とも清掃しない場合には道路が汚れてしまうので，両人とも0の効用になる．片方だけ清掃すると，清掃する側はゴミの量が多く労力がかかるので，効用は-1である．しかし，清掃しないほうは，何もしなくても道路が綺麗になるので1.2の効用を得る．

この場合に2人が話し合うと両方が清掃するということになるであろう．しかし，この合意を強制する何らかの手段が存在しなければ，合意は守られない．相手が合意を守ったとしても破ったとしても，自分は清掃しないほうが得であるからである（相手が合意を守って清掃するケースでは，清掃した時の効用が1であるのに，清掃しない時の効用が1.2である．相手が合意を破るケースでは，清掃する時の効用は-1であり，清掃しない時の効用は0である）．した

---

30) 交渉のゲーム理論のわかりやすい解説については，ジョン・マクミラン著，伊藤秀史・林田修訳『経営戦略のゲーム理論：交渉・契約・入札の戦略分析』有斐閣，1995年，を参照．

がって，双方ともが清掃しないことになり，合意を守れば1の効用を得られるのに0の効用しか得ることができないことになってしまう．

囚人のジレンマの状況で協調解（1, 1）を達成する1つの方法は，政府による規制である．このことが土地利用規制などの都市計画規制を正当化する可能性がある．しかし，政府による規制によらなくても協調解を達成することは可能がある．第1の方策は，合意した時にその場で合意を履行することであるが，それが不可能でも住民が契約書を取り交わせばよい．囚人のジレンマの状況では各個人は協調解を破るインセンティブが存在するので，違反者を処罰する必要があるが，そのためには契約を履行しない者を裁判所に訴えて罰則を加えるようにすればよい．住民の間の契約を土地利用規制の代わりに用いているアメリカのテキサス州ヒューストンでは，公共当局が違反者を訴える手助けや代行を行って，契約の遵守を促進する役割を果たしている．[31)] 日本でも街づくり協定などのような住民間の協定が存在するが，自治体による積極的な支援策が存在しないケースが多いことがヒューストンとの違いである．

住民の間に長期継続的な関係が存在する場合には裁判所などの第三者による罰則がなくても合意が維持されることがある．長期継続的な関係のもとでは，相手が合意を守っている限りこちらも合意を守り，相手が破るとそれ以降は永遠に合意を守らないという戦略を双方が採用することによって合意を守らせることができるからである．[32)] しかし，短期的にしか住まない人間がいると，このような戦略は有効でないので，何らかの公共的関与が必要になる可能性がある．

街路や公園などのような社会資本整備に関しては囚人のジレンマの状況になりやすい．たとえば，「清掃する」を「街路整備のために所有地の一部を供出する」と置き換え，「清掃しない」を「所有地の一部を供出しない」と置き換えると，図8-3と同様な状況になる．すべての住民が所有地を少しずつ供出して公園や街路等の整備を行うことが望ましいが，各個人にとっては他の住民の

---

31) ヒューストンの仕組みについては，以下の文献が有名である．B. H. Siegan, *Land Use without Zoning*, Lexington Books, 1972.

32) これは「自己強制メカニズム」と呼ばれており，繰り返しゲームの理論を用いて分析されている．

負担にただ乗りするほうがのぞましいからである.

コーディネーション・ゲーム

近隣外部性が必ず囚人のジレンマをもたらすとは限らず,合意ができればそれが自動的に遵守されるケースも多い.ドイツの都市計画では屋根の色を茶や黒に指定することが多く,そのことによって景観の統一性が保たれている.図8-4では,ドイツのような色彩のコーディネーションを考えているが,このケースでは合意が成立しさえすれば,都市計画による規制を行わなくても色の**コーディネーション**が達成される.[33]

図8-4 コーディネーション・ゲーム:屋根の色

		茶山	
		黒	茶
黒川	黒	2, 1	0.5, 0.5
	茶	−1, −1	1, 2

図8-4では,黒川さんは黒の屋根が好きで,茶山さんは茶の屋根が好きであるが,両人とも色彩がバラバラになるよりは統一されたほうがよいと考えている.この状況では相手が黒を選択すると思えば,自分も黒を選択したほうがよく,逆に,相手が茶を選択すると思えば,自分も茶を選択したほうがよい.したがって,ゲームの均衡は(黒,黒)と(茶,茶)の2つ存在し,これらのうちのどれが成立するかはわからない.[34] しかし,これらのうちのどちらかに合意が成立すれば,お互いに他の色を選択するインセンティブは存在せず,合意が守られることになる.

近隣外部性のうちで景観の調和に関するものは,図8-4のように合意の強制の必要がないものも多く,そうであれば土地利用規制による強制は必要ない.しかし,ごく一部の人が非常に目立つ建物を建てたりすることによって,景観

---

[33] このタイプのゲームは,ゲーム理論では Battle of the sexes(男女の争い)と呼ばれている.

[34] 厳密には,これらの均衡はゲームの「ナッシュ均衡」である.ナッシュ均衡の定義については前掲のマクミラン(1995)を参照されたい.

の統一性を著しくこわす場合には，そのような行動を規制することが必要になるかもしれない．

景観の調和に関してもう1つ重要なのは，地域ごとに異なった景観が選択されていれば，自分の好みに合った地域を選ぶことができることである．図8-4の例では，他の条件がまったく同じで屋根の色を黒くする地域と茶色にする地域とが存在すれば，黒川さんは黒い屋根の地域に，茶山さんは茶色の屋根の地域に住むことができ，両人ともに2の効用を得ることができる．

近隣外部性に対する公共政策の役割

住民たちの自主的な合意によって近隣外部性の問題をある程度解決することができ，その可能性を考慮に入れる必要がある．しかし，交渉費用，情報の非対称性，合意の強制可能性などの点から住民の自発的な合意は有効に機能せず，何らかの公共的関与が必要なケースも存在する．都市計画による土地利用規制もこの種の公共政策の一例である．しかし，近隣外部性に対する公共政策としては，直接規制以外にも，固定資産税等の税制の活用，建築協定などの住民間契約の履行の援助，街路の清掃や照明等のサービスを公共主体が供給することなど様々な手段がありうる．

また，近隣外部性に関しては，公共的関与についても住民の合意形成が前提であり，住民の自主的な合意に反するような政策は望ましくないし，実現は困難である．近隣外部性のコントロールは住民の利益のために行うものであり，公共政策の役割は住民間の合意の形成とその履行の手助けにあることを忘れてはならない．

3.4 密集市街地

耐震性および耐火性が低い住宅が密集している地域では地震の際に大規模火災が起きる可能性が大きい．さらに，倒壊した建物が道路をふさぐことによって，避難が難しくなり，安全性確保が困難である．密集市街地における災害リスクの1つの重要な側面は，耐震性・耐火性の低い住宅が近隣の住宅に対して大きな外部不経済をもたらしていることである．耐震性の低い住宅は地震の際に倒壊する確率が高く，倒壊した建物は出火する確率が高い．また，耐火性の

低い住宅は延焼リスクを高める．したがって，耐震性・耐火性の低い住宅はその住民自身にとっての災害リスクが大きいだけでなく，近隣の他の住民の災害リスクを大きくしている．こういった外部不経済への対応として，本格的な密集市街地対策が打ち出されるようになった．

2011年3月に閣議決定された住生活基本計画において，「地震時等に著しく危険な密集市街地」約6,000haを2020年にはおおむね解消する目標を設定した．全国の市区町村による調査をもとに，延焼危険性または避難困難性が高く，地震時等において著しく危険な密集市街地を2012年10月に公表した．これらは全国17都道府県・41市町村の合計197地区，5,745haである．東京都と大阪府に多く，東京都では113地区，1,683ha，大阪府では11地区，2,248haであった．

具体的な対策としては，
(1) 道路の整備と沿道建築物の不燃化を進めることによって市街地大火が大きく拡大するのを防止する，
(2) 広域的避難場所とそこまでの避難路を確保する，
(3) 老朽建物の建て替えによる不燃化や空地の整備によって，発生した火事が市街地レベルに拡大することを防止する，
(4) 避難・防災訓練や避難マップの作成

といったものがある．しかしながら，密集市街地にはきわめて多数の土地住宅所有者や賃借人が存在するので，合意形成には時間がかかり，短期間での目に見えた改善は難しい状況である．

3.5　土地利用規制と地価

いわゆるバブルが崩壊した後はあまり聞かなくなったが，1980年代には土地利用規制の強化を主張する人々が，「住宅地が商業地化すると地価が上昇するので，それを抑止するために用途規制を強化すべきである」とか「用途規制が緩やかであるために住宅地が将来商業地化するという期待が発生し，それを反映して地価が高くなっているので，地価を下げるために商業地への転用を禁止すべきである」といった議論をしていた．しかし，外部性の制御のための土地利用規制は土地利用を効率化するので，地価を上昇させることも多い．たとえば，第2章で見た小開放都市では資源配分の改善はすべて地価の上昇に帰着す

る．したがって，小さい地域での土地利用規制はそれが成功すれば地価の上昇をもたらすことが多い．逆に，土地利用規制によって地価が下がれば，それは土地利用を非効率にしてしまっていることになる．

　小さい地域では土地利用規制による資源配分の改善の多くが地価に帰着する．このことの帰結の1つは，宅地開発をするデベロッパーが自分の利益を最大にするような土地利用規制を選択することによって効率的な土地利用が行われることである．[35] 日本でも，デベロッパーが建築協定を作成し，それに合意することを入居の条件とすることがあるが，このような仕組みも外部性のコントロールの有効な手段になりうる．既存市街地の再開発においても，デベロッパーが土地所有者等の利害関係者と協力して，全体としての収益性が高くなるように土地利用を組み立てていくことが，外部性の適切なコントロールにつながる．これを可能にするような制度的枠組みとして，土地区画整理法による土地区画整理事業や都市再開発法による市街地再開発事業があり，幅広く利用されている．

4　開　発　規　制

　この節では開発規制の経済学的な意味を考える．開発規制の果たす役割には様々なものが考えられる．以下では，資産価格を上げるためやスプロール防止のための開発規制に加えて，投機防止のための開発規制や交通の混雑が存在する時の次善の政策としての開発規制も検討する．

4.1　資産価格と開発規制

　持家所有者にとって住宅の資産価値は保有資産全体の中で大きな割合を占めており，住宅価格の動向はきわめて重要な問題である．もし開発規制によって資産価格を上げることができれば，住民は開発規制を選択するインセンティブを持つ．特にアメリカでは，土地利用規制を決定する際に住宅価格への影響が

---

[35] 第9章のデベロッパー定理を参照．

重要な要素となっており，土地利用規制が住宅価格に及ぼす効果がさかんに分析されてきた．[36]

これらの研究の中で開発規制を明示的に分析しているのはフランケナ（M. W. Frankena）とシェフマン（D. T. Scheffman）である．[37] この論文の特長は，開発規制の分析を行う際に，ストックとしての住宅の所有関係を明確にしていることである．既存の住民はすべて持家を所有しており，住宅の資産価値への影響を考慮しながら土地利用規制を決定すると仮定されている．日本の市街化調整区域等の規制に類した開発規制を考え，都市の中でどの地域を住宅地域として開発してよいかを土地利用規制によって決定する．主要な結論は，(1)都市住民は都市の外縁部での開発を禁止することを選択するケースが存在する，(2)都市の外縁部に開発を許さないグリーンベルトを作り，その外側で開発を許すといった「カエル飛び開発」が起きる可能性があることの2つである．

4.2 スプロールと土地利用規制

フランケナとシェフマンは厚生経済学的な分析には重点を置いていないが，開発規制の厚生経済学的分析も重要である．日本の線引き制度の正当化理由として第1にあげられるのは，**スプロール**の防止である．スプロール現象は，都市が拡大する際に，無秩序に開発が行われて，市街地が虫食い状態になることを指している．こういったスプロール現象が起きると公共サービスの供給において非効率性が発生する．第1に，バラバラに小規模な市街地ができることから，公共サービスの供給の際に規模の経済性を享受できない．たとえば，道路や上下水道においても，小規模な開発が散在していると，整備および運営のコストが高くなってしまう．第2に，住宅はきわめて耐久性に富んでいるので，一度住宅が建設されてしまうとそれを取り壊して土地利用の変更を行うことには非常に大きなコストがかかる．したがって，「バラ建ち」した住宅が存在していると，道路の拡幅や区画整理が困難になる．また，土地が細分化されて

---

36) 金本良嗣「土地利用規制の経済学序説」『計画行政』7，1981年，40-47ページ，は，土地利用規制が住宅価格に及ぼす効果に関する研究の簡単な展望を行っている．

37) M. W. Frankena and D. T. Scheffman, "A Theory of Development Controls in a 'Small' City," *Journal of Public Economics* 15, 1981, pp. 203-234.

別々の所有者によって所有されると,区画整理のための交渉に多大の労力と時間がかかってしまう.

これらの主張は一見もっともらしく見えるが,実は議論の余地が大きい.まず,第1の規模の経済性に関する問題を見てみよう.スプロールによって公共サービスの供給が非効率になる基本的な原因は,公共サービスの費用負担が適切でないからである.スプロール地域の公共サービスのコストが高ければ,そのコストをその地域の住民に負担させればよい.つまり,住宅がバラ建ちしている場所では計画的な開発が行われている場所より固定資産税を高くして,高い税負担をいとわない人だけがそこに住むようにすればよく,税負担が高いにもかかわらずその地域に居住したい人を排除することは効率的でない.このように考えると,スプロール防止を開発規制によって行うということは,公共サービスの費用負担の適正化を行うという最善の政策に対して,それができない時により間接的な政策手段で対応するという**次善の政策**である.

第2の建築物の耐久性にかかわる問題は経済学的にはかなり微妙な問題であり,分析は簡単でない.まず,将来にまったく不確実性が存在しない時にはこの問題は発生しない.将来の条件がすべてわかっている時には,それに合わせて民間主体も政府も行動することができるからである.たとえば,将来の土地利用が予測できれば政府は将来の公共施設の用地を先行取得しておくことが可能であるので,公共施設の配置の非効率性は簡単に排除できる.また,都市計画決定された道路の予定地では耐久性の高い建物を建てさせないという規制が存在するので,先行取得を行わなくても土地利用の制御が可能である.

実際には将来の土地利用はきわめて不確実であり,様々な形の市場の失敗が発生する可能性がある.しかし,都市計画を行う行政主体も完全な情報を持っているわけではなく,市場原理にまかせる場合よりもすぐれた土地利用をもたらすかどうかは明らかでない.

4.3 宅地開発指導要綱

宅地開発にともなう社会資本投資の費用をまかなうために,**宅地開発指導要綱**に基づいて自治体がデベロッパーに費用負担や敷地の提供を求めることが以前は多かった.しかしながら,事業者からの抵抗や訴訟があり,また,1982年

以降,旧建設省および旧自治省から地方公共団体に対して行きすぎの見直し等を求めるいくつもの通達が出されたので,廃止する市町村が多くなった.宅地開発指導要綱は公共サービスの費用負担に柔軟なシステムを導入することになり,メリットも大きいと思われるが,開発者に過大な負担をかけているという議論が多く,それが廃止につながっていったと思われる.

開発指導要綱は宅地開発にともなう社会資本投資の費用を開発者に内部化させるという意味で望ましい側面を持っている.しかし,実際の適用にあたってはいくつかの問題をはらんでいた.まず第1の問題は,開発者の負担額を決めるための交渉がなされるのは開発計画がかなり進んだ時点であることである.交渉時点ではすでに多大な資本を用地買収などに投下しているので,過大な負担を求められても開発を中止することができない.このことが開発者の交渉力を弱くし,開発者の負担を過大にしていると考えられる.また,このような状況になることをデベロッパーが予想すると,土地開発への投資インセンティブが阻害され,開発が過少になってしまう.

開発指導要綱の運用上の第2の問題は,地方自治体の起債が自治省によって厳しく制限されていたことである.大規模住宅開発の場合には道路,上下水道,学校などの社会資本を一時的に集中して整備しなければならず,自治体にとっての一時的な資金需要を発生させる.このような資金需要は,本来ならば将来長期間にわたって生じる税収の増加でまかなうべきである.自治体が資金の借入れや起債を自由にできれば,将来の税収増と社会資本投資の費用とを比較して,大規模開発を許可するかどうか,また,どの程度の費用負担を開発者に求めるかを決定することができる.起債制限はこのような長期的視野に立つ意思決定を難しくしていた.最近では,起債が許可制から届出制になり,以前よりは柔軟になったので,この問題はかなりの程度解消したと思われる.

第3に,2.1節で見たように,開発許可が必要なのは一定規模($300m^2$ から $1,000m^2$)以上の大規模開発に限られているので,小規模な開発は開発指導要綱による費用負担を求められることがほとんどない.これは環境上問題のある小規模開発を有利にしており,望ましくない効果を持っている.

宅地開発指導要綱による開発者負担金は廃止した市町村が多いが,その中で,江東区は2001年に「江東区マンション等の建設に関する指導要綱」を制定し,

1戸当たり125万円の公共施設整備協力金をマンション建設業者に負担させている.[38] この負担金は，マンション急増によって必要となった学校や保育所などの公共施設の整備のために主に使用されている．マンション建設は固定資産税や住民税の増収をもたらすので，通常の市町村であれば，起債や借入れさえできれば，負担金の徴収は必要ないはずである．しかしながら，東京都の特別区については，固定資産税は都の税収とされ，それを一定の方式（都区財政調整制度と呼ばれる）によって特別区に配分している．したがって，固定資産税の増収分がそのまま各特別区の財源になっているわけではない．江東区における負担金制度にはこういった財政制度の特殊性が背景にあると思われる．

4.4 交通の混雑と開発規制

すべての都市において交通の混雑は大きな問題であり，特に通勤ラッシュ時の混雑は著しい．第4章で見たように，経済学的には**交通の混雑**現象は交通利用者の間の外部不経済であると解釈できる．たとえば，道路交通においては，交通密度が高くなると走行スピードが遅くなるので，新しい車が道路に入ると他の車の走行スピードを遅くしてしまう．したがって，交通混雑時の通行車両は互いに外部不経済を及ぼしあっている．電車や地下鉄などの公共輸送機関でも混雑による外部不経済は無視できない．混み合った車両による不快感や疲労にとどまらず，密度の濃い運行による平均運行速度の低下や事故の危険性の増大などももたらされている．

一般に，外部不経済が存在する場合に効率的な資源配分を達成するためにはピグー税（あるいはそれと同じ結果をもたらす政策手段）の導入が必要であり，交通の混雑の場合には利用者に混雑税を課すことが必要である．ところが実際には混雑税を課すことは困難である．特に，日本の場合にはまったく逆であって，通勤定期の割引や通勤手当によって混雑している時の料金が実質的に安くなっている．

本来，混雑税を導入するのが望ましいが，導入が実現するまでは混雑税が存在しないことを前提に次善の政策を考えなければならない．このような次善の

---

[38] 正確には，住戸が30戸以上の場合であり，金額は「125万円/戸×（世帯用住戸数−29戸）」である．

316　8章　土地利用政策

図 8-5　交通混雑と次善の開発規制

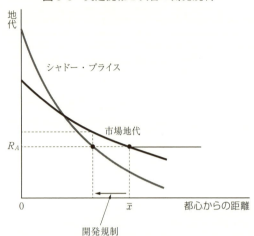

政策として開発規制を正当化することができる.[39] この議論は以下のように要約できる.

　開発規制が存在しない場合には，住宅地の境界は住宅地代が農業地代に等しくなる点で決定される．住宅地の社会的価値（シャドー・プライス）が市場で決まる住宅地代と等しければ，このようにして決まる土地利用は効率的であり，開発規制の必要はない．しかし，混雑現象が起きているにもかかわらず混雑税が課されていない時には，居住者の支払う通勤費用は社会的費用を下回っている．通勤費用は住宅地代の主要な決定要因であるので，通勤費用が社会的費用から乖離している時には，住宅地代も土地の社会的価値（シャドー・プライス）から乖離してしまう．したがって，開発規制が存在しない場合の土地利用は効率的でない．

　次に考えるべき問題は，住宅地代がどちらの方向に乖離するかである．通勤費用が社会的費用を下回っているので，地代曲線の勾配は土地のシャドー・プライスの勾配よりもゆるやかになる．したがって，都市の中心部では市場地代が低くなりすぎ，外縁部では高くなりすぎる傾向を持つ．現在まで分析されたモデルでは，閉鎖都市においても小開放都市においても，住宅地の外側の境界

---

39) Y. Kanemoto, "Externalities in Space," *Fundamentals of Pure and Applied Economics* 11, 1987, pp. 43-103.

では住宅地代がシャドー・プライスより高くなるという結果が得られている．したがって，図8-5のような状況になり，開発規制によって住宅地の拡張を抑えるという政策が次善の最適解になる．この結論の直観的な意味は，混雑現象が存在する時には，コンパクトな都市構造にして混雑の発生する区間をなるべく短くすることが望ましいということである．

4.5 中小都市における中心市街地問題とコンパクトシティー政策

第2節で触れたように，中心市街地の空洞化が大きな政策課題となり，まちづくり3法を核とする中心市街地活性化政策が展開されてきた．三大都市圏や福岡，札幌等のブロック中枢都市以外では，1990年以降における中心市街地の衰退は著しい．中心市街地では地価が高いにもかかわらず，空き家や空き店舗が増加し，商店街がシャッター街になったと言われるほどである．こういった傾向を逆転させ，都市機能がコンパクトに集積し，アクセスしやすい「歩いて暮らせるまちづくり」を推進することが，中心市街地政策（最近では，コンパクトシティー政策と呼ばれることも多い）の目的とされている．

中心市街地の衰退の原因は自家用車利用の普及である．世帯当たりの自家用車保有台数は，1975年には0.5台程度であったのがその後急速に増加し，1996年には1台を超えるに至った．自家用車保有率は大都市圏では低く，たとえば，東京都では2014年でも世帯当たり0.46台にすぎないが，地方では一家に2台以上保有していることが多い．世帯当たり自家用車保有台数は福井県の1.74台をはじめとして，10県以上で1.5台を超えている．自動車を保有していない場合の移動の手段は鉄道，バス等の公共交通機関であり，駅や停留所までは徒歩や自転車によらざるをえない．このことによって，駅の周辺に高密度に居住するという立地パターンが支配的になり，商業も駅周辺の中心市街地に集積していた．

モータリゼーションの進展はこのパターンを根底的に変化させることになる．三大都市圏とブロック中枢都市では通勤通学交通における自家用車利用シェアは3割程度以下であるが，地方都市では5割を大幅に上回るようになった．第4章の表4-2で見たように，富山市の自家用車利用シェアは2010年には74.5%に達している．自家用車で通勤ができるようになると，職場から距離のある郊

外に広い住宅を構えることが可能になる．第5章で見たように，1人当たりの住宅の広さは1963年からの45年間に約2.6倍にも増加している．買い物についても，中心市街地では地価が高いので駐車場の確保が難しく，また，郊外の広い空間から都市中心部の狭い空間に車が集まってくるので中心近くでは渋滞が発生しがちである．したがって，広い駐車場を併設した郊外ショッピング・センターのほうがはるかに利便性が高くなった．中心市街地の空洞化はこういった基本的な変化を反映しており，小手先の政策ではくつがえすことが困難である．

残念ながら，中心市街地活性化政策に関するまとまった経済評価はいまだに存在しないので，ここではいくつかの論点を提示するにとどめる．これまで行われてきた中心市街地活性化政策の主たるものとしては，商業振興のためのマネジメント支援や補助政策，街路，駐車場等の施設整備，大型店や病院・福祉施設等の立地規制があげられる．実は，これまでの政策はほとんど効果をあげておらず，活性化した中心市街地はほとんどないのが現状である．効果のない活性化政策はコストにみあった成果がないことが明らかであり，成功した政策とは言いがたい．現在打たれている政策についても，これからどういう効果が発現するかを見ることが最初の課題である．

政策の効果があることが大前提であるが，中心市街地に関する政策介入を正当化する議論として，様々な外部性の存在をあげることができる．第1に，道路交通については，混雑外部性，事故外部性，地球環境等の環境外部性がある．第4章でも見たように，これらの問題について最善の政策は直接的に外部性をコントロールすることであり，中心市街地政策はそれが不可能な時の次善の政策にすぎない．たとえば，混雑外部性についてはロード・プライシングを導入して混雑料金を課すのがベストであり，地球環境については炭素税を導入するのがベストである．

第2に，公共交通機関については規模の経済性と頻度の経済性が市場の失敗の典型例である．特にバス交通の衰退が著しく，第4章の表4-1にあるように，1965年には20%を超える輸送人員シェアを持っていたのが，2009年には6%にすぎなくなっている．バス交通については，頻度の経済性の観点からの補助政策が正当化可能であるが，すでにかなりの補助をつぎ込んでいる地域が多く，

これ以上の補助政策が望ましいかどうかは十分な検討が必要である．

　第3に，郊外に密度低く居住していると公共サービスの供給費用が大きくなるという議論がある．よく持ち出されるのが，積雪地帯での除雪費用である．郊外に住宅が散在していると道路の除雪費用がかさむので，よりコンパクトな居住パターンが望ましいというものである．スプロールのところで論じたように，こういった問題が発生する原因は公共サービスの費用負担が適切でないからである．まず考えなければならないのは，費用にみあった負担を求めることである．

　第4に，中心市街地においては様々な価格体系の歪みが存在しており，中心市街地の活性化が追加的な社会的便益をもたらすことがありうる．第4章補論の最後で簡単に触れたように，税，独占力，外部性等によって価格（社会的限界便益）が社会的限界費用と乖離している時には，消費量（＝供給量）の変化がプラスあるいはマイナスの社会的純便益をもたらす．たとえば，中心市街地活性化政策によって小売店舗の販売量が増加した時に，価格が限界費用より高くなっていると，「（価格－社会的限界費用）×販売量増加」だけの社会的純便益が発生する．小売業において価格体系の乖離をもたらすものには，所得税や固定資産税などの税制に加えて，空間的独占力がある．小売店舗は数多く存在するが，同種店舗が隣り合わせで直接的に競争しているケースは少ない．完全競争の場合には，他の店よりほんの少しでも高い価格を付けるとすべての顧客を奪われてしまい，個々の供給者は水平の需要曲線に直面する．しかし，競争相手が空間的に離れている場合には，需要がゼロになってしまうことはなく，右下がりの需要曲線になる．したがって，小売店の場合は価格が限界費用より高くなる傾向がある．小売りマージンは20％～30％程度になることが多いので，価格体系の歪みによる社会的便益は無視できない大きさになると考えられる．

　もちろん，中心市街地政策による中心市街地の販売増が郊外店における同量の販売減を生み，価格マージン（価格と限界費用の乖離）が両者でまったく同じである場合には，郊外店で発生する社会的便益の減少分が中心市街地での増加と同額になり，ネットでの純便益は発生しない．合計での販売量純増があるケースか，中心市街地の価格マージンが大きい場合に，社会的純便益が発生する．

第5の問題は,自動車に乗ることができない人たちへの対応である.特に,人口の高齢化にともない,自動車免許を返上せざるをえなくなる高齢者が増加すると思われ,こういった人たちに対する交通手段をどう考えるかが問題になる.バス交通を支えるだけの居住密度がない地域では,タクシー券の配布といった政策も考えられるが,中心市街地のマンション等に医療機関や介護施設を併設して,移住を促進するといったこともありうる.実際に,高松市の丸亀商店街では再開発した中心市街地でこういった取り組みをしており,高齢者層に人気である.

5 形 態 規 制

次に,形態規制の代表として容積率規制を取り上げ,その効果を見てみよう.最初に,第2章で見た都市内土地利用モデルを用いて,容積率規制が土地価格を上げるかどうかを考える.

容積率規制の効果は,小開放都市であるか閉鎖都市であるかによって異なる.まず,小開放都市を考えてみよう.地代が一定であれば,容積率規制は住民の効用水準を下げる効果を持つことは明らかであろう.容積率規制がない時には効用を最大にする容積率が選ばれるはずであり,これ以外のどんな容積率も効用を下げるからである.[40] 小開放都市では他地域の効用水準は一定であるので,容積率規制によって効用水準が下がれば,他地域への人口移動が発生し,元の効用水準に戻るまで人口流出が続く.人口流出は住宅地の需要を減少させ,地代を低下させる効果を持つ.したがって,小開放都市では,容積率規制は土地価格を低下させる.

閉鎖都市では人口流出が起きないので,状況は異なっている.容積率規制によって容積率が低下すると同じ面積に住むことのできる人口が減少する.したがって,前と同じ人口を都市に張り付けるためには住宅地が拡大する必要がある.そのためには図8-6のように都市の外縁部での地代が上昇する必要がある.

---

[40] 容積率規制は消費者の効用最大化に新たな制約を加えることになる.制約が増えれば選択できる範囲が狭くなるので,達成できる効用水準は低くなる.

図 8-6　容積率規制と地代曲線：閉鎖都市

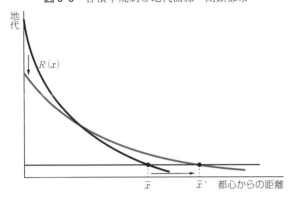

容積率の低下は1戸当たり敷地面積の増加をもたらすので，地代曲線の勾配はゆるやかになる．したがって，通常は図 8-6 のように都市の中心部での地代は低下する．

閉鎖都市での容積率規制は住民の効用水準を下げる．これは規制前の住宅地の境界 $\bar{x}$ を考えれば明らかである．この地点では容積率規制によって地代が高くなり，通勤費用は前と同じである．したがって，容積率を自由に選べるとしても効用水準は下がらなければならず，容積率規制が有効であれば効用水準はそれ以下になる．

容積率規制が住民の効用を低下させるのは，容積率規制の目的である社会資本への負荷を考慮していないからである．容積率が高くなりすぎて，道路や上下水道などの社会資本のキャパシティーを超えると，道路渋滞や上下水道の機能不全などが発生する．もちろん，社会資本の混雑現象に対して混雑税を徴収することができれば，容積率規制の必要性はなくなる．しかし，すべての街路において適切な混雑税を徴収することはほとんど不可能である．容積率規制は社会資本の混雑税の代替策であると解釈できる．

都市問題の解決のためには現在の容積率を大幅に上げて，より高密度の土地利用にするべきであるという意見があるが，容積率規制の緩和をする場合には，そのために必要になる社会資本の整備方法を同時に計画しなければならない．特に道路や下水道などは整備に数十年単位の時間が必要であるので，この問題は非常に重要である．

ただし，容積率規制の制度が最善のものであるかどうかには議論の余地がある．たとえば，アメリカでは**空中権**の売買や**開発権移転**（**TDR**, Transferable Development Right）が認められている．空中権は他人が所有する土地の上空のスペースを利用する権利であり，鉄道線路や貯水池などの上空の空中権が売買の対象になっている．開発権移転は，土地利用規制によって許されている容積率と実際に利用している容積率との差を他の敷地に移転できる制度であって，歴史的建造物や自然環境の保全などの財源となっている．日本においても，2000年に「特例容積率適用地区制度」ができ，隣接していない敷地の間で容積率の移転が認められるようになった．この制度は2002年に東京・大手町，丸の内，有楽町地区に適用され，これによって，東京駅赤レンガ駅舎の保存・復元が可能となった．

6 土地利用の制御に関する様々なアプローチ

前節までは用途規制，開発規制，形態規制に関する経済学的な分析を紹介してきた．これまでの議論からもわかるように，土地利用をコントロールするためには様々なアプローチが存在する．また，単一の規制方式ですべての問題が解決するわけではなく，異なったアプローチを組み合わせることも必要になる．この節では，土地利用の制御のためのいくつかの代表的なアプローチを取り上げ，それらの長所と短所を議論する．

土地利用の制御の手法には大きく分けて，直接規制（土地利用規制）による方法，税制等による価格に対する介入による方法，民間主体の契約による方法の3つがある．これら3つの方法のいずれについても様々なバリエーションが存在する．特に重要なのは，第2節で見たように，直接規制においてドイツやイギリスのような計画規制とアメリカや日本のようなゾーニングによる一般規制との区別が存在することである．以下では最初に直接規制，税制，契約の3つの方法を概観し，その後に計画規制と一般規制との差を検討する．

6.1 直接規制

第1の**直接規制**による方法は通常行われている土地利用規制であるが，その最大の長所は運用が比較的簡単で行政費用が低いことである．通常の商品と違い不動産は移動費用が高いし，一度建築するとその基本的な構造は簡単には変更できない．したがって，新築時と改築時に規制のチェックを行えばよく，行政サイドの費用は他の商品の規制に比べて小さい．また，容積率の規制などは機械的な基準を適用すればよいので，規制の曖昧性も少ないというメリットを持っている．

直接規制の欠点の第1は，政治的プロセスによる歪みの可能性である．他の政策と同様に，土地利用規制の決定は政治的プロセスを通じてなされるので，一部の利害しか代表しない圧力団体が大きな力を持ち土地利用規制を左右することがありうる．4.1節で見たフランケナとシェフマンの論文はこの一例である．持ち家の既存住民が強い政治力を持っていると，開発規制を厳しくして住宅価格をつり上げようとすることが考えられる．

ミルズとハミルトンによって指摘されているように，[41] このような政治的意思決定による歪みはたんに住民参加を充実すれば解決できるというものではなく，もっと本質的な問題を持っている．それは，直接規制は個人の持っている所有権に制限を加えるものであるが，そのことの社会的便益と社会的費用を比較考量するというメカニズムが組み込まれていないことによっている．たとえば，住宅地域の中に商業地開発を行うと300億円の利益を生み出す土地があるが，この商業開発は近隣の住宅地に外部不経済を及ぼし，それを金額換算すると50億円であったとする．この場合には，社会全体にとっては，開発を許して近隣の住民に外部不経済に対する補償を行ったほうがよい．ところが，50億円の外部不経済の存在だけによって土地利用規制の決定がなされ，商業地開発は不可能になることが多い．これは，土地利用規制が土地所有者の所有権を制限するにもかかわらず，その補償を行う必要がないことによっている．

土地利用規制の第2の欠点は，決定の行われる行政区域が適切なサイズでな

---

[41] E. Mills and B. Hamilton, *Urban Economics*, 5th ed., Harper Collins, 1994, の第13章を参照．

い場合が多いことである．行政区域が大きすぎる時には，直接的な利害関係を持たない人々の意見が決定を左右する可能性が大きい．逆に，行政区域が小さすぎる時には実際に外部不経済等の影響を受ける者でも決定に参与できないことがある．

第3に，規制の決定はすでに居住している住民のみによって行われ，将来移住してくる人々は決定に参加できない．たとえば，一戸建ての住宅の多い地域では，既存の住民はアパートの建築を好まず，将来アパートに住むかもしれない人々の意見を無視してアパートの建築を規制するかもしれない．この欠点はアメリカにおいて特に顕著であることが指摘されている．

最後に，土地利用規制は柔軟性に欠け，環境の変化への対応が遅れがちである．たとえば，商業地として急速に発展している地域では，近隣の住宅地を商業地に変換していかなければならない．このような時には，土地利用規制の変更がなされなければならないが，既得権の擁護や官僚機構の対応の遅さなどによって速やかな変更がなされないことが多い．アメリカのゾーニングでは，近隣住民が反対しなければ「ゾーニング・ボード」に申請することによって例外を認めてもらえる．日本の土地利用規制はこのような柔軟性を持っておらず，硬直的になりがちである．

6.2 税　　制

土地利用を制御するもう1つの方法は税制を用いることである．たとえば，外部不経済を発生する用途に高い税率を適用することによってその用途の占める面積を少なくすることができる．ヘンダーソンの第3章は，このような税制は土地利用規制と同じ結果をもたらすことを示している．

税制の長所は，土地の用途を直接指定しないので土地利用規制より柔軟性があり，土地利用の変化を妨げないことである．短所は，用途の混在を防いだりするような土地利用規制の果たす他の役割を果たさないことである．

また，将来の土地利用の変化や外部不経済の空間的分布の変化を正確に予測することは困難であるので，直接的な土地利用規制も税制による間接的な規制も双方ともに不完全であり，最適なものからかなり乖離してくることは避けられない．不確実性による政策の誤りが避けられない場合に，どちらの政策手段

が望ましいかに関してはワイツマン（M. L. Weitzman）による研究がある.[42] たとえば，水銀による公害汚染の場合のように汚染量が一定水準を超えた時にはきわめて大きな被害が出る場合には，税制による間接的な規制ではこの水準を超える確率が大きくなる．したがって，このような場合には直接的な排出量の規制のほうが望ましい．逆に，汚染の限界費用が一定である場合には，汚染量の不確実性による問題は大きくないので，税制や課徴金によるコントロールのほうが望ましくなる．この分析は土地利用規制を対象としたものではなく，直接的な適用はできないが，若干の変更を加えれば土地利用規制にも応用できると思われる．

6.3 契約（建築協定）

アメリカのヒューストンでは，政府による土地利用規制はほとんどないに等しく，工業地域と住宅地域を分離する用途規制なども存在しない．[43] しかし，住民が自主的に結ぶ**契約**が土地利用規制と同様な役割を果たしている．典型的な例は，デベロッパーが住宅地や工業団地を開発して売却する時に，土地の購入者に土地利用に関する契約を結ばせるものである．契約の内容には，用途の変更（たとえば住宅地から商業地）を制限したりする通常の土地利用規制に類するものから，もっと細かい建築物の美観に関するものまで含まれる．ヒューストン市の都市計画局はこういった契約の実施を助けており，契約違反のケースを住民が持ち込めば都市計画局が裁判に訴える等の手続きを代行している．

自主的な契約による土地利用の規制は，政府による土地利用の規制よりもいくつかの面で柔軟である．第1に，ケース・バイ・ケースで契約の内容が定められ，また契約が取り交わされる地域が割合に小さいために，契約の内容を住民の好みにより適合したものにすることができる．第2に，環境の変化に対応して規制の内容を変えることが容易である．契約期間は通常20年から30年で，契約期間中は全員一致でなければ契約内容を変えられないが，それ以降は10年

---

[42] M. L. Weitzman, "Prices vs. Quantities," *Review of Economic Studies* 41, 1974, pp. 477-491.

[43] 前掲のSiegan (1972) は，ヒューストンにおける土地利用政策の詳細な研究と評価を行っている．

ごとに過半数の投票で内容を変更できるようになっている場合が多い．全員一致での変更は困難なように見えるが，小さな地域で契約が結ばれているので，全員一致での変更も困難ではない．また，契約違反は住民が訴えなければ黙認されることになる．黙認された契約違反の数が大きくなると，裁判所は事情変更の原則から契約の効力が失われたと判断するようになり，自然に契約内容が変更されていく場合も多い．このような制度が日本でうまく機能するかどうかは確かでないが，1つの代替的な制度として検討されるべきであろう．

6.4 ゾーニングによる一般規制と敷地ごとの計画規制

第2節の最初で簡単に触れたように，土地利用規制にはアメリカや日本のようなゾーニングによる一般規制と，ドイツやイギリスのような敷地ごとの計画規制の2つのアプローチがある．ゾーニングによる一般規制は，地域タイプごとに土地利用の用途や容積率などについて最低限の条件を一律に規定する．これに対して，計画規制では，各敷地ごとにその用途や形態を細かく規制していく．たとえば，ドイツの都市計画では，建ぺい率や容積率に加えて，玄関の向きや屋根の色などを詳細に規制している．

一般規制の長所は，規制内容が細かくないので計画策定に要する時間が比較的短いことや，規制の制限内であれば土地利用の変化を許す柔軟性があることなどである．これに対して，敷地ごとの計画規制は関係者の合意のために時間がかかる．

一般規制の短所としては，良好な街並みの形成には有効な手法ではないことや，個別の事情に対応することが困難であることなどがあげられる．これらの短所に対する対応としては，ニューヨークのように詳細な地域区分を行うことや，日本のように特別用途地区や地区計画などによる規制を付け加えて2段階の規制を行うことが考えられる．

7 取 引 規 制

土地取引の規制は1974年に導入された「国土利用計画法」に基づいている．

国土利用計画法における**土地取引規制**の第1は**規制区域**であり，この区域内での土地取引は都道府県知事の許可を得なければならない．実際には，規制区域に指定された例は存在せず，「許可制」による土地取引規制は行われていない．

国土利用計画法における土地取引規制の第2は，「許可制」よりはゆるやかな**事前届出**と**是正勧告**の制度である．これは，規制区域外でも，一定以上の面積（市街化区域内では2,000m^2）の土地取引は，都道府県知事（政令指定都市は市長）に売買予定価格などを事前に届け出なければならないというものである．もし価格や予定されている土地利用が不適切な場合は，知事は契約の解除等の必要な措置を取るよう勧告することができる．

1987年に導入された**監視区域**制度は，地価が高騰している区域を監視区域に指定することによって，土地取引の届出対象面積の下限を引き下げ，従来は届出の対象になっていない小規模な土地の取引についても届出を義務づけるものである．また，監視区域制度では，価格や土地利用に加えてその取引が投機的なものかどうかに関する判断がなされることになっている．ピーク時の1993年には多くの市町村（1,212市町村）において指定されていたが，バブル崩壊後は監視区域の緩和・解除がなされ，2014年現在では東京都小笠原村だけになっている．

監視区域制度には，勧告に従わなかった場合の罰則規定がないので，規制としては緩やかなものであるが，実際には勧告に従わない例はほとんどなく，勧告を公表するということがかなり大きなペナルティーとして機能してきたか，あるいはわが国の行政指導につきものの「江戸の仇を長崎で討つ」といった類の暗黙のペナルティーが存在したと考えられる．

土地取引規制の主目的としては，投機的取引の抑制があげられている．しかし，第3章で見たように，投機は資源配分上有益な機能を果たしている．また，投機的行動は価格の低い時に買い価格の高い時に売ってその差益を得ようとするものであり，利益をあげている投機は，低い時の価格を引き上げ高い時の価格を引き下げる効果を持っている．したがって，投機の成功者は価格の変動を平準化させる役割を果たしている．

投機が価格の変動を激しくするのは投機によって損失をこうむる人々が存在する時だけである．つまり，投機による価格の乱高下は投機によって利益を得

る人々によって引き起こされるのではなく,投機によって損失をこうむる無能な投機家によって起こされるのである.

もちろん,実際には失敗する投機を排除することはできず,投機的行動によって価格変動がかえって激しくなる場合もある.しかし,投機の弊害を除去するためという理由で,政府が取引規制を行うことには,以下の2つの批判がある.第1に,投機の弊害が無能な投機家によって引き起こされるのであれば,政府が介入することはこれらの人々の学習機会をなくしてしまうことになり,かえって望ましくない.第2に,取引の規制は宅地の供給を抑えることになるので,地価を上昇させる効果を持つ.

取引規制がどのような社会的便益をもたらすかについての説得的な分析は存在しないが,取引規制のもたらす社会的な費用はよく知られている.その第1は膨大な行政費用である.行政費用には,規制を担当する役所側の費用に加えて,規制を受ける側が書類の作成などのために負担しなければならない費用が含まれることに注意が必要である.

これらの行政費用を除外しても,取引規制は大きな社会的費用をもたらす.宮尾によって解説されているように,[44] 取引規制はそれが効果を持てば必ず土地の超過需要を発生させる.つまり,規制によって価格が抑えられているので,土地を買いたい人は多いが,需要を満足させるだけの供給は存在しない.このように買いたくても買えない人が存在することによって,資源配分の非効率性がもたらされる.

取引規制による非効率性の教科書的説明は,図8-7を用いて行うことができる.[45] 規制が存在しなければ価格は p^* になり,供給量と需要量は Q^* で等しくなる.ここで,取引規制が行われ,$\bar{p}$ 以上の価格の取引が許されなければ,供給量は Q' に減少する.規制価格のもとでの需要は Q'' であるので,$Q''-Q'$ だけの超過需要が発生する.

規制によって発生する厚生の損失は,消費者余剰と生産者余剰の和がどう変

---

[44] 宮尾尊弘「土地取引規制の経済学的批判」『日本不動産学会誌』第3巻第3号,1988年,3-9ページ.

[45] この説明は,金本良嗣「土地取引規制の経済学的側面」『日本不動産学会誌』第9巻,1994年,9-20ページ,による.

図 8-7 取引規制による非効率性

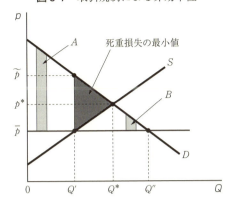

化するかで測ることができる．図 8-7 の**死重損失**の最小値の三角形は，需要曲線の $\tilde{p}$ 以上の人だけが土地を手に入れる場合の，余剰の和の減少分を示している．ところが，実際に発生する厚生の損失はこれを上回る．価格が $\bar{p}$ に抑えられているので，需要曲線上の $\bar{p}$ より上の部分に位置している人々がすべて土地を買おうとするからである．したがって，A の部分の需要者が土地を手に入れる代わりに，B の部分の需要者が土地を手に入れる可能性が発生する．このようなことが起きると，A の面積と B の面積の差のぶんだけ消費者余剰がさらに減少する．つまり，取引規制によって超過需要が発生している場合には，土地から最も大きな利益を受ける人がその土地を手に入れることにはならない可能性が存在するので，厚生の損失が図 8-7 の三角形の面積より大きくなってしまう．

キーワード

土地利用規制　計画規制手法　一般規制手法　区域区分（線引き）制度　地域地区制（ゾーニング）　開発規制　開発許可制度　市街化区域　市街化調整区域　宅地開発指導要綱　まちづくり 3 法（改正都市計画法，大店立地法，中心市街地活性化法）　用途規制　形態規制　建ぺい率　容積率　斜線制限　前面道路幅員による規制　地区計画　誘導容積制度　暫定容

積率　目標容積率　建築協定　街づくり協定　再開発地区計画　住宅地高度利用地区計画　住宅付置義務要綱　共同住宅設置要綱　長期営農継続農地　納税猶予の特例　ユークリッド判決　外部性　地方公共財　近隣外部性　コースの定理　交渉費用　情報の非対称性　囚人のジレンマ　コーディネーション・ゲーム　スプロール　次善の政策　交通混雑　容積率規制　空中権　開発権移転（TDR）　直接規制　税制　契約　土地取引規制　規制区域　事前届出　是正勧告　監視区域　死重損失

練習問題

1．商業地が住宅地に対して外部不経済を与えており，住宅地が商業地に対して外部経済を与えているケースを考える．本文中の図8-1と同様な図を用いて，ピグー税が存在する時としない時の地代曲線を描け．

2．小開放都市で容積率規制を導入した時の地代曲線の変化を図示し，そうなる理由を説明せよ．

3．一定価格以上の取引を禁止する取引規制によって土地の需要者が全体として利益を受けるか否かを分析せよ．

4．以下の2つの議論に対する擁護論と批判の双方を展開せよ．

(1)「魅力的な町であることの1つの大きな要素は原風景であり，文化的な蓄積である．歴史的に大きな意味を持つ文化財があって，周りの環境を破壊してしまうと取り返しがつかなくなってしまうという時には，それを残すべきであるという地元のコンセンサスは必ずしも得られていなくても，役所がとりあえず歯止めをかけて（規制して）おくことは正当化できる．」

(2)「商業地の地価は住宅地の地価に比べて非常に高いので，放っておくと，商業地が住宅地を侵食して際限なく広がっていく．これを阻止するためには，住宅地に商業ビルが入って来ることを禁止する厳格な土地利用規制が必要である．」

9章

都市財政

1 はじめに

　都市における円滑な経済活動や都市住民の快適な生活のためには，道路，公園，上下水道，教育などの公共サービスの供給が不可欠である．これらの地方公共サービスのかなりの部分は地方政府（市町村と都道府県）によって供給されている．しかし，日本では伝統的に中央省庁から地方政府への補助金の比重が大きく，それにともなって中央政府が地方政府の行動に大きな影響力を行使している．この章では，市町村と都道府県の財政を見ることによって，地方公共サービスの供給システムと費用負担の構造を分析する．

　以下では，まず第2節で日本の都市財政の現状を概観する．この節では，市町村と都道府県の財政に関する最近のデータを紹介し，財政収入と財政支出の構造を分析する．

　地方公共サービスは多種多様であり，それぞれの公共財的性格（共同消費性と非排除性）の強さは異なっている．また，供給主体についても民間企業であったり，公共部門であったりする．たとえば，都市鉄道は民間の鉄道会社が運営している例もあるし，地方自治体や公企業が運営している例もある．第3節では，地方公共サービスを公共部門が供給しなければならない理由があるかどうかを，個別の公共サービスに即して検討する．

都市における公共サービスの共通の特徴は，その便益が及ぶ範囲が地域的に限定されていることである．たとえば，近隣公園や区画街路の利用者はその近くに住む住民にほぼ限られるし，公立小中学校，消防，上下水道等の受益者は地域住民である．このような地域限定性から，「足による投票」が重要な意味を持つことになる．つまり，住民も企業も，地方税の負担が低くて地方公共サービスの水準が高い地域に移動していく傾向がある．第4節では，「足による投票」が地方公共サービスの供給システムに対してどのような影響を及ぼすかを概観する．第5節では，「足による投票」を考慮に入れた地方公共財の理論モデルを提示し，地方公共財の最適供給とコミュニティーの最適規模の条件を導く．第6節では，このモデルを用いて開発利益の還元とデベロッパーによる地方公共財の供給の仕組みを分析する．

第7節では，中央政府から地方政府への補助金の分析を行う．この節では，地方交付税のような使途の指定のない一般補助金と使途の指定されている特定補助金の双方を分析する．

2 日本の都市財政

道路，公園，上下水道，学校等の地方公共サービスは主として市町村と都道府県によって供給されている．しかし，日本では国も重要な役割を果たしており，補助金や規制によって間接的に地方公共サービスの供給に影響を与えている．この節では，主として財政関係のデータを見ることによって，日本における地方公共サービスの供給システムの現状を概観する．

2.1 財政支出と国内総生産

表9-1に示されているように，政府の財政支出が国内総生産に占める比率は1960年度に17.2%であったのが，1980年代には30%近くまで増加し，2010年代に入ると33%を超えている．地方政府の純歳出は国の純歳出より大きいが，そのかなりの部分は国からの補助金でまかなわれている．国から地方政府への補助金は，1960年度の4.9%から着実に増加し，80年度には7.7%に達した．その

表9-1　国と地方の財政支出が国内総生産に占める割合　(%)

	合　計	国の純歳出	地方の純歳出	国から地方への移転
1960年度	17.2	5.8	11.4	4.9
1970年度	19.0	6.1	12.9	5.3
1980年度	29.1	10.8	18.2	7.7
1990年度	27.4	10.3	17.1	5.9
2000年度	31.5	12.5	19.1	7.4
2010年度	33.4	13.8	19.6	7.1
2012年度	34.7	14.4	20.2	7.6

(出典)　一般財団法人地方財務協会『地方財政要覧』.

後減少し，1990年度には5.9％になったが，再度増加して，2000年代は7％を超えている年が多い．[1]

2.2　地方政府の財政支出の内訳

　地方政府の財政支出の主たる分野は，福祉・労働（民生費，労働費），産業振興（農林水産業費，商工費），公共サービス（衛生費，警察消防費，教育費），社会資本投資（土木費）の4つであるが，これらの活動を支えるために一般管理費（議会費，総務費）が必要になる．

　福祉・労働の主たるものは，生活保護，児童福祉，身体障害者福祉，老人福祉等の社会福祉行政と失業対策，職業訓練等の労働行政である．これらは恵まれない人々を助ける所得再分配機能の一環であると考えることができる．表9-2は，2012年度における地方財政支出の分野別構成を表している．この表によれば，福祉・労働費は都道府県の財政支出の16％強，市町村の財政支出の35％弱を占めている．特に市町村では福祉事業の占めるシェアが大きい．

　産業振興は，農業や水産業等の第一次産業と地元中小企業の助成が中心である．都道府県は産業振興に13％を超える財政支出を行っている．市町村は都道府県よりは少なく，約6％のシェアになっている．

　公共サービスの中には，ごみ処理，上下水道，消防，警察，教育等の様々なサービスの提供が含まれている．衛生費，警察消防費，教育費を合計すると，

---

[1]　国から地方への補助金が国内総生産に占める比率は景気の波によって変動し，景気の良い年には小さくなる傾向がある．表にはないが，2005年には6.4％であった．

334　9章　都市財政

表9-2　地方政府の歳出の構造：2012年度

(単位：百万円，％)

区　分	都道府県		市町村		純計	
	金額	構成比	金額	構成比	金額	構成比
議会費	78,624	0.2	372,728	0.7	450,061	0.5
総務費	3,078,431	6.2	7,528,879	13.9	9,961,845	10.3
民生費	7,302,388	14.8	18,457,271	34.1	23,152,326	24.0
衛生費	1,918,567	3.9	4,395,727	8.1	5,993,241	6.2
労働費	651,700	1.3	241,032	0.4	768,688	0.8
農林水産業費	2,328,369	4.7	1,219,590	2.3	3,181,270	3.3
商工費	4,304,034	8.7	1,949,727	3.6	6,206,903	6.4
土木費	5,304,693	10.7	6,136,714	11.3	11,242,282	11.7
警察消防費	3,406,439	6.8	1,772,595	3.3	5,094,916	5.3
教育費	10,862,666	22.0	5,364,645	9.9	16,147,943	16.7
公債費	7,002,324	14.2	6,065,852	11.2	13,008,705	13.5
その他	3,243,607	6.6	671,654	1.2	1,210,375	1.3
計	49,481,842	100.0	54,176,411	100.0	96,418,554	100.0

(出典)　一般財団法人地方財務協会『地方財政要覧』．

都道府県で約33%，市町村で約21%のシェアとなっている．これらの中では教育費のシェアがとりわけ高く，都道府県で22.0%，市町村で9.9%である．

　社会資本投資費用（土木費）は，道路橋梁，港湾施設，ダム，堤防，公営住宅，下水道等の建設・改良・維持管理にあてられており，都道府県で10.7%，市町村で11.3%のシェアを占めている．これらのほとんどは交通，上下水道等の公共サービスの供給のための施設整備であると考えられるが，公営住宅のように社会福祉事業の一環であるととらえたほうがよいものもある．また，公共下水道は事業会計として地方政府の一般財政支出とは別立てになっているので，表9-2に含まれているのは公共下水道事業の事業費そのものではなく，一般会計から公共下水道事業会計に対して拠出している負担金や貸付金である．

　地方政府の一般管理費には，議員に対する報酬等の議会費と人事，財政，企画，税務等の事務経費である総務費とが含まれている．規模の小さい地方政府では一般管理費のシェアが大きくなる傾向があり，それを反映して市町村の一般管理費のシェア（15%弱）は都道府県のそれ（6%強）より大きい．

2.3 財　　源

　都道府県についても市町村についても，その財源のうちで租税収入は約３分の１程度にすぎない．表9-3のように，2012年度には，国からの補助金が**地方交付税**と**国庫支出金**を合わせて都道府県で31.2%，市町村で31.8%となっており，総務大臣（都道府県・指定都市の場合）や都道府県知事（市町村，特別区の場合）との協議が必要な**地方債**収入がそれぞれ14.1%と9.3%である．したがって，地方政府の財源のうちで国の直接間接のコントロールを受ける部分は非常に大きい．

　都道府県の税収は，主として，住民の所得と企業の利益に課税される**住民税**と**事業税**であり，これらの合計は税収全体の50%を超えている（表9-4）．都道府県の税収に関して特徴的なのは，住民税と事業税の中で法人所得に課税される部分が非常に大きいことである．この部分は景気動向に大きく左右され，好況期と不況期の落差が非常に大きいので，地方公共サービスの財源としては安定性を欠いている．また，赤字の法人には課税されないので，業績の良い企業だけが法人住民税と事業税の負担を行い，赤字の法人は，いくら地方公共サービスの恩恵を受けていても，この税負担を行う必要がないという不合理さを持っている．こういった問題に対応して，法人事業税については，資本金１億円超の法人を対象に外形標準課税が2004年度から導入され，報酬給与額や純

表9-3　地方政府の歳入の構造：2012年度

（単位：百万円，%）

区　分	都道府県		市　町　村		純　　計	
	金　額	構成比	金　額	構成比	金　額	構成比
地　方　税	16,116,742	31.6	18,344,018	32.7	34,460,760	34.5
地　方　譲　与　税	1,830,934	3.6	440,546	0.8	2,271,480	2.3
地方特例交付金等	50,987	0.1	76,480	0.1	127,467	0.1
地　方　交　付　税	9,317,127	18.3	8,972,699	16.0	18,289,826	18.3
国　庫　支　出　金	6,583,149	12.9	8,876,157	15.8	15,459,306	15.5
使用料・手数料	644,711	1.3	1,370,755	2.4	2,015,466	2.0
地　方　債	7,173,683	14.1	5,194,526	9.3	12,337,932	12.4
繰　入・繰　越　金	3,394,088	6.7	3,088,062	5.5	6,482,149	6.5
そ　の　他	5,824,538	11.4	8,097,938	14.4	8,398,495	8.4
計	50,937,229	100.0	56,145,351	100.0	99,842,882	100.0

（出典）　一般財団法人地方財務協会『地方財政要覧』．

336 9章 都市財政

表9-4 都道府県の税収　　　　　　　(単位：百万円)

	合計	法人住民税, 法人事業税	住民税, 事業税のうち法人以外	自動車税	不動産取得税	たばこ税	その他
1960年度	348,948	204,813 (58.7%)	36,076 (10.3%)	14,665 (4.2%)	13,671 (3.9%)	24,906 (7.1%)	54,817 (15.7%)
1970年度	2,111,136	1,068,011 (50.6%)	310,816 (14.7%)	171,388 (8.1%)	94,915 (4.5%)	88,054 (4.2%)	377,952 (17.9%)
1980年度	7,390,272	3,400,215 (46.0%)	1,489,335 (20.2%)	780,615 (10.6%)	282,137 (3.8%)	228,827 (3.1%)	1,209,143 (16.4%)
1990年度	15,646,324	7,299,983 (46.7%)	4,330,037 (27.7%)	1,276,176 (8.2%)	596,190 (3.8%)	360,547 (2.3%)	1,783,391 (11.4%)
2000年度	15,585,022	4,742,551 (30.4%)	3,898,839 (25.0%)	1,764,449 (11.3%)	566,720 (3.6%)	281,501 (1.8%)	4,330,962 (27.8%)
2010年度	14,026,237	3,010,919 (21.5%)	4,824,796 (34.4%)	1,615,469 (11.5%)	378,892 (2.7%)	256,123 (1.8%)	3,940,038 (28.1%)
2012年度	14,145,587	3,185,682 (22.5%)	4,885,273 (34.5%)	1,585,966 (11.2%)	335,563 (2.4%)	288,934 (2.0%)	3,864,169 (27.3%)

(出典)　一般財団法人地方財務協会『地方財政要覧』.

支払利子，純支払賃借料など，企業が生み出した付加価値額や資本金等を課税ベースとする方式が導入されている．2012年度の実績では，外形基準分の税収が28.3%に達している．2015年度税制改正で外形標準課税を拡大し，外形基準分の税率を2015年度にはそれまでの1.5倍，2016年度以降は2倍にすることになった．[2]

　市町村の税収は主として**住民税**と**固定資産税**である．住民税の中での法人の負担分は都道府県税よりは小さいが，それでも好況期には個人住民税の半分程度に達する．固定資産税の税収は1960年に43.6%であったのが，土地の固定資産税評価額が実勢価格を大きく下回るようになって，1980年代には32%強まで低下した．しかし，1990年代に入って固定資産税評価額を上げたために2012年度にはシェアが42%に回復している（表9-5）．

---

[2]　付加価値割が0.48%，資本割が0.2%であったのが，2015年度にはそれぞれ0.72%と0.3%に上げ，16年度以降は0.96%と0.4%とすることになった．これに対応して，所得割は7.2%（年800万円超の所得のケース）であったのを，2015年度には6.0%，16年度以降は4.8%に下げることになった．

表 9-5 市町村の税収

(単位:百万円)

	合計	法人住民税	個人住民税	固定資産税	たばこ税	その他
1960年度	395,288	49,279 (12.5%)	78,754 (19.9%)	172,264 (43.6%)	34,290 (8.7%)	60,701 (15.4%)
1970年度	1,639,532	262,482 (16.0%)	444,284 (27.1%)	576,702 (35.2%)	154,850 (9.4%)	201,214 (12.3%)
1980年度	8,503,536	1,296,988 (15.3%)	2,890,083 (34.0%)	2,784,082 (32.7%)	402,018 (4.7%)	1,130,365 (13.3%)
1990年度	17,804,049	3,197,963 (18.0%)	6,473,955 (36.4%)	6,022,454 (33.8%)	635,831 (3.6%)	1,473,846 (8.3%)
2000年度	19,961,412	2,176,172 (10.9%)	6,044,418 (30.3%)	9,040,850 (45.3%)	865,220 (4.3%)	1,834,752 (9.2%)
2010年度	20,290,093	1,953,500 (9.6%)	6,794,981 (33.5%)	8,961,250 (44.2%)	787,615 (3.9%)	1,792,747 (8.8%)
2012年度	20,315,173	2,128,652 (10.5%)	6,942,118 (34.2%)	8,580,408 (42.2%)	887,112 (4.4%)	1,776,883 (8.7%)

(出典) 一般財団法人地方財務協会『地方財政要覧』.

2.4 補助金

国は地方政府への補助金を通じて,地方政府の行動に大きな影響力を行使している.地方政府への補助金には,使途の制限のない**一般補助金**と使途が指定されている**特定補助金**がある.日本では,地方交付税が一般補助金に当たり,国庫支出金が特定補助金に当たる.2014年度の見込みでは,地方交付税額のほうが約20%大きい.両者を合計すると地方税収の6割強の金額になる(表9-6).

地方交付税は基本的には使途の制限のない一般補助金であるが,特定補助金に近い運用がされることがある.それは,総務大臣(や都道府県知事)との協議による地方政府の**起債**(債券発行による借入れ)について,その償還金の一

表 9-6 補助金と地方税:2014年度(見込)

(単位:億円,%)

区分	金額	比率
地方税	356,512	59.2%
地方交付税	122,191	20.3%
地方譲与税	27,564	4.6%
国庫支出金	101,087	16.8%
地方から国への負担額	5,420	0.9%
地方の純計	601,934	100.0%

(出典) 一般財団法人地方財務協会『地方財政要覧』.

部を後年度の地方交付税の増額によってまかなうようにすることがあるからである.[3]

国庫支出金は主に建設事業,義務教育,福祉関係費にあてられている.都道府県への補助金においては義務教育関係と建設事業費のシェアが高く,『平成26年版 地方財政白書』(総務省)第25表によると,2012年度においてはそれぞれ23.1%と11.7%を占めている.市町村への補助金では,福祉関係費(生活保護費と児童福祉費)と子どものための金銭の給付交付金が主であり,それぞれ34.5%と16.6%を占めている.

特定補助金の経済理論的な正当化は,地方公共サービスの便益の一部が地方自治体の外に流出するという「スピル・オーバー効果」に求められることが多い.しかし,日本の国庫支出金制度はスピル・オーバーによる資源配分の歪みを矯正するというよりは,国が地方自治体の行動を制御する手段として用いられている側面のほうが大きいと言われている.[4] その理由づけは,国が望むような行政サービスを地方政府に供給させるためには,たんに法律等で義務づけるだけでは不十分であるというものである.地方政府が国の指示に従わない場合に国が科すことのできるペナルティーは限られているので,補助金を国が用意して,地方政府が国の指示に従わない場合には補助金を与えないようにする仕組みが必要であるという議論である.

2009年から12年までの民主党政権時代に,国から地方公共団体への補助金を基本的に地方が自由に使える一括交付金に変えていくという方針が打ち出され,10年に社会資本整備総合交付金が創設され,11年にはさらに内閣府に一括して予算を計上する地域自主戦略交付金が創設された.社会資本整備総合交付金は2012年以降の自民党政権でも継続しているが,地域自主戦略交付金は13年度に廃止された.

---

3) より正確には,地方交付税交付金の配分を決定する際の基準財政需要に算入することが行われ,他の事情が同じならばそのぶんだけ地方交付税交付金の配分額が増加することになる.

4) たとえば,米原淳七郎『地方財政学』有斐閣,1977年,第3章,を参照.

2.5 都市財政の新たな動き

伝統的に，都市財政の財源は租税収入，国からの補助金，地方債の3つが主たるものであった．しかしながら，厳しい財政状況の中で，民間の資金を活用するとともに，民間主体の参画によって効率的なインフラ整備や事業運営を目指す「官民連携（PPP：public-private partnership）」の動きが出てきた．たとえば，公共施設等運営権制度（コンセッション）[5]を活用したPFI事業として，①下水道事業，②関西国際空港・大阪国際空港（伊丹空港）や仙台空港等の空港，③地方道路公社の有料道路事業等が推進あるいは検討されている．また，半地下の構造となっている高速道路の上に「ふた」をして，その上の土地の使用権や余剰となる容積率を民間へ売却するといったことの可能性や，道路維持管理への協力（除草，清掃，樹木の剪定，道路施設への電力供給など）が行われる場合に道路使用料を減額して，道路維持管理に民間を活用することなども検討されている．

また，公共空間の管理運営を公共部門にまかせるのではなく，多様な民間主体が協同して担っていく取り組みとして「エリア・マネジメント」が注目されるようになってきている．エリア・マネジメントの活動は地域によって様々であり，住宅地では，街並みの美化活動や公園・緑地の維持管理を行っているといった例がある．業務・商業地では，まちづくりガイドラインを制定して魅力的な街並み形成を図ったり，イベントの開催や地域プロモーション活動を行ったりしている例がある．

エリア・マネジメントについて問題になるのは，活動のための財源をどう確保するかということである．財源確保策には，[6]

① 会費，管理費等の構成員による拠出
② 駐車場等の事業を実施することによる収益
③ 組織の活動に賛同する個人・企業からの寄附金等

---

5) 公共施設等運営権制度（コンセッション）は，利用料金を徴収する公共施設について，施設の所有権は引き続き公的主体が持ちつつ，施設を運営する権利を民間事業者に対して長期間にわたって与える方式である．
6) 国土交通省土地・水資源局土地政策課「エリアマネジメント推進マニュアル」2008年．

④ 地方公共団体等や民間の助成財団等からの助成金等

などがあるが,これについては大阪市による大阪版 BID 制度が注目される.BID（Business Improvement District）はアメリカの大都市で広がっている仕組みであり,都市の再生や地域の活性化のために,地域の不動産所有者などから徴収する分担金を主たる財源として,地域美化・警備などの非収益事業に加えて,プロモーションやイベントなどの収益事業を行う.日本では制度的制約からアメリカと同じ仕組みを導入することは困難であるが,大阪市は「エリア・マネジメント活動促進条例」を制定して現行法制度のもとでも可能な仕組みを作った.この大阪版 BID 制度では,行政が地権者等から分担金を徴収し,これをエリア・マネジメント団体に交付する.エリア・マネジメント団体はこの交付金を用いて,公共空間の高質な管理などの事業を行う.行政が安定的に徴収する財源で,民間団体（都市再生整備推進法人）による道路等の公共空間での継続的で自由度の高い活動や質の高い維持管理を可能とするほか,公共空間を活用した事業収益などにより,民間団体は自主財源の確保を図り,エリア・マネジメントを実施するとされている.

3　地方公共サービスの特性と供給システム

3.1　共同消費性

　地方政府が果たしている主要な役割は,教育,道路,警察,消防,上下水道,ごみ処理,公園,病院,保健所等の公共サービスの供給である.これらの公共サービスのほとんどは,経済学的な意味での純粋公共財ではない.第1章で見たように,公共財の重要な特徴は,すべての消費者が同時に消費でき,消費する人数が増えても各消費者の受ける便益には変わりがないという**共同消費性**である.ところが,上であげた地方公共サービスのすべては,利用者数が増加するとサービス水準が低下する.したがって,サービス水準を維持するためには供給量を増加させる必要がある.サービス水準を同一にした時に,利用者数の増加によって地方公共サービスの供給費用がどの程度増加するか（つまり利用者数に関する規模の経済性の程度）によって共同消費性の程度を測ることがで

きる．アメリカにおける実証研究の多くでは，約1万人を超える規模の都市では規模の経済はほぼ一定であるという結果が得られている．[7] したがって，地方公共サービスのほとんどは共同消費性を持っていないと考えられる．

共同消費性を持たない地方公共サービスを，なぜ公共部門が供給しなければならないのかという疑問を抱いても不思議ではない．実際に，教育や病院については私立学校や私立病院が存在しているし，警察については民間の警備会社が類似したサービスを提供している．道路についても民営の道路は不可能ではなく，観光地の道路については民営の例もある．また，公共部門の民営化が進んでいるイギリスでは水道事業の民営化も行われている．

地方公共サービスがなぜ公共部門によって供給されなければならないのかという問いに対する答えは個別のサービスによって異なっている．また，複数の理由の相乗作用によるものであることも多く，明確な答えを与えることがむずかしい例もある．

料金徴収費用

公共部門による供給の必要性が明確なのは，**料金徴収費用**が消費者の受ける便益に比較して高いケースである．この例としては，ごみ処理，道路，公園等があげられることが多い．ごみ処理については，有料化すると，空地，道路，公園等に不法に投棄する不心得者が出てきて，それを取り締まるのには費用がかかる．ただし，ごみ処理の有料化は進みつつあり，産業廃棄物，事業系一般廃棄物にとどまらず，家庭ごみについても有料化する地方自治体が出てきている．不法投棄の問題が完全に解決されているわけではないが，それを許容できる範囲内に収めることができれば，ごみ処理の有料化が可能である．

公園については，その中の体育施設を有料化するのはむずかしくなく，実際にもプールやテニスコートは有料の例も多い．しかし，公園内の散策等を有料にするためには，公園に柵をめぐらし，入口で料金徴収を行わなければならない．公園内の散策の便益は小さく，この種の料金徴収費用をカバーできない場合がほとんどであろう．

---

[7] E. Mills and B. Hamilton, *Urban Economics*, 5th ed., Harper Collins, 1994, の第13章を参照．

道路については有料道路も存在するので，料金を徴収することは不可能ではない．しかし，すべての道路で料金を徴収するためには，電子式料金徴収システムを作る必要がある．現在の技術でも電子式料金徴収システムは十分に可能であり，その費用も大きくないと言われているので，一般道路で料金徴収が行われていないのは費用の問題というよりは政治的な合意ができていないことによる面が大きい．いずれにせよ，現状では一般道路について料金徴収を行うことはできていないので，一般道路を民営化することはほぼ考えられない．しかし，有料道路や高速道路については料金徴収がなされており，民営化が可能である．有料道路や高速道路を公共主体が供給している理由は料金徴収費用以外に求めなければならない．

暴力的強制

強制捜査，身柄の拘束，刑罰等の**強制権**は公共部門によらなければならない．たとえば，警察，刑務所，徴税等である．ただし，警察の機能の一部は警備会社によって果たすことも可能である．また，道路駐車料金の徴収等については民間委託が可能であり，イギリス等ではそうしている例がある．日本でも2006年の道路交通法改正によって民間委託が可能になった．

地域独占

上下水道，地下鉄，消防等については料金徴収費用は高くないし，暴力的強制が必要なわけではない．公共部門がこれらの供給を行っているのは，競争を導入するのが困難であるからである．上下水道では水道管や下水道管をはりめぐらす費用が大きく，ある地域において2つ以上の企業が同時にサービスを提供することは大きな二重投資をもたらしてしまう．消防についても民間警備会社等が住民から会費をとって請け負うことが可能であるが，同様な二重投資の問題が発生する．一地域に2つ以上の会社が消防サービスを提供していると，ある1つの消防サービス会社と契約している家に火災が発生した時には，その会社だけが出動し，他の会社の消防自動車や消防士は活用されないからである．

地域独占はある一定地域内における規模の経済性であり，住民数に関する規模の経済一定の実証結果とは必ずしも矛盾しない．それぞれの地域内において

は規模の経済性が存在しても，住民数の多い地域と少ない地域を比較した時に多い地域のほうが供給費用が低いとは限らないからである．

　地域独占の場合には，営利企業が自由に営業すると独占の弊害が出てくる．ミクロ経済学の初歩で学んだように，**独占の弊害**には効率の側面と公正の側面とがある．効率の側面は，限界費用より高い価格が設定されることによって，供給量が過少になるというものである．公正の側面は，独占企業の所有者が独占利潤を得ることになり，これが所得分配の公正さの観点から望ましくないというものである．

　独占の弊害に対する対策として政府による直接供給が選択されることがあるが，これ以外の手段も存在する．都市鉄道，電力，通信等は地域独占の要素を持っているが，民間企業が運営している例が多く，公共部門が価格規制をかけることによって独占の弊害を抑えることがなされている．[8] また，ごみの収集のように民間企業に運営を委託することも考えられる．

　公営にすべきか，民間企業に委託すべきか，あるいは民間企業に対する公的規制の形で処理すべきかについては，それぞれの仕組みの中身に依存する．公営の場合の問題点は，次のとおりである．

① 官業の経営者に経営合理化のインセンティブを与えることが困難である．
② 官業の職員には手厚い身分保障が与えられるので，職員に対するインセンティブ・メカニズムが制約される．
③ 様々な利害関係者が圧力をかけるので，それらの間の調整に経営資源をさく必要がある．
④ 組織の目的関数が不明確である．

これに対して，経営委託の場合には，次のような問題がある．

① 委託者である政府と委託を受ける企業の経営者の間での情報格差（経営情報に関する情報の非対称性）は，官業の場合より大きくなる可能性が大

---

[8] 最近ではこれらの産業においても競争が働くようになってきており，地域独占の要素は薄まりつつある．たとえば，通信ではNTT，ケーブルテレビ，携帯電話の間での競争が出てきているし，電力産業はガス，石油産業，自家発電等との競争がある．都市鉄道は阪神間のように隣接する路線同士の競争があったり，地方都市のように自動車やバスとの競争があったりする．

きい．
② 委託された企業の中で行われる活動については効率性が高くなることが期待できるが，これは委託契約の中身にも依存する．契約の書き方によっては縛りが強くて，かえって硬直的になる可能性がある．

民間企業の規制の形で処理する場合には，次のような問題がある．
① 情報の非対称性の問題は経営委託の場合よりもさらに大きい．
② 企業内の活動についての効率性は規制のあり方に依存する．
③ 規制者側の利権の追求による歪みや非効率性が発生する．たとえば，規制権限を用いた天下り等が起きる可能性がある．
④ 規制者に対して政治や様々な圧力団体からの圧力があり，それらの間の調整が政治的メカニズムを通して行われるので，経済合理性が損なわれることがある．

といった問題がある．

3.2 外部性と不完備市場

第1章で見たように，公共部門が関与することを正当化できるもう1つの要因は**外部性**（あるいはもっと一般的には**不完備市場**）である．たとえば，初等教育は，国民の間での会話や文書によるスムーズなコミュニケーションを可能にしているが，この便益は教育を受ける人だけではなく，その人とコミュニケートする他の人々にも及んでおり，一種の「ネットワーク外部性」をもたらしている．

また，伝染病が発生すると近隣の人々に大きな外部不経済をもたらす．保健所のサービスはこのような外部不経済に対する公共部門の対応であると見ることができる．

外部性が存在する時には公共部門の関与が資源配分を改善する可能性があるが，補助金，税金，課徴金等を用いることも可能であり，これだけで公共部門による直接供給が正当化できるわけではない．たとえば，初等教育は私立学校でも行われており，私立学校に対する補助金制度や児童に対する奨学金制度によって外部性の補正を図ることも可能である．

3.3 公平性

　公共部門の関与の正当化のもう1つとして**公平性**の問題がある．たとえば，公営住宅は低所得層に対する住宅供給を主たる目的としているし，初等中等教育が政府によって行われているのも，貧富の差にかかわらず公平な教育機会を与えるためであると解釈できる．また，老人福祉や身体障害者福祉等も公平性の見地からのサービスであると見ることができる．このような公平性の見地からの公共サービスの提供についても，民間企業によるサービスの提供を補助金制度で補完するといった形態も可能であり，政府による直接供給を正当化するにはそれ以上の理由が必要である．

4　足による投票とティブー仮説

　都市における地方公共財の共通の特徴は，その便益が及ぶ範囲が地域的に限定されていることである．つまり，地方公共財の便益の主たる享受者は，その地域の住民や企業である．都市における地方公共財が地域限定性を持っていることの帰結の1つは，地方公共財の利用者は**足による投票**ができることである．住民も企業も，地方公共財の整備水準が高く，地方税の負担が低い地域に移動していく傾向がある．この節では，「足による投票」が都市における地方公共財の供給に対してどのような意味を持っているかを検討する．

　足による投票は以下の2つの意味において住民の厚生水準の上昇をもたらす．
　第1に，足による投票は地方政府間の競争をもたらし，この競争圧力が地方政府の行動を効率化する．効率化については2つの側面がある．第1の側面は，地方公共財の供給において合理化努力がなされ，住民の税負担が軽減されるというものである．第2の側面は，どのタイプの地方公共財をどれだけ供給するかについてである．たとえば，政治力の強い一部の商工業者の保護に多額の財源を使い，大多数の住民の文化生活のための施設整備を怠る自治体には住民が集まってこなくなる．したがって，足による投票が存在する場合には，住民の好みを反映するように地方公共財の「プロダクト・ミックス」が決定されるよ

うになる.

　第2に，足による投票はコミュニティーの多様化をもたらし，各住民はそれらの間から自分の好みにあったコミュニティーを選択できるようになる．たとえば，スポーツが好きな人は運動公園が充実しているコミュニティーを選択し，音楽が好きな人はコンサート・ホールの整備がなされているコミュニティーを選択するといったことが可能になる．

　ティブー（C. Tiebout）のオリジナルな論文[9]では地方政府がどのような行動を取るかが明確に定式化されていないので，足による投票が本当に地方公共財の効率的な供給をもたらすのかどうかが明らかでない．その後の研究で，地方政府がデベロッパーとして行動し，利潤最大化を行えば，一定の条件のもとで効率的な地方公共財の供給が行われることが示されている．つまり，地方政府が管轄地域の土地をすべて所有していて，地代収入から地方公共財の供給費用を差し引いたもの（利潤）を最大化するという行動を取れば，最適な供給が達成される．この結論については次節と次々節で詳しく解説するが，その前に他の論点を検討しよう．

　実際には，地方政府の行動は政治的なプロセスによって決定される．地方公共財の供給が，利潤最大化ではなく，住民の投票によって決定されるとしても，投票する住民のすべてがその地域の土地の所有者であれば，デベロッパーとしての利潤最大化と同じ解が選択されるケースが存在する．土地所有者は自分の好みにあう他の地域に住むことができ，他の地域に住む場合には，地代収入を最大にすることだけが土地所有者の関心事になるからである．通常は，土地所有者でない住民も投票権を持っている．このような場合にどういう結果になるかは分析が若干複雑になるので，ここでは省略する．

　ティブー仮説の適用可能性は地域間の移動コストに決定的に依存する．この移動コストには引っ越しの費用に加えて，友人関係や地域コミュニティーとの関わりなどの社会的・心理的費用が含まれ，多くの住民にとってはかなり大きいものになる．したがって，既存住民の移動についてはティブー仮説の適用可能性はそれほど大きくない．しかし，新しい住宅地の開発については，すべて

---

[9] C. Tiebout, "A Pure Theory of Local Expenditure," *Journal of Political Economy* 64, 1956, pp. 416-424.

の住民が新たに引っ越してくるわけで，ティブー仮説の適用可能性は大きい．したがって，新規開発する住宅地については，デベロッパーに地方公共財の供給のかなりの部分をまかせたりするような仕組みが有効になる．

　足による投票のもう1つの帰結は，地方政府による所得再分配政策を困難にすることである．高所得層から低所得層への所得再分配が大きい地域では，高所得層が他の地域に逃げて，低所得層だけが集まってくる傾向が発生する．したがって，地域間の自由な人口移動のもとでの所得再分配は中央政府の役割にならざるをえない．

5　地方公共財の最適供給とコミュニティーの最適規模

5.1　地方公共財

　簡単化のために，郊外の住宅地域の中のある1つの市町村を考え，そこでの地方公共財の供給を分析する．街路，公園，上下水道等の地方公共サービスをすべてひっくるめて1つの**地方公共財**とし，そのサービス水準を G で表す．消費者は地方公共財 G に加えて合成消費財 z と住宅地 h を消費し，効用関数は $U(z, h, G)$ 形に書けるとする．

　街路や公園などのように，他の地域の住民も地方公共サービスを利用できることが多い．しかし，このようなスピル・オーバー現象は7.3節の特定補助金で取り上げるので，ここでは地方公共財を消費できるのはそれが供給される市町村に住んでいる住民だけであるとする．

　住民は地方公共財を同時に消費できる（つまり，地方公共財は**共同消費性**を持つ）が，住民数が多くなると混雑現象が発生するとする．つまり，住民数 N が増加すると，同じサービス水準 G を維持するための費用が高くなる．したがって，地方公共財の供給費用 $C(G, N)$ はサービス水準 G と住民数 N の増加関数である．純粋地方公共財は混雑が存在しない特殊ケースであり，供給費用が $C(G)$ で与えられる．通常の純粋私的財の場合には共同消費ができないので，供給量は各消費者の消費の総和になる．したがって，純粋私的財は供給費用が

$$C(G, N) = c(GN)$$

である特殊ケースであると解釈することができる.

第3節で見たように,アメリカでの研究では地方公共サービスのほとんどについて規模の経済一定のケースが多いとされている.しかし,道路渋滞などのような需要者サイドが負担する混雑費用を考慮に入れると,規模の不経済性が発生する可能性がある.また,逆に第4章で見た「頻度の経済性」などのように需要者側での規模の経済性が存在することもある.したがって,ここでは規模の経済一定の仮定は置かず,一般的なケースを考える.

いま消費者はすべて同質であるとする.この同質性の仮定には消費者の労働者としての能力,資産保有,嗜好の3つが含まれ,消費者は同じ労働所得 w と資産所得 s を得て,同じ効用関数 $U(z, h, G)$ を持っているとする.ここで,資産所得は土地や企業の収益をその所有者である消費者に分配したものである.

地方政府は各住民から t だけの税金(人頭税)を徴収し,その税収を地方公共財の供給の財源(の一部)にするとする.住民の税引後の所得は

$$y = w + s - t$$

となり,消費財の価格を1とし,地代を R とすると,予算制約は

(9.1) $\quad w + s - t = z + Rh$

となる.各住民は予算制約のもとでの効用を最大化するような選択を行う.第2章の (2.3) 式で見たように,この効用最大化問題の1階の条件から住宅地 h と消費財 z の限界代替率が地代に等しくなる.

住宅地の面積は全体として $\bar{H}$ で一定であると仮定する.住民数が N であるので,住宅地の市場均衡条件は,

(9.2) $\quad Nh = \bar{H}$

となる.

5.2 地方公共財の最適供給

まず,地方公共財の最適供給のための条件を考える.住民はすべて同質であり,均衡では同じ効用水準を得るとし,この効用水準を最大化するような地方公共財の供給水準を求める.効用最大化の1階の条件は

$$(9.3) \quad N\frac{U_G}{U_z}=C_G$$

となる(数学的な導出は付録を参照されたい).これはサミュエルソン(P. A. Samuelson)によって得られた純粋公共財の最適供給のための条件と同じであり,以下のように解釈できる.地方公共財の供給量を最適にするためには,地方公共財を限界的に増加させることの便益がその費用に等しくなるようにすればよい.地方公共財を1単位増加させると,各住民の効用はU_Gだけ増加する.この便益を貨幣単位で表すと,U_G/U_zとなる.さらに,地方公共財サービスは地域住民のすべてが享受するので,これに住民数をかけたものが社会的限界便益になる.したがって,地方公共財の社会的限界便益は

$$MB_G=N\frac{U_G}{U_z}$$

となる.地方公共財の供給量を1単位増加させることの限界費用はC_Gであるので,最適な地方公共財の条件はこれらが等しい($MB_G=C_G$)ことである.

以上から,地方公共財の最適供給の条件は以下のようにまとめられる.

地方公共財の最適供給条件:地方公共財の最適供給の条件は地方公共財の社会的限界便益がその限界費用に等しくなる($MB_G=C_G$)ことである.ここで,地方公共財の社会的限界便益は地方公共財と消費財の間の限界代替率をすべての住民について足し合わせたもの

$$MB_G=N\frac{U_G}{U_z}$$

である.

5.3 コミュニティーの最適規模

上で求めた地方公共財の最適供給の条件は形式的には純粋公共財と変わらない.地方公共財が純粋公共財と異なるのは,共同消費する消費者の数が固定されていないことである.国際間の人口移動は自由でないが,地域間の人口移動は自由であり,コミュニティーの住民数は重要な内生変数である.次に,住民数に関する最適化を考えてみよう.この問題は第7章で見た「ヘンリー・ジョージ定理」の地方公共財版であり,同様な結果が得られる.(数学的導出

は付録に掲載している．)

ヘンリー・ジョージ定理：地方公共財の利用に対して最適な（混雑の社会的限界費用に等しい）混雑税が課税されている場合には，地方公共財の総供給費用が混雑税収と地域内の地代の総額の和に等しくなる時に，コミュニティーの住民数（あるいは，コミュニティーの数）が最適になる．

　第7章では都市数に関する最適化問題を考えたが，同質なコミュニティー（あるいは都市）が多数存在する時には，コミュニティー数を最適化する問題は1つのコミュニティーの住民数を最適化する問題と同値である．全体の人口が固定しており，すべてのコミュニティーが同質であるとすると，各コミュニティーの人口（N）は全体の人口（$\overline{N}$）をコミュニティーの数（n）で割ったもの（$N=\overline{N}/n$）になる．この関係からコミュニティー数とコミュニティーの人口とが1対1に対応するので，コミュニティー数nの決定と各コミュニティーの人口Nの決定とが同値になる．

　公共財の利用において混雑が存在しない場合には，地代総額が地方公共財の供給費用に等しくなった時にコミュニティーの規模が最適になる．ヘンリー・ジョージは土地に対する100％の単一税で公共サービスの供給をまかなうことを主張したが，混雑が存在しない場合には，コミュニティー人口が最適になるところで地方政府の収支がちょうどバランスする．混雑が存在する時には，混雑の程度に応じて住民から混雑料金（あるいは混雑税）を徴収する必要が出てくる．

　ヘンリー・ジョージ定理について注意すべきなのは，この定理が成立するためには公共財の供給量が最適である必要はないことである．公共財の供給量が過大であっても過少であっても，コミュニティー人口に関する最適条件からヘンリー・ジョージ定理が得られる．

　コミュニティー人口の決定に関して集積の経済が働いていると，集積の経済に対するピグー補助金を考慮に入れてヘンリー・ジョージ定理を拡張する必要が出てくる．集積の経済が存在する場合のヘンリー・ジョージ定理については第7章の分析が適用できる．

6 開発利益の還元：資本化仮説とデベロッパー定理

6.1 資本化仮説

　地方公共財の便益は地方公共財の利用者ではなく地代（あるいは地価）に帰着するという議論がしばしばなされてきた．この主張の理論的根拠は**キャピタリゼーション（資本化）仮説**と呼ばれているものである．本節では，資本化仮説が成立するためにはどういう条件が満たされていなければならないかを検討する．前節のヘンリー・ジョージ定理が地方公共財の総費用と総地代の関係を扱っていたのに対して，資本化仮説は地方公共財を限界的に少し増加させた時の地代の上昇を考えている点が異なっている．

　地方公共財の供給の増加は，最初は直接の利用者に便益をもたらす．次に，利用者の行動を変化させ，利用者が需要したり供給したりする他の商品の市場に変化をもたらす．純粋公共財の場合にはこの二次的な効果の方向は明らかでない．ところが，地方公共財は便益の及ぶ範囲が空間的に限定されているので，特殊なメカニズムが働く．

　地方公共財の供給の増加はその地域をもっと魅力的にし，新しい住民の移住を招く．そうすると，住宅地の需要が増加し住宅地代（あるいは地価）の上昇が起きる．また，住民にとってのアメニティーが高まると，企業は以前より安い賃金で労働者を雇えるようになるので土地の生産性が上昇する．さらに，企業の生産性を高めるような生産関連の地方公共財は，企業の新規立地をもたらし，企業による用地需要を増大させる．これら3つの経路から，地方公共財の供給の増加は地価の上昇を引き起こし，地方公共財の便益のかなりの部分は土地所有者に帰着する．

　以下では，地方公共財の限界便益がすべて地価に帰着するのはどういう場合であるのかを考える．地代に完全に帰着するための主要な仮定は以下の5つである．[10]

(1) 開放地域（openness）：地域間の移住が自由で費用がかからない．

(2) 小地域（smallness）：地方公共財の便益の及ぶ地域が他地域全体と比較

して小さい．

(3) 同質性（homogeneity）：同じタイプの消費者が多数存在する．
(4) 自由参入（free entry）：企業の参入が自由で，超過利潤ゼロの長期均衡が成立している．
(5) 歪みのない価格体系（no price distortion）：価格体系（地方公共財の料金を含む）に歪みが存在しないファースト・ベストの経済である．

これらの仮定の果たしている役割は以下の議論から理解できる．地方公共財の便益は誰かに帰着しなければならない．第1に，地域住民について考えると，開放地域，小地域，同質性の3つの仮定から，彼らが便益を受けることはありえない．もし効用水準が上昇すれば，他の地域からの人口流入が起きる．開放地域の仮定から，人口流入は他地域と効用が等しくなるまで続く．ところが，小地域と同質性の仮定から，この地域における変化は他地域全体には無視しうるほど小さい影響しかもたらさないので，他地域の効用水準は上昇しない．したがって，地方公共財の供給の増加は人口流入をもたらすだけで住民の効用水準は元のままである．第2に，自由参入の仮定から企業が（超過）利潤を得ることはない．したがって，企業も地方公共財の供給の変化から便益を受けない．第3に，歪みのない価格体系を仮定しているので，資源配分の歪みによる厚生の損失（死重損失）はゼロであり，変化しない．以上の議論から，地方公共財の便益が帰着しうるのは地代以外にはありえないことがわかる．

6.2 デベロッパー定理

資本化仮説によれば，コミュニティーが多数存在して競争的である場合には，地方公共財の限界便益が土地に帰着する．このことは，土地開発を行うデベロッパーが自分の負担で地方公共財を供給すると，地方公共財の供給量が最適になることを示唆している．われわれの枠組みでは以下のようなデベロッパー定理が成り立つ．

デベロッパー定理：多数の競争的なデベロッパーが，自分の利潤を最大にす

---

10) 金本良嗣「地方公共財の理論」岡野行秀・根岸隆編『公共経済学の展開』東洋経済新報社, 1983年, 第3章, 29-48ページ, は混雑現象がないケースについてのキャピタリゼーション仮説を解説している．

るように地方公共財の供給を行うことを考える．各デベロッパーは自分が開発を行う土地をすべて所有している．また，デベロッパーは地方公共財の混雑料金を徴収できるとする．これらの仮定のもとでは，(1)デベロッパーの選択する地方公共財の水準は効率的であり，(2)しかも混雑料金の水準も最適に（混雑の社会的限界費用に等しく）なる．また，(3)デベロッパーの自由参入によって最適な地域数が達成される．

通常の企業理論では，競争的企業の利潤最大化行動によって生産量と価格が効率的に決まり，自由参入によって企業数が最適に決まる．デベロッパー定理はこれを地方公共財の供給に拡張したものである．地方公共財と土地は，ある地域の地方公共財を消費するためにはその地域の土地を消費しなければならないという補完性を持っており，各デベロッパーはこれら2つの財を同時に供給している．したがってデベロッパー定理は，通常の企業理論を，補完性を持つ2財を同時に供給する企業に拡張したものであると解釈できる．

ただし，デベロッパーが解かなければならない問題は，通常の企業理論において競争的企業が解かなければならない問題より複雑であることに注意が必要である．通常の競争的企業は価格を所与として利潤を最大にするので，需要者の効用関数を知っている必要はない．ところが，競争的デベロッパーにとっては，地代は所与ではなく，自分が供給する地方公共財によって変化する．地代と地方公共財の供給水準との間の関係を知るためには消費者の効用関数を推測する必要があるので，デベロッパーは通常の競争的企業よりむずかしい問題を解かなければならない．

デベロッパー定理の適用可能性

デベロッパー定理は，多数の地域の間の地域間競争が存在していれば，デベロッパーの利潤最大化によって，地方公共財の効率的な供給と最適な料金設定が行われることを示している．また，デベロッパーの自由参入によって地域数も最適になる．民間デベロッパーによる大規模住宅開発においては，街路や公園などの社会資本の供給がデベロッパーの責任にされていることが多い．デベロッパー定理はこのような仕組みにかなりの程度の経済合理性が存在している

ことを示唆している.

デベロッパー定理が成り立つためには，住民の移動費用がゼロであるとか，すべての住民が同質であるといった強い仮定が必要である．地方公共財の供給においてデベロッパーの利潤最大化が有効に機能するかどうかは，これらの仮定がどの程度現実的であるかに依存している．以下では，デベロッパー定理の限界を簡単に検討する．

第1に，実際には，住民の同質性，開放地域，小地域の仮定は満たされておらず，地域間の人口移動はゆっくりとしか起こらない．したがって，地域間競争に全面的に頼ることには問題があるケースも多いであろう．しかし，大都市の郊外における住宅開発については，これらの仮定がかなりの程度当てはまっているので，デベロッパーの競争を活用していくことは可能であると思われる．

第2の問題は，実際の地域は連続しており，地方公共財の受益の範囲が明確でないことが多いことである．また，地方公共財は規模の経済性の異なる多数の財・サービスからなっており，それらのカバーする地域の広さはまちまちである．たとえば，道路についても，幹線道路，取り付け道路，区画街路等があり，幹線道路や取り付け道路については受益の範囲を特定することが困難であることが多い．

第3の問題は，デベロッパー定理は土地の賃貸（借地）を前提にしていることである．第3章で見たように，土地の上に建てる建物の耐用年数が長いので，借地市場は円滑に機能しないことが多い．借地が不可能でも，デベロッパーは建物を建てて貸家を経営することができ，この場合でもデベロッパー定理が成り立つ．しかし，第5章で解説したように，賃貸住宅についても契約の不完全性の問題が存在している．したがって，デベロッパーは開発した土地を分譲することがほとんどである．分譲のケースでは，土地を分譲してしまった後の地方公共サービスの供給については，デベロッパー定理が成り立たない．

デベロッパーが土地を分譲するケースの問題点はヘンダーソンによって分析されている．[11] そこでの結論を簡単に要約すると以下のようになる．

開発時点における社会資本整備費用については，その価値が分譲価格に反映

---

11) J. V. Henderson, *Economic Theory and the Cities*, Academic Press, 1985（折下功訳『経済理論と都市』勁草書房，1987年）の第10章を参照．

されるので，分譲の場合にもデベロッパー定理が得られる．しかし，土地を分譲してしまった後の地方公共サービスの供給をデベロッパーが行う場合には問題が発生する．住民は分譲時に分譲価格を支払ってしまっているので，分譲後は料金や税が少々高くても他地域に移動しない．したがって，デベロッパーが利潤最大化行動を取ると料金や税の水準が高くなりすぎる．

　デベロッパーが分譲後に過大な負担を要求することを予想すると，分譲時に成立する分譲価格自体が低くなってしまう．これが分譲後の収入の増加を相殺してしまい，デベロッパーの利潤はかえって減少する．デベロッパーが将来の公共サービスと税（料金）の水準に関する契約を書くことができ，それにコミットできれば効率的な資源配分が達成できるが，実際にはこのような長期的な契約を結ぶことは困難である．

　分譲後の公共サービスの費用負担を住民税や固定資産税を用いて行い，その水準を住民の政治的な意思決定に基づいて定めるとした場合には，別の問題が発生する．当初の分譲時に購入した住民（「第一世代住民」と呼ぶ）がその後も住み続け，しかもその後の分譲がないケースは問題がない．しかし，新規住民が来る場合には，第一世代住民は，新規住民の負担を増やして自分たちの負担を減らそうとする誘因を持つ．この場合でも，第一世代住民が土地をすべて所有しており，新住民に土地を売却した時の売却益を彼らが吸収すれば問題は発生しない．新住民の負担増は彼らに分譲した時の分譲価格の低下に反映されてしまうからである．ところが，当初のデベロッパーが土地を一部所有していて，それを順次に新住民に売却する場合には問題が発生する．第一世代住民は，土地利用規制，公共サービスの供給水準，税体系などを新規住民に不利になるように決定するからである．

開発利益の還元

　上で見た理由から，民間デベロッパーに地方公共財の供給をすべてまかせることは現実的でなく，利潤原理によらない地方政府が地方公共財の供給主体となるケースが残ることは避けられないであろう．しかし，その場合でも，地方公共財の整備財源として，料金や住民税に加えて**開発利益の還元**を用いることが望ましい．その理由は以下の２つである．

第1に，開発利益を財源の一部にすることによって料金や住民税を低く抑えることができる．開発利益の還元が不可能であると，料金や住民税が高すぎて，地方公共財の有効な利用が阻害されることになる．

第2の理由は，どれだけの地方公共財の供給が望ましいかの判断がより適切なものになることである．もし投資コストが料金収入と開発利益でカバーできれば，投資の便益が費用を上回る．開発利益の還元が行われない場合に，料金収入だけで投資コストを負担しようとすると，地方公共財の供給が過少になる．一般財源からの補助を導入すれば財源は得られるが，その場合にはどのタイプの地方公共財をどれだけ供給するかの判断がむずかしくなり，便益が費用を下回るようなプロジェクトが採択されるような結果になりがちである．

7 地域間補助

中央政府から地方政府への補助金には，使途を指定しない「一般補助金」と使途が指定される「特定補助金」とがある．日本の財政制度では，地方交付税交付金（以下では，たんに「地方交付税」と呼ぶ）が一般補助金に当たり，国庫支出金が特定補助金に当たると解釈することができる．しかし，地方交付税が特定補助金のように運用されるケースが増えてきており，完全な一般補助金とは言えなくなりつつある．以下では，これらの補助金の経済学的な意味を分析する．

7.1 地域間補助の目的：公平性か効率性か？

地方公共財の供給は，前節で見た地域間人口移動に大きな影響を及ぼす．たとえば，東北自動車道と東北新幹線の建設は北関東への企業立地を引き起こした．また，大規模な国際空港が成田空港だけであって，関西圏での国際空港整備が遅れたことは，東京への人口集中をもたらした1つの要因である．わが国の社会資本投資で特徴的なのは，地方部での投資をまかなうために大都市から地方圏への大規模な税収の移転が行われてきたことである．この節ではまず地域間補助の目的は何であるのかを考える．

地域間補助の目的として通常あげられるのは，地域間の不公平を是正するというものである．その際の不公平の原因としては，

(1) 住民の所得分布の差によって住民税の税収が異なること，
(2) 企業立地パターンの差によって法人住民税の税収が異なること，
(3) 規模の経済性や自然的条件によって公共サービスの供給費用が異なること

等があげられる．

公平性の見地からの地域間補助の正当化の議論は一見もっともらしく見えるが，よく考えると説得的でない．

第1に，国の間での人口移動は厳しく規制されているが，地域間の人口移動は自由である．したがって，生活水準に有意な地域格差が存在すれば，生活水準の低い地域から高い地域への人口移動が発生し，長期的には，同程度の能力と資産を持つ人はどの地域に住んでもほぼ同程度の満足を得られるようになるはずである．たとえば，第二次大戦後から1970年代までは大量の人口が三大都市圏に流入し，東京圏，大阪圏，名古屋圏の都市人口が増大したが，これは大都市圏と地方の間に大きな所得格差が存在したからである．実質所得の格差が縮小した1970年代半ば以降の人口移動はそれ以前ほどは大きくない．このことからもわかるように，地域間格差が人口移動をもたらし，それが地域間格差を解消していくというメカニズムが存在する．

もちろん短期的には地域間移動は困難であり，所得格差が存在しても即座に引っ越しするわけにはいかない．したがって，短期的な政策としての地域間補助は考えられないわけではない．しかし，このような短期的な政策は長期的なトレンドの変更を目的とすべきではなく，あくまでも調整過程における苦痛をやわらげるためにのみ使われるべきである．

短期的な政策としても，平等の見地からの地域間補助には大きな問題があることが指摘されている．[12] それは，各地域に豊かな人々と貧しい人々が存在しており，地域全体に対して与えられる補助金では個人間の公平性が確保できないからである．個人間の平等の確保のためには全国レベルの所得再分配政策

---

12) 前掲の米原（1977）第10章を参照されたい．

(累進所得税制や相続税制等)を用いるべきであり,地域間補助金での対応は望ましくない.地域間補助金で公平性を確保しようとすると,豊かな地域の貧しい人々から貧しい地域の豊かな人々への所得再分配が発生することになりかねない.また,そうならないまでも,豊かな地域の貧しい人々が貧しい地域の貧しい人々に比べて冷遇されてしまうことが多い.

公平の見地からの地域間補助は以上のような問題点を持っており,地域間補助を考える際には公平性よりも効率性の見地を重視するほうが望ましい.以下では,混雑現象が存在する地方公共財のモデルを用いて地域間補助を分析し,効率性の見地からの地域間補助がどのような条件を満たしていなければならないかを調べる.

7.2 一般補助金

使途を限定しない一般補助金は,補助を与える地域から補助を受ける地域への所得再分配であると解釈できる.もし住民が移動しないならば,補助を受ける地域の住民の効用の上昇をもたらす.しかし,長期的には住民は生活水準の低い地域から高い地域へ移動していく.したがって,一般補助金の長期的な効果を分析するためには,地域間の人口移動を考慮する必要がある.以下では,地域間の人口移動を前提に一般補助金の分析を行う.

地域間人口移動

まず,2つの地域の間の人口移動を簡単な図を用いて考えてみよう.2つの地域を A 地域と B 地域と呼ぶ.たとえば,A 地域が過疎地域で B 地域が過密地域であると解釈できる.2つの地域の人口の合計は $\overline{N}$ で固定しており,A 地域の人口を N とする.B 地域の人口はこれらの差の $\overline{N}-N$ となる.

各住民は,それぞれの地域に住んだ時にどれだけの所得が得られるか,地方公共財の整備水準はどうか,自然的・文化的環境からどの程度のアメニティーが得られるかなどを総合的に判断して,どの地域に住むかを決定する.

A 地域の人口が N で B 地域の人口が $\overline{N}-N$ の時の A 地域と B 地域の効用水準をそれぞれ $u_A(N)$ と $u_B(N)$ と書く.人口があまりに少ない時には,集積の経済が得られないので効用水準は低く,逆に人口があまりに多くなると過密

図9-1 地域間人口移動と均衡の安定性

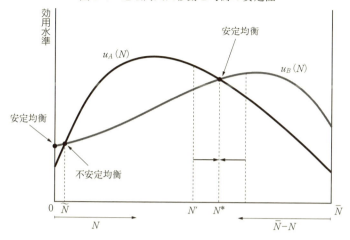

の弊害が発生して効用水準が下がる．したがって，効用水準と地域人口の関係は，図9-1のような山形をしているものと想定できる．

図9-1では，A 地域の人口を左端からの距離で表し，B 地域の人口を右端からの距離で表している．人口は効用の低い地域から高い地域へ移動する．たとえば，A 地域の人口が N' の時には，住民が B 地域から A 地域へ移動し，A 地域の人口が増加する．この人口移動は $u_A(N)$ と $u_B(N)$ の両曲線が交わる N^* まで続くことになる．逆に，N^* の右側では，A 地域から B 地域に人口が流出する．このことは N^* が安定的な均衡であることを意味している．何らかの攪乱によってこの点から離れても，ふたたび戻ってくるような力が働くからである．

図9-1では，均衡点 N^* に加えて，$N=0, \tilde{N}$ の2つの均衡が存在する．これらの均衡のうちで安定的なのは，$N=0, N^*$ の2つであり，$N=\tilde{N}$ は不安定である．A 地域の人口が $\tilde{N}$ より少ない時には，人口はさらに減り続け，最終的にはゼロになってしまう．ところが，たまたま新しい企業の誘致に成功したといった何らかの理由で A 地域の人口が $\tilde{N}$ を超えると，人口は増加を始め，N^* の均衡が達成される．

一般に，2つの効用曲線の交点の均衡が安定的であるためには，$u_A(N)$ の曲線が $u_B(N)$ の曲線に上方から交わらなければならない．[13] 逆に，$u_A(N)$ が

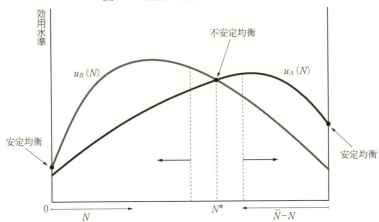

図 9-2 規模の経済性と不安定均衡

$u_B(N)$ に下方から交わる場合には，均衡は不安定になる．

N^* では両方の地域で集積の不経済が発生しており，人口が効用を最大にする水準より多い．この場合には均衡は安定的である．これに対して，$\tilde{N}$ では，B 地域で集積の不経済が発生しているが，A 地域では集積の経済が存在している．このような場合には，集積の経済と不経済の程度によって，不安定になることがある．また，図 9-2 のように，両地域とも集積の経済性が存在している場合には不安定になる．

図 9-2 では，すべての住民がどちらかの地域に集中してしまうのが安定均衡になる．しかし，これらの安定均衡と不安定な N^* の均衡を比較すると，不安定な均衡のほうが住民の効用水準が高い．したがって，N^* の均衡のほうが住民にとって望ましいにもかかわらず，この均衡を維持することは困難である．

都市における集積の経済は時代とともに変化している．たとえば，製造業の割合が大きかった時期には，労働者の多くは工場で働いており，集積の経済は大きくなかった．ところが，いわゆるソフト化・サービス化が進展し，第三次産業の比率が大きくなると，大都市の集積の経済が大きくなってきた．このような集積の経済の変化は製造業の企業城下町として栄えてきた中小都市の急激

---

13) つまり，$u_A(N)$ の傾きが $u_B(N)$ の傾きより小さく，$du_A(N)/dN < du_B(N)/dN$ が成立しなければならない．

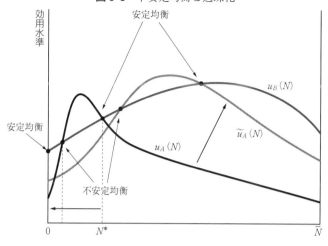

図9-3 不安定均衡と過疎化

な没落を招く可能性がある.

図9-3はこの可能性を示している. A 地域が企業城下町であり,効用曲線が $u_A(N)$ であるとする.この場合の安定均衡は N^* である.企業の事務所やサービス産業の集積による都市はこれより規模の経済性が大きくて,$\tilde{u}_A(N)$ の曲線で表されるとする.たとえば,$u_A(N)$ は新日本製鐵の工場があった釜石のような都市の効用曲線であり,$\tilde{u}_A(N)$ は企業の事務所が集積している仙台のような都市の効用曲線である.

ここで,製造業の合理化によって工場が発展途上国に移転してしまったケースを考えると,A 地域は企業城下町としては存続できなくなり,$u_A(N)$ 曲線は当てはまらなくなる.都市として生き残るためには集積の経済を生かした $\tilde{u}_A(N)$ 曲線にシフトしなければならない.ところが,この新しい曲線のもとでは現在の人口 N^* は不安定均衡の左側にきてしまい,人口が減少して,急激な過疎化が進むことになる.

地方公共財の供給と地域間補助

次に,2地域間の補助金を考える.地域間の補助金は,補助金を出した地域の実質所得を減少させ,受け取った地域の実質所得を増加させる.したがって,補助金の最初の効果は,補助金の出し手側の効用水準を下げ,受け手側の効用

図 9-4 地域間補助金の効果

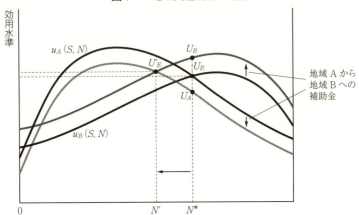

水準を上げる.

たとえば，図 9-4 で N^* の均衡点から出発して，A 地域から B 地域への補助金を増加させたケースを考えてみよう．A 地域の効用曲線は下方にシフトし，B 地域の効用曲線は上方にシフトする．もし地域間の移動費用が高ければ，人口はそのままで，A 地域の効用水準は U_E から U_A に下がり，B 地域の効用水準は U_B に上がることになる．ところが，移動費用が小さければ，効用の高い地域への移動が発生するので，A 地域の人口が減少し，B 地域の人口が増加する．移動費用がゼロの場合には，両地域の効用水準が等しくなるまで人口移動が続くので，A 地域の人口は N' に減少し，両地域の効用水準は U'_E になる．

7.1 節でも述べたように，このことの帰結の 1 つは，移動費用が小さい場合の地域間補助金は，地域間の所得再分配や地域間の公平の問題としてとらえることはできないことである．両地域の生活水準は人口移動によって均等化されるので，地域間補助金が存在してもしなくても地域間の公平は達成されるからである．もちろん，実際には中高年齢層にとって地域間の移動費用はかなり高いことが多い．しかし，長期的に考えれば，地域間の生活水準の格差は人口移動によって解消される．

移動費用が小さい場合には，地域間補助金は公平性の見地ではなく，効率性の見地から考える必要がある．つまり，A 地域から B 地域への補助金によって両地域の効用水準は U_E から U'_E に変化するが，この変化が効用水準を上昇

させるのか下降させるのかを考える必要がある．もし補助金が効用水準を上げる効果を持つならば，地域間補助金を効率性の見地から正当化することができる．以下では，均衡での効用水準を最大にするような地域間補助金を求める問題を考える．

最適な地域間補助

分析を簡単にするために，第5節で用いたモデルから土地を取り除いたケースを考える．したがって，住民は地方公共財 G と合成消費財 z を消費し，効用関数は $U(z, G)$ である．また，地方公共財の供給費用は住民数 N に依存し，$C(G, N)$ である．資産所得は存在しないと仮定する．労働所得が w であると，住民税（人頭税）t を支払った後の税引後所得は

$$y = w - t$$

であり，これがすべて消費財の消費に用いられるので，

$$z = w - t$$

となる．

地域によって生産の条件が異なっていると仮定し，A 地域の労働所得が w_A で B 地域の労働所得が w_B であるとする．地域によって労働所得が異なるので，一般にすべての変数が地域によって異なることになる．それぞれの地域の変数を添え字 A と B で表す．

地域間の補助金が存在しない時には，各地域は地方公共財の供給費用をすべて自分の地域の税収でまかなわなければならないので，A 地域と B 地域での住民1人当たりの税額は

$$t_A = C(G_A, N_A) / N_A$$
$$t_B = C(G_B, N_B) / N_B$$

となる．ここで，A 地域から B 地域へ総額 S だけの補助金を与える（B 地域から A 地域に補助金を出す場合には，S が負になる）とすると，A 地域の住民が支払わなければならない税金は

$$t_A = (C(G_A, N_A) + S) / N_A$$

に上昇し，B 地域の住民の支払う税金は

$$t_B = (C(G_B, N_B) - S) / N_B$$

に下降する．

　人口移動によって両地域の効用水準が等しくなることを前提に，この等しくなった効用水準を最高にする補助金額を計算すると以下の条件が得られる．（導出は付録を参照されたい．）

　最適な地域間補助金：最適な地域間補助金のもとでの住民の税負担は，住民数の増加に関する公共財の限界費用 $C_N(G, N)$ に両地域で等しい人頭税（住民税）を加えたものになる．つまり，両地域で等しい人頭税を $\underline{t}$ と置くと，A 地域と B 地域の住民の税負担は

$$t_A = \underline{t} + C_N(G_A, N_A)$$
$$t_B = \underline{t} + C_N(G_B, N_B)$$

で表される．

　住民数が増加した時の公共財供給費用の増大は混雑悪化の社会的費用であると解釈できるので，これを住民が負担することは混雑税を支払っているのと同じになる．したがって，上の結論は，最適な地域間補助のもとでは，各地域の住民の税負担が，最適混雑税に両地域で等しい人頭税を加えたものになっていることを示している．

　この結論には以下のような直観的な説明が可能である．補助金は地域間の人口配分を変化させるので，人口の配分が最適になるのはどういう場合かを考えればよい．人口の最適配分のためには，A 地域の住民が 1 人増加した時の社会的な便益が B 地域のそれと等しくならなければならない．A 地域の住民が 1 人増加すると，所得は w_A だけ増加するが，その住民は z_A だけの消費を行い，さらに，地方公共財サービスの混雑を悪化させる．混雑の社会的費用は

$$\tau_A = C_N(G_A, N_A)$$

である．したがって，A 地域の住民が 1 人増加することの社会的な便益は

$$w_A - z_A - \tau_A = t_A - \tau_A$$

となる．同様にして，B 地域の住民が 1 人増加することの社会的な便益は

$$w_B - z_B - \tau_B = t_B - \tau_B$$

となり，これらが等しくなるためには

$$t_A - \tau_A = t_B - \tau_B$$

が成立しなければならない.

　最適混雑税が地域間で異なっていれば住民の税負担は A 地域と B 地域で異なる.しかし,混雑税分を除いた基礎部分の税負担は両地域で等しくなるので,ここでの地域間補助金は地域間の所得移転を行っているわけではない.地域間補助金の役割は,各地域で最適混雑税が課税されるようにすることであると解釈できる.

　ここで得られた地域間補助金の最適条件は,両地域の地方公共財の供給水準のいかんにかかわらず,必ず成立する.たとえば,A 地域で1人当たりの地方公共財の供給量が大きく,B 地域で少ない場合を考えてみよう.この場合には,A 地域のほうが混雑が軽微で混雑税は低いにもかかわらず,公共財の1人当たり供給費用は A 地域のほうが大きい.したがって,A 地域の地方公共財費用の一部を B 地域の住民が負担することになる.つまり,地方公共財の供給量の小さい地域の住民が大きい地域の住民に補助を与えるという逆説的な結果になる.ただし,この結果は地方公共財の供給量の大きい地域の住民が恵まれていることを意味するわけではない.均衡での効用水準は両地域で等しくならなければならないからである.

　また,上の結果は,地域間で生産性が異なっていても(つまり,労働所得 w が地域間で異なっていても)成り立ち,混雑税が同じであれば,生産性が高い地域も低い地域も1人当たりの住民税負担は同じになる.日本の地方交付税制度では,「基準財政需要」と「基準財政収入」の差に基づいて補助金が配分されている.おおざっぱには,この仕組みは,標準的な財政需要に応えるために必要な財源と税収の差を補助するものである.日本では地方税の税率に自由度がほとんどないので,所得が低い地域では税収が少なく,それを補填するために地方交付税の配分額が大きくなる.われわれの得た結果によれば,このような補助制度は最適ではない.

　地方交付税制度による再配分の基本的なパターンは,所得水準の高い大都市圏から所得水準の低い地方圏への補助であるが,上で見たように,所得水準の差に依存する地域間補助は正当化できない.ただし,大都市では混雑の問題が大きいので混雑税の水準が高いということが言えれば,大都市圏から地方圏へ

の再配分を正当化することが可能である．

7.3 特定補助金

この節では，補助金の使途を限定する特定補助金を考える．すでに見たように，特定補助金の例としては，公営住宅，国道事業，一級河川事業などの建設事業や生活保護，老人福祉などの福祉事業に対する国庫支出金がある．

特定補助金は，事業費用の一定割合を補助する**定率補助金**（matching grant）と，事業費用にかかわらず一定額だけを補助する**定額補助金**（nonmatching grant）の2つに分類される．また，定率補助金には補助額の上限を定め，それ以上になると定額補助になる制限付き補助金と，そのような上限のない無制限補助金がある．図9-5はこれら3種類の特定補助金が地方自治体の予算制約をどう変化させるかを表している．定額補助金は予算制約線の平行移動をもたらし，定率補助金は予算制約線の傾きの変化をもたらす．また，制限付き定率補助金は，制限額に達した後は定額補助金と同様に予算制約線の平行移動となる．

地方自治体が首尾一貫した効用関数を持っているとすると，これらの特定補助金の効果は第6章で簡単に分析した住宅に対する補助金の効果と同じになる．したがって，ここでは改めて分析することはしないが，以下のような結論が得られる．

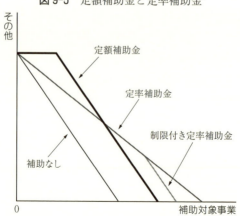

図9-5 定額補助金と定率補助金

(1) 補助がなくても補助対象の公共財の供給量が正である場合には，定額補助金は一般補助金と同じ効果しか持たない．補助がなければその公共財がまったく供給されない場合には，定額補助金は供給を増加させる効果を持つ．

(2) 制限のない定率補助金は同額の一般補助金に比べて補助対象公共財の供給を増加させる効果を持つ．制限付きの定率補助金は制限に達するまでは無制限の定率補助金と同じ効果を持ち，制限に達した後は一般補助金と同じ効果を持つ．

(3) いずれのケースでも，特定補助金がそれと同額の一般補助金より地方自治体の効用水準を高くすることはありえない．特定補助金が一般補助金と異なった行動をもたらす場合には，地方自治体の効用水準は必ず低くなる．

3番目の結論から，地方自治体にとっては一般補助金のほうが特定補助金よりも望ましいことがわかる．したがって，特定補助金が正当化できるのは，地方自治体の効用関数に何らかの問題がある場合に限られる．その例としては，公共財の便益が近隣の自治体にも及んでしまうという地方政府間の「スピル・オーバー」がある場合や，地方政治の歪みや自治体職員の能力と努力の不足などによって地方政府の意思決定が歪んでいる場合があげられる．

スピル・オーバー

特定補助金の経済分析で最も頻繁に取り上げられるのが，**スピル・オーバー効果**（spill-over effect）である．たとえば，幹線道路はその地域以外の人々がたんに通過するだけのためにも利用される．地方自治体が地域内住民だけのことを考えると，他地域の人々に及ぼす便益を考慮に入れないので，道路投資が過少になってしまう．最近ではあまり見られないが，以前は県内で東京に近い側では道路がよく整備されており，遠い側では整備が遅れる傾向があった．したがって，いくつもの県を経由して東京に行くと，県境で突然道路の整備水準が悪くなる現象に見舞われた．これは県内の利用者は東京方面に行くことが多いので，東京方面の道路整備の要望が強かったことによると考えられる．この例はスピル・オーバーによって発生する問題を如実に表している．

スピル・オーバーによる公共財の過少供給を避けるためには，スピル・オー

バーする便益に応じて定率補助金を与えればよい．この場合の最適な補助率は他地域に流出する便益と総便益との比率になる．しかし，実際の補助率の計算はこのようなスピル・オーバー率を基準にしていないことがほとんどである．たとえば，道路の場合の補助率は通常3分の2であるが，他都道府県から流入する車両が占める割合が2割以下であり，地方部では5％以下の場合もあることを考えると，過大である可能性がある．

所得再分配政策

地方自治体に所得再分配政策を行わせている場合には，特定補助金のもう1つの正当化ができる．たとえば，公営住宅や初等教育は所得再分配の役割を担っている．このような所得再分配政策を地方自治体が行うと，手厚い所得再分配を行っている地域に低所得層が集中し，高所得層が他地域に移動してしまう現象が発生する．このような場合には，何らかの補助を地方自治体に与える必要がある．しかし，それが単純な定率補助金や定額補助金である保証はなく，地域内の所得分布に対応した補助金の配分が必要になる．また，所得再分配を地方自治体が担うことは基本的に望ましくなく，中央政府が各家計の豊かさに応じて行うべきものであることに注意が必要である．

地方自治体における意思決定の歪み

特定補助金の正当化の理由としてよくあげられるのは，政治の歪みは地方政治のほうが激しいとか，地方自治体の職員の能力に問題があるといった議論である．このタイプの議論では，地方自治体による意思決定の歪みを矯正するために，特定補助金を用いた誘導が必要であるとする．日本における特定補助金の多くは，補助対象事業に細かい制限を加えているが，それはこのような考え方を反映していると解釈できる．

地方自治体にまかせておいては適切な公共サービスの供給ができないという意見に対しては，地方分権論者からの様々な反論が可能である．

第1に，中央政府自体の意思決定にも様々な歪みが存在している．特に，意思決定者と公共サービスの実際の需要者との間に距離があるために需要に適合した供給ができないことや，補助を得るために多数の地方自治体が陳情活動を

するので，それらの間の優先順位の決定が困難になったり，悪平等のバラマキ補助になったりすることが多い．

　第2に，たとえ現状では地方自治体の職員の能力が劣っていたとしても，それは権限が中央政府に集中しているからであり，地方分権が進めば地方自治体に優秀な職員が集まるようになる．また，技術的能力に関しては民間コンサルタントを活用すればよく，中央官庁がその権限を使って規制する必要はない．

　第3に，地方政治の歪みが発生する大きな原因は補助制度自体である．補助制度が存在するので，地方自治体は補助金を増やすことに精力を費やし，住民の支払う税金をいかにすれば最も有効に使えるかということは考えなくなる．たとえば，地方議会の議員のかなりの部分が地元の建設業者であり，土木・建築事業への利益誘導が頻繁に見られる．このようなことが発生する大きな理由は，補助制度によって一般住民の負担を大きく増やすことなく建設事業を行うことができるからである．

7.4　補助金の政治経済学：実証分析

　補助金の問題を考える際には，それが政治的な意思決定であることを考慮に入れる必要がある．補助金の地方政府間の配分には国会議員が自分の選挙区の利害のために様々な運動を行う．また，補助金を取るのに貢献の大きい政治家は，その見返りに，補助を受けない事業についても自分の支持勢力に利益を誘導するような影響力を行使する可能性がある．さらに，政治的なプロセスを通じて補助金は地方自治体単独の事業の選択に関しても様々な影響を及ぼす．たとえば，有力な県議会議員の選挙区ではない場所に補助金がついた時には，補助金がついていない選挙区に単独事業を優先的に配分することがある．

　日本では，補助金にまつわる政治経済学的な実証分析は少なく，しかもそれらの大部分は政治学者によって行われている．政治学者による研究のうちで興味深いものは小林によるものである．[14] この研究では，地方自治体への補助金や分野別歳出額がその地域の政治家の特性とどういう関係にあるかを実証的に

---

[14]　小林良彰「公共支出における政治家行動：地方自治体財政における政治的ノイズの計量分析」金本良嗣・宮島洋編『公共セクターの効率化』東京大学出版会，1991年，第1章，33-52ページ．

分析し，以下のような結論を得ている．

(1) 補助金の配分額については，各自治体の財政環境や経済環境に加えて，選出国会議員のうちの自民党議員のキャリア・ポイント（経てきた役職をその重要度について重みづけて合計したもの）が影響を及ぼしている．

(2) 地方自治体の歳出構造に政治環境が影響を与えている．たとえば，以下のような傾向が見られる．農村部であるとか第一次産業人口比率が高いことを考慮してもなお，農協加入率が高い自治体や自民党系議席率が高い自治体ほど1人当たりの農林水産業費が高くなる．都市部では人件費が高い等の問題を補正しても，自治労加入率が高い自治体や社会党議席率が高い地方自治体ほど1人当たり人件費が高くなる傾向がある．自民党系の強い自治体においては経常経費に比べて投資的経費の割合が高くなる傾向がある．

(3) 地方自治体に対する補助金の供与や財政支出は，政治家のキャリア・ポイントを高めたり，得票数を増やすことで，政治家に利益を還元している．たとえば，補助金を配ることによってその後の集票に結びつけたり，補助金に見合う政治資金を徴収することによって，キャリア・ポイントを高めるといったことが行われている．また，強力な通産族がいる地域では，地元の商工関係者のために他の地域あるいは他の有権者のためよりも過剰な歳出を行っているし，投資的商工費は通産省（現経産省）関連議員のキャリア・ポイントにプラスの効果を与えている．

補助金に関する実証分析でもう1つ興味深いのは**ハエ取り紙効果**（flypaper effect）と呼ばれているものである．これは補助金による地方自治体の公共支出の増加が，地域住民の合理的な行動から導かれるものよりは大きくなるという傾向である．つまり，補助金はハエ取り紙のようなもので，与えた場所にさらに地方政府の公共支出がくっついてくるという結果になる．アメリカではハエ取り紙効果が存在するという実証研究が数多く存在する．日本でも土居がこの現象の実証を行っている．[15]

もし地方自治体の住民がすべて同質であり，地方政府が住民の効用を最大に

---

15) 土居丈朗「日本の都市財政におけるフライペーパー効果」『フィナンシャル・レビュー』第40号, 1996年, 95-119ページ.

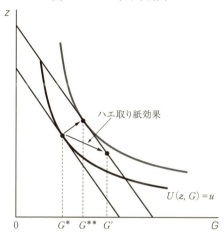

図9-6 ハエ取り紙効果

するような行動を行っているとすると，使途の限定のない一般補助金は地域住民の所得の増加と同じである．図9-6では住民の効用が私的財zと公共支出Gに依存していて$U(z, G)$と書くことができる場合を考えている．この場合には一般補助金の効果は公共支出をG^*からG^{**}に変化させるはずであるが，実際の増加はそれよりもはるかに大きいG'になることが多い．

土居の実証分析によれば，地方交付税の不交付団体ではハエ取り紙効果が認められないが，交付団体ではハエ取り紙効果が観察された．しかも，ハエ取り紙効果の大きさを$(G'-G^*)/(G^{**}-G^*)$で計測すると，約5から約29というきわめて大きな数字になった．もちろん，この実証結果をそのまま信じてよいかどうかは今後の研究に待たなければならない．しかし，とりあえずの結論としては，日本の地方自治体の行動にはきわめて大きなハエ取り紙効果が認められることになる．この現象がどういう理由で発生するかについては様々な推測が可能であり，地方政府が住民の厚生の最大化ではなく，自分たちの使える予算の最大化を目指している等の仮説が提示されている．日本における地方自治体の財政行動の実証分析はまだ未成熟であり，今後の研究が期待される分野である．

キーワード

地方交付税　国庫支出金　地方債　住民税　事業税　固定資産税
一般補助金　特定補助金　起債　共同消費性　料金徴収費用　強制権
地域独占　独占の弊害　外部性　不完備市場　公平性　足による投票
ティブー仮説　地方公共財　ヘンリー・ジョージ定理　キャピタリゼーション（資本化）仮説　デベロッパー定理　開発利益の還元　地域間補助
定率補助金　定額補助金　スピル・オーバー効果　ハエ取り紙効果

練習問題

1. 地方政府が供給している公共サービスを，この章で例示されているもの以外に2つあげ，それらを民営化すべきかどうかを論ぜよ．
2. 地方公共財の最適供給の条件に関して以下の問いに答えよ．
   (1) 最適供給の条件 (9.3) 式とコミュニティーの最適規模の条件 (9.6) 式を導出せよ．
   (2) 地方公共財の費用関数が $C(G, N) = Nc(G)$ である時の，地方公共財の最適供給とコミュニティーの最適規模の条件を求め，その条件の経済的な意味を論ぜよ．
   (3) 上の(2)と同じことを $C(G, N) = C(G)$ のケースについても行え．
3. (9.13) 式で $R_I = 1/h$ が成立することを示せ．
4. (9.21) 式を数学的に導出せよ．
5. 定率補助金と定額補助金について以下の問いに答えよ．
   (1) （制限のない）定率補助金は補助を受ける公共サービスを必ず増加させると言えるかどうかを分析せよ．
   (2) （制限のない）定率補助金のケースでは，同額の定額補助金のケースに比較して，補助を受ける公共サービスの供給量が必ず大きくなると言えるかどうかを分析せよ．

付録　地方公共財供給の数学的分析

この付録では，地方公共財の最適供給条件（5.2節），ヘンリー・ジョージ定理（5.3節），資本化仮説（6.1節），デベロッパー定理（6.2節），最適な地域間補助金（7.2節）を導出する．

地方公共財の最適供給

5.1節のモデルを用いて地方公共財の最適供給のための条件を考える．最適化問題を定式化するためには，土地などの資産の所有を明確にしておく必要がある．ここではすべての住民が同質であると仮定しており，土地や企業はすべての住民が均等に所有している．簡単化のために，消費財の生産は労働だけを用いて行われ，生産量は wN であるとする．住民によって生産された消費財は住民による消費財の消費と地方公共財の供給に用いられ，財市場の均衡条件は

(9.4)　　$Nz + C(G, N) = wN$

となる．これと住宅地の市場均衡条件 (9.2) 式を効用関数に代入すると，住民の効用は

(9.5)　　$U\left(\dfrac{wN - C(G, N)}{N}, \dfrac{\overline{H}}{N}, G\right)$

となる．これを最大にするように G を選ぶと，1階の条件は (9.3) 式になる．

コミュニティーの最適規模

最適なコミュニティー人口を求めるには，上の (9.5) 式で表される住民の効用水準を最高にするように住民数 N を選択すればよい．その1階の条件から

(9.6)　　$C - NC_N(G, N) = \dfrac{U_h}{U_z}\overline{H}$

が得られる．

この条件は，第7章で見た「ヘンリー・ジョージ定理」の地方公共財版であり，以下のように解釈できる．コミュニティーの住民を1人増加させた時に住民の効用がどう変わるかを考えてみよう．住民を1人増加させると生産はwだけ増加する．ところが，消費財の消費量も1人分zだけ増加し，さらに地方公共財の供給費用がC_Nだけ増加する．これらによる効用の上昇は住民全体で

(9.7) $(w-z-C_N)U_z$

となる．また，人口の増加は1人当たりの住宅敷地面積を減少させる効果を持ち，これが住民の総効用を

(9.8) $-\dfrac{\overline{H}}{N}U_h$

だけ低下させる．[16] (9.7)式と(9.8)式の和が住民数を増加させることによる効用の上昇であり，これがゼロになる時に住民数が最適になる．したがって，

(9.9) $(w-z-C_N)U_z - \dfrac{\overline{H}}{N}U_h = 0$

が得られる．この条件を財市場の均衡条件(9.4)と組み合わせると(9.6)式のヘンリー・ジョージ定理が得られる．

(9.2)式から住宅地と消費財との限界代替率が地代に等しいことを用いると，(9.6)式の右辺はコミュニティーの地代総額であると解釈できる．また，住民の増加は公共財の供給に混雑現象を発生させるので，それに対する混雑税を徴収すると，最適な混雑税は1人当たり

$t = C_N(G, N)$

となる．したがって，(9.6)式の左辺は公共財の供給費用から混雑税収を引いたものになる．これらの解釈を用いると，コミュニティーの住民数が最適になるのは，地方公共財の総供給費用が混雑税収とコミュニティー内の地代総額の和に等しくなる時である．

---

[16] 住民数を1人増加させると，1人当たりの敷地面積は

$$\dfrac{d(\overline{H}/N)}{dN} = -\dfrac{\overline{H}}{N^2}$$

だけ減少する．これによる効用水準の低下は$-U_h\overline{H}/N^2$である．これを全住民について足し合わせると，$-U_h\overline{H}/N$となる．

デベロッパー定理

デベロッパー定理が成り立つことは以下のようにして示すことができる．デベロッパーの収入は開発地からの地代と地方公共財の混雑料金であり，これらを財源にして地方公共財の供給費用をまかなう．したがって，デベロッパーの利潤は

(9.10) $\quad \Pi = R\overline{H} + tN - C(G, N)$

と書くことができる．多数のデベロッパーが競争しているので個々のデベロッパーにとっては住民の効用水準と資産所得が所与であり，地代は $R(w+\bar{s}-t, \bar{u}, G)$ を満たす．また，住民数は

$$N = \frac{\overline{H}}{h}$$

の関係を満たしていなければならないので，

(9.11) $\quad N = N(w+\bar{s}-t, \bar{u}, G) \equiv \dfrac{\overline{H}}{\hat{h}(w+\bar{s}-t, R(w+\bar{s}-t, \bar{u}, G), G)}$

の形に書くことができる．これらの関係を用いると，デベロッパーの利潤は

(9.12) $\quad \begin{aligned}&\Pi(w+\bar{s}-t, \bar{u}, G)\\&= R(w+\bar{s}-t, \bar{u}, G)\overline{H} + tN(w+\bar{s}-t, \bar{u}, G) - C(G, N(w+\bar{s}-t, \bar{u}, G))\end{aligned}$

となる．

まず，利潤を最大にするような混雑料金（＝人頭税）の水準を考える．そのための１階の条件は

(9.13) $\quad \dfrac{\partial \Pi}{\partial t} = -R_I \overline{H} + N - (t - C_N)N_I = 0$

となる．ここで R_I と N_I はそれぞれの関数の純所得

$$I = w + \bar{s} - t$$

に関する偏微分を表す．第２章で見たように

$$R_I = \frac{1}{h}$$

が成立するので，(9.13) 式から

(9.14) $\quad t = C_N(G, N)$

が成り立つことがわかる.[17] したがって，デベロッパーが選択する混雑税の水準は最適である．

次に，上の (9.14) 式とキャピタリゼーション仮説を表す式 $R_G \overline{H} = N \dfrac{U_G}{U_z}$ を用いると，利潤を最大にする地方公共財の供給水準は

$$(9.15) \quad \frac{\partial \Pi}{\partial G} = R_G \overline{H} - C_G + (t - C_N) N_G = N \frac{U_G}{U_z} - C_G = 0$$

を満たすことがわかる．したがって，地方公共財の水準についても最適な選択が行われる．

最後に，デベロッパーの参入が自由であれば，長期的には超過利潤がゼロになるので，地代収入と料金収入の和が地方公共財の供給費用に等しくなる．この時にはヘンリー・ジョージ定理が満たされており，地域数が最適化されている．

最適な地域間補助金

最適な一般補助金の水準は以下のようにして求められる．

A地域の住民数を

$$N_A = N$$

で表し，B地域の住民数を

$$N_B = \overline{N} - N$$

で表すと，両地域の効用水準をA地域の人口 N とA地域からB地域への補助金 S の関数として，

$$(9.16) \quad u_A(S, N) = U\left(w_A - \frac{C(G_A, N) + S}{N}, G_A \right)$$

$$(9.17) \quad u_B(S, N) = U\left(w_B - \frac{C(G_B, \overline{N} - N) - S}{\overline{N} - N}, G_B \right)$$

と書くことができる．

自由な人口移動のもとでは両地域の効用水準が等しくなるように人口が配分されるので，A地域の人口は

---

17) 練習問題で見るように，$N_I \leq 0$ であることは簡単にわかるので，2階の条件も満足されている．

(9.18) $\quad u_A(S, N) = u_B(S, N)$

を満たすように決まり,補助金の関数として $N^*(S)$ の形に書くことができる.ここで,$N^*(S)$ は

(9.19) $\quad \dfrac{dN^*(S)}{dS} = -\dfrac{\dfrac{\partial u_A}{\partial S} - \dfrac{\partial u_B}{\partial S}}{\dfrac{\partial u_A}{\partial N} - \dfrac{\partial u_B}{\partial N}}$

を満たす.

最適な補助金のための1階の条件は,

(9.20) $\quad \dfrac{d}{dS} u_A(S, N^*(S)) = \dfrac{\dfrac{\partial u_B}{\partial S}\dfrac{\partial u_A}{\partial N} - \dfrac{\partial u_A}{\partial S}\dfrac{\partial u_B}{\partial N}}{\dfrac{\partial u_A}{\partial N} - \dfrac{\partial u_B}{\partial N}} = 0$

であり,これから

(9.21) $\quad t_A - \tau_A = t_B - \tau_B$

が得られる.[18] ここで,τ_A と τ_B は A 地域と B 地域における混雑悪化の社会的費用であり,

$\quad \tau_A = C_N(G_A, N_A)$,

$\quad \tau_B = C_N(G_B, N_B)$

である.

$\quad t_A - \tau_A = \underline{t}$

と置くと,

$\quad t_A = \underline{t} + \tau_A$

と

$\quad t_B = \underline{t} + \tau_B$

が成り立つ.したがって,住民の税負担は最適混雑税に両地域で等しい人頭税 $\underline{t}$ を加えたものになっている.

---

[18] この条件の導出については練習問題の4を参照.

練習問題の解答

1章

省略.

2章

1. 各立地点での地代 $R(x)$ と純所得 $I(x)=y-tx$ が所与であるので，それぞれの地点での予算制約線を引くことができる．各予算制約に対応して消費者の効用を最大にする点を求めることができ，これらの点のうちで最も高い効用水準を与えるものが最適な立地点 x を与える．下図においては効用水準 U_2 における無差別曲線と接する所得制約線 $I(x_2)$ を与える立地点 x_2 が選択される．

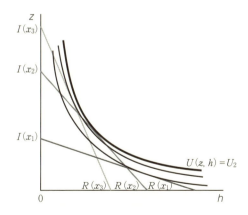

2. 立地点を所与にした効用最大化問題の解は
$$z = \alpha(y-tx)$$
$$h = \frac{(1-\alpha)(y-tx)}{R}$$
であるので，付け値関数は

となる．したがって，地代勾配は

$$R^{*\prime}(x) = -t\alpha^{\frac{\alpha}{1-\alpha}} u^{\frac{-1}{1-\alpha}} (y-tx)^{\frac{\alpha}{1-\alpha}}$$

となる．この地代勾配は

$$R^{*\prime}(x) = -R(y-tx, u) \frac{1}{1-\alpha} \frac{t}{y-tx}$$

を満たす．

高所得層を添字1で表し，低所得層を添字2で表す．両階層の居住地域の境界を $\hat{x}$ とすると，この点では両者の付け値地代が同じでなければならない．この点での地代を $R(y_1-t\hat{x}, u_1) = R(y_2-t\hat{x}, u_2) = R^*(\hat{x})$ と置くと，

$$\begin{aligned} R_1^{*\prime}(\hat{x}) &= -R^*(\hat{x}) \frac{1}{1-\alpha} \frac{t}{y_1-t\hat{x}} \\ &> -R^*(\hat{x}) \frac{1}{1-\alpha} \frac{t}{y_2-t\hat{x}} \\ &= R_2^{*\prime}(\hat{x}) \end{aligned}$$

が得られる．したがって，低所得層のほうが中心近くに住む．

3． 上の問題2と同様にして，付け値関数は

$$R(y-tx, u) = (1-\alpha)\alpha^{\frac{\alpha}{1-\alpha}} u^{\frac{-1}{1-\alpha}} (y-tx)^{\frac{1}{1-\alpha}} x^{\frac{-1}{1-\alpha}}$$

となり，地代勾配は

$$R^{*\prime}(x) = -R(y-tx, u) \left(\frac{1}{1-\alpha}\right)\left(\frac{t}{y-tx} + \frac{1}{x}\right)$$

を満たす．したがって，前問と同様に低所得層が中心近くに立地する．

4． 小開放都市の場合には，付け値地代 $R(y-tx, u)$ は変化しない．したがって，開発規制は都市の物理的サイズを小さくして人口を減少させる．しかし，付け値と敷地面積は変化しない．

閉鎖都市の場合には人口は減少しないので，開発規制によって狭くなった住宅地にすべての住民を住まわせるためには，1戸当たりの敷地面積が減少しなければならない．したがって，地代が上昇して，住民の効用水準は下降する．

5． 商業地の付け値地代が上昇すると，商業地が拡大し，そのぶんだけ住宅地から商業地への転換が起きる．この商業地の拡大の効果は前問で分析した開発規制の効果とほぼ同じであり，小開放都市の場合には都市人口が減少するだけで，その他は変化しない．閉鎖都市の場合には，地代の上昇，効用水準の低下，住宅敷地面積の

減少，住宅地の外側の境界の拡大とがもたらされる．

6. この議論は以下の3つの部分に分けて分析することができる．

(1) 「土地は各地点ごとに差別化されており，各地点の土地所有者は独占力を持っている」

土地が地点ごとに差別化されていることは事実であるが，そのことによって発生する「独占力」の強弱は密接な代替財の有無に依存する．通常は，土地に関しては代替性は相当に高いと思われる．ただし，銀座四丁目の角地などのように，適当な代替地を見つけることが困難な土地も存在するので，差別化による独占力が存在するケースはありうる．

(2) 「独占力によって市場の失敗が引き起こされている」

土地所有者に「独占力」があるとした場合でも，それが必ず市場の失敗を引き起こすとは言えない．ミクロ経済学で学ぶように，独占力が市場の失敗を引き起こすのは，独占力によって供給が過少になるからである．土地所有者が自分の持っている土地をすべて供給していればこの種の市場の失敗は発生しない．独占力による市場の失敗が発生するとすれば，広大な面積の土地を所有している大地主が，価格をつり上げるために土地の一部を遊休させておくケースである．現状の未利用地の存在がこの理由によるものかどうかを検証する必要があるが，第3章で見る建築物の耐久性によるものや税制の歪みによるものである可能性のほうが大きいと思われる．

(3) 「政府による介入（都市計画）が必要である」

「市場の失敗」があるのと同時に「政府の失敗」もあるので，独占力による市場の失敗が存在していても政府による介入が必要であるとは言えない．また，独占力による市場の失敗は遊休地の発生であるので，望ましい政策の方向は遊休地の利用の促進である．しかし，都市計画における政策手段は用途規制や開発規制であり，ある種の土地利用を禁止・抑制することが主体である．したがって，都市計画は独占力に対する有効な手段とはならない可能性が大きい．

3章

1. T 期に買い手が提示する地価は，

$$p_T^B = \sum_{t=T}^{\infty} \frac{r_t^B}{(1+i)^{t-T+1}} - C$$

である．売り手は

$$p^S(T) = \sum_{t=0}^{T-1} \frac{r_t^S}{(1+i)^{t+1}} + \frac{1}{(1+i)^T} p_T^B$$

を最大化するように T を選ぶ．そのためには
$$p^S(T-1) \leq p^S(T) \geq p^S(T+1)$$
が成り立っていなければならない．級数の和の公式を用いると買い手が提示する地価を
$$p_T^B = \sum_{t=T}^{\infty} \frac{r_t^B - iC}{(1+i)^{t-T+1}}$$
と変形できることに注意して，これを計算すると
$$r_{T-1}^B - r_{T-1}^S \leq iC \leq r_T^B - r_T^S$$
が得られる．

2．地価は無限大になる．

3．右図では，T_1において予想地代の経路がシフト・アップし，T_2においてシフト・ダウンしたと考えている．予想地代の変化は地価のジャンプをもたらすことに注意されたい．

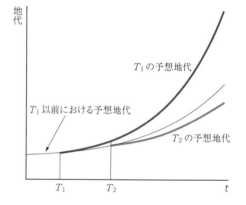

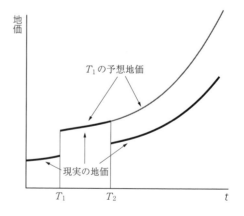

4. A の留保価格は自分が利用して得ることができる収益の現在価値であり,

$$p_t^A = \sum_{s=t}^{\infty} \frac{100}{(1.1)^{s+1-t}} = \frac{100}{0.1} = 1{,}000$$

である. B の支払いうる最大の価格 (付け値) は

$$p_t^B = \begin{cases} \sum_{s=t}^{9} \frac{50}{(1.1)^{s+1-t}} + \sum_{s=10}^{\infty} \frac{150}{(1.1)^{s+1-t}} = 500 + \frac{1{,}000}{(1.1)^{10-t}} & 1 \leq t \leq 9 \\ \sum_{s=t}^{\infty} \frac{150}{(1.1)^{s+1-t}} = 1{,}500 & 10 \leq t \end{cases}$$

である.

(1) A は B の付け値で売却できるので, T 期に売却すると p_T^B の売却収入が得られる. また, その時点までは自分で利用して年間100万円の地代収入を得ることができる. 売却収入と地代収入の現在価値の和を1期の期首で評価すると

$$V(T) = 100 \sum_{s=1}^{T-1} \frac{1}{(1.1)^s} + \frac{p_T^B}{(1.1)^{T-1}}$$

となる. 売却時点を1期遅らせると,

$$V(T+1) = 100 \sum_{s=1}^{T} \frac{1}{(1.1)^s} + \frac{p_{T+1}^B}{(1.1)^T}$$

となるので,

$$V(T+1) - V(T) = \begin{cases} \dfrac{100-50}{(1.1)^T} > 0 & 1 \leq T \leq 9 \\ \dfrac{100-150}{(1.1)^T} < 0 & 10 \leq T \end{cases}$$

したがって, 最適な売却時点は $T=10$ である.

(2) B は A の留保価格で購入できるので, T 期に購入した時の利益の割引現在価値は

$$W(T) = (p_T^B - p_T^A) \frac{1}{(1.1)^{T-1}} = \begin{cases} \sum_{s=T}^{9} \frac{-50}{(1.1)^s} + \frac{500}{(1.1)^9} & 1 \leq T \leq 9 \\ \dfrac{500}{(1.1)^{T-1}} & T \geq 10 \end{cases}$$

となり, 最大となるのは $T=10$ である.

(3) B が A から購入する価格 p_T は $p_T^A + \frac{1}{2}(p_T^B - p_T^A)$ であるので, A にとっての収益の現在価値は

$$\tilde{V}(T) = 100 \sum_{s=1}^{T-1} \frac{1}{(1.1)^s} + \frac{1}{(1.1)^{T-1}} \left\{ p_T^B - \frac{1}{2}(p_T^B - p_T^A) \right\}$$

となる．したがって，

$$\tilde{V}(T+1)-\tilde{V}(T)=\begin{cases}\dfrac{100-50}{(1.1)^T}+\dfrac{1}{2}\dfrac{-50}{(1.1)^T}=\dfrac{25}{(1.1)^T}>0 & 1\leq T\leq 9\\[2mm]\dfrac{100-150}{(1.1)^T}+\dfrac{1}{2}\left\{\dfrac{500}{(1.1)^T}-\dfrac{500}{(1.1)^{T-1}}\right\}=-\dfrac{75}{(1.1)^T}<0 & 10\leq T\end{cases}$$

となり，A は $T=10$ で売却するのが最適である．

5.

(1) 一般に，今の所有者は，将来土地を売却する可能性を考慮に入れており，その時の買い手が土地の区画や形状をどう評価するによって売却価格が変化することを知っているはずである．土地や住宅の資産市場は，将来の利用者の好みや評価を，現在の所有者の意思決定に反映させるという重要な役割を果たしている．

(2) 本文で見たように，土地の総供給はほぼ固定されていると考えてもさしつかえないので，すべての用途に均一な税率で課税される土地保有税は，地価（あるいは地代）を下げるだけであり，実質的な資源配分には影響を及ぼさない．したがって，土地保有税が土地の利用者のコストを引き上げる効果を持つというのは誤りである．また，海外からの対日投資を阻害する効果も持たない．

ただし，商業地や工業地といった特定の用途に対して高い税率をかけると，その用途が他の用途に比較して不利になるという効果を持つ．また，中小企業が自社で土地を所有している場合には，土地保有税の増加は会計的な意味では費用の増加をもたらす．しかし，この場合でも，土地所有者としての企業負担の増加があるだけであり，土地利用者としての企業負担は変わらない．

6. T 期に開発するとした時の初期時点における地価は

$$p_1(T)=\sum_{t=1}^{T-1}\frac{R_t^A}{(1+i)^t}+\sum_{t=T}^{\infty}\frac{R_t-iK}{(1+i)^t}$$

となる．これを最大にする地価は

$$p_1(T-1)\leq p_1(T)\geq p_1(T+1)$$

を満たしていなければならないので，

$$R_{T-1}-R_{T-1}^A\leq iK\leq R_T-R_T^A$$

が得られる．

7.

(1) 最適点では

$$p_1(T^{H*}-1,T^{B*})\leq p_1(T^{H*},T^{B*})\geq p_1(T^{H*}+1,T^{B*})$$

$$p_1(T^{H*},T^{B*}-1)\leq p_1(T^{H*},T^{B*})\geq p_1(T^{H*},T^{B*}+1)$$

が成立する．これから問題の条件が導かれる．

(2) 商業ビルを建築するまで遊休地にしておく場合に，最適な開発時点が満たさなければならない条件は
$$R^B_{T^B-1} \leq iK^B \leq R^B_{T^B}$$
である．この場合の初期時点地価を $p_1(T^{B**})$ とすると，商業ビルを建築するまで遊休地にしておいたほうがよいための条件は
$$p_1(T^{B**}) > p_1(T^{H*}, T^{B*})$$
である．

8.
(1) 開発時点での不動産価格と地価は
$$P_T = \sum_{t=T}^{\infty} \frac{R_t}{(1+i)^{t-T+1}}$$
$$p_T = P_T - K$$
である．

(2) 開発時点から1期前の地価は
$$\frac{(p_T - p_{T-1}) - \tau p_{T-1}}{p_{T-1}} = i$$
を満たすので，
$$p_{T-1} = \frac{p_T}{1+i+\tau}$$
が得られる．

(3) 上の計算を繰り返すと
$$p_t = \frac{p_T}{(1+i+\tau)^{T-t}}, \quad t < T$$
が得られる．

(4) 初期時点地価
$$p_1(T) = \frac{1}{(1+i+\tau)^{T-1}} \sum_{t=T}^{\infty} \frac{R_t - iK}{(1+i)^{t-T+1}}$$
を最大にする開発時点は
$$p_1(T-1) \leq p_1(T) \geq p_1(T+1)$$
を満たしていなければならないことから，
$$R_{T-1} + \tau p_{T-1} \leq iK \leq R_T + \tau p_T$$
が得られる．

9.

(a)
(1) 開発時点は10年後.
(2) 開発時点の地価と家賃は1億5,000万円と500万円.
(3) 初期時点の地価は $15,000/(1.05)^{10} \cong 9,208$ 万円.

(b) 開発時点の地価は

$$p_{10} = \sum_{t=1}^{\infty} \frac{R_{10}(1+\theta)^{t-1} - iK}{(1+i+\tau)^t} = \frac{R_{10}}{i+\tau-\theta} - \frac{iK}{i+\tau} = \frac{500}{0.03} - \frac{500}{0.06} \cong 8{,}333 \text{万円}$$

となる. 開発時点の地価税の負担は約83.3万円である. 初期時点における地価は

$$p_0 = \frac{p_{10}}{(1+i+\tau)^{10}} = \frac{8{,}333}{(1.6)^{10}} \cong 4{,}653 \text{万円}$$

となり, ほぼ半分に低下する.

(c)
(1) 第2のプロジェクトの賃貸料収入は0期に約298万円で1期に約307万円となるので, 地価税が課されていない時の最適開発時期は1年後である. この場合の0期の地価は

$$\frac{1}{1.05}\left\{\frac{307}{0.05-0.03} - 6{,}000\right\} \cong 8{,}905 \text{万円}$$

となるので, 第1のプロジェクトが選ばれる.

(2) 地価税が課税されると, 第2のプロジェクトの初期時点での地価は

$$\frac{1}{1.06}\left\{\frac{307}{0.06-0.03} - \frac{300}{0.06}\right\} \cong 4{,}937 \text{万円}$$

となり, 第1のプロジェクトの地価を上回る.

(3) 9年早める.

(d) 固定資産税が存在する時の最適な開発時点は $R_T \geq (i+\tau)K = 600 \geq R_{T-1}$ を満たさなければならないので, 地代が約615万円になる17年後が最適な開発時点になる. したがって, 開発時点の地価は

$$\frac{615}{0.05+0.01-0.03} - 10{,}000 \cong 10{,}500 \text{万円}$$

となり, 現在時点の地価は

$$\frac{10{,}500}{(1.06)^{17}} \cong 3{,}900 \text{万円}$$

となる.

4章

1. 図から,
$$C(V)=\begin{cases} 2 & V \leq 10 \\ \frac{1}{2}V-3 & V \geq 10 \end{cases}$$
である.したがって,

(1) 社会的限界費用曲線は
$$SMC(V)=\begin{cases} 2 & V \leq 10 \\ V-3 & V \geq 10 \end{cases}$$
となり,右図のようになる.

(2) 最適な混雑税は6で,その時の交通量は12である.

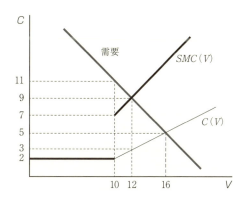

2. 超混雑の場合の死重損失は,最適混雑税を課した時の利用者の消費者余剰の増加分に混雑税収を加えたものになるので,右図の影の付いた部分である.

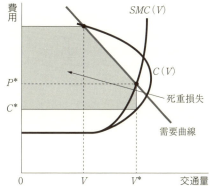

3. 規模の不経済性が存在する場合には,需要曲線が長期限界費用曲線と交わるのは長期平均費用曲線が右上がりの部分である.したがって,右図のようになり,道路事業者に黒字が発生する.

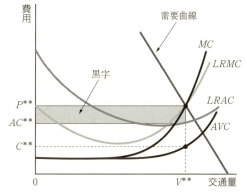

4. 右図の場合には混雑税収がすべて道路建設費用に充当されているが、道路のキャパシティーは過大になっている。

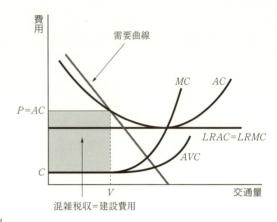

5.
(a) 鉄道事業者の利潤は
$$p_1q_1+p_2q_2-200q_1-100q_2$$
で、消費者余剰は
$$\frac{1}{2}\{(400-p_1)(2000-5p_1)+(240-p_2)(120-0.5p_2)\}$$
となる。

(b) 上の利潤と消費者余剰に需要曲線を代入して、これらの和を運賃について最大化すると、運賃は $p_1=200$ と $p_2=100$ となる。乗客数は $q_1=1,000$ と $q_2=70$ である。

6.
(a) $z+200R(x)+2x$

(b) 中心での地代は 1m^2 当たり0.9万円。

(c) 小開放都市の場合には住民の効用水準は変化しないので、都市の中心での地代は0.9万円である。地代曲線は $R(x)=0.9-0.01x$ から $R(x)=0.9-0.005x$ に変化し、下図のようになる。

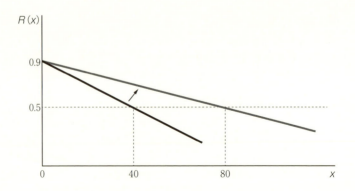

7．道路投資の便益もまったく同様に計測できる．唯一の相違は，道路投資によって平均社会的費用曲線がシフトすることである．

道路投資による社会的費用 (SC) の変化：波及効果を含む分析

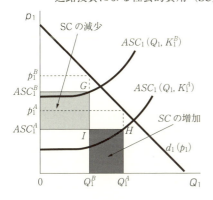
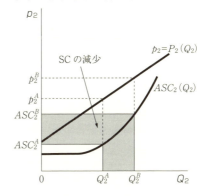

道路投資による社会的余剰 (SS) の変化：波及効果を含む分析

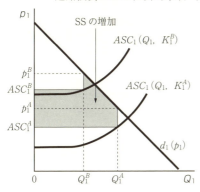
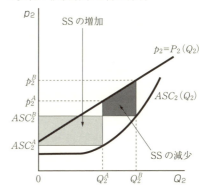

5章

1．$\alpha=0.5$．したがって，

(a) 住宅サービスの価格は

$$p = \alpha^{-\alpha}(1-\alpha)^{-(1-\alpha)}p_K^\alpha p_L^{1-\alpha} = (0.5)^{-0.5}(0.5)^{-0.5}20^{0.5}10^{0.5} \cong 28.28 万円.$$

住宅サービスの量は $200^{0.5}100^{0.5} = 141.4$．

(b) $pH = 3,000$ で $p \cong 28.28$ であるので，$H \cong 106$ である．$H = L^{1/2}K^{1/2}$ から，$106 = 150^{1/2}K^{1/2}$ となるので，$K = 75$ となる．

2.
(a) 持家：
$$\rho = i - (1-\tau_G)g$$
$$= \tau_G \pi + i^R - (1-\tau_G)g^R$$

借家：
$$\rho_R = i - \frac{1-\tau_G}{1-\tau_Y}g$$
$$= \frac{\tau_G - \tau_Y}{1-\tau_Y}\pi + i^R - \frac{1-\tau_G}{1-\tau_Y}g^R$$

(b) 持家の場合には τ_G%だけ上昇し，借家の場合には $(\tau_G-\tau_Y)/(1-\tau_Y)$%だけ上昇する．譲渡所得税率が所得税率より低い場合には，借家の資本コストはインフレによって低下する．

(c) この場合の持家の資本費用は
$$\rho = (1-\tau_Y)i - (1-\tau_G)g$$
$$= (\tau_G - \tau_Y)\pi + (1-\tau_Y)i^R - (1-\tau_G)g^R$$

であるので，物価上昇率が1％上がった時には資本コストは $(\tau_G-\tau_Y)$%だけ上昇する．

3.
(a) 持家：
$$\rho = (1-\tau_I)i - (1-\tau_G)g$$
$$= (\tau_G - \tau_I)\pi + i^R(1-\tau_I) - (1-\tau_G)g^R$$

借家：
$$\rho_R = \frac{1-\tau_I}{1-\tau_Y}i - \frac{1-\tau_G}{1-\tau_Y}g$$
$$= \frac{\tau_G - \tau_I}{1-\tau_Y}\pi + \frac{1-\tau_I}{1-\tau_Y}i^R - \frac{1-\tau_G}{1-\tau_Y}g^R$$

(b) 持家の場合には $\tau_G - \tau_I$%上昇し，借家の場合には $(\tau_G-\tau_I)/(1-\tau_Y)$%上昇する．

(c) この場合の持家の資本費用は
$$\rho = (1-\tau_I)i - (1-\tau_G)g$$
$$= (\tau_G - \tau_I)\pi + (1-\tau_I)i^R - (1-\tau_G)g^R$$

となる．

4. しばらくは建設がストップする．

6章

1.
(1) $\max_{\{z,h\}}\{z^{1/2}h^{1/2} : 300 = z + h\}$ を解くと，$z = 150, h = 150, u = 150$ が得られる．
(2) $u = 200^{1/2}150^{1/2} \cong 173.2$
(3) 補助額は50万円であるので，それだけの所得補助を行うと，$z = h = 175$ が消費者にとっての最適解で，その時の効用水準は $u = 175$ である．所得補助が s の時の効用水準は $\hat{u} = 150 + \frac{1}{2}s$ であるので，これが公共住宅と同じ効用水準になるとすると，$150 + \frac{1}{2}s = 173.2$ から，所得補助は $s = 46.4$ 万円となる．したがって，公共住宅の時より補助額が約3.6万円少なくてすむ．
(4) 家賃補助がある時の所得制約は $300 = z + 0.5h$ であるので，消費者の選択は $z = 150, h = 300$ となる．この時の効用水準は $u = 150^{1/2}300^{1/2} \cong 212.13$ となる．この効用水準を達成するために必要な所得補助は $150 + \frac{1}{2}s = 212.13$ の解であるので，$s = 124.26$ 万円となる．これは家賃補助額150万円より25.74万円低い．

2.
(1) この議論は，わが国の牛肉の消費量が欧米先進国と比較して少ないので，牛肉に対して補助金を与えるべきであるというのと同じである．消費のパターンが他の国と異なっているのは，嗜好や文化の差や相対価格の差を考慮すれば当然であり，それだけでは公共的介入を正当化することはできない．
(2) 大都市圏の住宅価格が高いのは，大都市圏に人口が集中して住宅需要が増加してきたことと，既存地主の売り惜しみによって住宅地の供給が少なかったことによる．これらに対する対策としては住宅補助は有効ではない．住宅補助は人口集中に対しても宅地の売り惜しみに対しても効果はなく，住宅価格をさらに上昇させる効果のほうが大きいからである．

3. 借家権保護が撤廃される時点で，継続家賃も新規家賃もジャンプして借家権保護のない場合の家賃に等しくなる．したがって，新規家賃は必ず下がる．継続家賃については，長期間にわたって借りている場合には上がるが，最近借りた借家は下がる．家主が得るタナボタ利益は借家人がこうむる損失と等しく，次ページ図のグレー部分である．

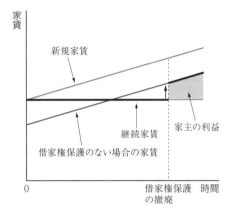

7章

1.
(1) 分散立地の場合の社会的純余剰は $2(q+a-2t-3c)$ である.
(2) 集中立地の場合の社会的純余剰は $2(q+a-3t-c)$ である. したがって, $t<2c$ の時には集中立地が分散立地より望ましい.

2.
(1) 効用が低い地域から高い地域へ人口が移動するので, 安定的な均衡は 0 と P で, P' は不安定な均衡である.
(2) 既存住民は都市の効用水準が最高になる点を選ぶので, 下図の P^* が選択される.

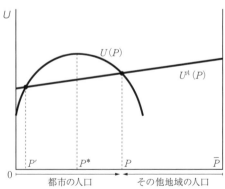

(3) (a) 他地域の効用曲線が右上がりの場合には, 次ページ図のように都市人口が

減少し，効用水準が低下する．

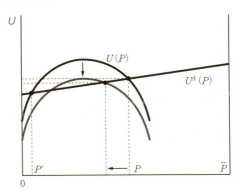

　他地域の効用曲線が右下がりになっている右図のような場合には，都市人口は減少するが，効用水準は上昇する．

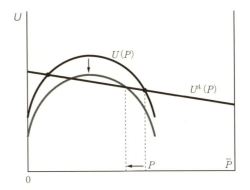

(b) 地域開発戦略の改善による他地域の効用曲線の上昇は，右図のように都市人口を減少させ，効用水準を上昇させる．

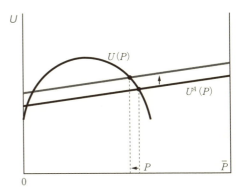

3.

(1) 各住民の消費は $h=\overline{H}/P$, $z=1-(Q-P)^2$ となるので，効用は
$$U(P)=(\overline{H}/P)^{1/2}\{1-(Q-P)^2\}^{1/2}$$
となる．これを P に関して最大にすればよい．1階の条件から
$$P=(Q^2-1)^{1/2}$$
が得られる．

(2) 賃金を w とし，地代を R とする．企業の利潤は
$$\pi=F(N,P)-wN$$
である．自由参入の条件からこれがゼロになるので，
$$w=1-(Q-P)^2$$
が成り立つ（企業は利潤を雇用数 N について最大化するが，この条件が成り立っている場合には雇用数は不定となる）．

住民の所得を y と書くと，これは賃金と地代収入の和になるので，
$$y=w+\frac{R\overline{H}}{P}$$
が成り立つ．所得制約 $y=z+Rh$ のもとで効用関数 $u(z,h)=z^{1/2}h^{1/2}$ を最大にする問題を解くと，$h=y/(2R)$ と $z=y/2$ が得られる．

消費財市場の需給均衡は $F(N,P)=Nz$ であり，土地市場の需給均衡は $\overline{H}=Nh$ である．ここで，自由参入の条件から $F(N,P)=wN$ が成り立っているので，$z=w=1-(Q-P)^2$ となることから，$y=2\{1-(Q-P)^2\}$ が成立する．さらに，h に関する効用最大化の条件から $R=y/(2h)$ が得られるので，
$$R=\frac{P}{\overline{H}}\{1-(Q-P)^2\}$$
が成り立つ．住民の効用水準は(1)の解答の $U(P)$ と同じになる．

(3) 本文の図7-5における議論から，最適な人口規模 $P=(Q^2-1)^{1/2}$ 以下の人口は均衡ではない．しかし，これより大きな人口規模は均衡になる．

8章

1. 商業地に対するピグー税は商業地代曲線を下方にシフトさせ，住宅地に対するピグー補助金は住宅地代曲線を上方にシフトさせる．

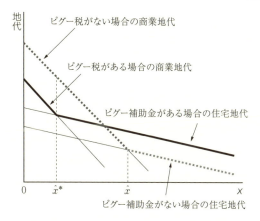

2．小開放都市では住民の効用水準は所与である．したがって，容積率規制は，それが効果を持つかぎり，必ず地代を低下させる．

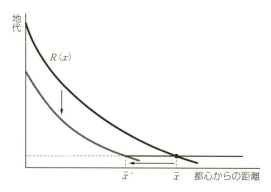

3．価格が $\bar{p}$ 以上の取引が禁止されている場合で，需要者の需要価格が高い順に土地を購入するとすれば，需要者が取引規制によって受ける利益と損失は右図のようになる．

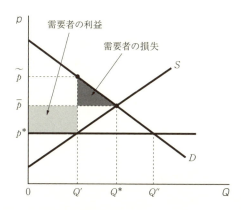

しかし，実際には需要価格が $\tilde{p}$ 以下の需要者も購入するので，本文の図8-7のような非効率性が発生し，土地の需要者が受ける利益は上の図に表されているものより小さくなる．

4．
(1) 擁護論：都市の魅力は外部経済性の典型であり，政府の介入が正当化できる．特に，いったん破壊すると取り返しがつかない文化的な蓄積については公共部門の規制が必要である．

批判：役所は政治的意思決定を行うべき機関ではなく，議会や住民による意思決定を支援し，意思決定がなされればそれを執行する機関である．したがって，住民の合意が得られない場合には，住民の意見を変えるように説得することはできるが，住民の意見を無視して役人の意見を押しつけることは許されていない．

(2) 擁護論：商業地は交通渋滞や騒音の発生によって住宅地に外部不経済を及ぼしている．また，道路や下水等の社会資本への負荷が大きい割に，その費用負担が不十分である．したがって，商業地の拡大を抑えるような土地利用規制が必要である．

批判：商業地の地価が住宅地に比較して高くなっているのは，商業地の供給が不足しているからである．したがって，この場合の最善の策は商業地を拡大し供給を増加させることである．また，ビジネス用途のスペースの需要は住宅用途に比較して小さく，商業地が際限なく拡大することはありえない．

9章

1．省略．
2．省略．
3．付け値関数 $R(I, \bar{u}, G)$ は
$$V(I, R(I, \bar{u}, G), G) \equiv \bar{u}$$
を任意の I について満たす（つまり，上の式は恒等式である）ので，この式を I について微分したものについても等号が成立する．つまり，
$$V_I + V_R R_I = 0$$
が成り立つ．ここで，添え字はそれぞれの変数に関する偏微分を表す．この式から
$$R_I = -\frac{V_I}{V_R}$$
が得られる．

間接効用関数は $V(I, R, G) \equiv U(\hat{z}(I, R, G), \hat{h}(I, R, G))$ を満たすので，

$$V_I = U_z \hat{z}_I + U_h \hat{h}_I = U_z(\hat{z}_I + R\hat{h}_I)$$

$$V_R = U_z \hat{z}_R + U_h \hat{h}_R = U_z(\hat{z}_R + R\hat{h}_R)$$

が成立する．ここで，消費財と敷地面積の需要関数は予算制約式

$$I \equiv \hat{z}(I, R, G) + R\hat{h}(I, R, G)$$

を任意の I と R について満たすので，この式を I と R について偏微分したものは

$$1 = \hat{z}_I + R\hat{h}_I$$

$$0 = \hat{z}_R + R\hat{h}_R + \hat{h}$$

を満たす．したがって，$V_I = U_z$ と $V_R = -hU_z$ が成立するので，

$$R_I = \frac{1}{h}$$

が成り立つ．

4．最適な補助金のための1階の条件から，

$$\frac{\dfrac{\partial u_B}{\partial S} \cdot \dfrac{\partial u_A}{\partial N} - \dfrac{\partial u_A}{\partial S} \cdot \dfrac{\partial u_B}{\partial N}}{\dfrac{\partial u_A}{\partial N} - \dfrac{\partial u_B}{\partial N}} = 0$$

が成り立たなければならない．ここで，

$$\frac{\partial u_A(S, N)}{\partial S} = -\frac{1}{N} \cdot \frac{\partial U}{\partial z_A}$$

$$\frac{\partial u_A(S, N)}{\partial N} = -\left[\frac{1}{N} \cdot \frac{\partial C(G_A, N)}{\partial N} - \frac{C(G_A, N) + S}{N^2}\right]\frac{\partial U}{\partial z_A}$$

$$\frac{\partial u_B(S, N)}{\partial S} = \frac{1}{\overline{N} - N} \cdot \frac{\partial U}{\partial z_B}$$

$$\frac{\partial u_B(S, N)}{\partial N} = \left[\frac{1}{\overline{N} - N} \cdot \frac{\partial C(G_B, \overline{N} - N)}{\partial (\overline{N} - N)} - \frac{C(G_B, \overline{N} - N) - S}{(\overline{N} - N)^2}\right]\frac{\partial U}{\partial z_B}$$

である．したがって，

$$\frac{C(G_A, N) + S}{N} - \frac{\partial C(G_A, N)}{\partial N} = \frac{C(G_B, \overline{N} - N) - S}{\overline{N} - N} - \frac{\partial C(G_B, \overline{N} - N)}{\partial (\overline{N} - N)}$$

が成り立つ．

5．

(1) 定率補助金が補助を受ける公共サービスの供給を減少させるケースも存在する．その公共サービスが地方自治体にとってギッフェン財（劣等財であってしかも所得効果が代替効果を上回るケース）の時である．

(2) 同額の定額補助金と比較すると，定率補助金は補助を受ける公共サービスの供給が必ず大きくなる．これは右図から明らかである．

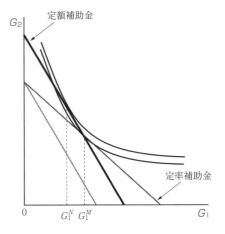

リーディング・リスト

都市経済学の教科書
［1］佐々木公明・文世一『都市経済学の基礎』有斐閣，2000年.
［2］山崎福寿・浅田義久『都市経済学』日本評論社，2008年.
［3］黒田達朗・田渕隆俊・中村良平『都市と地域の経済学（新版）』有斐閣，2008年.
［4］高橋孝明『都市経済学』有斐閣，2012年.
［5］佐藤泰裕『都市・地域経済学への招待状』有斐閣，2014年.
　2000年代に入って，良質な都市経済学の教科書が出版されるようになってきた．代表的な教科書が上の5冊である．このうち，［2］と［5］が比較的平易である．［4］は都市経済学の理解に必要なミクロ経済学についても丁寧に解説されている．［1］，［3］，［5］は本書ではほとんど触れていない企業立地理論の解説も行っている．さらに，［3］，［5］では地域経済学についての解説も含まれている．

大学院レベルの都市経済学の教科書
［6］J. V. ヘンダーソン著，折下功訳『経済理論と都市』勁草書房，1987年.
　大学院レベルの教科書であるが，著者自身による研究成果が多く紹介されている．
［7］藤田昌久著，小出博之訳『都市空間の経済学』東洋経済新報社，1991年.
　都市モデルの数学的な構造を理解するには最適の本である．都市経済学の研究者を志望する人々に推薦したい．
　空間経済学については，以下の2冊が優れている．
［8］佐藤泰裕・田渕隆俊・山本和博『空間経済学』有斐閣，2011年.
［9］藤田昌久，ポール・クルーグマン，アンソニー・ベナブルズ著，小出博之訳
　　『空間経済学：都市・地域・国際貿易の新しい分析』東洋経済新報社，2000年.

400　リーディング・リスト

都市経済の各分野の専門書

　都市経済学者による書物ではないが，ジェイン・ジェイコブズによる以下の2冊は，都市経済に関する古典的名著として必読の書である．

[10] J. ジェイコブズ著，中江利忠・加賀谷洋一訳『都市の原理』鹿島出版会，2011年．

[11] J. ジェイコブズ著，中村達也訳『発展する地域　衰退する地域：地域が自立するための経済学』筑摩書房，2012年．

　日本の都市経済学の草分けである山田浩之氏による以下の研究書は日本の都市経済研究の第一世代の到達点を示している．

[12] 山田浩之『都市の経済分析』東洋経済新報社，1980年．

　現代の都市問題の解説と分析については以下の2冊が優れている．

[13] 山崎福寿・浅田義久編著『都市再生の経済分析』東洋経済新報社，2003年．

[14] 八田達夫編『都心回帰の経済学・集積の利益の実証分析』日本経済新聞社，2006年．

　土地や住宅にかかわる諸問題は都市経済学の重要なトピックである．土地・住宅問題に関する経済学のアプローチについては以下の3冊が有益であろう．

[15] 西村清彦『日本の地価の決まり方』筑摩書房，1995年．

[16] 山崎福寿『土地と住宅市場の経済分析』東京大学出版会，1999年．

[17] 瀬古美喜『日本の住宅市場と家計行動』東京大学出版会，2014年．

関連分野の解説書，教科書

　都市経済における重要な分野は都市交通であるが，その理解には交通経済学の勉強が欠かせない．交通経済学の教科書としては，以下の2冊があげられる．

[18] 山内弘隆・竹内健蔵『交通経済学』有斐閣，2002年．

[19] 杉山武彦監修，竹内健蔵・根本敏則・山内弘隆編『交通市場と社会資本の経済学』有斐閣，2010年．

　以下の2冊は，欧米における交通経済学の教科書あるいは専門書の邦訳である．[20] は実証的基礎を踏まえた都市交通に関する経済分析を多く紹介している．[21] は教科書というよりも専門書に近いが，交通経済学の第一人者のモーリング教授の洞察に富んだ分析が展開されている．

[20] M. W. フランケナ著，神戸市地方自治研究会訳『都市交通の経済学』勁草書房，1983年．

[21] H. モーリング著,藤岡明房・萩原清子監訳『交通経済学』到草書房,1987年.

都市経済では地方財政の問題が重要な位置を占めている.[22]は地方財政に関する経済理論的分析を要領よく解説している.[23]と[24]は公共経済学の教科書と専門書であるが,地方財政の問題も扱っている.

[22] 佐藤主光『地方財政論入門』新世社,2009年.
[23] 林正義・小川光・別所俊一郎『公共経済学』有斐閣,2010年.
[24] 井堀利宏『公共経済の理論』有斐閣,1996年.

官公庁の刊行物および有益な専門誌

国土交通省,内閣府,環境省等の官公庁による白書類(『国土交通白書』,『土地白書』,『首都圏整備に関する年次報告(首都圏白書)』,『経済財政白書』,『地域の経済(地域経済レポート)』,『環境白書』等)に加えて,以下の専門誌が交通や住宅分野に関する有益な情報を与えている.

[25] 公益財団法人 日本住宅総合センター『住宅土地経済』(季刊).
[26] 一般財団法人 運輸調査局『運輸と経済』(月刊).
[27] 公益財団法人 高速道路調査会『高速道路と自動車』(月刊).
[28] 一般財団法人 運輸政策研究機構『運輸政策研究』(季刊).

また,官公庁等による統計書は数多いが,代表的なものを以下にあげておく.

[29] 一般財団法人 運輸政策研究機構『都市交通年報』.
[30] 公益財団法人 都市計画協会『都市計画年報』.
[31] 一般財団法人 地方財務協会『地方財政要覧』.
[32] 全国市長会編『日本都市年鑑』第一法規株式会社.
[33] 国土交通省住宅局住宅政策課(編集協力)『住宅経済データ集』住宅産業新聞社.

英語の文献

学部レベルの都市経済学の教科書として近年発売されたのは以下の2つである.

[34] Jan K. Brueckner, *Lectures on Urban Economics*, The MIT Press, 2011.
[35] A. O'Sullivan, *Urban Economics*, 8th ed., McGraw-Hill/Irwin, 2011.

以下の教科書は1990年代半ばで改訂が止まっているが,古典的な名著である.

[36] E. Mills and B. Hamilton, *Urban Economics*, 5th ed., Harper Collins, 1994.

不動産市場に焦点を当てた学部レベルの教科書としては以下のものがある.この

本では，商業用不動産に加えて住宅市場に関する研究が紹介されている．

[37] D. DiPasquale and W. C. Wheaton, *Urban Economics and Real Estate Markets*, Prentice-Hall, 1996（瀬古美喜・黒田達朗訳『都市と不動産の経済学』創文社，2001年）．

以下の本は，著者のオリジナルな研究に加えて，都市経済学の理論的構造を簡潔に解説している．著作としては絶版になったが，著者（金本）のホームページ

http://www3.grips.ac.jp/~kanemoto/kane_jis.html

から電子版を無料でダウンロードできる．

[38] Y. Kanemoto, *Theories of Urban Externalities*, North-Holland, 1980.

以下の4冊は，都市経済学，都市交通，都市財政，都市の動学と成長のそれぞれに関する最近の研究成果を展望している．

[39] Richard J. Arnott and Daniel P. McMillen, eds., *A Companion to Urban Economics*, Blackwell, 2008.

[40] André De Palma, Robin Lindsey, Émile Quinet, and Roger Vickerman, eds., *A Handbook of Transport Economics*, Edward Elgar, 2011.

[41] Edward L. Glaeser, "Urban Public Finance," in Alan J. Auerbach, Raj Chetty, Martin Feldstein, and Emmanuel Saez, eds., *Handbook of Public Economics*, Vol. 5, North-Holland, 2013, pp. 195-256.

[42] Roberta Capello and Peter Nijkamp, *Urban Dynamics and Growth: Advances in Urban Economics*, Elsevier, 2004.

都市政策の経済分析のためには応用厚生経済学の理解が必要である．厚生経済学の教科書は応用に重点を置いたものが少なく，ボードウェイとブルースによる以下の本はその例外である．

[43] R. Boadway and N. Bruce, *Welfare Economics*, Basil Blackwell, 1984.

インターネット上のホームページ

最近は，インターネット上のホームページに様々な統計や資料が掲載されるようになってきた．著者（金本）のホームページ

http://www3.grips.ac.jp/~kanemoto/kane_jis.html

でもそれらを紹介している．また，日本の官公庁のホームページにもかなりの情報が掲載されるようになってきており，政府統計の多くは政府統計の総合窓口（e-Stat）のページ

https://www.e-stat.go.jp/SG1/estat/eStatTopPortal.do からたどることができる.

索引

【A to Z】

BID 制度（Business Improvement District） 340
CBD（Central Business District，中心業務地区，都心） 35, 249
CMBS（Commercial Mortgage Backed Securities，商業用不動産ローン担保証券） 237
CS（Consumer's Surplus，消費者余剰） 149
DID（Densely Inhabited District，人口集中地区） 3
DID 人口 4
ERP（Electric Road Pricing，電子道路課金システム） 109
ETC（Electronic Toll Collection System，電子料金収受システム） 109
Fannie Mae（Federal National Mortgage Association，ファニーメイ） 234
Freddie Mac（Federal Home Loan Mortgage Corporation，フレディーマック） 234
GCS（Gross Consumer's Surplus，グロス消費者余剰） 150
GDP 成長率 62
GPS（Global Positioning System，全地球測位網，グローバル・ポジショニング・システム） 109
J-REIT（Japan Real Estate Investment Trust，不動産投資法人） 237
MSA（Metropolitan Statistical Areas） 4
PPP（public-private partnership，官民連携） 339
PS（Producer's Surplus，生産者余剰） 149
REIT（Real Estate Investment Trust） 235
RMBS（Residential Mortgage Backed Securities，住宅ローン担保証券） 233
S&L（Savings & Loan Association，貯蓄貸付組合） 232
SC（Social Cost，社会的費用） 156
SPC 法（資産流動化法） 235
SPV（Special Purpose Vehicle，特別目的事業体） 233
SS（Social Surplus，社会的余剰） 149, 155
TDR（Transferable Development Right，開発権移転） 322
UEA（Urban Employment Areas，都市雇用圏） 4
VOC（Volatile Organic Compound，揮発性有機化合物） 126
With ケース 145, 151, 157
Without ケース 145, 151, 157

【ア行】

隘路（ボトルネック）混雑 116
空き家率 185, 195
浅見泰司 240, 282, 289, 297
足による投票 345
アドラー（M. D. Adler） 143
アーノット（R. Arnott） 35, 110, 115, 166
アメリカの都市規模分布 11
RMBS（住宅ローン担保証券，Residential Mortgage Backed Securities） 233
アロンゾ（W. Alonso） 30, 33
泡（バブル，bubble） 59
ERP（電子道路課金システム，Electric Road Pricing） 109
イコール・フッティング（equal footing） 136
異質な消費者 41
石への補助から人への補助 217

索　引　405

一極集中　258
一般化費用　104, 149
一般規制手法　282
一般均衡需要曲線　152
一般補助金　337, 358
　　最適な——　376
ETC（電子料金収受システム，Electronic Toll Collection System）　109
伊藤隆敏　81
伊藤秀史　306
伊藤元重　18
今井晴雄　34
岩倉成志　129
岩坂泰信　124
岩田規久男　64, 283
インカム・ゲイン
　土地の——　79
インパクトの予測　145
インフレーション　173
ヴァイニング（Aidan R. Vining）　144, 149
VOC（揮発性有機化合物，Volatile Organic Compound）　126
Without ケース　145, 151, 157
With ケース　145, 151, 157
ウィートン（W. C. Wheaton）　35, 43-4, 49, 176
ウェイマール（D. L. Weimer）　144, 149
内山久雄　129
運営費補助　122
S&L（貯蓄貸付組合，Savings & Loan Association）　232
SS（社会的余剰，Social Surplus）　149, 155
SC（社会的費用，Social Cost）　156
SPV（Special Purpose Vehicle）方式　233
SPC法（資産流動化法）　235
MSA（Metropolitan Statistical Areas）　4
エリア・プライシング　110
エリア・マネジメント　339
エリア・マネジメント活動促進条例　340
エルウッド（D. T. Ellwood）　171
オーエルバッハ（A. J. Auerbach）　216
大河原透（T. Ohkawara）　266

大阪都市圏　5
大阪版BID制度　340
大嶽洋一　293
岡野行秀　121, 352
小川英明（H. Ogawa）　34, 250
奥野正寛　121
オファー価格関数　201
折下功　261
オリジネーター　233, 235
温暖化政策　244

【カ行】

害悪（nuisance）　297
買い替え特例　223
外形標準課税　335-6
会社法　235
改正都市計画法　287
階層構造　9
開発規制　283, 311
開発許可制度　283, 285
開発権移転（TDR, Transferable Development Right）　322
開発時点　76
　　最適な——　77
開発のタイミング　81
開発費用　75
開発プロジェクト　84
開発利益の還元　355
外部経済　21
外部効果　268
外部性　21, 252, 297, 344
　　——のタイプ　297
　　近隣——　215, 303
　　混雑——　253
　　用途間の——　298
　　立地——　253
外部費用
　騒音の——　128
外部不経済　21, 105, 301
開放（openness）　46
開放地域（oennness）　351
蛙跳び開発（leap-frog development）　87
価格受容者（プライス・テイカー）　155
価格体系　352
カジミ（Camilla Kazimi）　126-7

課税標準額　222
金本良嗣　18, 26, 46, 77, 81, 83, 121, 123, 127, 129, 132-4, 137, 142, 157, 190, 203, 206, 217, 225, 229, 250, 254-5, 265-6, 302, 312, 316, 352
貨幣評価原単位　146
カリー（J. M. Currie）　214
環境アメニティー　204
環境価値　199
監視区域　327
間接市場　152, 159
感度分析　145, 148
官民連携（PPP, public-private partnership）　339
管理組合　241
企業間取引　18
企業間の交通・通信費用　248
企業城下町　15, 266
企業の立地選択　250
起債　337
岸本充生　124, 126-7
基準財政収入　365
基準財政需要　365
規制区域　327
帰属地代　55, 62
帰属家賃　163, 172
既存住宅市場　196
城所幸弘　157
揮発性有機化合物（VOC, Volatile Organic Compound）　126
規模の経済
　空間的な意味での――　16
規模の経済，規模の経済性（非凸性）　15, 25, 114, 167, 248, 360
キャピタリゼーション（資本化）仮説　351
キャピタル・ゲイン　89
　土地の――　79
強制権　342
共同住宅設置要綱（ワンルーム規制）　292
共同消費性　24, 340, 347
共同所有（public ownership）　46
共用（シェアリング）　16, 248
均衡地代　41
近隣外部性　215, 303

区域区分（線引き）制度　283
空間的裁定条件　38
空間的な意味での規模の経済　16
空間的優位性
　自然条件による――　14
空中権　322
区分所有法　239
熊谷尚夫　36
クラーク（Colin Clark）　33
グリーンバーグ（D. H. Greenberg）　149
グロス消費者余剰（GCS, Gross Consumer's Surplus）　150
グローバル・ポジショニング・システム（全地球測位網, GPS, Global Positioning System）　109
計画規制手法　282
継続家賃　227
形態規制　289, 320
契約　325
契約自由の原則　225
経路依存性　150
ゲーム理論　305
限界費用　155, 159
　社会的――　105, 107
限界便益　159
　社会的――　107
検証可能性（verifiability）　190
建築基準法　281, 283, 289
　――の改正　283, 288
建築協定　292, 325
建ぺい率　289
県民所得
　1人当たり――　7
原油依存費用　128
公営住宅　218-9
公共財　24
公共サービス　331
公共施設等運営権制度（コンセッション）　339
公共住宅　207, 216
公共政策　309
公共賃貸住宅　218-9
恒常所得　178
交渉費用　305
厚生経済学の基本定理　20

索　引　407

交通機関の選択　135
交通事故の外部費用　127
交通システム　95
交通投資　142
交通投資費用　110
交通の混雑　315
交通費用　19, 104
交通密度　103, 135
合同会社　235
購入価格　163
公平性　345
効用関数　35, 255, 347
効用最大化　38, 40
合理的期待（rational expectations）　58
高齢者向け優良賃貸住宅　218-9
国土利用計画法　90, 326
国内総生産　332
国民所得アプローチ　131
コースの定理　304
国庫支出金　335, 337-8
固定資産税　83, 222, 336
　　――の軽減措置　222, 302
　　――の効果　71
コーディネーション・ゲーム　308
古典的住宅立地モデル　33-4
コードン・プライシング（Cordon Pricing）　109
小林重敬　283, 286, 288
小林良彰　369
コブ＝ダグラス型生産関数　170
コミュニティーの最適規模　349, 373
兒山真也　124, 126-7
混合開発（mixed development）　87
混雑　98
　　――の外部不経済　263
　　隘路（ボトルネック）――　116
　　駐車――　117
　　流れの――　103
混雑外部性　253
混雑外部費用　123
混雑時旅行速度
　　三大都市の――　99
混雑税　253, 315
混雑率　97
混雑料金　105-7

コンセッション（公共施設等運営権制度）　339
コンパクトシティー　287, 317

【サ行】

最悪・最善分析　149
再開発地区計画　292
財政支出　332
最低敷地面積規制　293
最適都市規模　277
最適都市数　265, 278
最適な開発時点　77
最適な都市規模　263
齊藤裕志　266
サイモン（H. A. Simon）　13
先物市場　22
佐藤泰裕　17
サービス付き高齢者向け住宅　220
サブプライム・ローン危機　185
産業別就業構造　8
散在開発（scattered development）　87
サンスタイン（C. R. Sunstein）　143
三大都市圏　5, 70, 96-7
三大都市雇用圏の人口　4
三大都市の混雑時旅行速度　99
暫定容積率　291
シェアリング（共用）　16, 248
ジェイコブス（J. Jacobs）　19
J-REIT（不動産投資法人）　237
CS（消費者余剰, Consumer's Surplus）　149
シェフマン（D. T. Scheffman）　312
CMBS（商業用不動産ローン担保証券, Commercial Mortgage Backed Securities）　237
市街化区域　284
市街化区域内農地　294
市街化調整区域　284
市街地建築物法　283
資格制度（entitlement program）　220
シーガン（B. H. Siegan）　307, 325
時間経路
　　地価の――　79
時間の価値　146
敷地面積　31

408 索引

事業性　335
資源配分の歪み　206
自己強制メカニズム　207, 307
施策民賃　219
資産価格　60, 179, 311
資産選択理論　64
GCS（グロス消費者余剰，Gross Consumer's Surplus）　150
死重損失　156, 329
市場価格関数　42, 200-1
市場均衡　36
市場地代　42, 55
市場都市規模　260
市場の欠落（不完備市場）　21
市場の失敗　21, 26, 144
市場の不完全性　15
地震保険　243
指数アプローチ　131
次善（セカンド・ベスト）　137
──の政策　27, 313
──の投資　138
──の料金　137
自然条件による空間的優位性　14
事前届出　327
次善料金の理論　137
実効金利　66
実質金利　183
実質所得　13
GDP 成長率　62, 66
指定紛争処理機関　238
指定流通機構　196
私的費用と社会的限界費用の乖離　107
篠原総一　121
支払い意思額　130
GPS（全地球測位網，グローバル・ポジショニング・システム，Global Positioning System）　109
CBD（中心業務地区，都心，Central Business District）　36
資本化（キャピタリゼーション）仮説　351
資本コスト　172-3
資本（の使用者）費用（user cost of capital）　172
資本割　336

清水教行　129
シミュレーション
　ファンダメンタルズ・モデルによる──　68
社会資本整備　281
社会的限界費用　105
社会的限界費用（社会的費用）　107
社会的限界便益（社会的便益）　107
社会的純便益　107, 129, 155
社会的総便益　107
社会的費用（SC）　107, 125, 156, 158
社会的便益　107, 158
社会的余剰（SS, Social Surplus）　149, 155
借地借家法　225
借家　188
──のモラル・ハザード　189
斜線制限　289
社宅　223
借家権保護制度の効果　227
シャドー・プライス　316
住居費　163
自由参入（free entry）　352
収支均衡特性（self-financing property）　113
囚人のジレンマ　306
集積の経済　16, 254, 263, 277
集積の不経済　19
住宅
　──の建設コスト　179
　──の財としての特徴　166
　──の資産価格　172, 179
　──の重要性　167
　──の需要関数　177
　──の耐久性　35, 166
　──の多様性　167
　──の賃貸価格　172, 176
　──の必需性　166
　──の広さ（space）　34
　──の床面積　164
住宅価格　163, 165
住宅瑕疵担保履行法（特定住宅瑕疵担保責任の履行の確保等に関する法律）　238
住宅供給公社　218
住宅金融公庫　185
住宅金融公庫融資　219

索　引

住宅金融支援機構　185, 220
住宅建設　179, 191
　　——の意思決定　181
　　——に関する動学的意思決定　181
住宅建設戸数　183
住宅建設ブーム　181
住宅サービス　163
　　——関数　9
　　——の異質性　169
　　——の量　9
住宅産業　191
住宅市場　161
　　——の薄さ　167
住宅資本の可塑性（malleability）　35
住宅取得控除　222
住宅需要
　　——の価格弾力性　178
　　——の所得弾力性　178
住宅ストック　218
住宅性能表示制度　238
住宅総合保険　243
住宅地高度利用地区計画　292
住宅地地価　31
住宅・都市整備公団　218
住宅取引　195
住宅付置義務要綱　292
住宅紛争処理支援センター　238
住宅補助　206
住宅補助制度　218
住宅立地の理論　33
住宅立地モデル　38
　　古典的——　33
住宅ローン担保証券（RMBS, Residential Mortgage Backed Securities）　233
住宅ローン融資　211
住民税　335-6
重要性　167
需要関数
　　一般均衡——　152
　　住宅の——　177
　　マーシャルの——　43
需要の経年的増加　121
純粋公共財　24
小解放都市（small open city）　44
商業用不動産ローン担保証券（CMBS, Commercial Mortgage Backed Securities）　237
証券化支援業務　185
条件付き市場　23
条件付きの商品　23
少子高齢化　186
常住人口　99
小地域（smallness）　351
小都市（smallness）　46
小都市雇用圏（Micropolitan Employment Area）　11
譲渡所得税　81, 168, 174, 189, 196
消費
　　——の多様性　17
消費者
　　——の効用最大化　38
　　異質な——　41
消費者余剰（CS, Consumer's Surplus）　129-30, 149, 158
　　マーシャルの——　151
情報の非対称性　23, 168, 189, 305
情報の不完全性　229
将来地代　62
ジョージ（Henry George）　265, 278, 350
所得再分配政策　347, 368
所得税　173
所得制限　219
所得分配　25
所得補助　209, 214
新規家賃　226
人口
　　三大都市雇用圏の——　4
　　純流入——　100
　　常住——　99
　　通勤——　99
　　DID——　4
　　東京都市雇用圏の——　5
　　都市圏——　10
人口移動　6
　　地域間——　358
人口集中地区（DID）　3
人口密度曲線　33
人口流入
　　東京圏への——　6
信託方式　233

人命の価値　146
水平的公平　208
数量指数
　　ラスパイレスとパーシェの――　131
鈴木勉（T. Suzuki）　266
ストック　163
ストック・フロー・アプローチ（stock-flow approach）　176
スピル・オーバー効果（spill-over effect）　338,367
スプロール　87,312
スミス（T. E. Smith）　13
スモール（K. A. Small）　116,122,124, 126-7
静学的期待（static expectations）　58
政策プロジェクト代替案　145
政策分析の流れ　144
生産関数　273
　　コブ＝ダグラス型――　170
　　住宅サービスの――　169
生産者余剰（PS, Producer's Surplus）　149,158
生産要素
　　――の移動不可能性　14
　　――の集中　15
生産緑地　70
政治経済学
　　補助金の――　369
政治の失敗　217
正常財　42
税制　324
税制上の優遇措置　206,221
正当事由　226
政府の失敗　26,144
セカンド・ベスト（次善）　137
瀬古美喜　213
瀬下博之　241
是正勧告　327
ゼックハウザー（R. J. Zeckhauser）　214
線引き（区域区分）制度　283
前面道路幅員による規制　290
騒音の外部費用　128
総可変費用　155
走行速度　103
総支出額　150

総人口減少　187
相続税　205,275
　　――の優遇措置　222
総便益
　　社会的――　107
ゾーニング（地域地区制）　283,288,296, 326

【タ行】

第一世代住民　354
大気汚染費用　126
大規模集客施設　287
耐久性　166
　　建物の――　74
大店法（大規模小売店舗における小売業の事業活動の調整に関する法律）　287
大店立地法（大規模小売店舗立地法）　287
大都市雇用圏（Metropolitan Employment Area）　11
高山知拡　216
宅地開発　193
　　――の費用　194
宅地開発指導要領　286,313
宅地並み課税　70
　　農地の――　72
竹歳誠　284
ただ乗り問題（free rider problem）　24
建て替え　187
建物の耐久性　74
田中一行　70
田渕隆俊　17,259
単一中心都市仮説（monocentric city hypothesis）　34
丹呉允　216
地域間人口移動　358
地域間補助，地域間補助金　356,361, 364,376
地域地区制（ゾーニング）　283,288,296
地域独占　342
地域優良賃貸住宅制度　219
地価　54,76
　　――の時間経路　79
　　住宅地――　31
　　日本の――　62
地価曲線　31

索　引

地価上昇率　62, 80
地価税　81
地球温暖化費用　124
地区計画　291
地代　54
　　帰属――　55, 62
　　均衡――　41
　　市場――　42, 55
　　付け値――　40
地代曲線　45
地代勾配　37
地代収入　62
地方公共財　347, 361
　　――の最適供給　371
　　――の最適供給条件　349
地方交付税　335, 337
地方債　335
駐車混雑　117
中条潮　266
中心業務地区（CBD, Central Business District）　36
中心市街地活性化法　287
中心市街地問題　317
中心都市　317
長期営農継続農地　70, 294
直接規制　323
直接市場　152
貯蓄貸付組合（S&L, Savings & Loan Association）　232
賃金格差
　　都市間の――　204
賃貸　60
通勤時間　100
通勤人口　99
付け値価格　75
付け値関数（bid price function, bid rent function）　41, 199
付け値地代（bid rent）　40
　　2地点での――　39
ツー・バイ・フォー住宅　191
DID（人口集中地区, Densely Inhabited District）　3
DID人口　4
定額補助金（nonmatching grant）　366
定期借家契約　230

TDR（開発権移転, Transferable Development Right）　322
ディパスクエール（D. DiPasquale）　176
ティブー（C. Tiebout）　346
ティブー仮説　346
定率補助金（matching grant）　366
ティワリ（P. K. Tiwari）　178
適応期待（adaptive expectations）　58
適合（マッチング）　18, 48
デ・パルマ（de Palma）　110
デベロッパー定理　311, 352, 375
デュラントン（G. Duranton）　16, 248
土居丈朗　370
動学的意思決定
　　住宅建設に関する――　181
投機　89
東京一極集中　262
東京圏への人口流入　6
東京都市雇用圏の人口　5
倒産隔離　236
同質性（homogeneity）　352
投資法人　235-6
投信法　235
等量消費性　24
道路損傷費用　128
道路容量　104
独占の弊害　343
特定市　70
特定補助金　337, 366
特定目的会社　235-6
特定優良賃貸住宅供給促進制度　219
特別養護老人ホーム（特養）　216
独立行政法人住宅金融支援機構　185
独立行政法人都市再生機構　193
特例容積率適用地区制度　322
都市化　3
都市間の賃金格差　204
都市規模　254
都市規模分布　9
　　アメリカの――　11
都市計画法　281
都市圏人口　10
都市雇用圏（UEA, Urban Employment Areas）　4
都市財政　332

都市再生整備推進法人　340
都市人口　256
土砂災害対策　242
都心（CBD）　249
都心への近接性（accessibility）　34
土地
　——のインカム・ゲイン　79
　——のキャピタル・ゲイン　79
土地区画整理事業　193
土地取引規制　327
土地保有税　69
　——の中立性　71
土地利用規制　281,301,310
取引費用　168,229
トル（R. S. J. Tol）　124
トレード・オフ（trade-off）　25

【ナ行】

長尾重信　132
中村英夫　132
中村良平　203,209
流れの混雑　103
名古屋・小牧都市圏　5
ナッシュ均衡　308
二極分散　258,263
ニコルズ（A. L. Nichols）　214
西村和雄　18
日本におけるランクサイズ・ルール　12
日本の地価　54,62
ニューベリー（D. Newbery）　115
根岸隆　352
農業地代　44,47
納税猶予の特例　295
農地の宅地並み課税　73
野口悠紀雄　69,72,81,83,85

【ハ行】

売買　60
バウチャー制度（voucher）　221
ハエ取り紙効果（flypaper effect）　370
波及効果　151
　——の便益　133
パーシェの数量指数　131
蓮池勝人　123,127,142
長谷川洋　178

八田達夫　121,257,282
馬場啓之助　16
ハーバーガー（A. C. Harberger）　159
　——の三角形公式　27
バブル（泡，bubble）　59
ハミルトン（B. Hamilton）　176,214, 323,341
林田修　306
パリー（L. W. H. Parry）　124
パレート最適　304
BID 制度（Business Improvement District）　340
PS（生産者余剰，Producer's Surplus）　149
日影規制　291
ピークロード問題，ピークロード料金　117-8,120
ピグー（A. C. Pigou）　252
ピグー税（Pigovian tax）　107,203,252
ピグー補助金（Pigovian subsidy）　252, 263,277
ビークル（器）　236
ピークロード問題　117
非選択性　24
肥田野登　129
非単一中心都市モデル（nonmonocentric city hypothesis）　17,34
ヒックス（J. R. Hicks）　35-6,151
必需性　166
必要経費控除　222
非凸性（nonconvexity，規模の経済）　25
１人当たり県民所得　7
非排除性　24
PPP（官民連携，public-private partnership）　339
非木造住宅　191
ヒューベルト（F. Hubert）　229
費用便益比　147
費用便益分析（cost-benefit analysis）　115,129,142
品確法（住宅の品質確保の促進等に関する法律）　238
頻度の経済性　122
ファースト・ベストの経済　352
ファニーメイ（Fannie Mae, Federal Nation-

索　引　413

al Mortgage Association）　234
ファンダメンタルズ（fundamentals）　56,
　59,62
ファンダメンタルズ・モデルによるシミュ
　レーション　68
不安定均衡　360
フェルドスタイン（M. Feldstein）　216
フェルフーフ（E. T. Verhoef）　116,122
プーガ（D. Puga）　16,248
付加価値割　336
不確実性　23
不完備市場（市場の欠落）　21,344
福井秀夫　240,283
副都心（sub-center）　34,47
不在地主（absentee ownership）　46
藤井弥太郎　121,266
藤田昌久　34-5,74,87,250
藤原徹　123,127,142
歩積み両建て　66
不動産証券化　235
不動産仲介　196
不動産仲介業者　195
不動産投資法人（J-REIT）　237
プライス・テイカー（価格受容者）　155
フラット35　232
フランケナ（M. W. Frankena）　312
フリードマン（M. Friedman）　90
ブルース（N. Bruce）　151
ブルースト（S. Proost）　123
フレディーマック（Freddie Mac, Federal
　Home Loan Mortgage Corporation）
　234
プレハブ住宅　191
プレミアム　62
分譲マンション　164
閉鎖都市（closed city）　44
ベックマン（M. J. Beckmann）　13
ヘドニック・アプローチ　128,171,299
ヘドニック・モデル　172,199
ベーレンス（K. Behrens）　267
ヘンダーソン（J. V. Henderson）　261,
　302,354
ベンティック（B. L. Bentick）　85
ヘンリー・ジョージ（Henry George）
　265

――の財政余剰　265
ヘンリー・ジョージ定理　265,278,350
便益評価
　帰着ベースの――　131
　発生ベースの――　129
補償需要関数　43
補助金　337
　――の政治経済学　369
ポズナー（E. A. Posner）　143
ボードウェイ（R. Boadway）　151
ボードマン（A. E. Boardman）　149
ボトルネック（隘路）混雑　116
ホームレス政策　224
ポリンスキ（A. M. Polinsky）　171

【マ行】

マクミラン（John McMillan）　306
マーシャル（A. Marshall）　16,129
　――の需要関数　43
　――の消費者余剰　151
街づくり協定　292
まちづくり3法　287
マッチング（適合）　18,248
学び（ラーニング）　19,248
マンション管理適正化法　241
マンション建て替え円滑化法　239
密集市街地　309
ミニ開発　195,286,294
宮島洋　26
ミュース（R. F. Muth）　30,33
ミルズ（E. S. Mills）　30,33,166,171,176,
　214,323,341
民間賃貸住宅建設補助　219
無差別曲線　38
メイヤーズ（L. Mayeres）　123
メイヨー（Stephen K. Mayo）　178
村田安寧（Y. Murata）　267
目良浩一（K. Mera）　134,157
木造在来工法　191
木造住宅　191
目標容積率　291
モータリゼーション　317
持家　163,167,172,188
　――の資本コスト　175
持家と借家の間の選択（tenure choice）

　　　　188
持家率　188
モラル・ハザード（moral hazard）　190
　借家の──　189
森知也（T. Mori）　13
森田恒幸　124
森田学　209
モンテカルロ感度分析　149
モンテカルロ・シミュレーション　149

【ヤ行】

矢澤則彦　129, 203
安井琢磨　36
安成哲三　124
家賃　163
家賃収入　74, 84
家賃補助　210
山口幹幸　240
山崎福寿　129, 241
山本和博　17
山本拓　133
UEA（都市雇用圏, Urban Employment Area）　4
遊休地　54, 78, 87
遊休地税　93
融資基準　211
誘導容積制度　291
歪みのない価格体系（no price distortion）　352
ユークリッド判決　297
容積率　289
容積率規制　320

用途間の外部性　298
用途規制　288
用途の混在を防ぐ規制　298
予想形成　58, 62
米原淳七郎　338, 357

【ラ行】

ラスパイレス　131
　──の数量指数　131
ラーニング（学び）　19, 248
ランクサイズ・ルール　12
　日本における──　12
利子率（割引率）　56
リスク・プレミアム　63
立地外部性　253
REIT（Real Estate Investment Trust）　235
リフォーム　187
リーマン・ショック　185
流入人口　100
料金徴収費用　341
リンゼー（R. Lindsey）　110
レオンチェフ型生産関数　301
劣等財　215
ローゼン（H. S. Rosen）　22, 216

【ワ行】

ワイツマン（M. L. Weitzman）　324
割引現在価値
　将来地代の──　62
割引率（利子率）　56
ワンルーム規制（共同住宅設置要綱）　292

【著者紹介】
金本良嗣（かねもと　よしつぐ）
1972年東京大学経済学部卒業, 1977年コーネル大学Ph.D., 同年ブリティッシュ・コロンビア大学（カナダ）助教授, 筑波大学社会工学系助教授, 東京大学経済学部助教授, 教授, 東京大学公共政策大学院院長, 政策研究大学院大学副学長等を経て, 2015年より電力広域的運営推進機関理事長. 政策研究大学院大学特別教授, 東京大学公共政策大学院客員教授を兼任.
主要著書は, *Theories of Urban Externalities*, North-Holland, (1980), 『交通政策の経済学』（共編著, 日本経済新聞社, 1989年）,『公共セクターの効率化』（共編著, 東京大学出版会, 1991年）,『日本の建設産業』（共編著, 日本経済新聞社, 1999年）,『政策評価ミクロモデル』（共著, 東洋経済新報社, 2006年）.

藤原　徹（ふじわら　とおる）
1997年東京大学経済学部卒業, 2002年東京大学大学院経済学研究科博士課程単位取得満期退学, 2003年明海大学不動産学部専任講師, 2008年より明海大学不動産学部准教授（現在）. この間, 2008年ケンブリッジ大学Land Economy学部Visiting Scholar. 岩手県立大学, 青山学院大学, 上智大学, 政策研究大学院大学, 東京工業大学非常勤講師. 平成26, 27年不動産鑑定士試験論文式試験試験委員（経済学）.
主要著書は,『政策評価ミクロモデル』（共著, 東洋経済新報社, 2006年）.

都市経済学（第2版）〈プログレッシブ経済学シリーズ〉
2016年1月28日発行

著　者──金本良嗣・藤原　徹
発行者──山縣裕一郎
発行所──東洋経済新報社
　　　　　〒103-8345　東京都中央区日本橋本石町1-2-1
　　　　　電話＝東洋経済コールセンター　03(5605)7021
　　　　　http://toyokeizai.net/

装　丁…………吉住郷司
印　刷…………東港出版印刷
製　本…………積信堂
編集担当………村瀬裕己

©2016 Yoshitsugu Kanemoto and Toru Fujiwara　　Printed in Japan　　ISBN 978-4-492-81303-4

　本書のコピー, スキャン, デジタル化等の無断複製は, 著作権法上での例外である私的利用を除き禁じられています. 本書を代行業者等の第三者に依頼してコピー, スキャンやデジタル化することは, たとえ個人や家庭内での利用であっても一切認められておりません.
　落丁・乱丁本はお取替えいたします.

プログレッシブ経済学シリーズ

[編集委員]
猪木武徳・岩田規久男・堀内昭義

(＊は既刊)

ミクロ経済学Ⅰ＊／Ⅱ＊	八田達夫
マクロ経済学	伊藤隆敏
金　融＊	筒井義郎
国際経済学＊	竹森俊平
国際金融	堀内昭義・大瀧雅之
企業経済学（第2版）＊	小田切宏之
労働経済学＊	樋口美雄
産業組織	岡田羊祐・後藤　晃・鈴村興太郎
計量経済学＊	森棟公夫
統計学（第2版）＊	刈屋武昭・勝浦正樹
都市経済学（第2版）＊	金本良嗣・藤原　徹
組織と体制の経済学	猪木武徳
別巻　現代の経済問題	岩田規久男